JN090539

The New Rules of the Housing Design

# センスを磨く！住宅デザインの新ルール

## リフォーム・家具編

X-Knowledge

CONTENTS

**カバー写真** 岐阜羽島の家（設計・撮影：小谷和也「マスタープラン一級建築士事務所」）
**デザイン** マツダオフィス
**DTP** シンプル
**印刷** シナノ書籍印刷

本書は「センスを磨く！住宅デザインのルール」1・2・4・5および「建築知識ビルダーズ」No.18・42の一部記事を加筆・修正のうえ、再編集したものです。

chapter

# 1

# リノベの新しいルール

中古マンションを無垢の木材を多用してフルリノベーションした事例、
解体した家などから出る古材の再利用や、古材を使ったエコハウスの事例、
古民家をできるだけ予算を押さえつつ現在的な間取りや性能に改修した事例を例に、
現在のリノベーションに欠かせないデザインや技術の原理・原則を解説する。

# 長く住み続けるために設らえる

リノベがリフォームと違うのは、壁の下地まで剥がして一からすべてをやり替えるところ。
したがって、単なる化粧直しではなく、住み心地や使い勝手を十分に考えて、
20年、30年と長く住み続けられるような設計を行いたい。
ここでは性能、機能面まで細かく配慮した小谷和也さんのマンションリノベの設計術を紹介する。

撮影：小谷和也・編集部　　取材・文：編集部

リビングからダイニング・キッチンを見る。リビングは絨毯を直張りしたため、キッチンの床との間には段差設けた。段差部分には空調のためのガラリを設置

ダイニングからリビングを見る。右奥は子ども室で、リビングとの間を仕切る壁の上部は通風と採光のために開けている

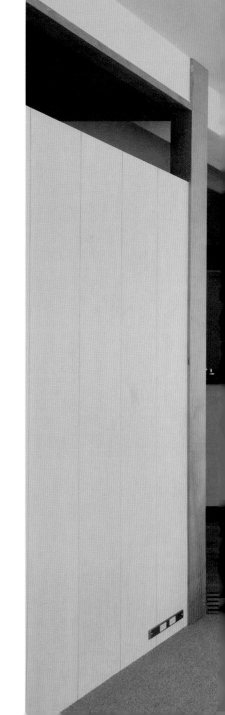

テーマ 1

# 木のマンションリノベに特化した理由

主に国産材による注文住宅を手がける工務店で設計を行っていた小谷和也さんが、地元である兵庫県西宮市で設計事務所を立ち上げたのは２００６年のこと。西宮市は大阪・神戸という大都市のちょうど真ん中に位置し、山と海に挟まれた阪神間のいわゆるベッドタウン。マンションや団地が多く、小谷さん自身も公団が昭和30年代に建てた団地で幼少期を過ごした。実家を出てからも団地暮らしやマンション暮らしで、戸建住宅に住んだ経験は一度もないという。

## 新築戸建てから マンションリノベにシフト

独立して数年を経過した２０１０年ごろ、リーマンショックによる新築マンション着工戸数の大幅な下落が始まり、数の少ない新築マンションを買うのではなく、ストックが豊富に存在する既存の中古マンションを買って大がかりなマンションリフォームをして住む「マンションリノベブーム」が到来。予算をある程度かけて間取りやインテリア、設備などを一新することが一般化し始めた。小谷さんは、それまで実践してきた国産材を使った家づくりをベースとするマンションリノベを思い立ち、設計事務所設立時から考えていた戸建住宅の設計からマンションリノベの設計へとシフトしていくことになった。

以降は、マンションリノベがさらに普及したことに加え、小谷さんが得意とする無垢の国産材を使ったマンションリノベの見た目の新鮮さ、そしてマンションにいながら戸建てに住んでいるかのような住み心地のよさが口コミも含め評判となり、年々手がける戸数が増加、現在では累計１００件を超え、関西エリアを中心に関東でも幅広く設計を行っている。

小谷さんの影響を受けて、木のマンションリノベ事業を手がける工務店は全国各地で増えている。また、主に無垢材を戸建住宅の内装に積極的に活用する工務店によって同様のリノベ事業も数多くみられるようになるなど、「木のマンションリノベ」の動きは年々広がりを見せている。

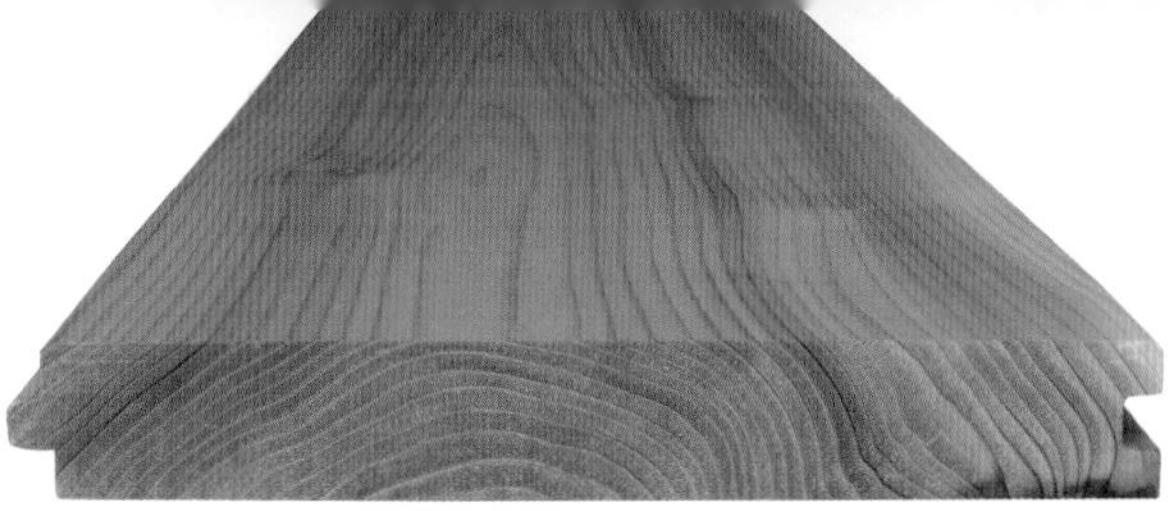

マンションに使用するスギ板。板目で赤身のものをよく使っている。写真は本実（ほんざね）加工のもの

テーマ 2

# なぜリノベにクセの強いスギを使うのか

小谷さんが木のマンションリノベのベースにしているのが国産材の定番樹種である「スギ」を使うことである。そもそもは、小谷さんがスギをはじめとする国産材を使った注文住宅を設計していたことと、その手法をマンションに採用したことによるが、結果としてマンションリノベにスギを使うメリットはかなり大きかったようだ。

## スギ特有の見た目を美しく生かす

住宅の床材としてオークなどの広葉樹が定番的に使われるなかで、主張のある木目や節をもつスギの見た目のインパクトは大きい。特に、新築時にはビニルクロスや複合フローリング、塩ビシートなどの新建材で仕上げられることが多いマンションのインテリアにあって、そのインパクトはさらに大きくなる。一方で、クセの強いスギを使うだけではどうしてもやぼったくなるため、できるだけ表面の色味を合わせるなど、すっきりとした見た目になるよう配慮している。

また、スギに直接触れることで感じる柔らかな質感の心地よさは、ほかの樹種、特に広葉樹などにはないもの。スギの軟らかさは、冬の過乾燥や、ジメジメした夏の湿気を抑える調湿性と、物を落としたときの破損を防ぐ緩衝性、素足で心地よい触感も兼ね備えている。

## スギのデメリットはメリットの裏返し

デメリットもある。第一にその軟らかさゆえの傷の付きやすさである。椅子・テーブルの脚が当たる場所や物を落とした場所はすぐにへこんでしまうし、よく歩く場所、物が頻繁に当たる場所も少しずつへこんでいく。また、スギ表面の柔らかな質感を生かすためにオイルフィニッシュやワックスで塗装されるので、ウレタン塗装などに比べて汚れも付きやすい。ただ、こうしたデメリットはメリットの裏返しでもあるので、それらの特徴を前もって顧客にしっかりと伝え、理解してもらうことが重要だ。

## マンションに合わせた加工や寸法を

床材や造作材に使うスギは通常は4m材を使用するが、当然のことながらマンションのエレベータでは搬入できない。したがって、適宜使用サイズに前もって加工しておく必要がある。小谷さんの場合は、床材であれば長さ約1間（1800㎜）×幅215㎜×厚さ30㎜に加工し、小口はエンドマッチ（4方実《さね》加工）にしている。

床板をはめ込むときに木づちなどで叩くことがあるがこれが騒音にならないように、実の端部ははめ込みやすいようにR加工にしている。同様に造作家具のカウンターや側板などに使う幅はぎ材などもなるべく小さくして搬入し、現場で幅はぎすることで大きな寸法の板材にしている。

上右／造作家具に使用するベイヅカ幅はぎ材を現場で加工している
上左／カットされた幅はぎ材の端材の断面。雇い実で接合されているのが分かる

下右／床面に取り付けられたビスケット。この上に造作家具の側板が取り付けられる
下左／造作家具工事で用いられる工具、ビスケットジョイナー

キッチンとその奥のパントリーをダイニングから見る。パントリーの奥の引戸の先は洗面、浴室となっており、水廻りが一直線で並んでいることが分かる

テーマ 3

# 1つのかたちの集約されるマンションの快適間取り

そもそも、既存マンションにはそれほど多様な間取りは存在せず、ほとんど同じといってよい。長方形の平面で、一方の短辺中央に玄関、もう一方の短辺にバルコニーと掃出し窓をもつＬＤＫがあり、ＬＤＫと玄関をつなぐ廊下の左右に個室と浴室、トイレなどが割り振られる構成は、過去数十年にわたって不変である。

　また玄関戸や窓、バルコニー、構造は共用部であるため、手を加えることはできない。したがって、6m前後の間口のコンクリートの箱ともいえるこの間取りをどのように変更し、住み心地を改善していくのかが、マンションリノベでの腕の見せ所となる。

　「岐阜羽島の家」も、リノベ前はごく一般的なファミリータイプの3ＬＤＫであった。夫婦と子ども2人の4人家族で、夫婦の寝室と子ども室2部屋を確保したうえで、十分な収納や使い勝手のよい水廻り、家族が集まるＬＤＫをバランスよく配置する必要がある。

## 個室は必要最小寸法から面積を割り出す

個室は、畳敷きの夫婦の寝室、2人の子どものベッドや荷物が収納できる子ども室、家族の荷物や衣類を収納できるウォークインクロゼットを並べて配置した。ここで注目したいのが個室の面積。マンションリノベでは木造のようなモジュールが存在しないため、個室の広さは基本的に自由だが、自由であるがゆえに難しい。ただし、マンションの多くは広さが限られており、最小寸法が最終的にその個室の面積と考えるべきだ。

　また、4畳半や6畳といった畳数ではなく、実際の家族の体の大きさや動きに合わせた寸法をつかみながら、誰が何に使うのかを考えたうえで適切な面積を割り出していく必要がある。

　「岐阜羽島の家」でも、寝室は700㎜角の畳を9枚並べただけで、板の間を入れても3.5畳程度だが、夫婦の布団はゆとりを持って敷くことができる。リビングに面する子ども室も2室合わせて5.4畳、収納も双方で分けて1部屋当たり2畳半程度であるが、ロフトベッドを使うことで4畳程度の面積をそれぞれ確保できている。

全体のゾーニングとしては貴重な存在である開口部をどの部屋にあてがうかを考える。常識的に考えれば開口部にはLDKや居室をもっていき、日の当たらない中央部には収納やトイレなどをもっていく。「岐阜羽島の家」でもセオリーどおり、南側の2つの掃出し窓のうち1つをリビング、もう1つをダイニングに割り当て、住戸中央にウォークインクロゼットやトイレを配置している。

### 水廻りは一直線につなげる

水廻りは、共用竪管と給排水管との接続や換気経路を考慮し、なるべく動線を意識して配置したい。「岐阜羽島の家」では南から北へ、キッチン、冷蔵庫などが納まるパントリー、洗面脱衣室、浴室などが一直線に配置。このようにつなげることで家事の利便性が高まり、動線上の壁面にさまざまな機能や収納を割り当てることができ、浴室の窓を開ければ南北の窓を貫く風の通り道ともなる。なお、キッチンの向きを間取りに合わせて長辺方向に変えるのは、水廻りの動線を考慮した小谷さんの

**間取り解説**

## 岐阜羽島の家のBEFORE·AFTER

**建築概要**

構造：SRC造15階建て
竣工年：1999年
改修年：2019年
延床面積：75.64㎡(22.88坪)
家族構成：夫婦＋子ども2人
工期：5カ月
設計：マスタープラン一級建築士事務所
施工：N.style建築工房

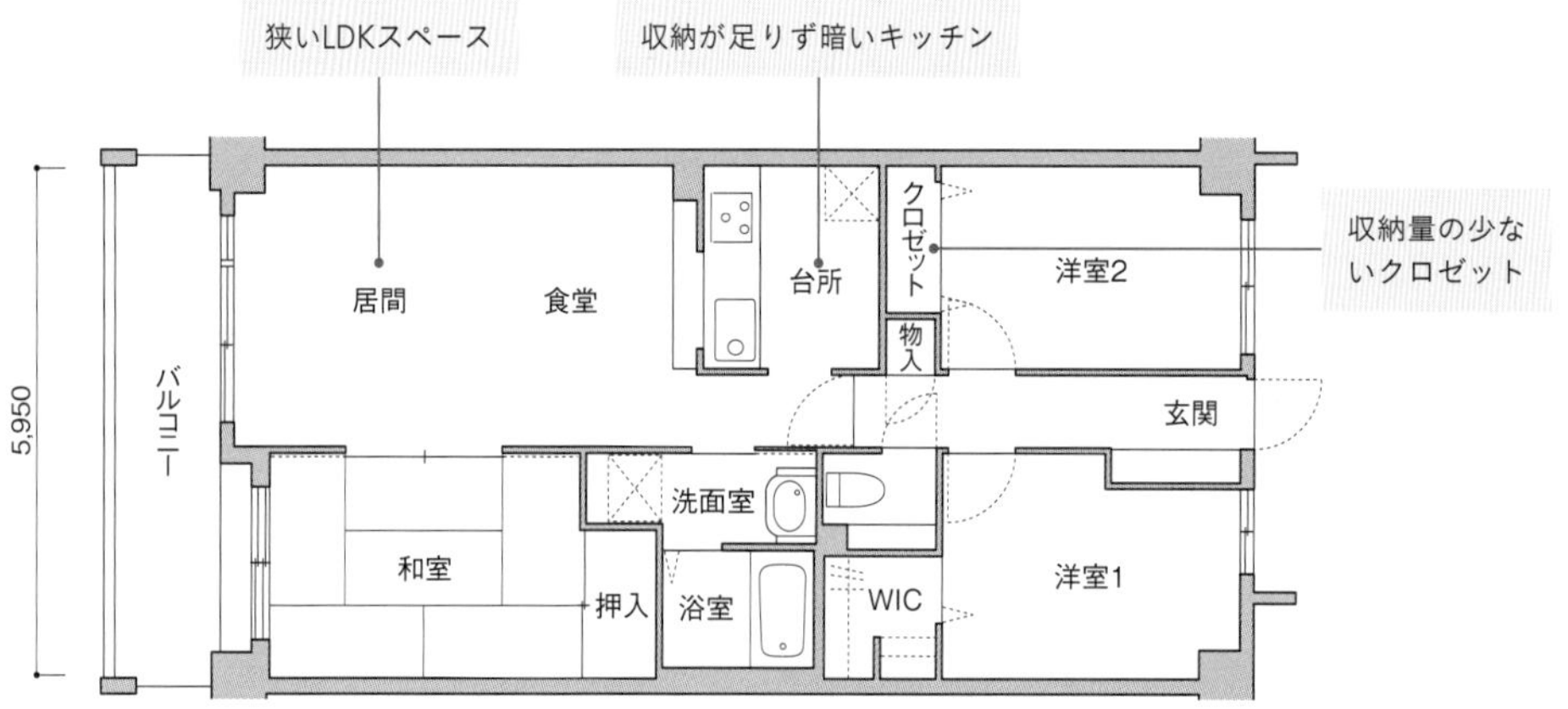

狭いLDKスペース
収納が足りず暗いキッチン
収納量の少ないクロゼット
5,950
バルコニー
居間
食堂
台所
クロゼット
洋室2
物入
玄関
洗面室
和室
押入
浴室
WIC
洋室1


**Before**

**平面図**(**S=1:150**)

高層階ながら風の通りが悪く、全体にジメジメとした印象があった

壁上部を抜いて通風と採光を促す
間仕切壁を兼ねた収納家具
2方向からアクセスできるクロゼット
引戸を開放して通風を促す
12,125
6,100
リビング
子ども室
WIC
押入
和室
玄関
浴室
土間
物置的としても使える土間
洗面室
キッチン
パントリー
キッチンの向きを90度回転し、回遊動線と背後の壁の収納をつくる
家事動線を整理し、キッチンから玄関土間への通風も確保


**After**

**平面図**(**S=1:100**)

通風が改善され、春や秋の中間期であれば窓を開放して快適に過ごすことができる

リノベの王道パターンである。

　衣服の収納については、ウォークインクロゼットとして1部屋にまとめてしまうのが最も面積を圧縮できる。「岐阜羽島の家」のように子ども室と寝室の間にウォークインクロゼットを挟めば、親子間のプライバシーも確保できる。

　そのほか靴を入れる玄関収納、小物を入れる廊下収納、食品などをストックする収納は、最低限設けるようにしている。リビングには飾り棚も兼ねた収納を設け、ここをWi-Fiなどのルーターや分電盤をしまい込むスペースとしている。北側の窓と浴室の隙間は土間床の半屋外空間とし、自転車や外遊びの道具など室内に置きにくいものをここに置く。

　半外空間でいえば、南側窓面付近に縁側を取るのも小谷さんがよくやる手法。「岐阜羽島の家」のように南面外壁に凹凸がある場合などは、あえて障子を一直線に通して余剰部分を縁側にしている。縁側は断熱性の確保のほか、サンルームとして冬期や雨天時の室内物干しの場所にもなる。

　玄関ドアの内側には網戸付きの引戸を設けている。玄関ドアを開ければ虫の侵入を防ぎながら通風を得ることが可能だ。また引戸にはポリカーボネートがはめ込まれており、断熱戸としても使える。

　既存マンションの大きさや間取り、建て主の家族構成や要望によって異なるが、ファミリータイプのマンションの場合、多くは「岐阜羽島の家」のような間取りにまとまることが多い。リノベ時に既存マンションにはない回遊動線や大きな収納スペース、風が通るように間取りの位置を調整し、居室を必要最小限の大きさにコンパクトにまとめていくと、間取りは1つのかたちに集約されていく。

**和室·収納**

廊下の片側に連続する2部屋は、最低限のスペースを確保した和室と、家族の荷物をたっぷり収納できるクロゼット。面積にメリハリのあるプランとなっている。

上右・上左／寝室として使われる和室。左側の引戸を開けると廊下、右側の引戸を開けるとウォークインクロゼットにそれぞれつながる　下右／ウォークインクロゼット内部。左側に和室、正面奥にトイレ、洗面の入口が見える　下左／ウォークインクロゼットの内部の様子。奥行きのある棚とハンガーパイプが設えてある

**玄関土間**

玄関土間は広く、さまざまな用途に利用できる。常時通風が確保できるように建具や間取りに工夫が見られる。

上右／玄関から廊下を見る。玄関の壁には荷物置き場や靴の脱ぎ履きに利用できる式台を設置　上左／廊下から玄関を見る。右手前は洗面の入口。その奥の壁のミラーは引戸になっており、なかには収納が設けられている　下右／玄関とその奥の土間とはポリカーボネートの框戸で仕切られている。玄関手前には網戸付きの断熱引戸を設置　下左／玄関奥の土間スペース。右手の腰窓は浴室の壁に設置されたもの

**浴室·洗面**

廊下とは別にキッチンから浴室まで一直線の動線（裏動線）が確保でき、家事がしやすくなっている。

右／シンプルな洗面カウンターを備えた洗面。鏡裏も引戸の収納スペースになっている
左／パントリーから洗面、浴室のドアを見る。洗濯機置き場もあり、家事に適した動線となっている

テーマ 4

# 掃出し窓は障子で隠す

**障子姿図**（S＝1:50）

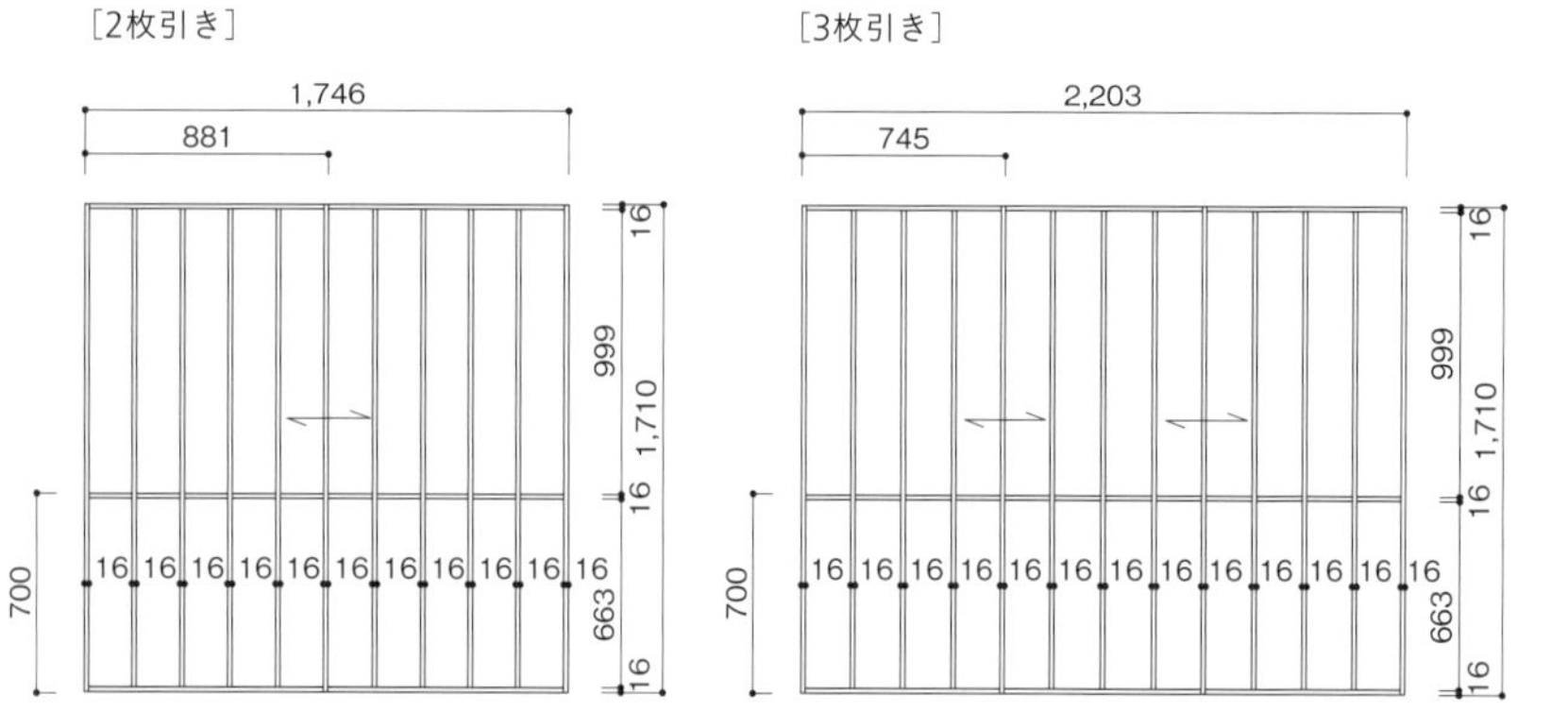
［2枚引き］
1,746
881
16
999
1,710
16
16 16 16 16 16 16 16 16 16 16 16
700
663
16
［3枚引き］
2,203
745
16
999
1,710
16
16 16 16 16 16 16 16 16 16 16 16 16 16
700
663
16

上／障子を引き込んだ様子。掃出し窓の手前に断熱内窓が見える
右／障子を閉めたLDK。障子の横桟をカウンター天端とそろえて水平ラインを通すと、室内の重心が下がり落ち着いた空間となる

バルコニーに面する掃出し窓の周辺は、住戸内で最も居心地のよい場所にしたい。リビングやダイニングなど家族団らんの場所になるため、設えに最も力を注ぐ部分である。リノベではこの掃出し窓に障子を設けることが多い。

ＬＤＫのあるマンションの多くは、バルコニー側に2つの掃出し窓が並んでいる。その手前に鴨居や敷居を設けて障子を建て込むと、1枚の大開口のように見せることができる。また、こうすることでサンルームとして活用可能な縁側もつくることができるし、断熱性を高めるために設置した既製品の内窓を隠すこともできる。なお、障子は引き込んで全開口できるように、岐阜羽島の家では袖に設けた板戸にすべての障子が納まるようになっている。

また掃出し窓の幅がそれぞれ違う場合であっても、組子の割付けをそろえておけば、1枚の障子のように見せることができる。「岐阜羽島の家」でも右側は3枚引き、左側は2枚引きの障子としながらも、同じ幅の組子に割り付けることで一体の障子のように見せている。

**納まり解説**

# 掃出し窓前面の障子

既存の掃出し窓を覆うように設置した引込み障子と、敷居・鴨居・板壁など周辺の造作の納まり。

障子断面図（S=1:2）

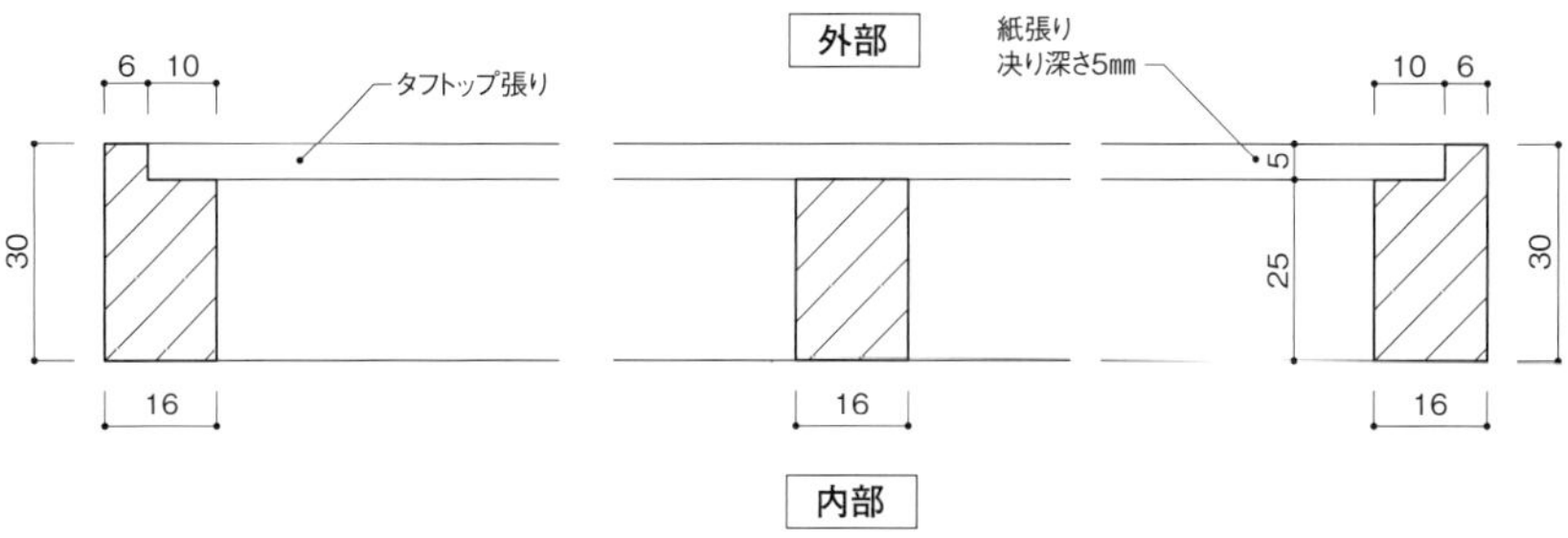


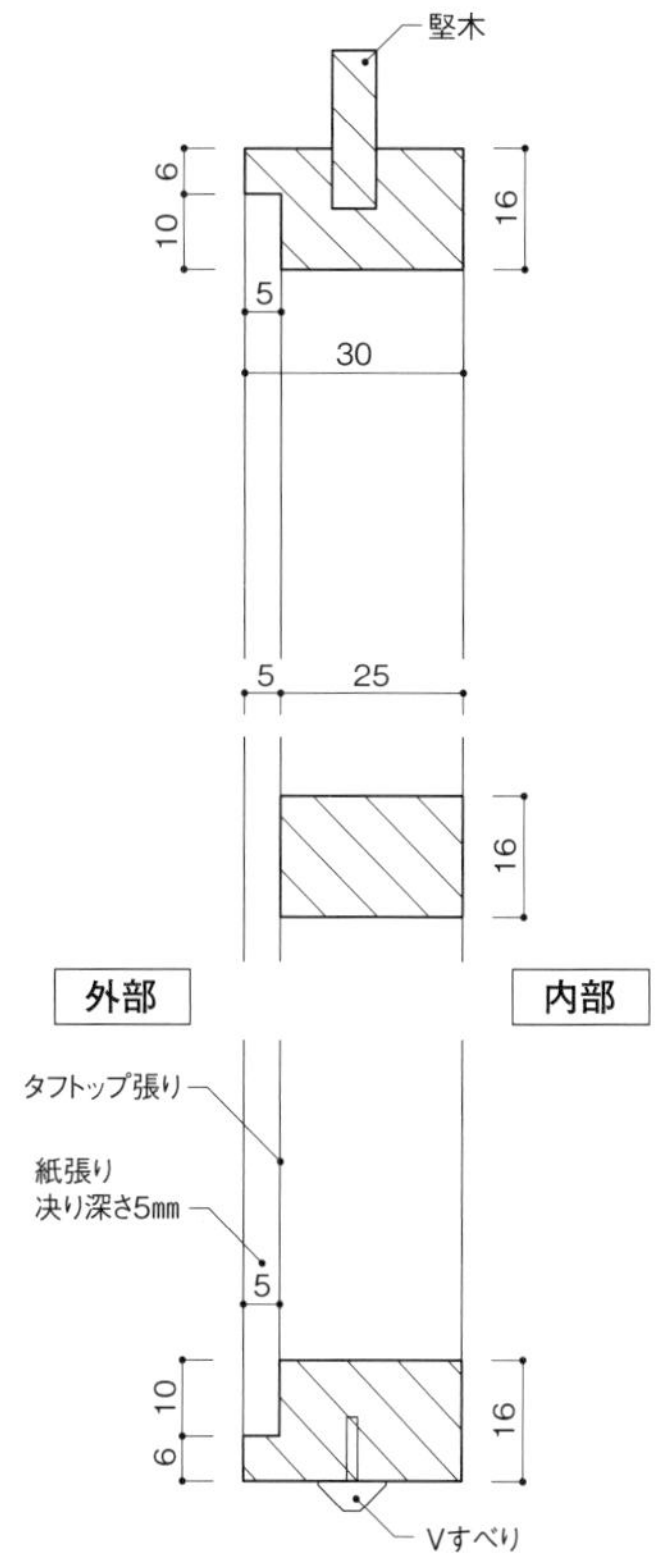


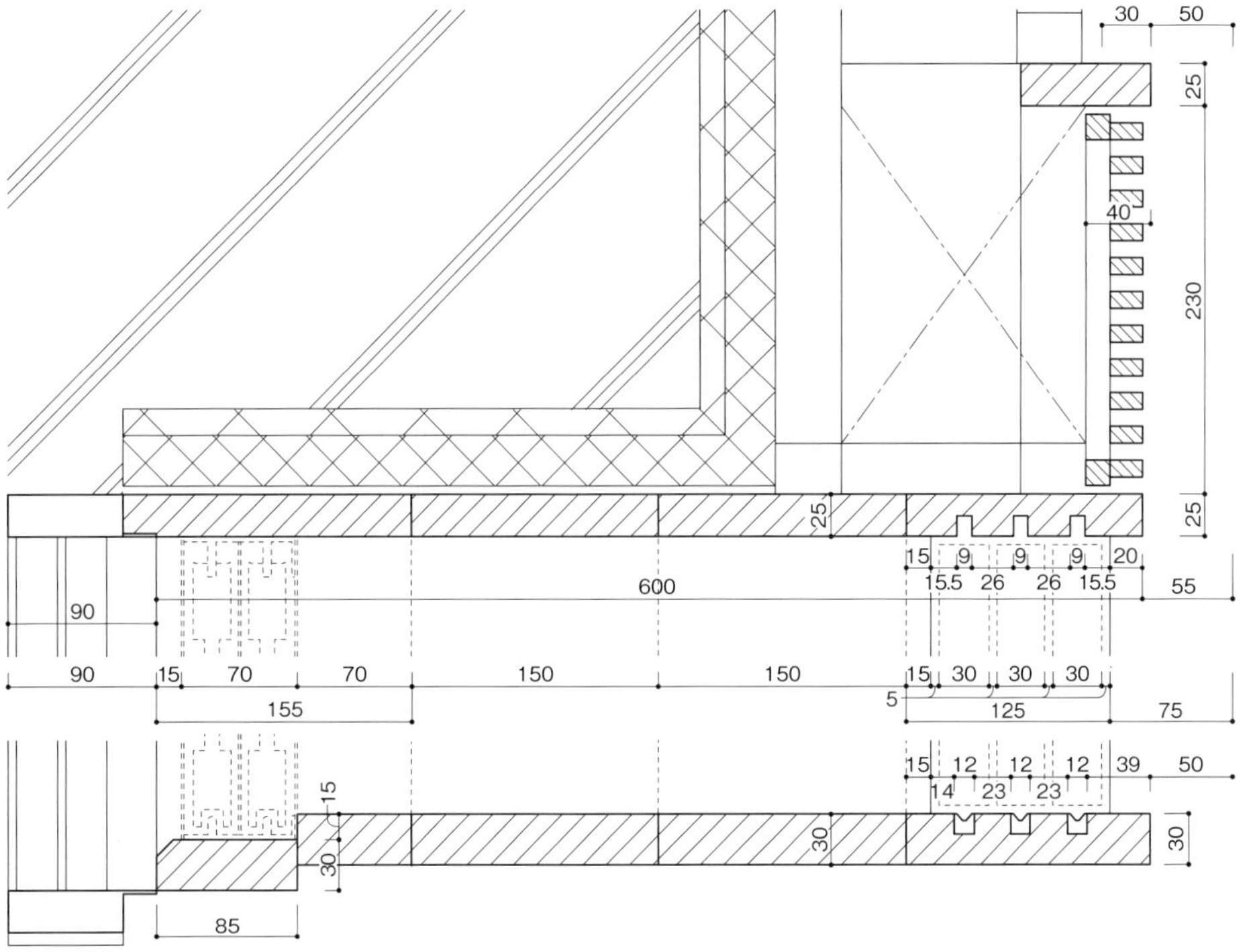

障子廻り断面図（S=1:10）

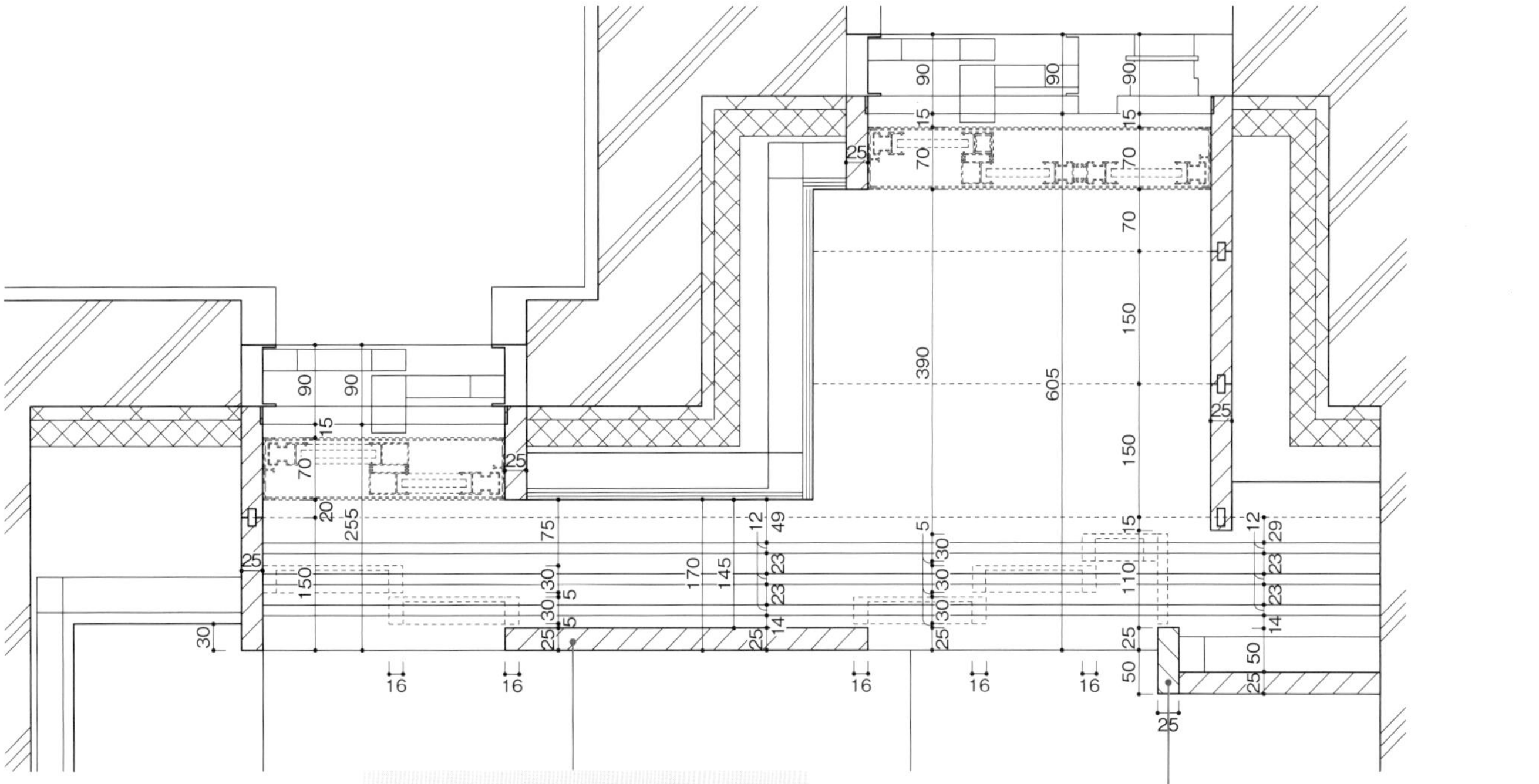

建具のように設えた戸板の裏側に障子が引き込めるようにすると、全体を開口のように見せることができる。戸板を引戸にしてしまうこともある

3枚引きの障子を納める戸板。少しふかしているのは、上部でキッチン換気扇配管をつなぐスペースを確保するため

障子廻り平面図（S=1:10）

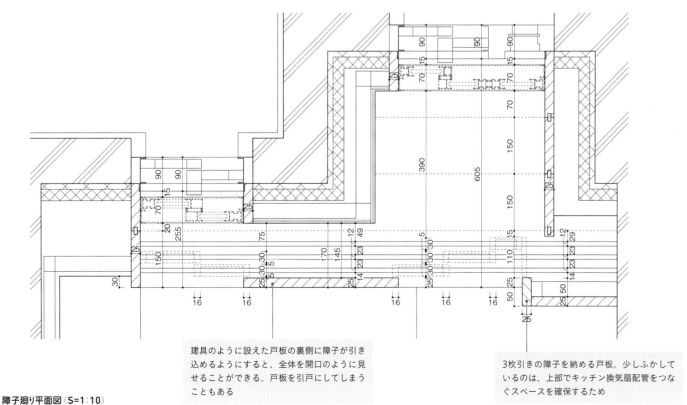

テーマ 5

# 家具はきれいに「造る」

マンションリノベでは搬入を第一に考えなくてはならない。造作家具は、エレベータなどで搬入できるように極力小さな部材に分割し、現場で組めるようにしておきたい。したがって、造作家具は基本的に大工工事でつくれるように設計している。

キッチンは引出しの前板などにシナ共芯合板を使い、小口露しで使うのを標準としているが、これも大工だけで引出しなどをつくれるようにという配慮から。引出しの金物にハーフェレー社のソフトクローズを使うことで、大工造作ながら使い勝手のよいキッチンを比較的安価につくることができる。

壁面収納などはランバー材も使うが、小口には無垢の大手を張って仕上げる。この大手にはベイツガを使うことが多いが、幅木にも同じ寸法のベイツガ材を使うなど部材を共通化することで無駄をなくしている。

上右／造作キッチンの下地。シナ合板やベイツガ幅はぎ材などで組んでいる
上左／吊り戸棚の側板・底板の小口。ここでは小口テープではなく、無垢の大手材を張っている
下／ビスケットジョイナーを使ってスギ幅はぎ材の小口にビスケットの穴を彫り込んでいるところ

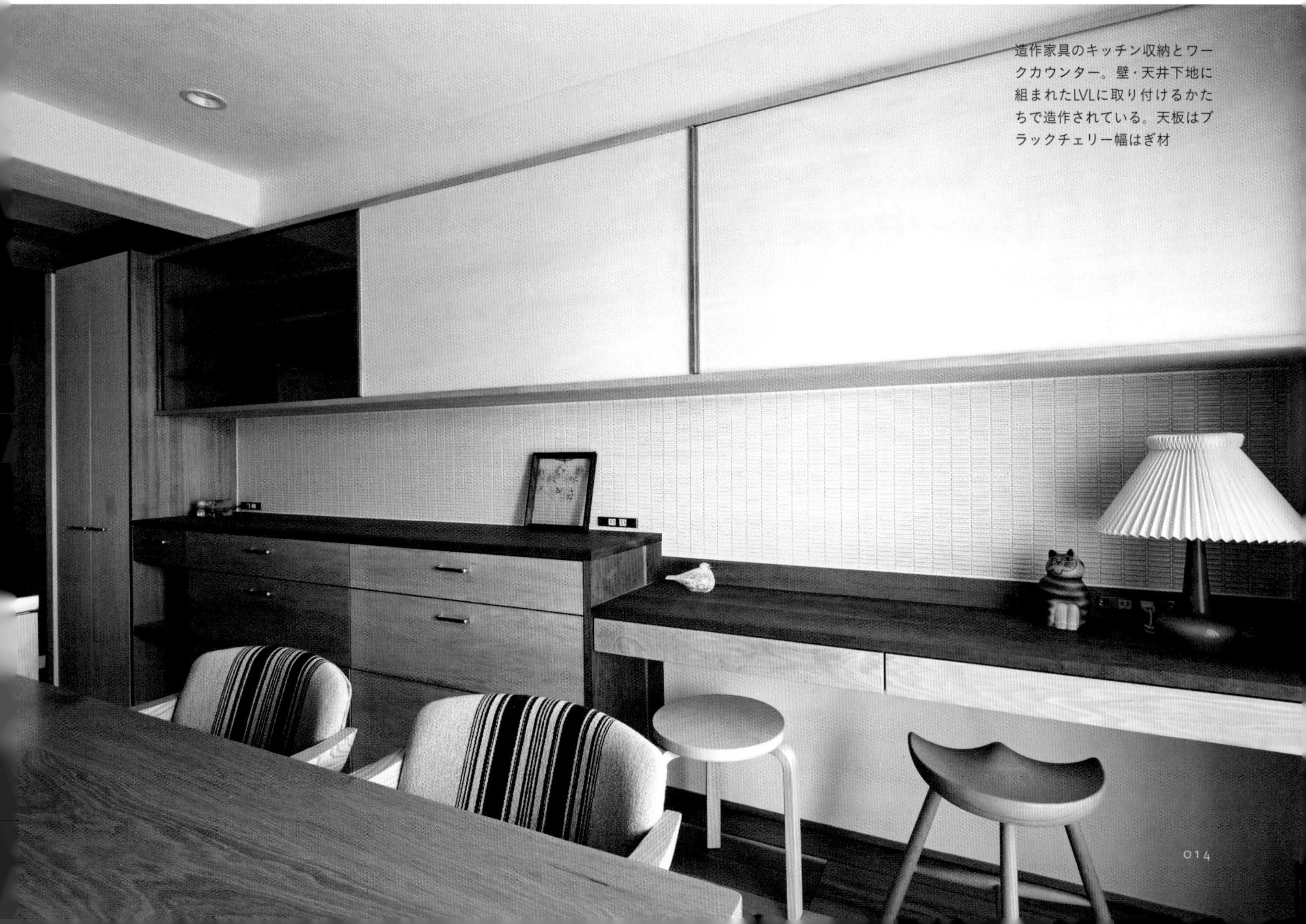

造作家具のキッチン収納とワークカウンター。壁・天井下地に組まれたLVLに取り付けるかたちで造作されている。天板はブラックチェリー幅はぎ材

キッチン断面図
(S=1:15)

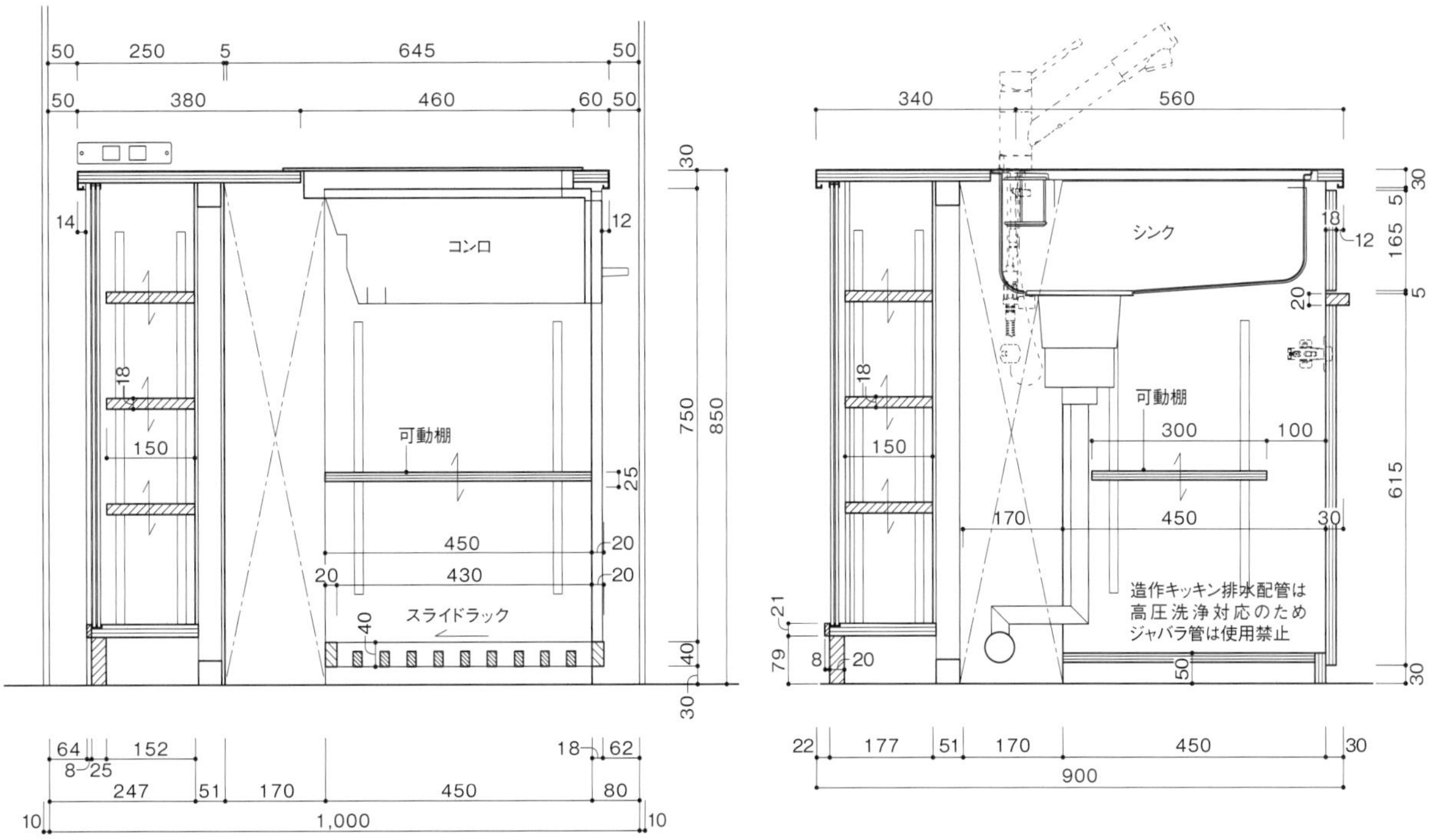


**納まり解説**

# キッチン収納

キッチン、キッチン収納は、無垢材やシナ合板などを用い、大工造作で現場製作した。

壁付けの造作家具は下地のLVLに直接取り付けながら組み立てていく

引出し前板にはシナ共芯合板を使い、小口露しで使う

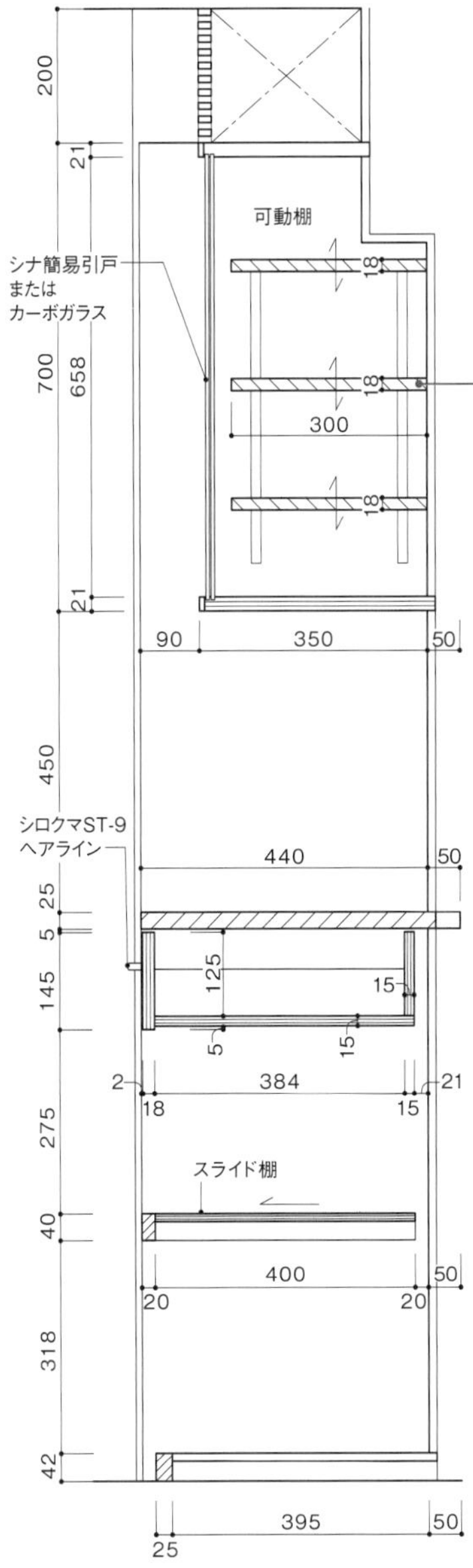


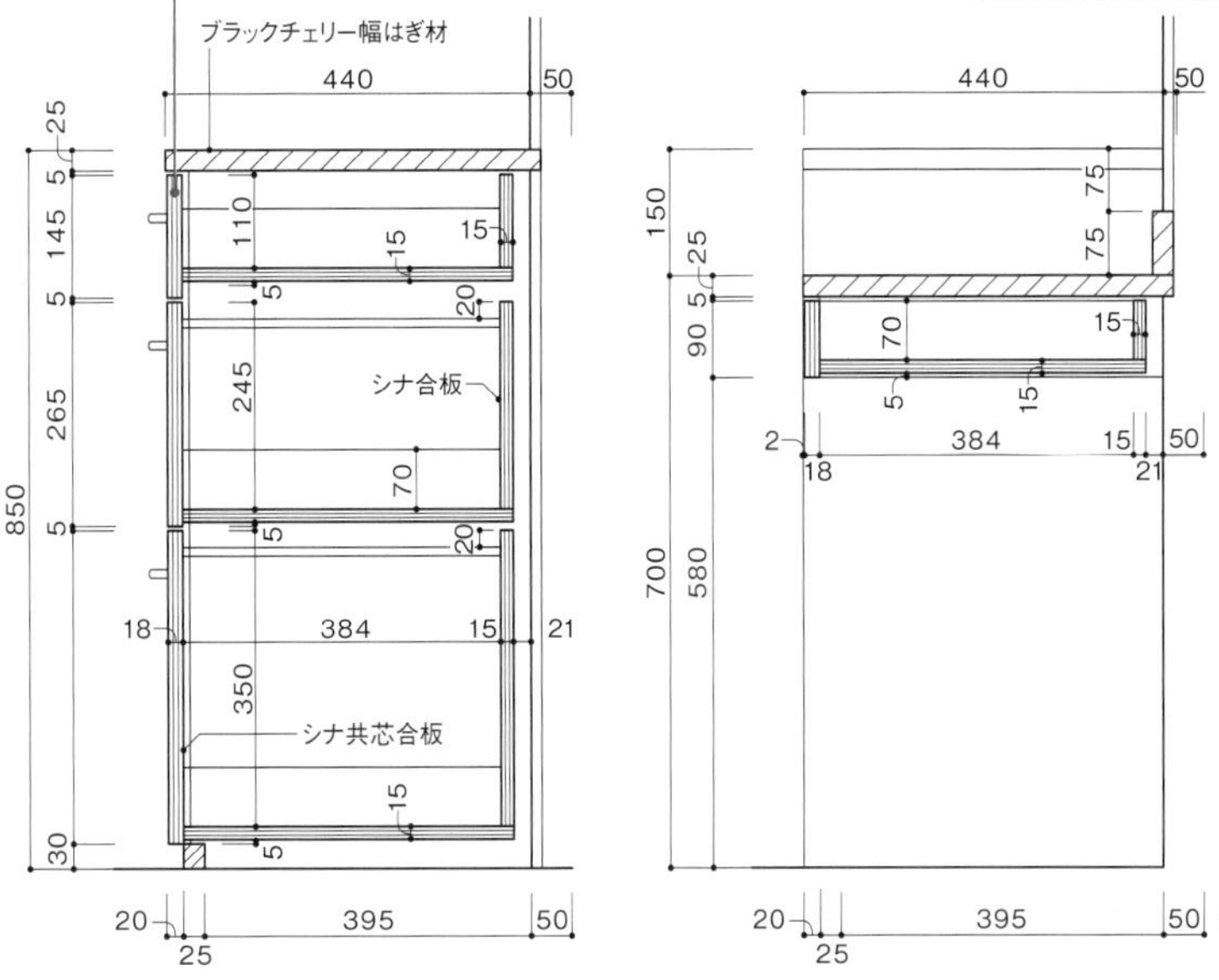


キッチン収納断面図
(S=1:15)

キッチンから南側の窓を見る。大工造作によるキッチンとキッチン収納が、無垢材を多用したインテリアとよくなじむ

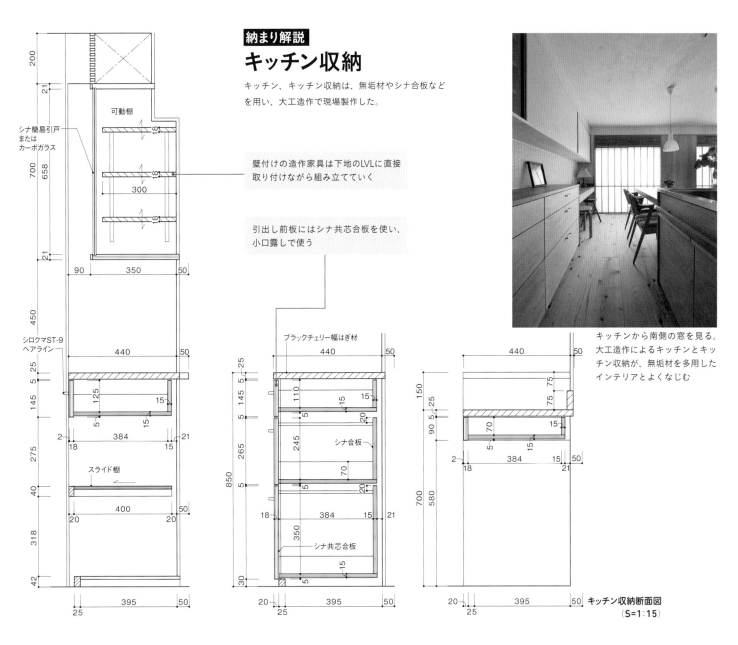

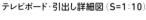

## 納まり解説

# テレビボードと引戸

無垢材やシナ合板などを使い、大工造作で現場製作したリビングのテレビボードと引出し、前面の引戸の納まり。

リビングの壁に設置された造作家具のテレビボード。中央部は麻布を張った引戸とし、AV機器が収納できるようにしている

シナ共芯合板　シナ合板

右／テレビボードの引出し。箱はシナ合板、前板にはシナ共芯合板を使用。シナ合板の小口には小口テープを張っている
左／引出しや引戸を設置する前のテレビボード。壁や床を仕上げる前の段階に建て込まれている

引戸詳細図（S=1:2）

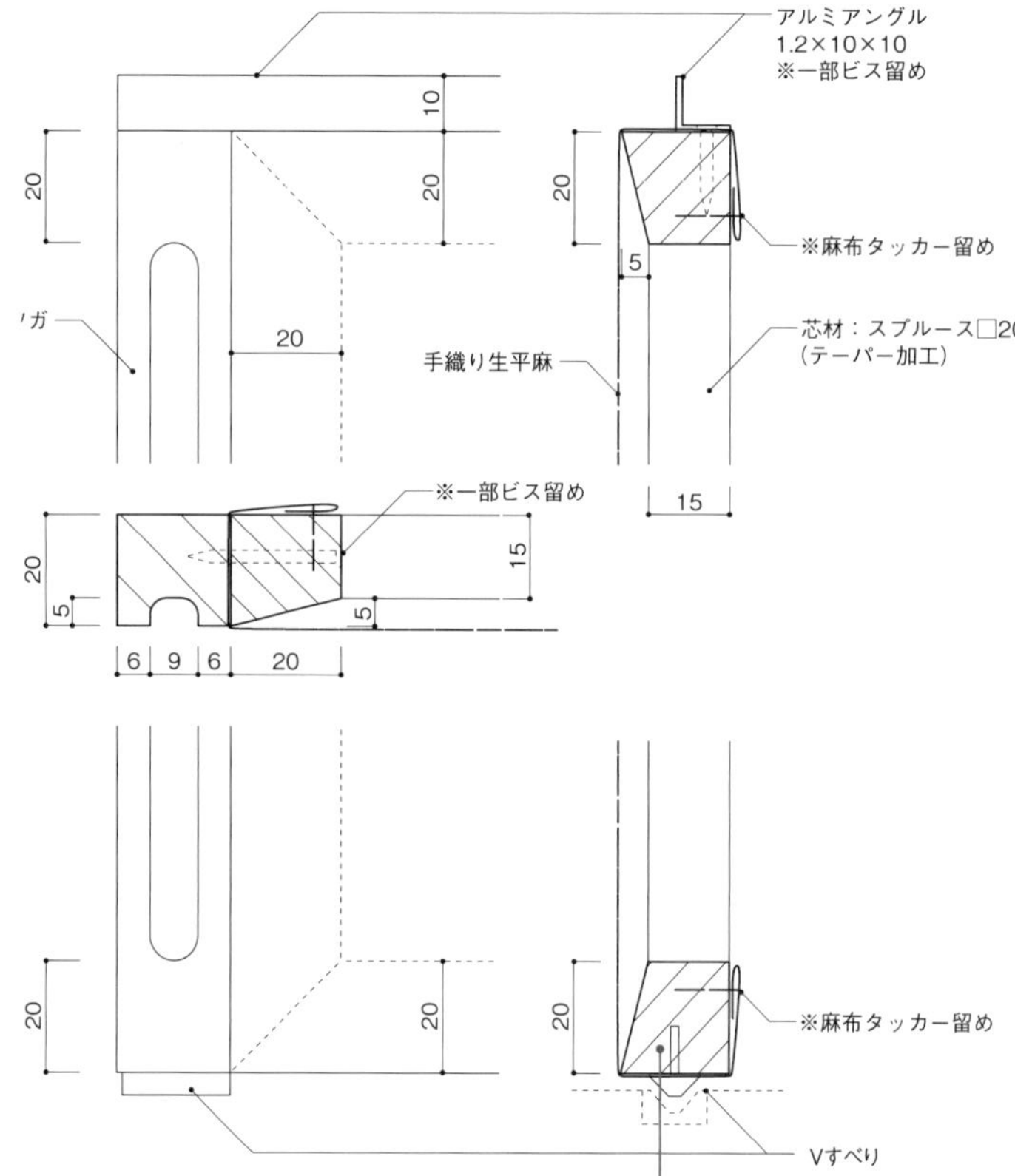
アルミアングル
1.2×10×10
※一部ビス留め
※麻布タッカー留め
芯材：スプルース□20
（テーパー加工）
手織り生平麻
※一部ビス留め
※麻布タッカー留め
Vすべり
10
20
20
20
5
20
15
20
5
15
5
6
9
6
20
20
20
20

枠材にテーパをつけて布を浮かせることで、下地が透けるのを防ぐ

テレビボード・引出し詳細図（S=1:10）

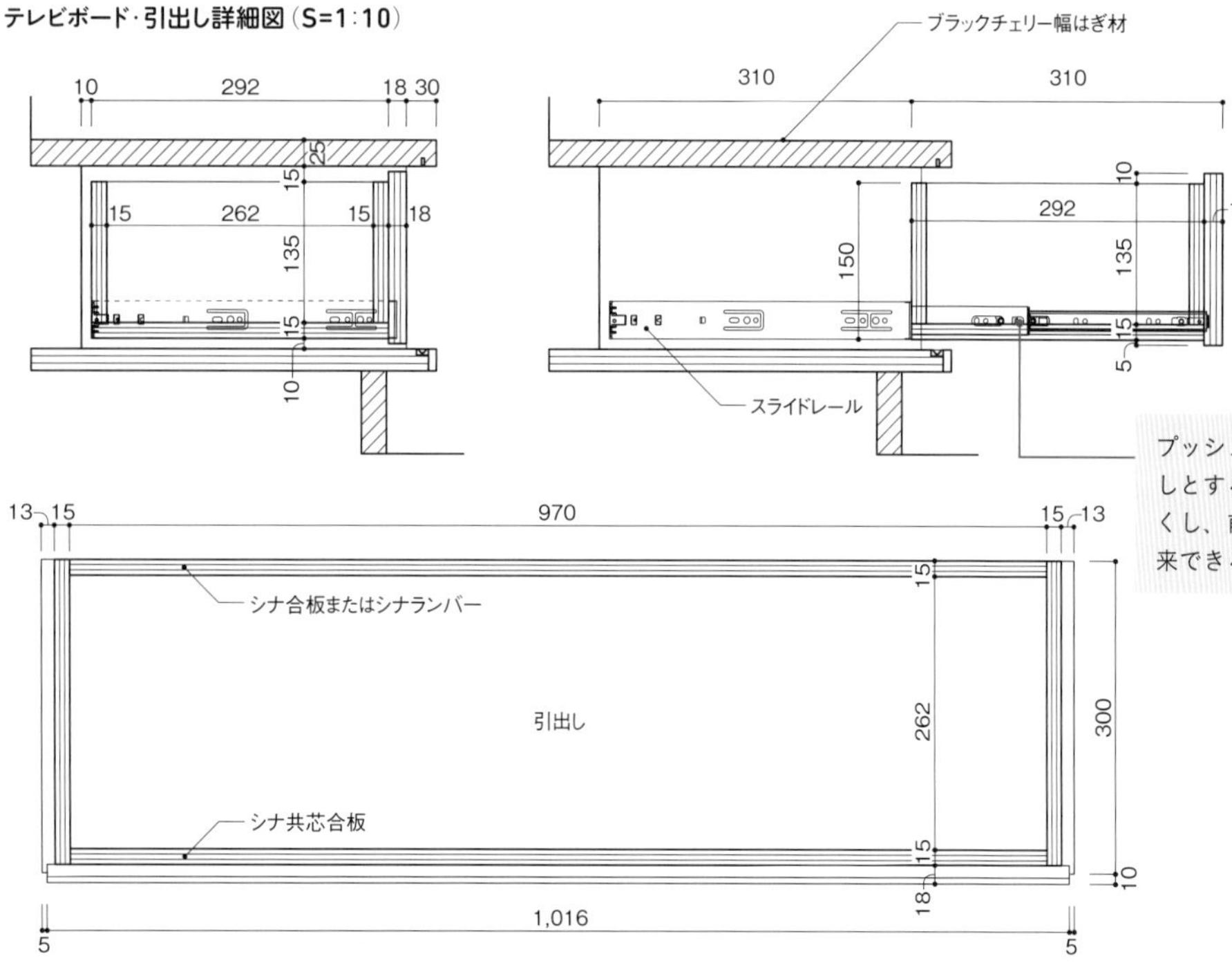
ブラックチェリー幅はぎ材
10
292
18
30
310
310
25
15
262
15
18
135
15
10
150
292
18
135
165
15
5
10
スライドレール
13
15
970
15
13
シナ合板またはシナランバー
引出し
262
300
シナ共芯合板
15
10
18
1,016
5
5

プッシュオープンの引出しとすることで引手をなくし、前面を引戸が行き来できるようにしている

引手：ベイツガ　麻布張り

テレビボードの引戸詳細。引手はベイツガの無垢材の溝を彫ったもの。麻布は下地のスプルースに張り付けた

テーマ 6

# 遮音性を向上させる床材の選び方

マンションの近隣トラブルで一番多いのは、床の騒音問題である。「リノベ前は問題なかったのに工事後に足音が聞こえやすくなった」と近隣住民にいわれてしまっては、設計者、施工者として大問題。小谷さんは2008年に補助金事業で、マンション床の騒音について試験機関で研究を重ねた実績があり、現在も床の騒音対策について、全国の設計者や施工者に向けた講演を行っている床の遮音のスペシャリストだ。

## 無垢の床材に適した高性能の乾式2重床

マンションリノベで無垢の床材を使う場合、既存の遮音フローリングの上に重ねて張ったり、薄い遮音マットを下地に敷いたりするだけでは十分な遮音性能が保証できない。無垢材のように、表面が一様に硬い素材を使う場合、乾式2重床が最も確実に性能を確保できる。「岐阜羽島の家」でも、小谷さんがよく使っている竹村工業の「ジャストフロアー」を採用している。

これは乾式2重床の床下地材に一般的なパーティクルボードではなく、ヒノキの木毛セメント板を使った製品。ほかの乾式2重床よりも重量があり、搬入は大変なものの市販品では最も性能が高く、スギの床材との相性もよい。小谷さんのマンションリノベの標準仕様である。

また、リビングや子ども室などダイニング・キッチンなどより1段床を下げている部屋にはウールカーペットを採用しており、これも小谷さんの定番の仕上げ。カーペットはそもそも遮音性能が高く、表面のパイルに使われているウールはいうまでもなく天然素材だ。その柔らかさや温かさだけでなく、吸音性や調湿効果にも優れており、床に直張りする際にとても重宝している。

**納まり解説**

### 乾式2重床

断面図（S=1：3）

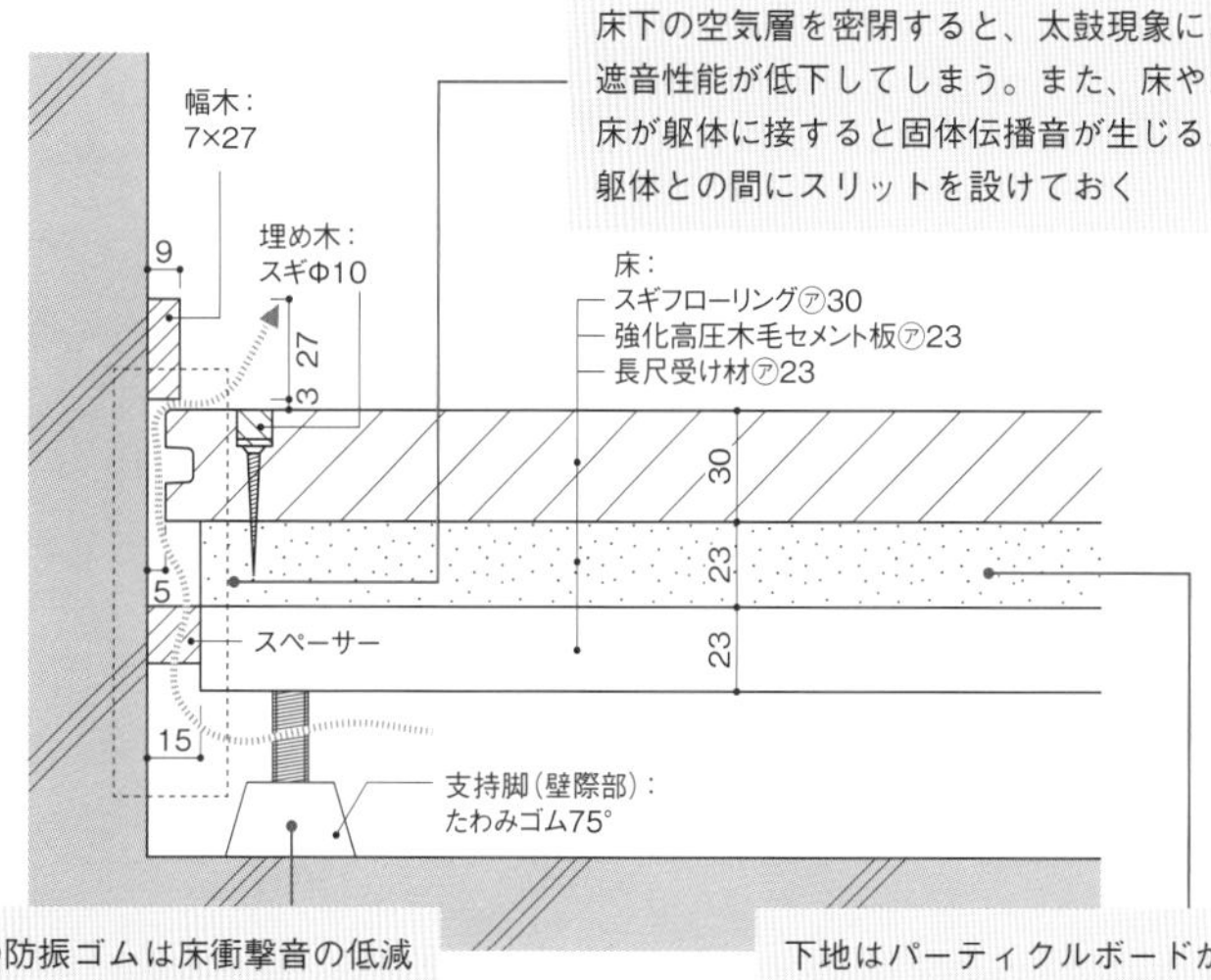

幅木：7×27
9
埋め木：スギΦ10
27
3
床：
スギフローリング㋐30
強化高圧木毛セメント板㋐23
長尺受け材㋐23
30
23
23
5
スペーサー
15
支持脚（壁際部）：たわみゴム75°
床下の空気層を密閉すると、太鼓現象により遮音性能が低下してしまう。また、床や2重床が躯体に接すると固体伝播音が生じるため、躯体との間にスリットを設けておく
支持脚の防振ゴムは床衝撃音の低減性能向上のため、硬度55程度を使用する。壁際には動かないように間仕切用の硬めのゴムを用いる
下地はパーティクルボードが一般的だが、強化高圧木毛セメント板は質量が大きいため遮音性が高い。水にも強く、カビも生えにくい


右／内装下地を施工中の岐阜羽島の家。床には乾式2重床が施工されており、外周の壁下地、床下地、間仕切壁下地の順に施工されているのが分かる
左／じゅうたんを敷いた直後のリビング。ここではタイルカーペットを使用している

**After**

**Before**

乾式2重床

テーマ 7

# マンションの断熱補強は外気に接する躯体と窓に

小谷さんがマンションリノベで最も重視しているのが断熱改修だ。マンションの断熱改修では、マンション内における住戸の場所に応じて、外気に接する壁や天井、床などに断熱材を設置する。

基本的には現場発泡の硬質発泡ウレタンフォームを、断熱補強が必要なコンクリート下地に向かって吹き付ける。最初から断熱材が施工されている場合は、断熱材を剥がさずにその上から吹き付けて断熱補強を行う。ただし、断熱面積が小さい場合は、大工による施工が可能なボード状の断熱材を使うこともある。「岐阜羽島の家」は、マンションの最上階で両側に隣戸がある配置のため、天井面にボード状の押出法ポリスチレンフォーム１００㎜厚、外気に接する壁には同40㎜厚を施工している。

### 窓の断熱補強は既製品の内窓で

マンションでは躯体以上に窓からの熱損失が大きいため、開口部の断熱補強は欠かせない。ただし、造作建具による断熱補強は気密の確保が難しく、建て主の悩みとして多い結露を解決しにくいこともあり、ほとんどの場合は既製品の内窓を使っている。

「岐阜羽島の家」では南北４か所の窓にLow-Eペアガラス入りの断熱内窓「プラマードU」（YKK AP）を取り付けた。なお、北側窓には内窓のさらに内側に目隠しを兼ねるハニカム構造の断熱ブラインドを追加し、断熱を強化している。

Before

壁断熱材

After

天井断熱材

右／外気に接する天井に施工されたボード状の押出法ポリスチレンフォーム100㎜厚

左／外気に接する壁に施工されたボード状の押出法ポリスチレンフォーム40㎜厚

## RC造マンションの各戸のQ値［※］

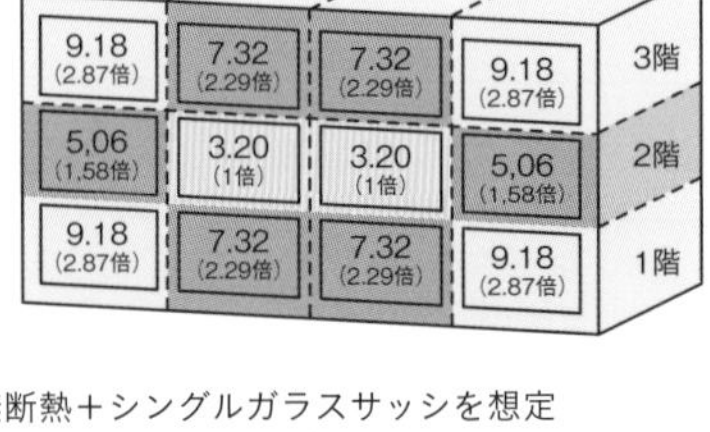
9.18 (2.87倍)
7.32 (2.29倍)
7.32 (2.29倍)
9.18 (2.87倍)
3階
5.06 (1.58倍)
3.20 (1倍)
3.20 (1倍)
5.06 (1.58倍)
2階
9.18 (2.87倍)
7.32 (2.29倍)
7.32 (2.29倍)
9.18 (2.87倍)
1階

※ 無断熱＋シングルガラスサッシを想定

住戸位置による温熱環境の違いを、Q値（熱損失係数）で示した。上下左右を住戸に囲まれ熱を共有できる中住戸と1・3階の妻住戸などとでは、3倍近い熱損失の差があることが分かる

## 中古マンションの築年数ごとの主な断熱仕様

| 築年数 | 断熱仕様 | 特徴 |
|---|---|---|
| **築40年以上**<br>**（初期公団住宅など）** | 無断熱<br>（北面のみ断熱されていることもあり） | 冬場は壁表面に結露が発生することもあり、徹底的な断熱改修が必要。しかし、中途半端な断熱が施されたマンションよりもカビの発生は少ないケースが多い |
| **築20〜40年程度** | 断熱材裏打ち石膏ボード | 結露やカビの発生が最もひどく、断熱改修の相談が多い仕様。木材・GL下地の上に厚さ10㎜ほどの断熱材と一体になった石膏ボードが張られていることが多く、ボードの継ぎ目部分にカビや結露が多発する。既存の断熱材はすべて撤去し、スケルトン状態にしてから断熱改修工事を行う |
| **新築〜築20年程度** | 硬質ウレタンフォーム吹付け | 近年の一般的な仕様。躯体に硬質ウレタンフォームを吹き付け、その上から石膏ボードをGL張りして仕上げている。新しいものほど硬く撤去が難しいので、そのまま利用するのが得策。上からさらに硬質ウレタンフォーム断熱材を吹き付けて強化できるが、GLボンドの耐久性は疑問 |

テーマ8

# マンションでもできるエアコンの全館空調

マンションの冷暖房といえば、特に温暖地においては各部屋にエアコンを設置するのが定番だが、小谷さんのリノベでは独自の方法により、エアコン1台による全室空調を採用する事例が増えている。

マンションでは、そもそもエアコン室外機を置くスペースが限られているケースが多い。また、バルコニー側と廊下側の外壁面にスリーブがあるため、室内機は外壁周辺に設置することになり、「岐阜羽島の家」の子ども室のような住戸中央付近の居室には空調が行き渡りにくい。またトイレや洗面脱衣室などは夏場どうしても暑くなるが、同様にエアコンが設置できず、空調を効かせることが難しい。

そこで、天井裏にダクト型エアコンを設置、そこから夏と冬の2系統にダクトを分け、冬は床下の乾式2重床空間に暖気を送り込んで床下全体を温める全室低温床暖房とする。夏は天井裏に冷気を送り込み、各居室だけでなくウォークインクロゼットやトイレ、洗面などの壁上部に設けたスリットからも冷気が吹き出すようにしている。床下に送り込まれた暖気は窓際に設けたガラリから室内に放出されるようになっているが、このガラリは羽根を90度回転させて夏は閉めることができる、小谷さん考案のもの。

なお、この方式の場合、壁掛け型のエアコンに比べると暖房も冷房も立上りに時間が掛かるため、付け始めのタイミングが難しく、基本的に真夏と真冬は24時間連続運転をしてもらうようにしている。もちろん、十分な断熱補強や通風に配慮した間取りも全室空調を効果的に運用するうえで欠かせない。

バルコニー側の掃出し窓手前の障子の上部に設けられたガラリ。天井裏からの冷気を室内に放出する

## ダクトエアコンによる全室空調

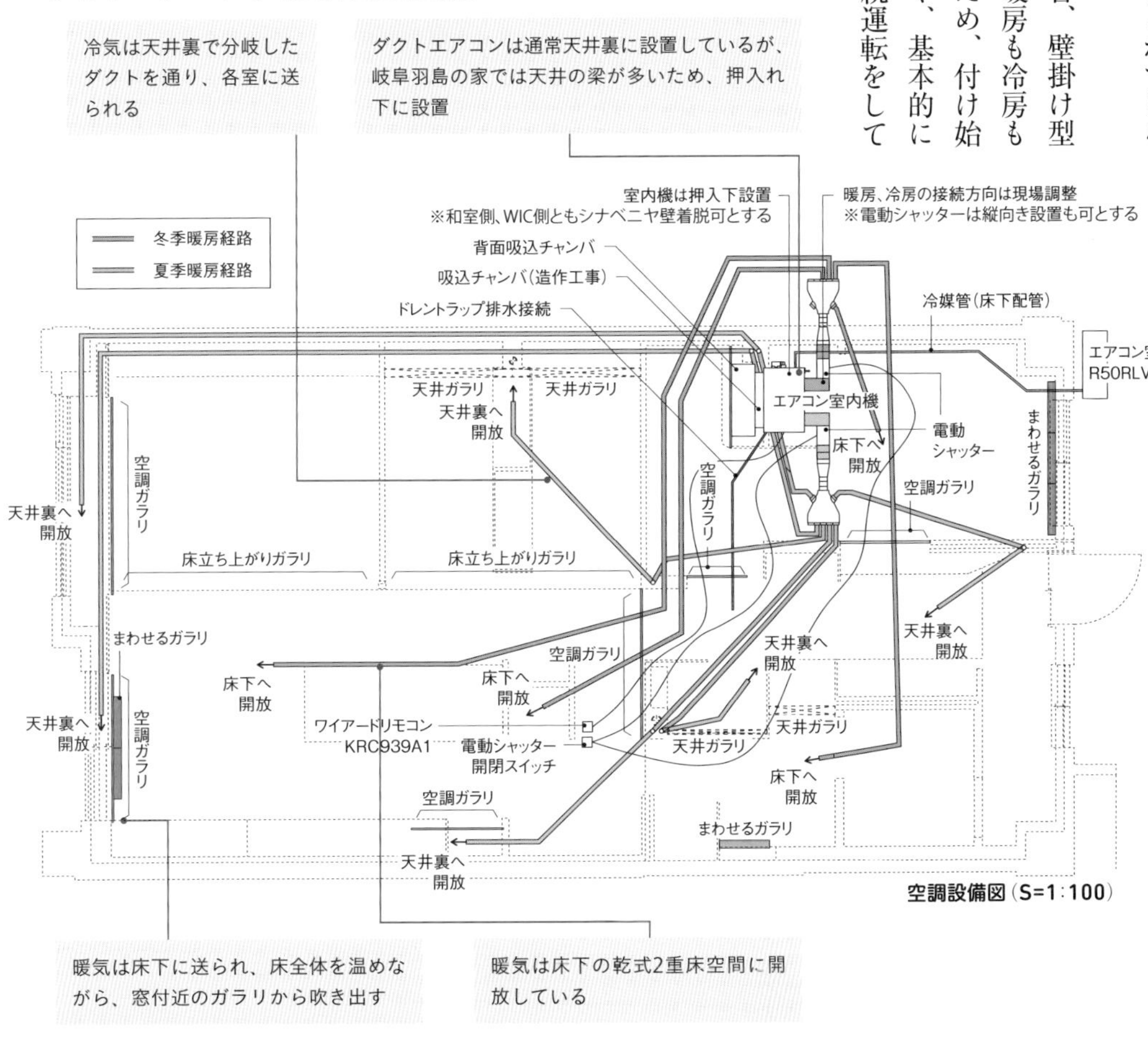
冷気は天井裏で分岐したダクトを通り、各室に送られる
ダクトエアコンは通常天井裏に設置しているが、岐阜羽島の家では天井の梁が多いため、押入れ下に設置
冬季暖房経路
夏季暖房経路
室内機は押入下設置
※和室側、WIC側ともシナベニヤ壁着脱可とする
暖房、冷房の接続方向は現場調整
※電動シャッターは縦向き設置も可とする
背面吸込チャンバ
吸込チャンバ(造作工事)
ドレントラップ排水接続
冷媒管(床下配管)
エアコン室外機
R50RLV
天井ガラリ
天井裏へ
開放
天井ガラリ
エアコン室内機
電動
シャッター
床下へ
開放
まわせるガラリ
空調ガラリ
空調ガラリ
天井裏へ
開放
空調ガラリ
床立ち上がりガラリ
床立ち上がりガラリ
天井裏へ
開放
まわせるガラリ
空調ガラリ
天井裏へ
開放
床下へ
開放
床下へ
開放
天井裏へ
開放
天井裏へ
開放
空調ガラリ
ワイアードリモコン
KRC939A1
電動シャッター
開閉スイッチ
天井ガラリ
天井ガラリ
床下へ
開放
空調ガラリ
まわせるガラリ
天井裏へ
開放
空調設備図(S=1:100)
暖気は床下に送られ、床全体を温めながら、窓付近のガラリから吹き出す
暖気は床下の乾式2重床空間に開放している

右／リビングとダイニングの床の段差を利用してガラリを設置
中央／掃出し窓に接する床面に設置されたガラリ。窓際はコールドドラフト(冷気)が起こるため、ガラリを設けるのが望ましい
左／和室の板間に設置されたガラリ

# 戸建てリノベこそエコハウスに

古建築の廃材を収集・販売のほか、デザインを手がける空間に活用してきた
リビルディングセンタージャパン（以下、リビセン）が、
近年取り組んでいるのが、中古住宅のエコハウスリノベ。
快適な住み心地とサスティナブルな暮らしを両立するその取り組みを紹介する。

撮影：古厩志帆　　取材・文：編集部

上／リビセンの店舗。2階はアンティーク雑貨・家具、古道具、布や服、古建具、ガラスなどを陳列
下／1階には古材（板材）が大量に陳列されているほか、入口正面にはリサイクル雑貨を並べ、その奥にはカフェを併設

## テーマ1
# 古材を使ったDIYや空間を提案する

リビルディングセンタージャパン（リビセン）は、長野県諏訪市にある建材のリサイクルショップ。アメリカ・ポートランドの「本家」リビルディングセンターを見学した空間デザイナーの東野唯史さんは、広大なスペースにあらゆる建築廃材を幅広く陳列し、地域に開かれたDIYの拠点となり、サスティナブル建築の可能性を広く発信し、多くの人たちの共感を得ているこの施設の姿に感動。帰国後改めて「本家」に連絡をとり、名前の使用許可をとったうえで2016年より運営を始めている。

リビセンの業務の大きな柱は古材・古道具の収集と販売だ。収集は「レスキュー」と呼ばれ、諏訪エリアを中心に車に乗って1時間程度で移動できる範囲を中心に、解体する住宅の古材や古道具、古建具などを独自の審美眼でセレクトし、購入している。購入した古材などは延床面積1千㎡超の巨大な店舗で陳列・販売。建築のプロから、併設するカフェに訪れた一般のお客まで、幅広い層が利用している。

### レスキューした古材を使って デザイン性に優れた空間を提案

古材・古道具は、リビセンのもう1つの柱である空間設計やリノベーション事業にも使われている。そもそもは、東野さんが空間デザイン会社を退職、独立して店舗の設計を行う際に、少ない予算で質の高い内装仕上げを考えていたところ、素材としての古材の面白さとサスティナブル性に着目し、積極的に活用していたのがきっかけ。

リビセン設立後は、デザインを手がける店舗の内装や造作家具などに積極的に採用。古材や古道具、古建具ならではの味わいのある質感やデザイン、不ぞろいな色合いが、インテリアのアクセント、ひいては「リビセンらしい」空間の大きな要素となっている。

3F 3階は椅子や古道具などが陳列されており、正面の扉の奥にはワークショップスペースがある

テーマ 2
# 価値のある建築廃材をレスキューして再利用する

古材・古道具のレスキュー（収集）は、リビセン設立当初から行っている。住宅の解体情報は、所有者らが直接リビセンに連絡してもたらされることが多い。本家リビセンの知名度もあって、設立当初にテレビや雑誌に多く取り上げられたため、長野県内では「建築廃材を引き取ってくれるところ」として広く認知されている。

そして、連絡をくださった所有者に電話やメールなどを通じ、解体する住宅で使われている内装材や古道具などの情報を収集、リビセン内で十分吟味したうえで再利用の価値があると判断したら直接現場に足を運び、現地で再度確認したうえでレスキューしていく。

### 使い勝手のよいのは板材

レスキューの対象になるのは、床材、家具、建具、雑貨類など。床材は使い勝手がよく解体もしやすいので、無垢材で極端な劣化がみられなければレスキューの対象となる。

建具は主にガラス框戸や板戸など。ガラス框戸の木部の劣化が激しい場合は、ガラスだけを外してレスキューすることもある。また、障子などは要望もあるが、細い部材で構成されているため破損していることが多く、また大きさもあるうえに複数枚で使うものであることから再利用の場が限られるので、敬遠することが多い。構造材も障子同様に設置場所に困るうえに、ニーズもかなり限定されるため、レスキューの対象から外している。

レスキューする住宅の築年数には制限がない。築年数が浅くても、質のよい無垢の床材を使っていればレスキューの対象になる。また、先代から引き継いだ古道具や古雑貨などが納戸などに眠っている場合もあり、これは築年数に関係ない。

レスキューしたものは清掃・補修し、あるいは単体もしくは複数の素材を組み合わせた別製品として加工を行い、リビセンで販売されるほか、リビセンが設計する空間の仕上げや家具などに使用される。

なお、リビセンではほかのＤＩＹショップ同様に有償で各種加工を行うほか、古材を使って家具をつくるなどのワークショップも定期的に開催している。

上／1階の古材陳列エリア。収集した建築ごとに板材が分けられている
中央／2階の古建具の陳列エリア。需要があるのかガラス框戸や板戸が中心
下右／ワークショップで製作するテーブル。初心者でも古材と簡単な部品を使って家具をつくることができる
下左／2階のガラス陳列棚。アンティークガラスは人気があり、建築以外の用途にも利用される

LKDからロフトを見る。ロフト側は増築部分。床は解体時の床下地とほかの建物から出た板材をランダムに並べたもの

「富士見の家」のLDK。天井の黒い梁は95年前のもので、その下の新しい梁はリノベ時に補強のために追加したもの

テーマ3

# 古材を使って暖かな住空間をつくる

「リビセンエコハウス」内観
（撮影：ReBuilding Center JAPAN）

諏訪エリアの住宅は、温熱環境の点では決して恵まれているとはいえない。高断熱高気密住宅が普及し始めたのは今から10年前。それ以前の住宅の多くが薄い断熱材と隙間が目立ち、築30年を超えると無断熱だったりもする。暖房についても断熱性能が低いため、なかなか暖かくならないエアコンより、短時間に狭い範囲を暖かくする灯油ストーブのほうが主力である。したがって、東野さんも断熱性能が貧弱な既存住宅のリノベには消極的であった。

しかし、友人である「暮らしかた冒険家」の伊藤菜衣子さんが、断熱改修した家で快適な暮らしをしていることを知り、リノベの可能性を感じ、独学で勉強。断熱改修を組み込んだ既存住宅のリノベを考えるようになった。

その実例第一号となったのが、東野さんの自宅である「リビセンエコハウス」だ。古い中古住宅を購入し、柱や梁、屋根と小屋組だけの状態になるまで解体して、現行の建築基準法の性能を満たすように構造補強。さらに断熱性能に関してはHEAT20G2程度まで高め、エアコン1台程度の設備で室温の差が家全体にほとんどない快適な温熱環境を実現した。また、中古住宅から出た廃材や、リビセンでレスキューした古材を内装の仕上げや造作に有効活用し、リビセンらしいシャビーで美しい空間をつくり上げている。

## 広い家を部分リノベする

今回取材したのは、その第3弾である「富士見の家」。こちらは長野県諏訪郡富士見町の郊外の田園地帯

Before

右／リノベ前の建物外観。外壁の張り替え以外は大きな変更はない
中央／リノベ前の部屋。典型的な田の字形の和室
左／北側のキッチン。床下や壁の劣化が著しく、リノベ時に解体した

**間取り解説**

## リノベ前の住宅

外観の形状はリノベ後とほとんど変わっていない。内観は建具で仕切られた農家らしい間取り。

# 「富士見の家」のBEFORE·AFTER

**建築概要**

構造:木造平屋
竣工年:1925年·1975年
改修年:2020年
改修前1階床面積:130.01(39.33坪)
1階床面積:81.15㎡(24.59坪)
ロフト床面積:16.52㎡(5坪)
延床面積:97.67㎡(29.59坪)
家族構成:夫婦
工期:113日
設計·施工:
リビルディングセンタージャパン＋
スワテック建設

劣化の激しかったキッチンとボイラー室は解体

この部分は1975年ごろの増築エリア

余分だったこの部分はリノベせずそのまま残した

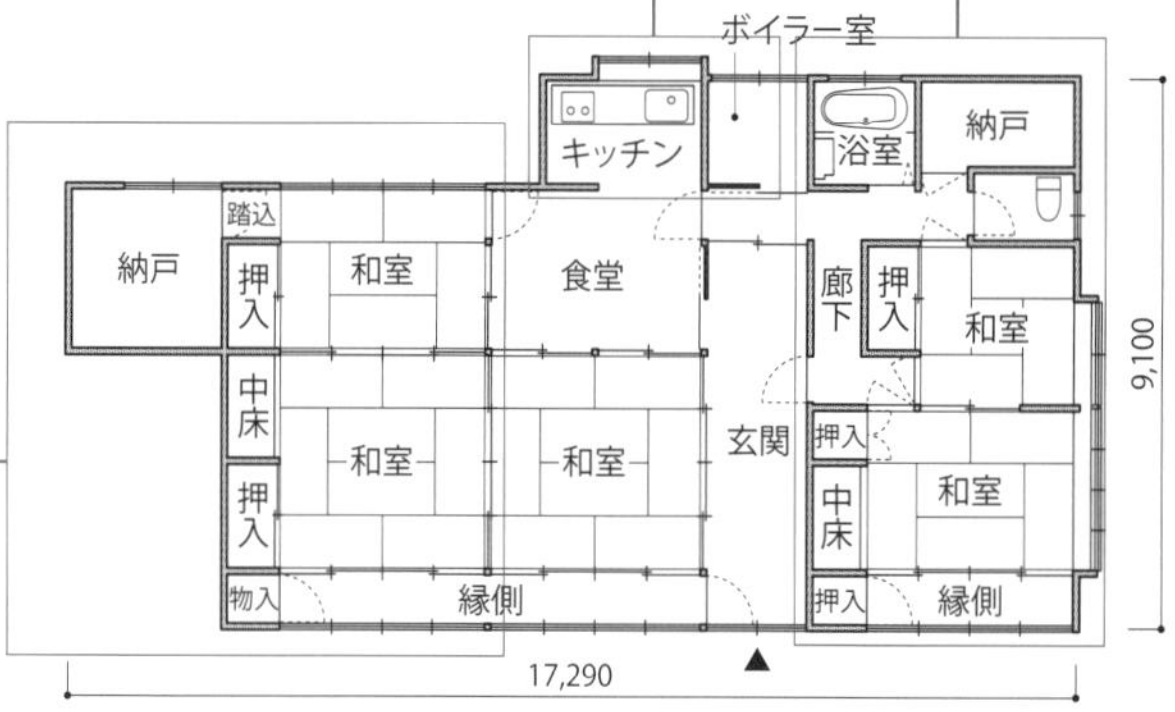

**Before**

**平面図(S=1:250)**

広い土間があり、建具で仕切られた田の字形の和室をもつ農家らしい間取り。

在宅作業に適した書斎

LDK部分は天井を剥がして大正時代の小屋組を見せる

未解体部分との間仕切には断熱材を充填そのまま残した

寝室、ウォークインクロゼット、洗面脱衣室とつながる生活動線

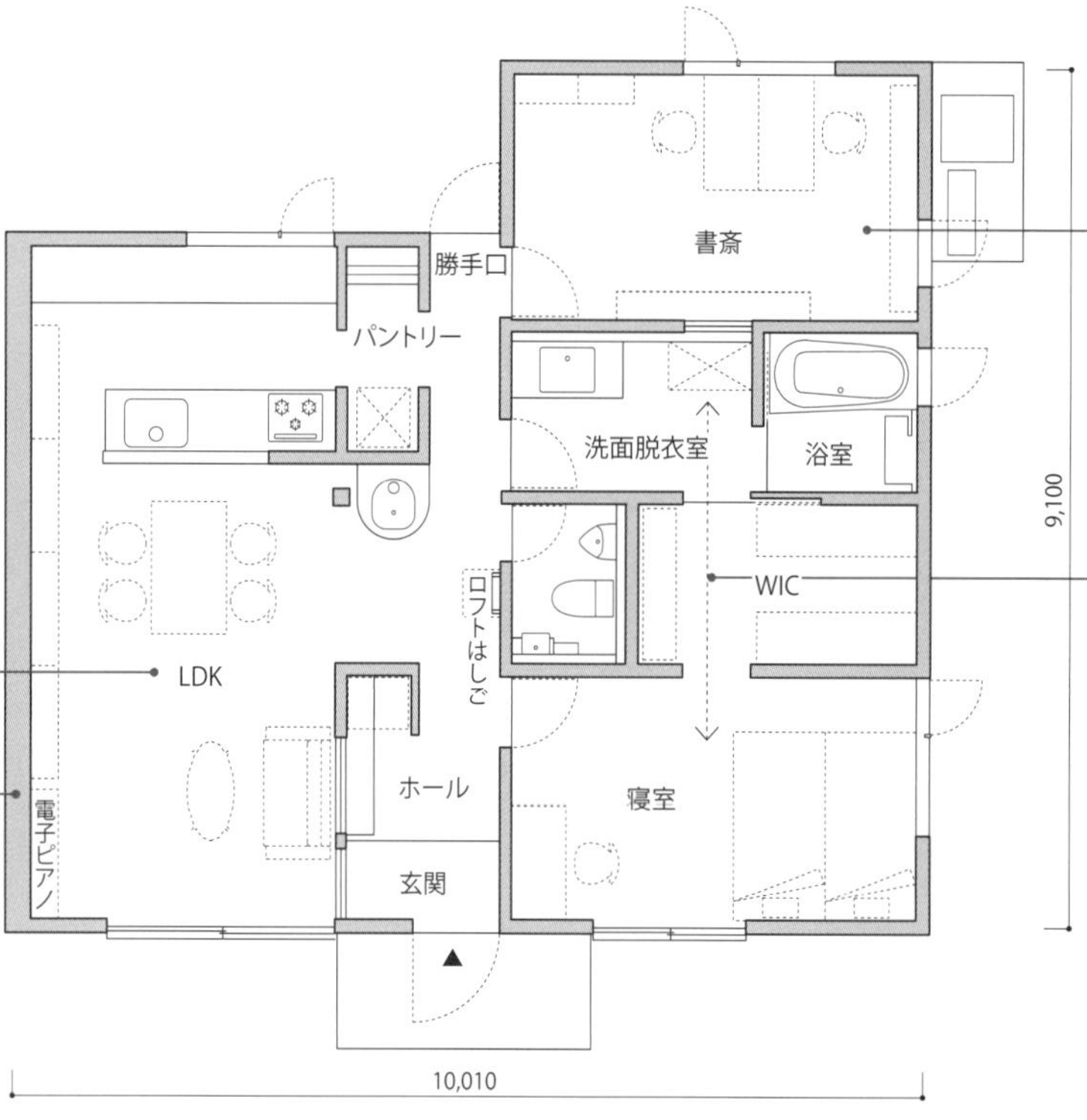


**After**

**平面図(S=1:125)**

建物全体の2／3程度を部分リノベ。コンパクトながら十分な生活スペースを確保している。

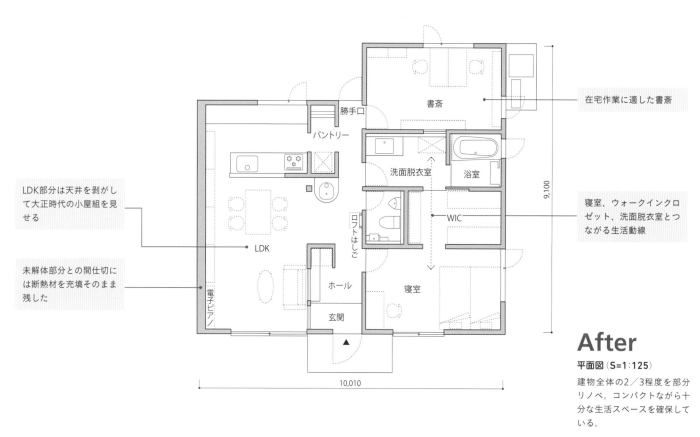

に建つに建つ「富士見の家」は、築95年（1925年築）の中古住宅をリノベーションしたもの。建て主は長野県長野市からの移住者で、奥さんがリビセンにお客としてたびたび来訪するなかでリビセンエコハウスの存在を知り、新築を考えていた自宅の選択肢として検討。その後、東野さんと打ち合わせを重ねながら実際にリビセンエコハウスを訪問するなどして、既存の住宅や建材を無駄なく生かし、暖かく快適な住宅をつくるという考え方に共感し、同様のコンセプトで家づくりを行うことになった。

購入した中古住宅は築年数こそ古いものの、1975年ごろに増築が施されており、床面積は約130㎡、建て主夫妻で住むにはやや広い。また、予算も限られていたため、建物全体ではなく全体の2／3程度をリノベーションすることになった。

したがって、建物の2／3程度のエリアに限定して、壁や床、天井を解体。屋根や小屋組を残して、すべての仕上げ・下地を解体した。その際に傷みがひどくない床下地材や一部の木製建具などはレスキューし、リノベ時に再利用することにした。

## 既存構造を生かしつつ現行建基法をクリア

柱と梁、土壁で構成された既存躯体は隙間が多く、断熱材も外壁のサイディングの裏側に薄い断熱材が張り付けられている程度であった。キッチンや浴室のある北側部分の足元では腐朽が進んでいたものの、そのほかの部分は劣化や腐食は進んでいなかった。そこで、北側部分の一部は減築して、残りの既存の柱、梁、小屋組はできるだけ生かすこととし、上部構造については間取り変更に伴う構造補強と金物の取り付けのみを施工。下部構造は基礎のみ石場建てだったのを、床下高さがなかったために逆梁としたベタ基礎を打ち直したうえで床下地を組み直し、現行の建築基準法をクリアした。

断熱性能はリビセンエコハウスと同様にHEAT20G2基準としたが、富士見町は標高が1千m前後と高く、省エネ基準の地域区分が3地域に該当するため、$U_A$＝0・28W

**外観**

既存の形状をそのまま残した外観。壁は板張りにやり替えたが、鉄板屋根は既存を塗り直している。

上／外観全景。壁は板張りに、屋根は既存の屋根に塗装を施した。左奥には物置小屋がある
下／外観正面。サッシや玄関などは断熱性の高い製品に差し替えている

**LDK**

時代を感じさせる小屋組を露出したLDK。左官仕上げの壁や古材の床など、見どころも多い。

右／キッチンからリビングを見る。天井まで塗り上げた左官と床に張った古材が美しい。左手奥の廊下から玄関につながる
左上／キッチンから廊下を見る。左のキッチン収納は製作品で、天板には古材を使用した
左下／天井の小屋組。間接照明になるように、照明を梁の天端に設置している

右／ロフト内部。ロフトの天井は左官仕上げ、床はスギ板張りとした
中央／廊下から玄関を見る。目の前に見えるのはロフトに上がる梯子
左／洗面脱衣室。洗面台も製作し、天板に古材を使用

## 個室・ロフト

個室や洗面化粧室はシナ合板張りなど比較的簡素な内装。ロフトはLDKの屋根と連続するため、左官仕上げとしている。

／㎡Kとかなり高い性能が要求された。

ここでは熱還流率に優れた現場発泡ウレタンを使い、リノベエリアの天井、床、壁に吹き付けることで、高い断熱性と気密性を確保。また、断熱上の弱点となる外気に面する窓には、アルゴンガス入りトリプルガラスの樹脂サッシを、玄関の扉にも断熱材を充填した断熱ドアを採用している。なお、冷暖房ともにエアコン1台で十分に対応可能だが、ここでは建て主の希望で薪ストーブを導入している。想定では、冬寝る前に3時間ほど運転すれば、1日中快適に過ごせるという。

間取りは既存間取りから大幅に変更している。ただし、昔ながらの建具で囲まれた部屋が中心であったため、既存の壁を壊したというより、新たに壁を足したところのほうが多い。西側半分は対面のキッチンとしたLDKとし、東側半分は南側から寝室、ウォークインクロゼット、洗面脱衣場と浴室、書斎とした。また、個室エリアの上部にロフトスペースを設け、収納などさまざまな用途に活用できるようにしている。

### DIYの左官と古材で内装を仕上げる

LDKの内装は、床を古材仕上げ、壁と天井を左官仕上げとした。床材には解体時に出た既存床下地材と、リビセンがストックしている板材を使用、異なる樹種の板材の寸法をそろえ、ランダムに並べて仕上げた。

壁と天井の左官仕上げは、リビセン社員の実技指導による建て主のDIY。既調合漆喰と既存住宅から出た土壁の土を現場調合したものを左官材として使用し、下地処理が施された石膏ボード下地の上からコテで3㎜程度の厚さに塗り込んだ。技術の粗さが見えないように、コテムラを残しながら仕上げるのがポイントだ。土壁の色や粒、混ぜてあったスサなどが表面に露出し、生成色の柔らかな印象に仕上がる。なお、東側の個室はシナ合板仕上げやDIYによる塗装が中心。限られた費用のなかで内装もバランスを取っている。

家具は、リビセンが木工の作業場を備えているため、今回もキッチンの収納棚を製作、富士見の家に導入している。キッチン収納棚は天板と引出しの面材に古材を使用した。

まだ竣工して間もないため、初めての夏と冬をこれから迎えるところだが、夏も朝方の20℃以下の冷たい空気を取り込めば日中でも涼しく過ごせるのではないかという。冬も最低気温はマイナス15℃まで気温が下がるが、日中は日差しに恵まれるため、暖房いらずに過ごせそうである。

## 家具

家具はリビセンの作業場で製作。カウンターなどには古材を活用。

右／リビセン内に設けられた作業場。ここで床材の加工から家具製作まで行う
左／キッチン収納詳細。天板だけでなく引出しの前板にも古材を使用した

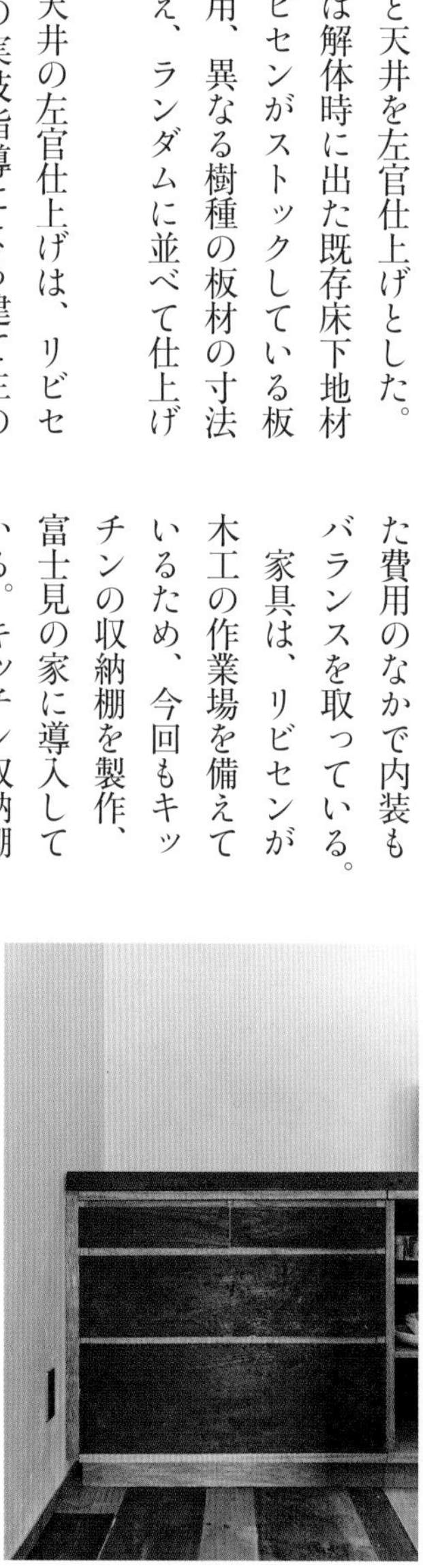

**板材**

板材はさまざまな用途に使えるため、ストックが多い。

右／リビセンに陳列された板材。値段だけでなく、収集した場所や日付、建築情報なども記載されている
中央／使いやすいように規定寸法に加工された板材も販売している
左／富士見の家の床詳細。幅木も含めて同じ色の古材が隣り合わないように並べている

テーマ4

# 古材や古建具をひと工夫して住宅に用いる

解体した住宅で最も入手しやすく使い勝手のよいものが、板材である。主に床材や家具材、和室や玄関の造作材などからレスキューできる。また、土台や大引、柱材などでも質がよいものであれば加工して板材として使うことがある。

板材はそのまま使うこともあるが、床板に使う場合は、必要な寸法に加工して使うことが多い。リビセンの場合は、平滑な下地を組んでから床板を張っていくので、モルダーを使って厚さをそろえながら平滑に挽いていく。ただし、古材のテクスチュアを生かすため、裏面のみプレーナー仕上げとして、表面の凸凹は残しながらサンダー掛けとしておく。

富士見の家では、解体時に出た既存床下地材のうち破損やゆがみのなかったものと、リビセンがストックしている板材を使用。既存床下地材の厚さ11㎜に合わせて古材を加工し、幅も100・130・170・200・230・260㎜と6つに分けて挽いた。

幅寸法だけでなく、リビセンから持ち込んだ板材も複数の解体現場のものであるため、板ごとに色味や木目も大きく異なっているが、同じ幅のものが並ばないように、できる限りランダムになるように並べることで、リビセンらしいヴィンテージ感のある床に仕上がっている。なお、板材の表面は古材の質感を損なわないように自然塗料のオイルで仕上げている。

## 古建具を生かす寸法の考え方

古建具は主にガラス框戸や板戸などをレスキューするが、そのままで使えることはほとんどない。まず、最も多く手に入る古建具は内部建具（引戸）や外部建具（引違い戸）などだが、4枚引きのものが多く、その場合柱心で2間（3636㎜）に4枚納めるため、1枚当たりの幅が850〜900㎜程度のものが多く、開き戸や引戸として柱心910㎜に1枚で使うには納めにくい。したがって、トイレや洗面所などの入口に使われる1枚引きの引戸として使われていた、幅が770㎜前後のものを積極的にレスキューし、活用している。

一方、古建具の高さは総じて1750㎜程度のものが多く、現代の建物に使われる建具の高さとしてはかなり低い。そのため、実際に建築に採用する場合は上框や下框に材料を継ぎ足す加工を行って、高さを増している。なお、上框に継ぎ足し加工を施すと目の高さに近いこともあり、継目が目立ちやすい。特にデザイン的な理由がなければ下框だけに継ぎ足し加工を行うようにしている。

リノベ前の「富士見の家」でも古建具が大量に使われていたが、リノベ後の住宅の寸法に当てはめられるものは少なく、幅が770㎜の2枚のガラス板戸のみ採用した。ただし、この古建具も高さは1718〜1650㎜だったので、下框に木材を継ぎ足し1900㎜の高さにして使用した。

なお、古建具に使われる建具枠などは、既存住宅から出た木材やリビセンでストックしていた古材を加工して使用している。使い込んだその風合いが古建具によくなじむ。

**古建具**

古建具をLDK廻りに採用。建具だけでなく、枠廻りの古材でつくる。

右／古材を使った建具枠。右はサッシの額縁、左は古建具の枠
中央／玄関ホール。古建具の腰窓がインテリアのアクセントになっている
左／既存の建具を再利用したドア。高さが足りないため材料を継ぎ足しているのが分かる

# 古民家は「バランス」が大事

古民家には、現在の住宅では表現できない文化的な美しさが存在する。
しかし、広すぎる床面積や長期使用による経年劣化、使いにくい間取りや
住宅として不足する性能など、問題点も少なくない。
この長所・短所の間でどうバランスを取って古民家を再生するか、
古民家リノベを数多く手がける輝《てる》建設にその勘どころを聞いた。

撮影：杉野圭　取材・文：編集部

輝建設の事務所のある「石切ヴィレッジ」敷地内に建つ古民家モデルハウスの土間から式台、和室を見る。江戸時代に代々庄屋を務めていた家の母屋（築260年）を輝建設がリノベしたもの。天井や壁を剥がし、新築当時の内装を復元

古民家モデルハウスの和室。田の字形4間に和室が並び、それぞれが建具で仕切られる典型的な古民家の間取り。建具はできるだけ修理して再利用している

テーマ 1

# 木の家工務店が古民家リノベに取り組む理由

「石切ヴィレッジ」全景。手前の建物は築50年の松下1号型住宅を改装した事務所棟、その奥が築260年の母屋、左手が築90年の離れ

輝《てる》建設は、大阪府東大阪市の工務店。代表の小原響さんは2代目で、古民家リノベは先代から続く事業の柱である。もともとは先代より27年にわたって無垢の木材を使った家づくりを行っていたが、20年前に竣工見学会で古民家リノベの相談を受け、無垢材や木製建具の扱いに慣れていたこともあり、実際に請け負うことになったのが、その始まり。

初めての古民家リノベは、古民家本来の木組や意匠を生かしながら、無垢材や木製建具を使ってリニューアルするなど、建て主にとっても望外の仕上がりとなった。以降、この1棟が実績となり、建て主の紹介のほか、口コミやホームページ経由で次々と依頼が舞い込むようになっていった。

輝建設のある東大阪市を含む中河内エリアや、隣接する奈良県平野部は、古くからの農村地域で、築１００年超の古民家が数多く点在している。したがって、古民家として価値のある建物も多く、「残したい」「住み続けたい」「購入して新たに住みたい」と考えている建て主が一定数存在しており、古民家リノベのニーズもある。もちろん、現存する古民家の多くが、長期使用による劣化、構造など諸性能の低さなど、さまざまな問題を抱えているため、建築費が高額になりやすくすぐにリノベへとつながるわけではない。しかし、建築的・文化的価値のある古民家を次世代に引き継ぐために、小原さんはこれからも積極的に古民家リノベにかかわり続けていく。

新設した柱

根継ぎ部分

右／劣化した床束は新しく材を継ぎ足して補修する
中央／石場建ての木製の束は腐朽や蟻害を受けやすい。可能であれば鋼製束に変更したい
左／古民家は柱や梁が足りないので、適宜追加する

**劣化箇所の補修**

腐朽や蟻害が多く見られる束や土台・大引、柱脚などは、構造上の観点からも必ず補修しなくてはならないため、建築費増加の要因となる。

テーマ 2

# 高額になりやすい建築費 その原因を理解する

古民家、特に郊外に残る農家の古民家の建築費が高くなる理由はいくつか存在する。最大の理由は、延床面積の大きさだ。輝建設がリノベを手がけるような古民家（母屋）の延床面積は180㎡前後とかなり大きい。したがって古民家の床面積は、現在の木造住宅の平均を120㎡とすると約1.5倍になるわけで、同じような構造補強や断熱補強をしたり、床や壁、天井などを仕上げたりするだけで、建築費もそれぞれ1.5倍に増えてしまう。もちろんこれは母屋だけの話で、古民家の場合、敷地内に蔵など複数の建物が建っているケースも多く、それらもリノベするとなるとさらに床面積が増えてしまう。また、同じタイミングでリノベをしないとしても、定期的な補修やメンテナンスは欠かせないうえ、最終的に解体するにもそれなりの費用は発生する。

そもそも古民家のモジュールが大きいという問題もある。これは京間（本間）が使われる関西以西の古民家に限定される話なのだが、

京間の3尺955㎜は現在の3尺910㎜に対して約5%長く、1坪（畳1枚分）で見ると1910×955＝3.65㎡に対して現在の畳の寸法1818㎜×910㎜＝3.3㎡と約1割も面積が増えてしまう。また、材料費が単純に1割増えるだけではなく、合板や石膏ボードなどの規格品を使う場合は、安価な三六版や四八版ではなくメーターモジュールを使うことになるので、それによるコスト増も発生する。

## 必ず必要な劣化の補修

必ずかかってしまう費用が劣化部分の補修である。100年を超えるような古民家であれば、必ず何らかの不具合が発生している。代表的なものが、浴室やキッチンなどの水廻りの床組や壁組の劣化。特に在来工法の浴室であれば高い確率で劣化が見られ、相応の補修が必要になる。

そのほか、建物の長期自重や不同沈下による傾きの修正、屋根や壁、窓廻りの漏水箇所の補修、シロアリによる蟻害の補修や駆除などなど、さまざまな工事が発生する。特に漏水やシロアリの被害などは、非破壊検査ではなかなか発見できないうえに、見積もり後の工事で発覚することも多い。利益の圧迫や追加費用の徴収、それに伴う金銭トラブルにつながることもあるため、建て主への事前説明の徹底や余裕のある予算組をするなど、対策を講じておく必要がある。

建具の修理や調整も古民家には欠かせない工事である。古民家の多くは壁となる部分に建具が使われているため、その数は膨大になる。また、建具の多くには年相応の破損が発生しているうえに、長年の荷重によって建付けも悪くなっている。建具は使えないと意味がないので、建具工事にも相応の費用が発生するのだ。

このように古民家には、内外装や水廻りの設備をやり替えたりする前に必ずやらなければならない工事が存在する。その費用が数十万円で済むことはまれで、数百万円から1千万円近くかかってしまうこともある。これらが建築費をさらに増大させてしまうため、古民家リノベは高い割に仕上がりがもう1つになりがちな要因となっている。したがって、古民家リノベでは建築費についての事前説明や見積りがとても重要なのである。

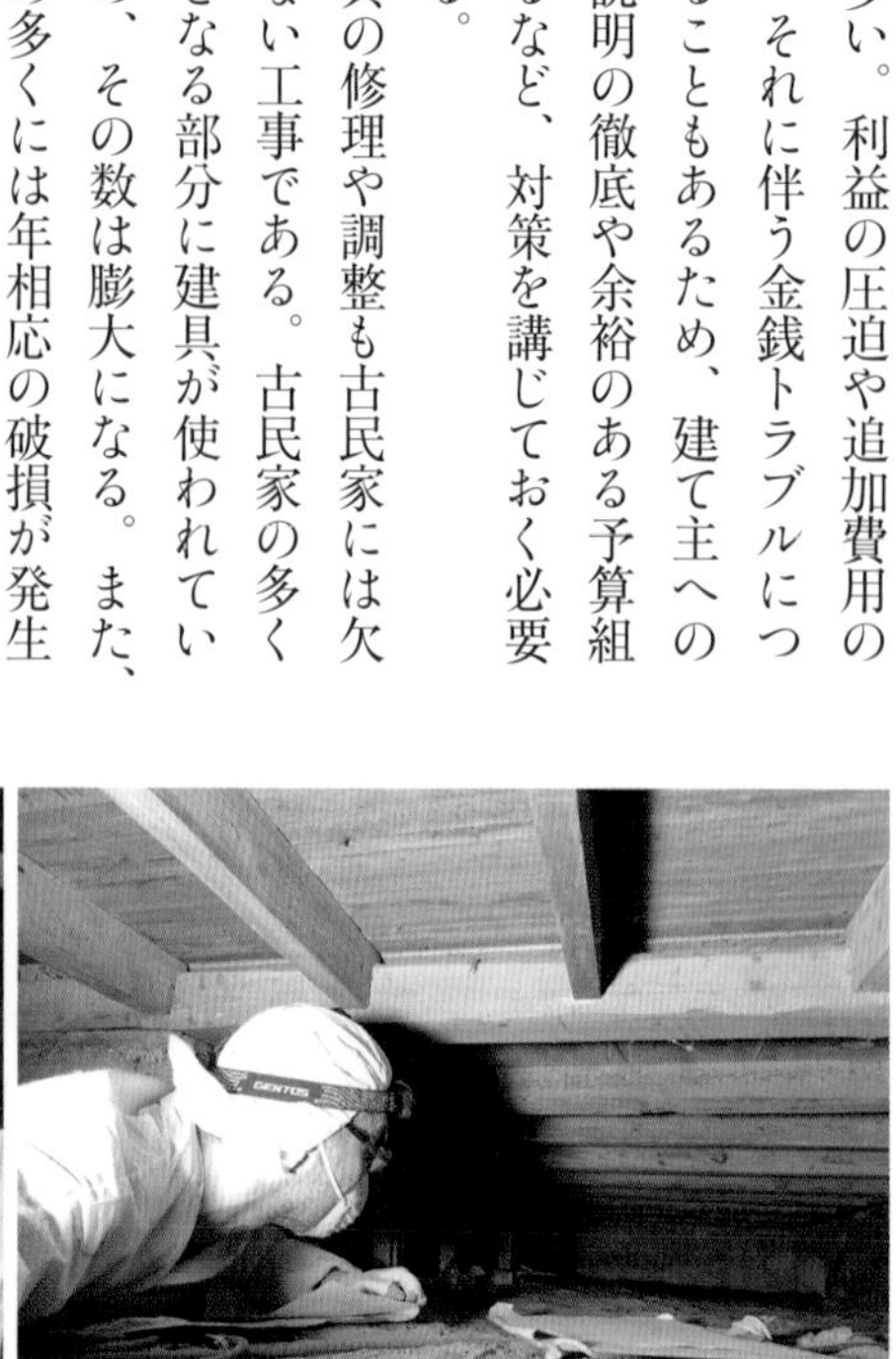
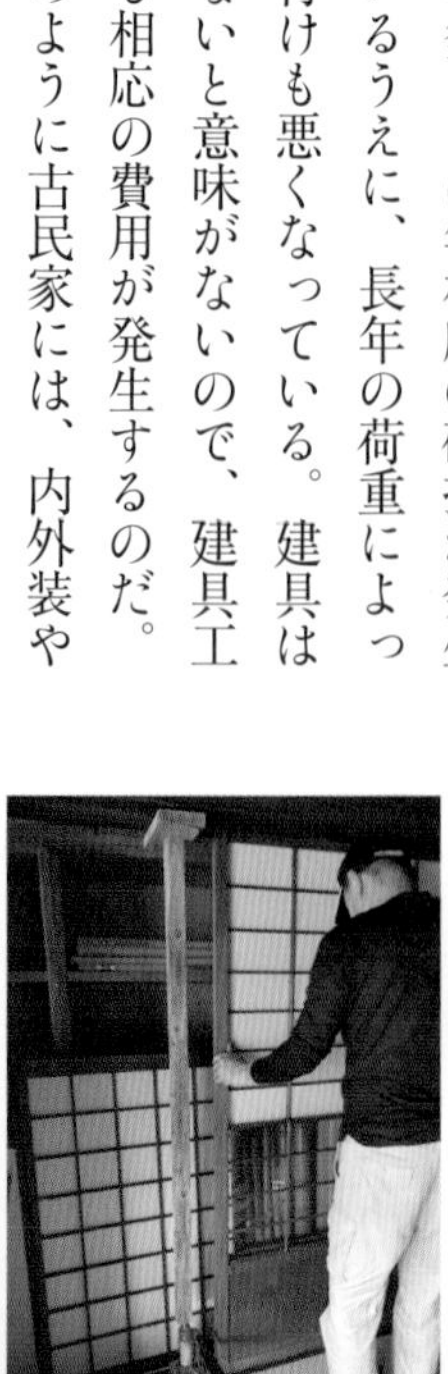
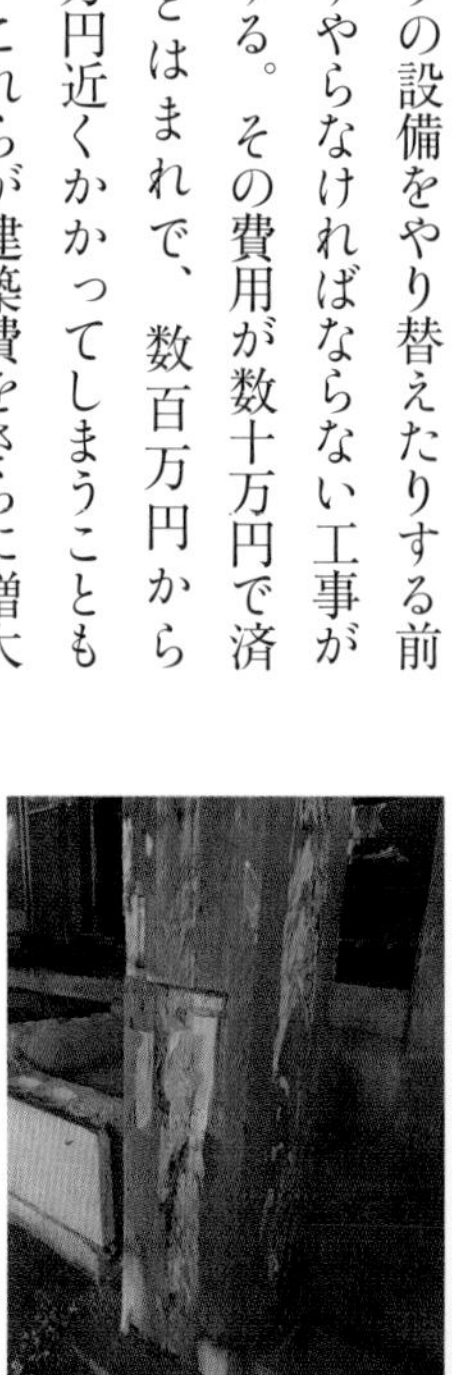

右／見積もり前に必ず行う床下検査。一番不具合が多い箇所なので、必ず確認する
中央／建具の建付け調整はほぼ発生する工事。枚数が多いだけに相応の手間がかかる
左／柱に見られた表面の腐朽

テーマ3

# 町並み保全エリアなら数百万円超の補助金がある場合も

古民家リノベはどうしても高額になりやすいが、補助金を使って費用を抑える方法も存在する。最も利用しやすいのが、全国の自治体に用意されている耐震改修補助制度である。ただし、上限は50万円。新耐震以前の高度成長期の木造住宅を前提とした制度であり、補修も含めて数千万円が必要となる古民家リノベでは、雀の涙程度にしかならない。

ただ、これは自治体が限られてしまうが、伝統建築の保存や街並み保全を目的とした補助金も存在する。主に古民家や町家が多いエリアや、観光エリアを抱える市町村に設けられているものだが、補助となる金額も数百万～1千万円と高額であり、リノベの足しとして十分な金額を得られる。

補助金の申請には、指定された書類や図面、写真などの提出が求められており、これは自治体により異なる。さらに、補助金の件数も限られており、古民家の多いエリアなどでは申請がすぐに締め切られたり、順番待ちだったりすることも多いようである。

また、伝統建築の保存や街並み保全が目的であることからも分かるように、これらの補助金の多くが建築当時の仕上げや外観などのデザイン、構造などに対する制約が設けられている。基本的には地域の伝統的な古民家の仕様に合わせるかたちになる。なお、補助金としての緊急性はそれほど高くないため、制度がすぐに廃止されたり、急に復活したりすることが間々ある。補助金制度については、行政と定期的に連絡・確認しておくとよいだろう。

「生駒の古民家」のリノベ前の外観。サッシや玄関ドアを替えた程度でほとんど変わっていない

右／長屋門から見た「生駒の古民家」。緑豊かな植栽の隙間から母屋の屋根が見える
左／「生駒の古民家」の母屋のファサード。窓はシングルガラス入りアルミサッシからペアガラス入りアルミ樹脂複合サッシに差し替えた

右／「生駒の古民家」の玄関。正面の靴箱は新たに製作したもので、建具は小さな仏間に使われていたものを再利用した
左／リノベ前の小さな仏間。建具は右写真の靴箱に流用

## テーマ 4
# 古民家の主役、古建具は使いやすい

構造以外の部位の再利用で、最も使い勝手がよいのが古建具である。古民家全体を見ても、職人による細工が念入りに施されている部位であり、古民家の壁の大半が建具でできているため、古民家らしい内装の主役でもある。また、古建具の多くが各地域の伝統的なモジュールに沿ってつくられていたため、たとえば同じ地域であれば転用も容易だ。何より、現在の技術では再現不可能、もしくはかなりの手間を必要とする細工が施されているため、古建具そのものに極めて高い価値があり、新築の住宅や店舗に採用するだけでも内装の雰囲気を一変させる力がある。

**古建具を家具に組み込む**

小さな仏間に使われてた古建具を、新たに造作した玄関の靴箱の引戸に使用。

新設部分

右／リノベ前の玄関。既製品の引戸が納められている
中央／リノベ後の玄関。別の古民家から収集した板戸を補修・加工して引戸とした
左／鎌錠を取り付けるために、木材を付け足して竪框の幅を広げた

**既製玄関戸を古建具に変更**

古民家の雰囲気に合わせて、既製品の玄関引戸を別の住戸から収集した古建具に差し替えた。

もともと建てつけられていた古建具をそのまま再利用する場合は、基本的に建付けの調整や補修だけでよい。ただし、外壁側であれば多少なりとも気密性向上のためにピンチブロックやモヘヤを入れる必要がある。また、ガラス戸の場合は割れを、障子の場合は破損をそれぞれ考慮して、アクリル板などに差し替えることも多い。欄間などは断熱のためにアクリル板などでふさぐこともある。

新築や建具がなかった場所に古建具を使う場合は、基本的には建具の寸法に合わせて開口寸法を決める。もちろん、関西の建具の場合、高さが1730㎜程度なので、頭をぶつけてしまう場合もある。したがって、古建具の下框に木材を継ぎ足して十分な高さを確保する。

なお、玄関戸などで古建具を再利用する場合、鎌錠など現代の錠前はそのまま使えないことが多い。生駒の古民家では、建具の框の幅を伸ばして錠を取り付けるスペースを設けたが、同様に建具側で何らかの造作が必要になるだろう。

「石切ヴィレッジ」敷地内に建つ蔵。内部には古民家から収集した古材や古建具などがストックされており、古民家リノベなどに使用される

## 住戸の古建具を再利用

既存の建具が使えない場合や見栄えが悪い場合は、ストックしていた別住戸の古建具を再利用することがある。

右／渡り廊下に設置された古建具の引戸。建具に高さがないので、それに合わせて建具枠も低い位置に設置されている
中央／古民家でもともと使われていた引戸の板戸を開き戸に替えて流用したもの
左／トイレのドアにも古建具を採用。高さが足りないため、下框に木材を継ぎ足している

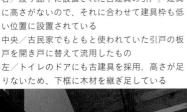

テーマ 5

# まずは気密工事から始める

古民家リノベに限ったことではないが、古い木造住宅特有の問題として、断熱・気密性能の不足による「寒い」「暑い」の問題がある。一般的な戸建住宅であれば適切な断熱補強を施せば改善が見込めるが、床面積や気積の大きい古民家では、その費用もかなりかさむことになる。また、古民家は劣化や不具合の修繕にも相応の費用がかかるために、住環境改善に欠かせない断熱補強とはいえ、予算を十分に割けるわけではない。

## 断熱工事より気密工事を重視

そこで輝建設では、とにかく気密性能の改善に力を入れている。具体的には、目視できる隙間などをシーリングや現場発泡ウレタンなどで埋める作業を行う。この作業は大工が造作工事をしている際に簡単に行えるので、大きな手間にはならない。また、屋根裏に入る際には天井と壁の隙間や壁の上部に、ポリエチレンシートや気密テープ、シーリングによって気密を高める措置を施す。古民家は断熱性能以前に床・壁・天井の隙間を通って外に逃げてしまう熱の量が大きいので、気密工事のメリットはかなり大きい。

2階建てや平屋でも天井が仕上げてあれば、2階や小屋裏の気密性能を捨てて、1階の天井部分で気密性能をしっかりと確保することを選択するケースが多い。この場合は、2階の床板や床下地のジョイントを、シーリングもしくは気密テープで埋める。天井をやり替えるのであれば、気密シートを張るのが最適である。さらに予算があれば、グラスウールなどの断熱材を敷くか、セルロースファイバーなどを吹き込んでもよいだろう。

床をやり替えるのであれば、床の断熱・気密工事を行うとよい。床を剥がした際に、根太間に押出法ポリスチレンフォームなどを充填する。根太は45㎜角のものが多いが、床板を再利用した場合の反りを考慮して、5㎜の余裕を取れるよう40㎜厚のものを使っている。そして、その上からポリエチレンシートを敷くか、不陸が心配な場合は根太と断熱材のジョイントに気密テープを張るもしくはシーリングなどすれば、床の断熱・気密を比較的簡単に確保できる。床面積が大きいためそれなりに費用はかかるが、建て主が触れる床は断熱性能向上を体感しやすいので、コストパフォーマンスは悪くない。

さらに欠かせないのが、壁の上下と床、天井の取合いの気密である。壁の内部に隙間があると、気流が発生しやすく、床下の冷たい空気を壁内に取り込み、部屋が暖かくならない原因となる。また、壁と床、天井の隙間も同様に床下の空気を室内に引き込む一方、室内の暖かい空気を小屋裏に逃がしてしまう。これらの隙間も気密シートや気密テープ、シーリング、現場発泡ウレタンなどを使って、しっかりとふさぐことが

**壁の気密工事** 土壁の際は隙間だらけ。さらに壁と床、壁と天井の隙間や、壁の上下の隙間も埋めなくてはならない。

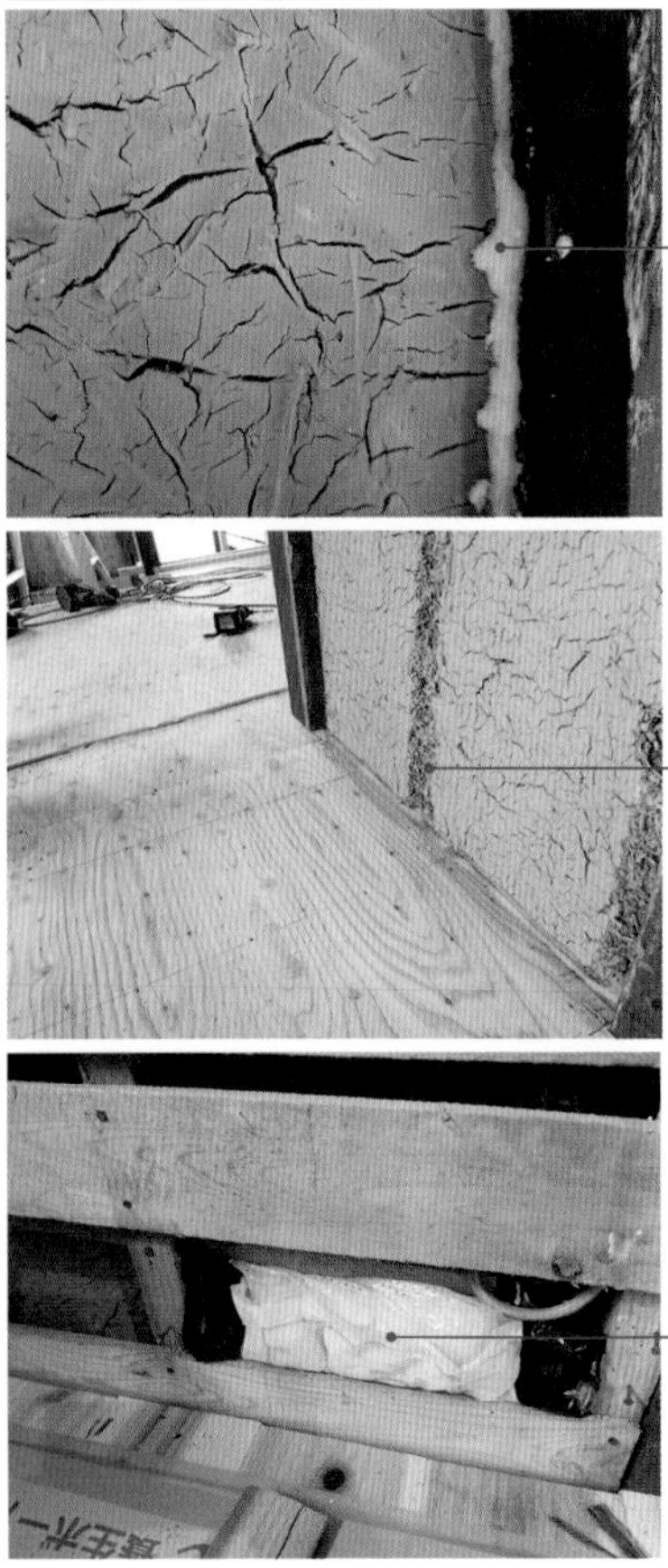


上／土壁と柱の隙間に現場発泡ウレタンを充填
中央／土壁と床の隙間にシーリングを充填
下／壁の下にある隙間を埋めるために断熱材を入れた袋を詰めている

**床断熱** 床は常に触れる場所なので、断熱効果が大きい。床は剥がすことが多いので、必ず断熱材を入れたい。

大引の間に充填された床断熱材。ここでは大引間に施工した合板の上に断熱材を敷いた

重要になる。

### 予算やデザインに応じた窓の断熱補強

そして、床、天井と併せて可能な限り行いたいのが、窓（建具）の断熱性能強化である。一番簡単なのは、障子をガラス障子にして、そこを断熱・気密ラインとする方法。安全性や動かしやすさを考えて、実際には和紙の代わりにアクリル板を張ることが多いが、これだけで体感の寒さはやや改善する。なお、欄間部分が抜けてしまっていることがあるので、こちらもアクリル板でふさいでおきたい。

とはいえ、断熱強化としてはこれだけでは不十分。実際にはさらにサッシを取り替えたり、既存建具に内窓を取り付けたりすることが多い。前者の場合は、外周部のシングルガラスのアルミサッシや木製建具を、ペアガラスの断熱アルミサッシ以上に取り替える。既存が木製建具だった場合は古民家らしい外観が若干損なわれるものの、気密も含めた断熱性能は格段に向上する。

後者の場合は、外壁に面した木製建具・サッシの内側や、縁側・外廊下の内側に設けられた障子の外側に窓を設置する。どこに設置するかは内観や外観の見え方や間取りで決めるが、古民家らしい雰囲気を損なわずに窓の断熱性能を強化することが可能だ。

壁の断熱補強は、予算の都合もあり、実施しないことが多い。ただし、古民家では左官壁と柱の間に隙間が生じていることが多く、シーリングなどで隙間を埋めるか、左官仕事があれば、作業時に隙間を埋めてもらうとよいだろう。

## 床と天井の気密工事

床下の外気が室内に入らないよう、室内の暖かい空気が屋根裏から外に逃げないように床と天井の気密工事は欠かせない。

上／気密をとるために2階の荒床下地の目地に気密テープを張っている
下／予算があれば、天井下地の下から気密シートを張ることもある

## 窓の断熱補強

古民家はとにかく窓が多い。窓辺は寒さを感じやすい場所でもある。意匠を考えながら、さまざまな方法で断熱補強しておきたい。

上／ガラス建具の外側に既製品の断熱内窓を設置した例。ここでは縁側を外に見立てて断熱ラインを設定した
中央／欄間も外側からガラスをはめ込み2重ガラスに
下／内側の和室から見たガラス建具と欄間。見た目を損なわずに断熱性能を強化できた

COLUMN

### 赤字にならないための実測・設計・見積りの事前徴収

古民家は、建築費が通常の木造住宅のリノベに比べて高額になりやすく、内装や設備などのやり替え以外の費用の割合も大きい。したがって、古民家リノベの相談・依頼から実際に契約・実施に至る割合は決して多くなく、特に、高額な建築費や費用の割に新設できる範囲が限られるといった費用対効果の面で、キャンセルになってしまうことが多いようだ。

一方で、建築費を見積もるのには相応の手間がかかってしまう。現地での劣化具合の調査のほか、図面がない場合は現地での実測と図面作成、リノベ後の設計提案などをして、ようやく見積りが行えるのだ。延べ人工にして20日ほど。それほど手間をかけたにもかかわらず、キャンセルの割合が高いとなると、経営面への影響はとても大きい。

したがって、輝建設では数年前から現地での実測に3万円、現地での精密な調査と設計提案、概算見積りの提出に20万円を事前に支払ってもらうようにしている。こうすることでキャンセルの割合を減らすことができ、多少なりとも社員の手間に対して対価を確保することができている。古民家リノベでは、実測や見積りに費用を設定することが必須といえる。

テーマ 6

# 既存間取りをできるだけ生かす

古民家の間取りは地域によって多少異なる点もあるが、建具で仕切られた畳の部屋が田の字状に並び、端に土間や炊事場（キッチン）、玄関などがあり、外周を廊下、縁側が囲み、母屋の中心から離れた場所にトイレや浴室があるのが一般的である。現代の住宅のようなＬＤＫもなければ、プライバシーが確保された個室なども存在しない。

　したがって古民家リノベでは、この間取りを現代人が生活しやすく変更することになるのだが、実は大幅に壁の位置を変えることはあまりない。

　古民家リノベは全体的に費用がかかる。そのため、できるだけ既存の間取りを生かして無用なコストアップは避けたいのだ。耐震改修などがままならないこともあるため、壁や柱の位置を変更することで既存の構造に新たに負荷を加えたくないという思いもある。また、建具に囲まれた畳の部屋こそ、古民家らしい内装ともいえ、建て主の多くはそのような雰囲気を残したいと考えており、実際の田の字部分の間取りはいじらないことも多い。

　同様に、玄関も古民家でいちばん見栄えのよい場所であり、残したいと思う建て主が多い。玄関の位置を変えることで、既存構造への負荷だけではなく、外装全体も大幅に工事しなくてはならなくなること、また補助金の規定によっては外観の維持が求められることもあるため、大きく手を入れないことが多い。

　したがって、既存の間取りを生かしながら、住みやすいようにリノベをすることになる。コストを抑えるには、トイレや浴室、台所といった水廻りを含め、間取りをほとんどいじらないことが上策だ。トイレや浴室が家の端にあるため、必ずしも使いやすい間取りとはならないが、田の字の部分は建具で仕切られているので、建具を一部取り払うことで、ＬＤＫのような場所をつくることができる。キッチンも既存の台所の範囲のなかでリビング側に向けて対面型に配置するなどすれば、かなり今どきの住空間になる。

「生駒の古民家」の和室から庭を見る。この和室のみリノベ前の古民家の雰囲気をできるだけ残すよう配慮して、床も畳敷きのままとした

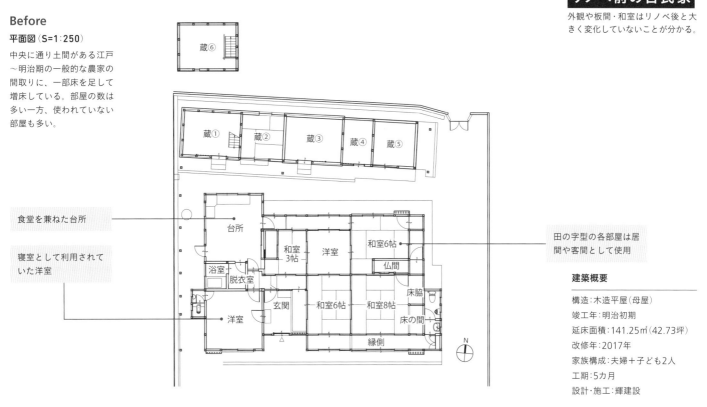

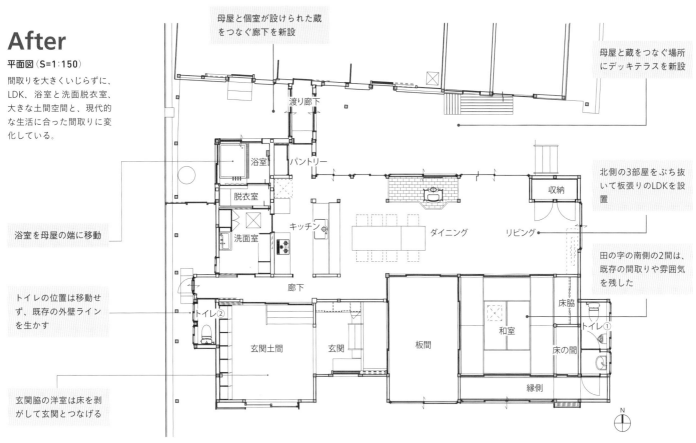

母屋

Before

蔵

右／リノベ前の古民家（母屋）全景。写真には写っていないが、母屋の裏に蔵、手前に長屋門がある
中央／リノベ前の和室から玄関方面を見る。手前の部屋をリノベしたものが右頁下の写真である
左／母屋と蔵。路地にはリノベ後に渡り廊下と大きなデッキテラスが設けられる

# 「生駒の古民家」のBEFORE·AFTER

**リノベ前の古民家**

外観や板間・和室はリノベ後と大きく変化していないことが分かる。

## Before

**平面図（S=1:250）**

中央に通り土間がある江戸～明治期の一般的な農家の間取りに、一部床を足して増床している。部屋の数は多い一方、使われていない部屋も多い。

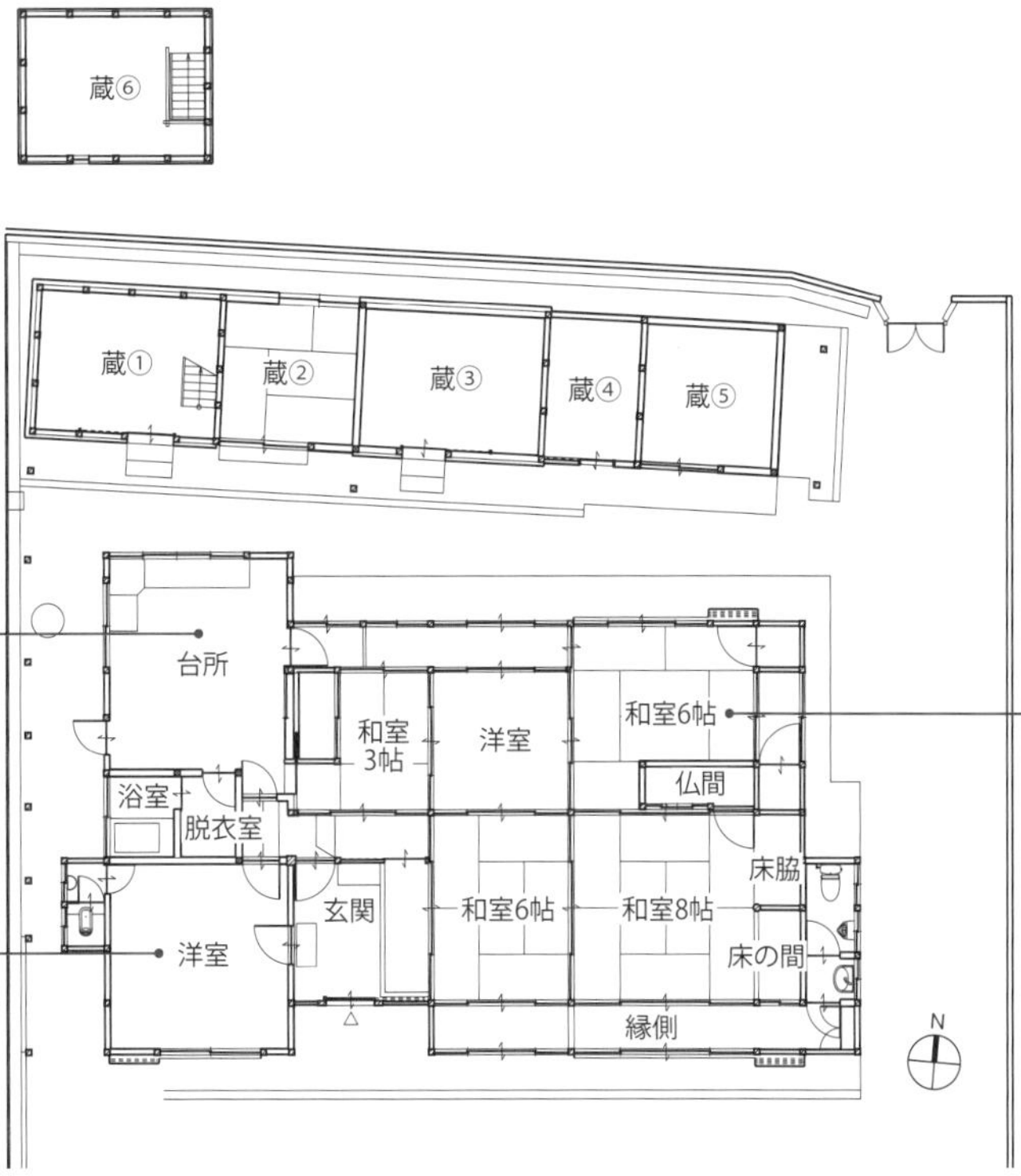

蔵⑥
蔵①
蔵②
蔵③
蔵④
蔵⑤
台所
和室
3帖
洋室
和室6帖
仏間
浴室
脱衣室
床脇
玄関
和室6帖
和室8帖
洋室
床の間
縁側
N


食堂を兼ねた台所

寝室として利用されていた洋室

田の字型の各部屋は居間や客間として使用

**建築概要**

構造：木造平屋（母屋）
竣工年：明治初期
延床面積：141.25㎡（42.73坪）
改修年：2017年
家族構成：夫婦＋子ども2人
工期：5カ月
設計・施工：輝建設

## After

**平面図（S=1:150）**

間取りを大きくいじらずに、LDK、浴室と洗面脱衣室、大きな土間空間と、現代的な生活に合った間取りに変化している。

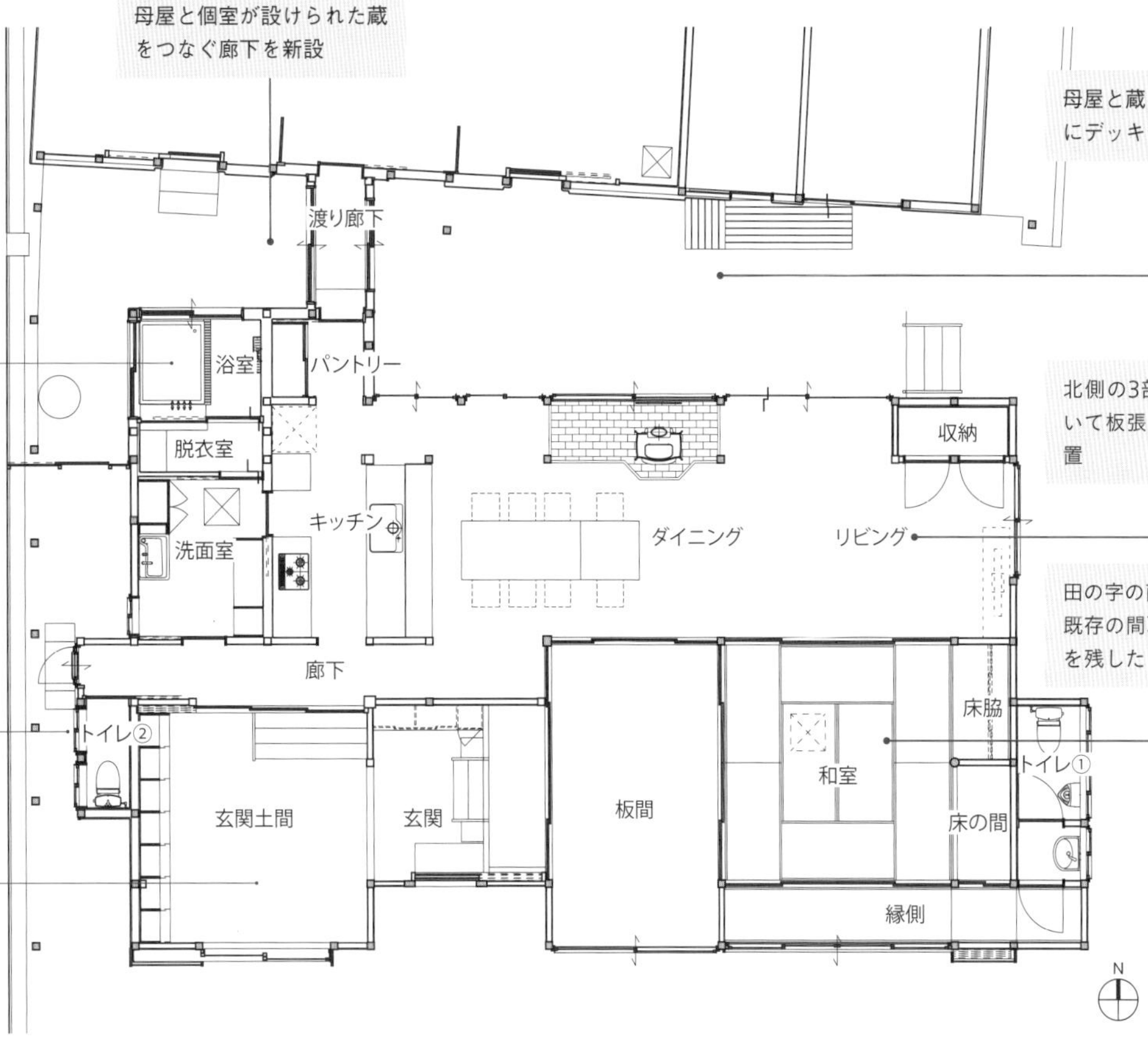

渡り廊下
浴室
パントリー
収納
脱衣室
キッチン
ダイニング
リビング
洗面室
廊下
床脇
トイレ②
トイレ①
和室
玄関土間
玄関
板間
床の間
縁側
N


母屋と個室が設けられた蔵をつなぐ廊下を新設

母屋と蔵をつなぐ場所にデッキテラスを新設

北側の3部屋をぶち抜いて板張りのLDKを設置

浴室を母屋の端に移動

田の字の南側の2間は、既存の間取りや雰囲気を残した

トイレの位置は移動せず、既存の外壁ラインを生かす

玄関脇の洋室は床を剥がして玄関とつなげる

上／板間から庭を見る。もともとは田の字形の和室の1つであったが、縁側とつなげて床も板張りに変更した
下／上の写真の板間と取り合う和室で、36頁の和室と同じ部屋である。床の間の意匠はリノベ前のものをそのまま生かした

**板間・和室** 田の字形の和室の南側の2室は、もともとの部屋の広さを残しながらも、和室・板間とは異なる雰囲気の2部屋に振り分けた。

右上／ダイニングから北側の窓を見る。奥に見えるのが個室棟となった蔵。正面の薪ストーブはダッチウエスト社のもの
右下／リビングから東側の庭を見る。襖の奥は右隣の写真の和室へとつながる
左／リビングからダイニング、キッチンを見る。キッチンやテーブルは造作で製作したもの

梁に取り付けられたライティングレール。照明は後から取り付けにくいので、柔軟に照明位置を変えられるライティングレールは重宝する

**LDK** 田の字形の和室の北側の部屋をつなげてLDKにした。もともと建具で仕切られていただけなので、大きな部屋への変更は比較的容易。

## 水廻りの配置を整理して使い勝手を向上

「生駒の古民家」も既存の間取りはほとんどいじらずに、2部屋分の畳をつなげたリビング、縁側を取り込んだ板間を設け、キッチンの位置をリビングに面するように既存の台所からややはみ出した場所に移動。浴室も中央寄りから外側に移動した程度の変更しか行っていない。既存の間取りで、キッチン、洗面室、脱衣室、浴室は1カ所にまとまっていたため、建具の位置を調整することで、水廻り動線の使い勝手は向上した。古民家の雰囲気を残しながらも生活しやすい現代的な間取りとなった。

なお、「生駒の古民家」も母屋以外に敷地内に蔵や長屋門をはじめとして複数の建物が建っている。母屋の裏手にある蔵は子どもや奥さんのための個室に、手前の離れは旦那さんのための個室に、それぞれリノベーションしている。プライベートゾーンということもあり、壁や天井などは合板仕上げや塗装仕上げ、床はJパネルをそのまま仕上げとして使うなどかなり簡略化しているが、母屋のパブリックゾーンと間取りがうまく住み分けされており、広いながらも快適な住み心地が確保できているようだ。

### 玄関土間

板間の床を剥がして隣り合う玄関とつなげ、大きな土間スペースをつくった。

右／玄関土間から庭を見る。右側の土間は、もともと床が張ってあった床を剥がして土間空間とした。半屋外エリアとして多目的に使用できる
左／玄関土間から室外側を見る。右奥にキッチンが見える。正面の古建具の裏は洗面室

### 浴室と個室

母屋の北側はプライベートゾーンとした。浴室も母屋の北側に設置。

右／母屋と蔵をつなぐ渡り廊下。奥には母屋のキッチン、玄関先の庭が見える
中央右／台所だった場所に新設された浴室。脱衣室との仕切りにはポリカーボネートが使われている
中央左／母屋と蔵の間の路地に設置されたデッキテラス。バーベキューなどセカンドリビングとして活用される
左／蔵の中は個室に改装された。各部屋とも壁はラワン合板張り、床はJパネル張りなど、簡素な仕上げに

**リノベ後断面図（S=1：150）**

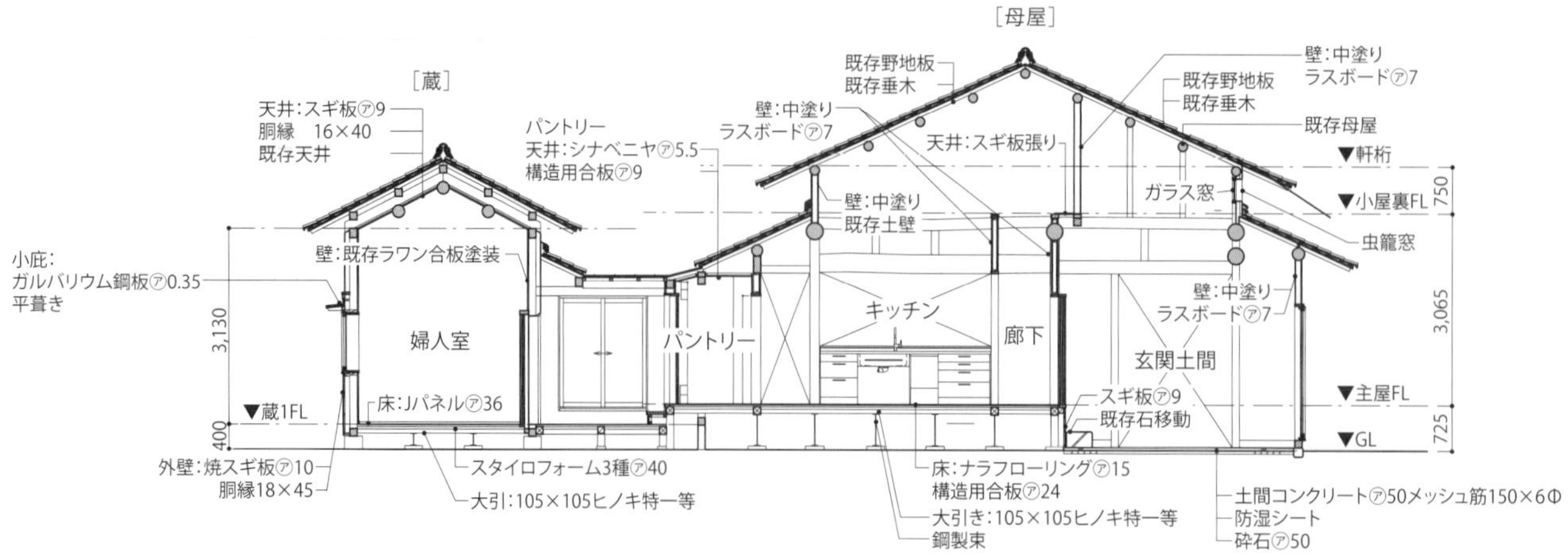

chapter

# 2

# リフォームの実務ノウハウ大公開

リフォームを希望する客とはどういう人なの？　流行のデザインとはどういうものなの？

古い木造住宅やマンションの間取りはどこをどうやって改善すべき？

営業・プレゼンは？　クレームや工事の騒音対策は？　安くリフォームする方法は？

リフォームの業務にまつわる、さまざまな疑問やノウハウを徹底的に解説する。

# 今どきのお客が求めるリフォーム空間とは何か

リフォームは既存建物やコストの制約から、
新築以上に理想と現実がせめぎ合う。定額制プランはその落としどころを
上手くとらえたものだが、市場の拡大により、そこに納まらない客層が増えてきた。
その新しい落としどころが「デザインリフォーム」である。

## テーマ1 お客の要望は［攻め × 守り ＝ 現実］で考える

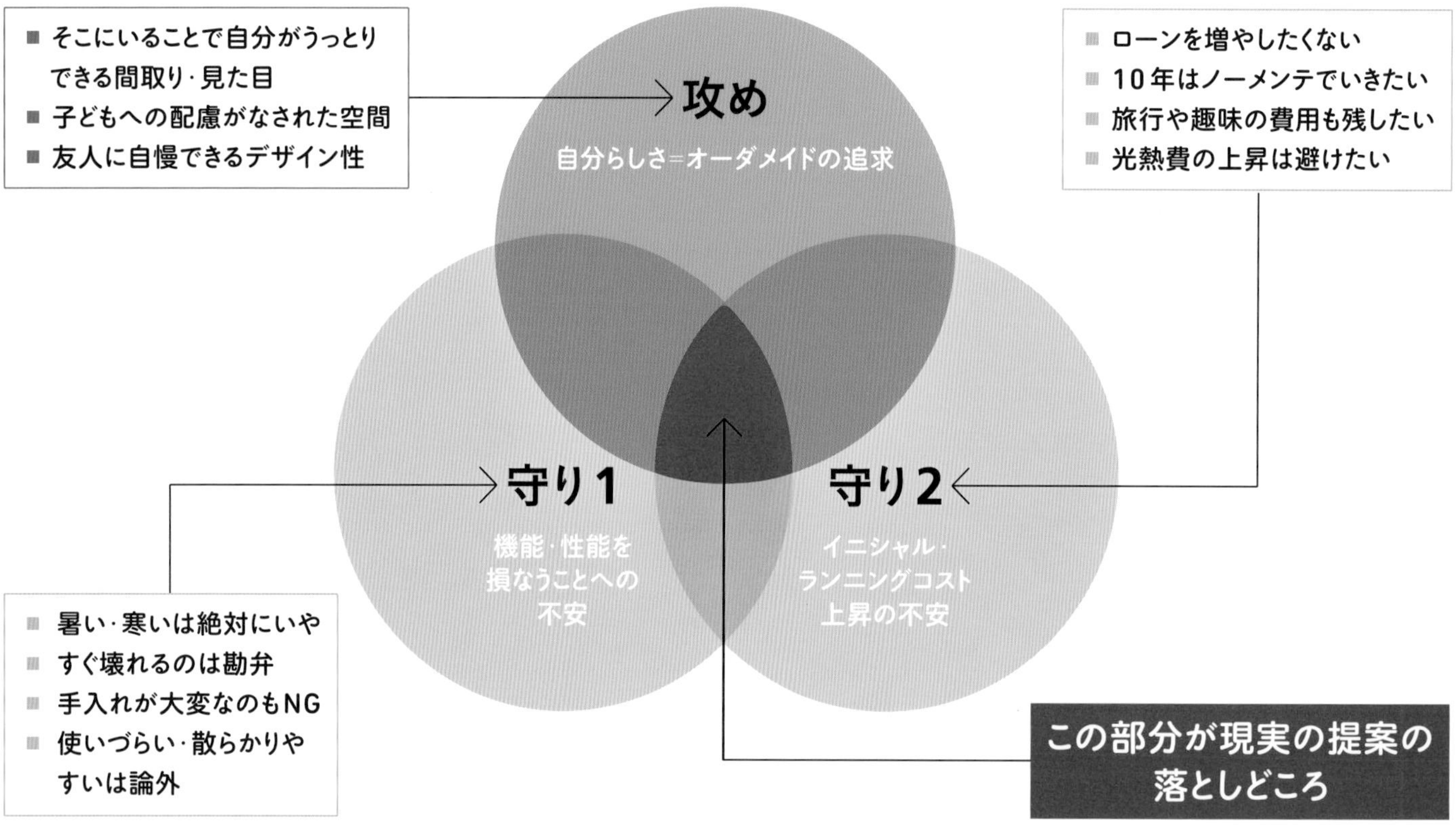

■ そこにいることで自分がうっとりできる間取り・見た目
■ 子どもへの配慮がなされた空間
■ 友人に自慢できるデザイン性
攻め
自分らしさ＝オーダメイドの追求
■ ローンを増やしたくない
■ 10年はノーメンテでいきたい
■ 旅行や趣味の費用も残したい
■ 光熱費の上昇は避けたい
守り1
機能・性能を損なうことへの不安
守り2
イニシャル・ランニングコスト上昇の不安
■ 暑い・寒いは絶対にいや
■ すぐ壊れるのは勘弁
■ 手入れが大変なのもNG
■ 使いづらい・散らかりやすいは論外
この部分が現実の提案の落としどころ


大規模リフォーム、なかでも「デザインリフォーム」の範ちゅうに入るものは、単なる機能回復ではなく、新居を求める感覚で行われる。したがって、いまどきの家づくりにおけるトレンドはすべて求められる。もちろん、昨今の建築技術を用いればたいていのことが実現できるが、リフォームには大きな壁がある。言うまでもなく予算である。

### 資金力にかかわらず予算を大事に

新築ではなく大規模リフォームを選択する理由は明確である。新築ほどはお金をかけたくないのである。リフォーム費用としては、新築の7割程度が最大値だ。資金力の大小にかかわらず、「予算の上限」という制約要素は、リフォームでは最優先される。新築のようにそれを超えてまでやりたいことを実現しようというケースは少ない。これがリフォームの特徴の1つだ。

もう1つが機能や性能を損なうことへの不安だ。現代建築では、目視によって正確な現状把握を行うことはむつかしい。また、既存建物と手を入れた部分の継ぎ目が弱点になる。さらに、既存建物の断熱性能などが現状の住宅の水準より低いという事情もある。

そのため、大胆に手を入れすぎる

## プランに関するナチュラルリフォームの［攻め・守り・現実］

| 攻め | お客の採用度 | 守り | 現実 |
|---|---|---|---|
| パーティができて子どもに目が届くアイランドキッチンが入ったワンルームのLDK | ★ | ・キッチンが丸見えで片付けが大変<br>・においが部屋中に充満する<br>・高価な仕上材を使う面積が増えて予算が上がる | ・それほど客も来ないし、家族がそろってまともな食事をするのも週末くらい。よって、作業台兼カウンターをダイニングとの間に置いたセミクローズドキッチン+オープンLDで十分。それだとキッチン廻りの仕上げも簡素で済む |
| LDKからつながる飲食ができるウッドデッキやサンルーム | ▲ | ・とにかくお金がかかる<br>・メンテが大変 | ・「とりあえずなくても生活できるので必要なときにつくればよい」と自分を納得させられるので中止 |
| ごろごろできて洗濯物がたためる畳の部屋 | ★▲ | ・実際相応に使用頻度があるか<br>・実際使わない部屋を掃除したくない<br>・とにかくお金がかかる | ・3畳程度の畳スペースをリビングの一角に設ける程度でも実用性十分。仕上げ・造作も簡素化できる<br>・さらにぶっちゃけると置き畳をホームセンターで買ってくれば十分（上げ下げできるのでむしろ便利） |
| 大きなキッチン台とシンク | ★ | ・お手入れが大変<br>・とにかくお金がかかる | ・料理をそれほどしない人なら既製品のキッチン+造作カウンターでも最低限の「自分の城」感は出せる |
| 収納力があるパントリー | ★★ | ・ほかの部屋が狭くなる | ・お金はかからないし整理整頓にも有効。1畳でも場所をつくる |
| キッチン脇の家事室 | ★ | ・ほかの部屋が狭くなる<br>・お金がかかる | ・キッチン収納などの一部をデスクっぽく設えて、通信回線のコネクタやコンセントを設ける |
| 広くて清潔感のあるワンルームサニタリー（白いタイル張りの在来浴室など） | ▲ | ・ほかの部屋が狭なる<br>・とにかくお金がかかる<br>・掃除が大変<br>・子どもが思春期になったら困るかも | ・ガラス戸を採用した開放感の高めなユニットバスを入れる<br>・風呂と洗面脱衣所は分割し、仕上げの色だけ両室でそろえる |
| 夫の趣味の部屋 | ▲ | ・ほかの部屋が狭くなる<br>・お金がかかる | ・家にいる時間が短いので割愛。リビングの一角や畳ルームにモノだけ置かせてもらう |
| 収納力のあるウォークインクロゼット | ★★★ | ・ほかの部屋が狭くなる | ・お金はかからないし散らからないことは優先課題なので、1畳でも場所をつくる |
| 収納量と格式が同居した玄関 | ★★ | ・ほかの部屋が狭くなる | ・散らからないにこしたことはないし、狭い場所でコストもそれほどかからない。見栄も張りたいのでそのまま採用 |
| 雰囲気のあるホテルのようなトイレ | ★★ | ・便器にこだわると高い | ・狭い場所で部屋にはお金もそれほどかからないし、来客のウケもよいので採用 |
| 木陰ができるこじんまりとしたアプローチ | ▲ | ・お金がかかる<br>・手入れが大変<br>・家が狭くなる | ・費用対効果が悪すぎるので不採用 |
| 家庭菜園ができて子どもと土いじりができる庭 | ▲ | ・家が狭くなる<br>・手入れが大変 | ・手のかからない最小限の面積とする（関東以北では放射能の問題もあるので子どもの土いじりに消極的） |
| リゾートホテルやカフェのような存在感のあるムクフローリング | ★★★ | ・サンプルだとイメージがつかみにくい<br>・手入れが大変<br>・お金がかかる<br>・床暖房が使えない<br>・遮音性能がない（2重床が必要） | ・リフォームのメインイメージなのでLDだけは高い材を頑張って採用（ほかの居室は安い床材）<br>・床暖房がマストで2重床もやりたくない場合は、複合フローリングで（ただし、この手の人は大手の客） |

お客の採用度：★★★そのまま採用　★★ほぼそのまま採用　★矮小化されて採用　▲まず採用されない
注：「工務店のお客」を念頭に作成。「大手のお客」だとより守りが強く、「設計事務所のお客」だとより攻めが強い

とかえって居住環境が悪化するケースもあり、また、補修工事などが発生するのではというおそれが付きまとう。リフォームの場合はプロによる助言が慎重な線に終始することが、この傾向を助長している。

そこで、新築ほどには理想を追い求めず、早期に落としどころを模索しようとする。これがリフォームのもう1つの特徴である。

### 「落としどころ」のセオリーは未開発

このように、大規模リフォームでは客がプロ側に歩み寄る傾向がある。大手住宅会社などが展開する「新築そっくり」路線はそうした実態にぴたりとはまっている。

これが「デザインリフォーム」となると、事情が異なってくる。新築の客よりは妥協しやすい傾向にある点は同じだが、落としどころがまったく異なるのである。

実際、「デザインリフォーム」を求める客と「新築そっくり路線」の住宅会社との間にミスマッチが起きており、理想のつくり手に巡り合えない客側にはフラストレーションが溜まっている。言い方を変えれば、リフォーム業界には「デザインリフォームの落としどころ」のセオリーは確立されておらず、そこにビジネスチャンスがあるのだ。

## 仕上げに関するナチュラルリフォームの[攻め・守り・現実]

| 攻め | お客の採用度 | 守り | 現実 |
|---|---|---|---|
| ヨーロッパ家屋のような奥行き感のある左官仕上げ | ★ | ・サンプルだとイメージがつかみにくい<br>・手入れが大変<br>・お金がかかる | ・リフォームのメインイメージの場合はLDは頑張って採用(ほかの居室はクロス)<br>・単に自然素材ということなら紙クロス、色がほしいだけならAEP<br>・単に真っ白な面がほしいならプレーンないし塗装風のビニルクロス |
| 1950年代のモダニストのような大判の大理石の床 | ▲ | ・サンプルだとイメージがつかみにくい<br>・硬くて冷たいので生活しにくい<br>・手入れが大変<br>・お金がかかる | ・想像できない部分が多く、おカネもかかる。リスクが大きすぎるので不採用 |
| 手づくり感のある微妙に不整形なタイルやモザイクタイル | ★ | ・サンプルだとイメージがつかみにくい<br>・お金がかかる | ・想像できない部分が多く、カネもかかるので、ごく小面積に採用 |
| ヨーロッパやアメリカの古い家屋のような質感のある木製サッシ | ★ | ・お金がかかる<br>・手入れが大変 | ・性能も優れており、夫(建て主)も採用に積極的なので、リビングの掃出し窓だけ頑張って採用するか、木調樹脂サッシで我慢する |

## 設備・家具に関するナチュラルリフォームの[攻め・守り・現実]

| 攻め | お客の採用度 | 守り | 現実 |
|---|---|---|---|
| 暑くも寒くもない温熱環境(床暖房など) | ★▲ | ・イニシャル、ランニングともにコストがかかる | ・リビングのみ部分的に採用するか、諦める |
| 最新のビルトイン機器 | ★ | ・お金がかかる | ・食洗機以外は国産の「それ風」のものでなんとなくまとめる |
| 最新の給湯・入浴機器 | ★ | ・お金がかかる | ・給湯管理システムと浴室乾燥機は廉価なので最新のものを入れ、ミストシャワーやジェットバスは特に強いこだわりがなければ割愛 |
| 好みのデザインの照明器具や水洗家具 | ★ | ・お金がかかる<br>・後で使い勝手の問題が出る | ・LDや玄関のペンダントのみ顧客が自分で探す。ほかは設計者などの提案どおりに |
| 手づくり小物や家族行事の写真がおけるニッチの飾り棚 | ★★★ | ・お金が少しかかる<br>・強いていえば汚れやすい | ・住まい手が一番簡単に家を飾ることができ、お金もそれほどかからないのでそのまま採用。飾り棚だらけの提案をすると喜ばれる |
| LDKの雰囲気と一体化した収納力のある造作家具 | ★ | ・とにかくお金がかかる | ・収納力重視なら扉なしの大工造作、見た目重視なら仕上げと同色のIKEAなどの組み立て収納がうまく入る設計に |

お客の採用度:★★★そのまま採用　★★ほぼそのまま採用　★矮小化されて採用　▲まず採用されない
注:「工務店のお客」を念頭に作成。「大手のお客」だとより守りが強く、「設計事務所のお客」だとより攻めが強い

### 規格住宅的なパッケージで提案する

では、その落としどころとはどこか。大まかにいうと、「新築そっくり路線」よりもオーダーメードの度合いを高め、新築よりはパッケージ化の方向を強めること。木造住宅でいうと以下のイメージである。

①**プラン**:風呂・トイレ・洗面の移動は最小限に。階段の位置は変えず、窓のサイズ変更や増設はなし

②**外装**:基本的にいじらない。シーリング補修や塗り替え程度

③**サッシ**:外壁の全面改修を伴う場合以外はいじらない(性能補強は内窓などで対応)。開口部の増設は増築部で行う

④**水廻り設備**:ユニットバスやトイレは数種類に固定、キッチンは新築以上に自由に選定

⑤**内装**:基本的に自由(新築と同等)

⑥**家具**:キッチンユニットを含め、新築以上に積極的に提案する(プランが変わらない分、家具を変えないと空間の雰囲気が変わらないため)

これをみて分かるように、要は内装仕上げとキッチンを含む家具の自由度を上げて、ほかを規格化していくということだ。大まかにはこれが「デザインリフォーム」の落としどころといえる。

# テーマ2 ［客層別］リフォーム提案の落としどころ

**キャラクターイメージ** ／ **リフォームの傾向と対策**

## 大手のお客
**［30～40歳・一次取得層］**

**キャラクターイメージ**

- **世帯年収**：600～800万円
- **仕事**：中小企業サラリーマン・営業職（共働きないし妻はパート）
- **子ども**：1～2人
- **衣食住**：チェーン店系で完結（ファストファッション、ファミレス&回転寿司、100円ショップ、チェーン店系雑貨屋）
- **趣味**：夫・サッカー観戦　妻・ケーキづくり、女子飲み

**リフォームの傾向と対策**

- 一般的なトレンドを押さえていればほぼオッケー（「普通はどうか」を極度に気にする）
- 自分で決められない人が多いので「提案」という名の押し売りが見事にはハマる
- 家具、ファブリック、壁紙などの選択でオーダーメード感を十分に感じる

## 設計事務所のお客
**［30～40歳・一次取得層］**

**キャラクターイメージ**

- **世帯年収**：1,000万円
- **仕事**：大手企業サラリーマン/公務員/会社経営・役員（共働きないし妻は専業主婦）
- **子ども**：0～1人
- **衣食住**：素材にうんちくがあるものを好む（アウトドアブランド、ナチュラルファッション、銘酒系居酒屋、ビストロと称す洋食屋、骨董屋）
- **趣味**：夫・秘湯めぐり、自転車　妻・食器集め、マクロビオテック

**リフォームの傾向と対策**

- 自分の気に入らないものはなるべく排除したい
- 自分の趣味を追求できる空間にしたい
- 上記のためなら多少使い勝手や機能が低下しても受け入れる
- ライフスタイルを把握できている自信があるので、納得できればセオリー外の提案も受け入れる
- 素材や家具、設備は普遍的なものを用いながらも確実に人とは違った家にしてもらいたい

## 工務店のお客
**［30～40歳・一次取得層］**

**キャラクターイメージ**

- **世帯年収**：600～800万円
- **仕事**：中小企業サラリーマン・IT/出版/開発/広報など/デザイナー・美容師などの手に職系（共働き）
- **子ども**：1人
- **衣食住**：有名セレクトショップ（衣類、家具、雑貨）、小規模チェーン店（飲食）
- **趣味**：夫・ランニング/iPadでネットサーフィン　妻・プランター菜園、アロマキャンドル

**リフォームの傾向と対策**

- 住宅雑誌のトレンドを押さえていれば問題なし（夫：ミッドセンチュリー・昭和系、妻：ナチュラル系）
- 造作+金物や照明器具など「モノ」中心のオーダーメードで「自分らしさ」を満たせる
- 費用対効果を説明できれば自主施工など積極的に取り組み、満足度向上につながる
- 「失敗」と「損」は避けたいが、選択にそれほど自信がないので、リスク提供を積極的に行うと満足度が高まる

## 年配のお客（依頼先指定なし）
**［60～65歳・終の棲家・二世帯住宅］**

**キャラクターイメージ**

- **世帯年収**：800万～1,000万円超（ないし貯蓄3,000万円超え）
- 仕事：会社経営・役員/農家/無職（農家以外は妻は専業主婦）
- **子ども**：2人（すでに独立）
- **衣食住**：老舗の製品やサービスを好む（銀座や著名観光地のレストラン、デパート、趣味系の専門店）。友人の紹介も重視する
- **趣味**：夫・絵画、陶芸、DIY　妻・山歩き、家庭菜園、ボランティア

**リフォームの傾向と対策**

- 要求はベタだが本物志向が強く、かつ意外に新しいもの好き
- ブランドに弱いので立派なうんちくがつけば施工側の製品提案も受け入れる
- 実質的に「ルームシェア状態」なので、それをさりげなく取り入れた個々の独立性が高いプラン
- 機能（設備）や性能面は最新の水準で、見た目はオーセンティックな雰囲気にまとめると高評価

# リフォーム客が求めるデザインスタイルを知る

新築と比べると性能やプランニングの面で制約がある大規模リフォームの場合、
お客の満足度は主としてインテリアで決まる。
そういった意味では、新築以上にインテリアは大切である。
ここでは、インテリアへの取り組み方と今どきのスタイルについて解説する。

客の好みは千差万別だが、大きく見れば傾向がある。それを分類したのが左頁である。リフォームでは、主にインテリアが新規デザインの対象となるため、インテリアを前提として分類している。デザイン傾向を「素材」と「ディテール」の2軸で単純化したのは、一般的なリフォーム事例では、空間構成にさしたる特徴がないからだ。

その理由は3つ。

①リフォームの対象となる元々の建物にさほど特徴がないこと

②リフォームの工事費が、新築にするよりも費用対効果が高くなる範囲に抑えられること

③リフォームできる範囲に制限があるマンションなどの仕事が多いこと

空間構成に変化がないので、表層のデザインが印象を決める。それを2つに分けたのが左頁の2軸なのである。

## まずは自然素材を前面に出す

色・素材とディテールの2つの要素のうち、印象としてどちらの影響が重要かというと色・素材である。したがって、客の要望に近づけるためには素材の好みを正確に引き出すことが大切だ。聞き取りが大変重要になる。

忘れてはいけないのが、言葉による確認にはあまり意味がないということだ。言葉だけでは解釈の幅が大きすぎて、共通認識を得るのが難しいのである。必ず実物の建物や写真などのモチーフとともに確認するのが基本である。

スタイルが確立されている工務店であれば、客層の絞り込みができているので楽である。Ｗｅｂや見学会などから得られた過去の事例が、自分たちのほしい空間イメージとして客の口からモチーフとして自然に挙げられるはずだからだ。

スタイルがしっかりしていない、もしくはスタイルを固定させないという方針のところは、もうひと工夫必要だ。この点でお勧めしたいのが、モチーフとなると思われる画像をネットや雑誌などから探し出してまとめることだ。

この段階で方向性を絞り込みすぎると外す可能性があるので、ある程度幅をもって大量に集めるのがポイントである。客が共感しそうな資料をピックアップし、その画像のどこが好きなのかをいちいち確認していく。こうした作業を積み重ねていくことで、具体的な素材計画につなげられる。

## 床とアクセントウォールがポイント

素材をコントロールするうえでポイントとなるのは、床材とアクセントウォールだ。この2つを押さえればまず間違いない。以下に示すように、ニッチなスタイルほど選択の幅が絞り込まれている。

①北欧モダン：明るい色の針葉樹の床＋色のついた壁

②カリフォルニアモダン：古材の床＋素材感のある白

③和風モダン：縁なし畳＋壁になる障子

ただし、現在の主流であるナチュラルモダンとシンプルモダンは床材もアクセントウォールも適用可能な素材の範囲が広い。後段の解説も参考にしていただきながら、各自の必勝パターンを探っていただきたい。

## フィット感はディテールで決まる

ではディテールは重要でないのかというと、そうではない。デザインスタイルのフィット感はディテールで決まる。狙いに対してディテールがミスマッチだと、「悪くないんだけどなんか違う」とか「嫌いじゃないんだけどちょっと安っぽい」となる。他社と競合したときなどの最後の一押しとして、ディテールの意味合いは大きい。

とはいえ、大きくみると納まりは「すっきり」が昨今の潮流。迷ったときは「すっきり」の方向で考えると外れがない。

# 図解 デザインリフォームスタイル分布図

たっぷり

色・素材感

## 南欧モダン
Southern Europe modern

多様な自然素材で構成し、空間のトーンはアースカラー。ディテールははっきり見せる方向

## ナチュラルモダン Natural modern

自然素材で構成し、全体の調子は白〜アースカラー。見切は控えめに

## 北欧モダン
Northern Europe modern

複数のニュアンスをもった白い壁にアクセントウォール。見切は消す方向でまとめる

## 和風モダン
Japanese modern

畳や障子などの和の記号を表す素材を崩しながら用いる。見切りは控えめに見せる

## シンプルモダン
Simple modern

自然素材で構成し、全体の調子は白〜アースカラー。見切は控えめに

最もニーズが多いのがナチュラルモダン、次いでシンプルモダンとなる。ニーズが多いだけに表現の幅が広く、応用も効きやすい。まずはこの2つのスタイルを理解するとほかのニッチなスタイルの「ツボ」も掴みやすくなる。2つのスタイル以外で技術的にも感覚的にも取り入れやすいのが和風モダンである。たとえばシンプルモダンの空間に畳と障子を採用すればすぐに和風モダンとなる。また感覚が掴めていれば、カリフォルニアモダンも公式がシンプルで取り組みやすい。北欧モダンを好む客には金持ちが多いが、設計事務所的な繊細な設計が必要となる。

すっきり　　ディテール　　どっしり

# デザインリフォームの超本命！ナチュラルモダンを大解剖

「ナチュラルモダン」は大規模リフォームにおいて最も一般的なスタイルである。

それだけにカバーする範囲が広く、落としどころの設定が難しいともいえる。

ここでは実例をもとに、プランや仕上げの面から「ナチュラルモダン」のポイントをまとめた。

解説：大菅力、設計・施工：優建築工房　撮影：渡辺慎一

「ナチュラルモダン」の源流は新築住宅で一世を風靡した、針葉樹のムクフローリングと白い壁、一部構造材露しによる「木の家」である。当初は新鮮だったこのスタイルは、木の家が大増殖したことであっという間に陳腐化した。

その単調さから抜け出すために進化を続けた結果、登場したのが「ナチュラルモダン」である。仕上材の種類が増えてリッチになり、アトリエ系設計事務所の技を取り入れてディテールがシンプルになったことで、「木の家」の野暮ったさが大きく改善されている。

ナチュラルモダンは最も一般的なスタイルだけに今も進化を続けている。今後に向け押さえておくべき方向性はエイジング（使い古したように見せる手法）である。この手の嗜好をもつ建て主の多くが読んでいる「come home!」などの暮らし系雑誌が、こぞってその方向を打ち出しているからだ。

# 徹底分析！
# ナチュラルモダンのインテリア

「ナチュラルモダン」は自然素材を中心にインテリアをまとめていくスタイル。
素材の種類を複数使うことでリッチな印象を与えると同時に、
使用樹種の絞り込みやディテールの統一といった抑制感も大切である。

### 照明はダウンライトに

天井を張る場合の照明は、天井面がすっきり見えるダウンライトが基本（事例はLED）

### 天井は壁と同色のクロスで

天井はコスト的にも機能的にもクロスがお薦め。壁と仕上材が異なっても、人の視線の距離が遠いので自然になじむ

### アクセントウォールは小割り材で

アクセントウォールは小割のアースカラーの素材がまとまりやすい。事例は耐力壁を見せる壁としてうまく利用している

アクセントウォールは石英岩のモザイク。出隅を縦使いしてうまく納めている

### ペンダント照明はシンプルな白色に

ペンダントライトはシンプルな形状のものならなんでもはまる。シェードの色は白色が無難。機能優先ならスポットライトでも構わない（ダイニングテーブル位置の変更などに対応しやすい）

### ダイニングにはボリューム感のある収納を

キッチンがクローズド型になる場合も、配膳台兼収納などをダイニングに設けたい。インテリアのアクセントとなるし、散らかりにくい

### 家具・建具の樹種は統一する

建具、造付け家具、置き家具の樹種はなるべく合わせる。ナラ・タモなどが無難。突板の取り先が違っても合わせやすい（事例はタモ）

建具の面材は家具と同じタモ材

## 廻り縁はしっかり入れるか完全になくすか

廻り縁は左官材のときは入れたほうがよい。幅木と枠材に合わせるのが基本。木地仕上げとするか白く塗装するかのどちらかに

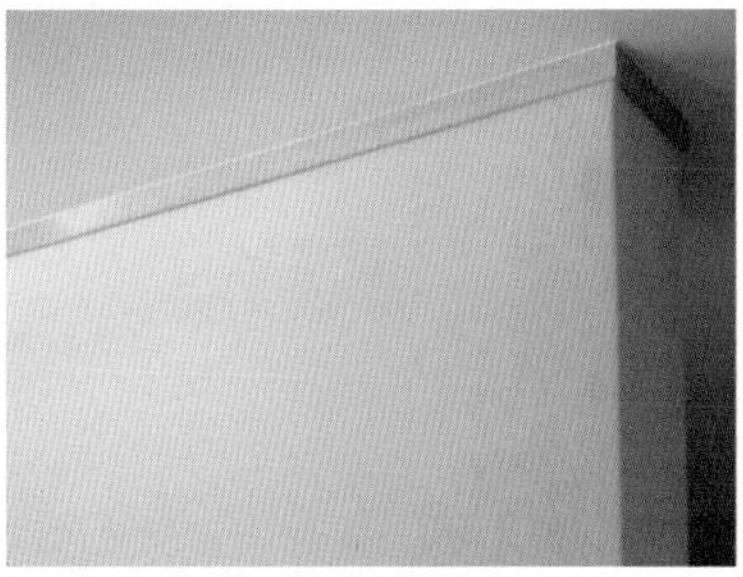

廻り縁のディテール。材はスプルース

枠廻りのディテール。材はスプルース

## 天板はなるべくムク材で

家具は突板が基本となるが、天板など手に触れる個所は可能なかぎりムク（ソリッド材）に（事例はタモの3枚幅接ぎ材）

カウンター兼収納の天板はタモのムク材（3枚幅接ぎ）

## 壁は白色の控えめテクスチュアで

壁は白色のペイント仕上げか左官仕上げ。控えめにテクスチュアを付ける

## 床は明るい針葉樹で

床材はパインやカバザクラなどの明るい色の針葉樹が廉価でお薦め（事例はパイン）

床材はパインの無塗装

## 畳コーナーは正方形の縁なしで

畳コーナーは2～3畳程度。正方形（半畳）の琉球畳が無難におさまる

## 畳+ソファの場合はローテーブルを兼用

畳コーナーを設ける場合は、ソファ脇のコーヒーテーブルを兼ねる低いラウンドテーブル（円形のちゃぶ台）がお薦め

畳コーナーのローテーブルは子供の遊び場になったり、勉強机になったりフレキシブル

**4** シンク前の小窓の抜けが黒いタイルの壁にほどよい軽さを与える
**5** セミクローズドタイプのキッチンだが、袖壁に開口を設けて視線の抜けをつくっている

## ルール1 キッチンは「抜け感」で仕上げを調整する

キッチンは風呂やトイレと比べると排水経路や勾配などの機能上の問題は少ないので、技術的には配置を大胆に変えることが可能である。アイランド型など完全なオープンキッチンも可能だが、木造の場合は既存の間取りがベースになり、かつ使い勝手なども加味して考えると、セミクローズド型に落ち着くケースが多い（マンションの場合はスケルトンにすることが多いのでオープン型の比率が増える）。

この場合、リビング・ダイニングと視覚的には切れるので、より個性のある仕上げを用いると全体の印象がリッチになる。その際、小窓を設けて適度に壁を抜くと、重苦しい印象になることを避けられ、ほどよい雰囲気に落ち着く。同様に収納の手掛けと収納と躯体との取り合いなどのディテールを統一することも、重苦しさを緩和することにつながる。

**1** ステンレス天板とタモの面材、黒いタイルという絶妙のバランス
**2** 扉の手掛けのディテール。写真3の天井との取り合いと見え掛かりを統一
**3** 吊戸棚と天井との取り合い。躯体と縁を切るように見せている

## ルール2 「抜けない壁」によるニッチを自然に見せる

木造住宅のリフォームでは必ずといっていいほど、抜けない壁によるニッチスペースができる。リフォームらしいスペースともいえるが、これを意図的につくったように見せることで、リフォーム後の空間を新築並みの「一からつくったような」自然な印象に見せることにつながる。

基本的にはニッチスペースに小さなデスクと収納を設けて、ミニ書斎やミニ家事室とすることである。寸法やプラン上そうした場所を挿入するのが難しい場合は、収納を設けるとハマリやすい。その際に自然に見せるには、天井いっぱいまでの収納として「抜けない壁」をすべて隠してしまうか、収納に絡む「抜けない壁」をアクセントウォールとして扱うかのいずれかということになる。

# ルール3 玄関は機能分散で広がりをもたせる

古い家の玄関は往々にして、狭くて暗いものだ。そこで大規模リフォームに際しては、明るくて広々した玄関が望まれることが多い。まずは廊下などを取り込んで、実質的に広くすることである。玄関と廊下を土間スペースとして一体化し、居室と床のレベルをそろえてつなげるなどの方法が有効である。実際の床面積も大きくなるが、他室からの光が入ってくるようになるため、明るい場所になる。

開放感を増すには、通常、玄関に設置される下駄箱やクロゼット、姿見などの扱いが問題となる。こうした点からも、玄関+廊下を土間とすることは有効である。玄関的なスペースが広がることで、土間と隣接する他室にそれらをもっていくことが可能になるからだ。こうすれば、玄関の広がり感を阻害する要因を減らすことができる。

4 土間スペースから玄関を見る。右側はトイレや浴室、書斎などの部屋が設けられている
5 玄関脇の壁には手すりが設けられている。ダブルにすることで靴べらや傘掛けのようにも見える
6 土間に面する書斎にコートなどの収納部を設け、そのぶん玄関をすっきりさせている
7 関につきものの姿見はトイレの扉の引き代に設けている
8 土間とLDKの境目にはガラスの入った框戸を設けている。閉じると土間部分は旅館のような雰囲気になる

9「抜けない壁」を利用してつくったミニ書斎
10 写真1と同様に抜けない壁に絡めた収納
11 写真2の壁の裏側はマグネットペイントが塗られており、掲示板になっている
12 収納と絡めた壁に貼った割肌タイルのコーナー部の納まり

# デザインリフォームの超定番！ シンプルモダンを大解剖

「シンプルモダン」は大規模リフォームにおいて、「ナチュラルモダン」に次いで一般的なスタイルである。基本は「全部白」だが、そこから進化してきており、「白+素材感のあるアクセントウォール」「白+黒い床」などニュアンスが豊かになってきている。

解説：大菅力、設計：フリーダムアーキテクツデザイン

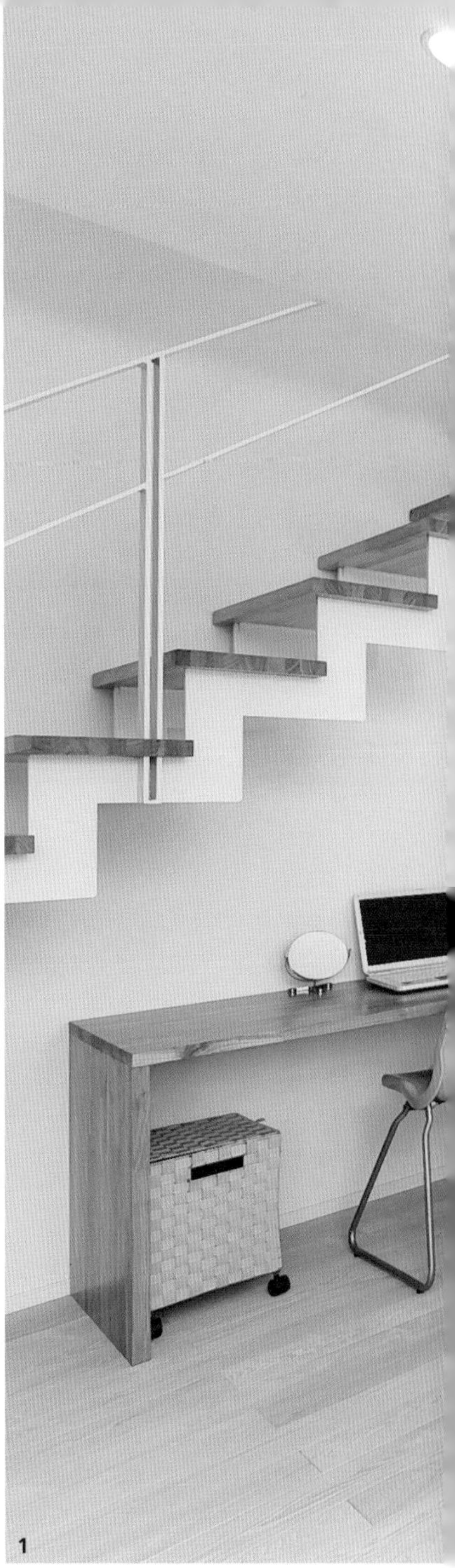

1

2

「シンプルモダン」の発端は「建築家住宅」である。２０００年ごろ、アトリエ系設計事務所が手掛ける住宅の情報が、メディアを通じて大量に流布された。個性の強い住宅群のなかから、一般の人たちが好ましいスタイルとして選び取ったのが、「全部白」という空間である。

この「全部白」というのは、もともとは空間構成の妙を伝えるための手段であり、ときにコスト調整も兼ねていたのだが、一般にはインテリアデザインのスタイル（目的）として認知されたのである。これが「シンプルモダン」である。

インテリアが空間からはぎ取られたことで、「シンプルモダン」は、ローコスト住宅やリフォームにおけるインテリアとして大々的に採用され、大衆化した。そのことで、新たな差別化が求められるようになり、今度は逆にリッチ化の揺り戻しがきている。「全部白」からの微妙な逸脱が、今後の方向性となっていくだろう。

**1** 空間は「全部白」だが、流し台に中間色、家具にビビッド色を配してカジュアルにまとめた
**2** 白く塗装したタモフローリングにラグマットが映える。小さな飾り棚は白い壁のアクセントとして有効

# 徹底分析！
# シンプルモダンのインテリア

### 廻り縁は省略する

廻り縁はフクビなどで納めて省略する。ローコストの場合は3角シーリングで見切る

廻り縁は省略して三角シールなどで納める

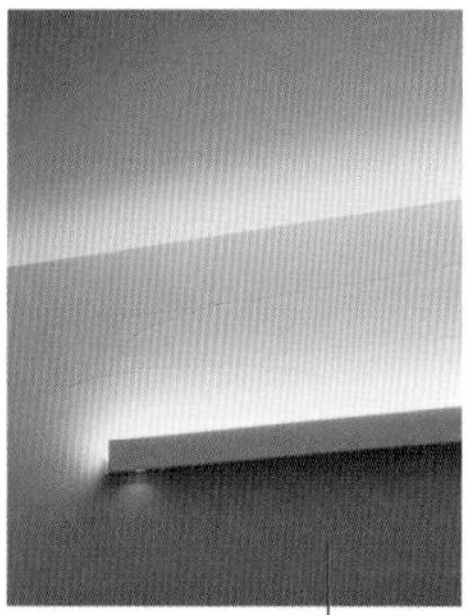

### 照明はダウンライトで個数も最小限に

シンプルさが命なので、照明は当然ダウンライト。個数を減らすために間接照明が併用できるとなおよい

大きな壁がある場合は間接照明を用いてもよい

### 天井は廉価なビニルクロスで

費用対効果でいけば、天井はビニルクロス。廉価品のなかで一番真白に近く、テクスチュアが控えめなものを選べばよい

「全部白」ではなく白と黒(こげ茶)の対比を図る場合は木の天井も相性がよい(ただし天井高と面積がそれなりある場合)

### アクセントウォールで雰囲気を調整する

「全部白」という選択もありだが、アクセントウォールを設け、質感の高い素材を持ち込んでもよい。雰囲気が和らぎ、キッチンのコンロ前の壁を利用するのもよい

### キッチン上の照明はスポットライト

作業上、照度が必要なところにはライティングレールに白いスポットライトを取り付ける。カジュアルな空間には特に馴染む

ペンダント照明を用いる場合はシンプルで面白い形状のものがよい。高級住宅ではインゴマウラーの製品なども相性がよい

### 階段をオブジェとして扱う

白い空間では家具同様、階段も目立つ。見せる要素として扱うと効果的である。階段の色で目立たせるか同化させるかを調整する

### キッチンの面材で雰囲気を調整

オープンキッチンの場合、空間に面材が見えてくる。空間に合せて白く同化させてもよいが、中間色の面材を用いて、雰囲気を和らげるのもよい

### 「全部白」にはつながった空間が効果大

「全部白」は空間のつながりが意識されやいので、リビング内階段などのオープンな空間の伸びやかさが強調される。空間のつながりが視覚的に阻害されないように手すりの設計にも配慮する

### 家具はアクセントと考える

白い空間では床・壁・天井が背景となるので、置き家具が目立つ。カジュアルな住宅では色で遊んでみる。高級住宅ではシンボリックなデザインのものを入れるとよいアクセントになる

「シンプルモダン」は「全部白」が基本となるが、カジュアルな雰囲気にまとめることもできる。

間仕切や建具などを最小限に抑えたオープンな間取りで、その効果を最大限に発揮する。

床・壁・天井の存在感がないので、家具の選定には注意が必要だ。

## エアコンの配置をどう考えるか

ストイックな白い空間を追求するなら天井カセットか収納で隠すなどの配慮をしたい。ある程度色や素材感を付与したカジュアルな空間では露出でよいが、本体のかたちには気を遣いたい

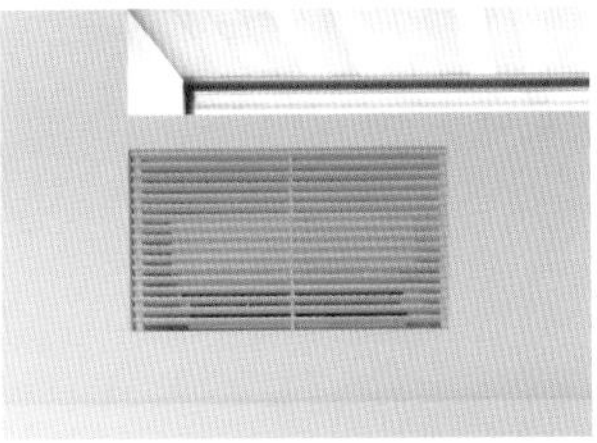

カジュアルな空間だと露出でもよいが、家具などで隠すとよりすっきりする

## 壁はクロスが基本。ナチュラル寄りなら左官

壁は天井と同じくビニルクロス。EPでもよいが割れのリスクが残る。クレーム回避を重視するなら避けたほうが無難。予算があり、ややナチュラル寄りの雰囲気にするなら漆喰や白い珪藻土もよい

## 壁のアクセントには飾り棚

空間が間延びしないためには壁にちょっとしたアクセントが必要。そうした要素として飾り棚は有効だ。置かれるものの色やかたちが目に留まりやすいので、自然なアクセントとなる

## 幅木は壁に同化させる

幅木はフクビかアルミアングルで目立たなくする。前者は安価で、見え方もアルミアングルとそれほど変わらない。掃除機の当たりなどを建て主が気にする場合は高さ30㎜程度の木製の白幅木とする

## 家具とラグのどっちを強調するか

白い空間ではラグマットが引き立つ。その上に置かれる家具とぶつからないように、家具をアクセントにするならラグは床に同化させる方向で考え、逆にラグを強調するなら家具はシンプルなものに

家具を真っ白のものにして空間と同化させるのもよい。その場合、別のものをアクセントに用いる

## 床は白か黒。タイル・木・長尺が基本

床は白塗装したフローリングが基本。予算があればタイルもよい。部屋の大きさにもよるが300㎜角以上だと高級感が出る。ローコストなら長尺塩ビシートでもよい。黒い床という選択もある

黒～こげ茶の床材を用いる場合はフローリングが手軽。硬質な雰囲気を強調するなら長尺塩ビシートやPタイル

## ルール 1 階段室は「蹴込みレス＋窓拡大」で明るくする

1

リフォーム対象となる年代の家の階段室は、玄関や廊下とつながった閉鎖的な空間が多い。そのためリフォームでは、明るい場所にしてほしいと要望されることが多い。ただし通常は、構造上・施工上の検討が必要になり、その分設計の手間が増えるため、階段の位置は変更しないことが多い。したがって、階段室の周辺に手を入れて明るさを確保する。

一番効果的なのは、大きな開口部をもつスペースを増築し、階段室に光を取り込むことである。増築しない場合は、階段下の納戸やトイレなどを移動し、ストリップ階段とするのもよい。ストリップ階段とすることで吹抜けから光が落ちるようになり、また元のトイレだった部分の窓からも光が廊下や玄関に入るようになる。

7

6

5

5 玄関と廊下を同レベルでまとめて土間とした例
6 増築部分に広めの玄関を設け、低い段差でホールにつなげた例
7 玄関からつながる廊下を直に居室につなげて広がり感を出している

## ルール 2 玄関は「上がり框レス」で他室とつなぎ明るく

玄関は「狭い・暗い」という不満をもたれている代表的なスペースである。「ナチュラルリフォーム」の項でも述べたように、まずは廊下を取り込んでいく。

さらに広がりをもたせるためには、そのまま他室とつないでいくという方法もとられる。このことで、視覚的な抜けをさらに得ることができ、広がり感を感じやすくなる。さらに他室とつながることで、他室の開口部から入った光が自然と玄関まで届くようになり、格段に明るくなる。

このスペースに、上で述べた階段のテクニックを組み合わせれば、玄関廻りは明るい場所となる。できれば断熱改修を行い、こうした各室とのつながりがエネルギーロスにならないようにしたい。ヒートショックの心配もなくなる。

1 ストリップ階段にし、階段下収納を撤去することで明るいスペースにできる
2 階段をストリップ階段にするだけでも光が階下に落ちて印象が変わる
3 増築部分に階段を設けた例。ゆったりとスペースを使って空間のアクセントとしている
4 写真3の階段を見上げる。増築部に窓を設けることで明るい階段室にすることができる

4

3

2

## ルール 3 外観はアイレベルを意識して調整する

リフォームの場合、予算の限度は一般的に、同グレードの新築の7割程度である。したがって、工事に際して足場が必要になり、かつ撤去にも手間がかかる外壁や屋根に関しては最小限の補修程度として、手をかけないことが多い。当然、外観の改変もあまり行われない。

外観の改変を行う場合は、増築が有効である。既存の建物を取り囲むように新しい壁を立てることで、外観を一新させることができる。このときポイントとなるのは、外観の改変は通行人などのアイレベルで考えるということである。その視野の範囲だけを改修すれば、改修範囲が狭くて済み、効率的である。さらに予算のない場合は、2階部分にベランダを増設して、その廻りに壁を回すだけでも雰囲気をガラッと変えることができる。

8 予算の関係でベランダ部分のみ増築して外観を整えた例。アイレベルで見ると印象が大きく変わる
9 ファサードをふかして改装した例。新しいデザインの外壁を付け足している
10 事例2をアイレベルから見ると、RC造のような彫の深いファサードに見える

10

9

8

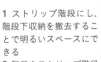

明るいパイン材にニュアンス豊かな白色で構成した空間。ソファに置かれたクッションの色が効いている

# 北欧モダンを大解剖

このスタイルは、
白木の節ありの床に質感のある白い壁、
アクセントウォールで構成される。

### アクセントウォールには低彩度・高明度の色を用いる

白い壁・天井と対比させつつ調和を図るには、低彩度・高明度の色がよい。明るい（薄い）ピンク、水色、緑などを少しグレーに転ばせた色を選ぶ。外さないように大きめのサンプルで確認するか、類似事例をしっかりリサーチする

デスク兼収納からベッド廻りを、淡いピンク色の漆喰で仕上げている

全体的には甘くならず、洗練された印象を与えるが、親しみやすい優しさも持ち合わせている——「北欧モダン」とは、そんなＩＫＥＡのカタログに出てくるようなインテリアのことである。

「洗練された印象」については、白木の床と白い壁を基調にした明るい空間にすることがポイントである。一方でディテールは簡潔にし、見切材を意識させないことが望ましい。キッチンカウンターなどの家具についても、シャープで抑制の効いたディテールとすると、洗練された印象が強化される。

「親しみやすい優しさ」に関しては、床材の選定が決め手。あえて節ありのパイン材を用いることで、カジュアルな雰囲気になる。併せてテクスチュアをもった白色を採用することも大切。それにより、同じ白でも空間の印象が柔らかくなる。さらにアクセントウォールに控えめできれいな色を持ち込めば、華やかさをもたらすことができる。

こうした仕上材の切り替えは、すべての面が視界に飛び込んでくるオープンプランで効果を発揮する。素材や色によって「場所性」を感じさせることができるので、構造の制約からプランニングに変化を付けづらいマンションのスケルトンリフォームなどと相性がよい。

解説：大菅力、設計・村上建築設計室

# 徹底分析！北欧モダンのインテリア

壁・天井はフラットなルナファーザー張り。白色タイルやコーリアンと対比させるためにフラットに仕上げる

暖房器や空気清浄器も白色でまとめたい

ソファかクッションのどちらかにカラフルなファブリックを用いる。空間のなかの差し色として機能する。クッションで遊ぶほうが模様替えを気軽に楽しめるので万人向け

白っぽい空間なので間接照明の効果は絶大。ぜひ採用を検討したい

照明はなるべく少なくし、規則的に配置する。空間をモダンにまとめるときの鉄則

天井をクロスにする場合でも、廻り縁は省力するか、フクビなど極力目立たないディテールで納める

さまざまなニュアンスの白色を用いると雰囲気がぐっとよくなるので、耐水性や不燃などの機能性が求められる場所にはタイルを用いるとよい

カーテンは素材感そのままのナチュラルカーテンがなじみやすい。楽しい雰囲気にするなら、北欧ものの色柄が強調されたカーテンも可

天板はコーリアン。エッジを切りっぱなしに見えるディテールとし、シンクも一体化してモノリシックなデザインにまとめる

全体的に白っぽい空間なので、緑は映える。ナチュラルな印象もほどよく強調されるので有効な手法

床材はパイン材などの明るい色の針葉樹が適している。ヒノキやアカマツなどもよい。節ありのほうがカジュアルな雰囲気が出るので「らしく」なる

置き家具は床材と同じ色調でそろえる。素材の雰囲気がやさしいだけに、シャープなデザインに寄った家具のほうがハマりやすい

## 照明計画には間接照明を取り入れる

アクセントとなる壁を生かすには空間の簡潔性が重要だ。間接照明を用いて天井面の照明器具を減らす。白い面が多いので効果的だ。アクセントウォールを間接照明で照らしても面白い

間接照明を用いた多灯分散照明にすると、夜間には明暗差が心地よい柔らかい空間となる

アクセントウォールのニッチを間接照明で照らすと、「にじみ出し効果」が得られ、色に包まれた空間となる

## ディテールはシンプルかつシャープに

家具や造作などの見え方はシンプルかつシャープに納めていく。「切り放し・面ゾロ・見切材レス」が納まりの基本となる。このことで空間に緊張感が生まれ、壁の素材感や色調が生きる

キッチンカウンター。コーリアンの寸法精度を生かした天板端部の表現と、足元の床との簡潔な納まり

ライティングダクトは天井面に飲み込ませ、面ゾロで納めている

## 壁には「ニュアンス豊かな白色」を用いる

このスタイルには白色のニュアンスが必要。塗装やクロスのフラットな白と対比する白色の壁を、2種類程度の素材を使って表現する。タイルや左官仕上げ緑甲板の塗りつぶしなどがよい

タイルは表面に微細な凹凸があるものなどが効果的。コーナー部など他素材との取合い部分では見切は入れずに納める

すさを強調した漆喰仕上げなどもよい雰囲気をつくる（山中湖の家：設計・平真知子建築設計事務所）



撮影：渡辺慎一

### 畳リビングにはとにかく低い家具

畳リビングは床座と椅子座を使い分けられる便利な形式。そのためには家具の選択も重要だ。テーブルは床座に合せて高さ30～35cm程度とする。ソファは床座の人の視線と差が生じないローソファが合わせやすい。

「あいばこ」では、床座をはじめ造付けのベンチ、椅子とさまざまな畳リビングでの過ごし方を提案している

# 和風モダンを大解剖

「和風モダン」のセオリーは、畳の床と、
閉めると壁になる障子、
低いテーブルやソファの配置である。

「和風モダン」とは、日本建築（日本家屋）がもっている記号的な要素を取り出して、現代のプランニングや各部の設計セオリーにそのまま組み入れたスタイルである。したがって、仕上材などの記号的な要素以外に取り立てて日本の伝統を踏襲しているところはない（強いていえば床座というところ）。

成り立ちとしては、「外国人の考えた日本家屋」に近いスタイルであり、実際、「畳ベッド」といった、日本かぶれの外国人がやるような手法がよくハマる。

このスタイルで大切なのは日本家屋の各部がもつ和の記号性なので、古い木造家屋などをリフォームするときには、既存の和的な要素をあえて残して改変部分と組み合わせるのも効果が高い。具体的にいうと、欄間や床の間、竿縁天井などである。

その一方で、記号的な要素すなわち見た目の工夫が最大ポイントであることから、変化を付けにくいマンションなどの空間を設えるのにも向いたスタイルだといえる。

基本的に、床座ができるスペースへのお客のニーズは年代を問わず高く、そうした場所を設ける際には必ず和的な要素を取り入れるかどうかを検討することになるので、設計やコーディネートの引き出しが多いとなにかと便利である。

暮らし提案スペース「あいばこ」（相羽建設）は、質感のよい素材をほどよくカジュアルにまとめた和風モダンのお手本

## 畳は崩して敷き込む

和を最も感じさせてくれる素材が畳である。ただし「モダン和風」とするためには、少し崩す必要がある。畳縁を省略する、モジュールを正方形などに変える、畳表の色を変えるなどである

左／畳表にはさまざまな色があり、置き畳のオーダーも可能である。黒（ダークグレー）はチークやカリンなどの床材を用いたシックな空間と相性がよい
右／ちょうなはつり風床材も適度に和の雰囲気を醸し出す

横になれるサイズの畳ベンチや畳ベッドを用いるのも手。置き家具なので融通がきき、リフォーム向き（HANARE）

## 左官壁の保護で手仕事を強調する

和を感じさせる要素の一つが、手仕事を感じさせる細かい造作である。装飾的な造作でなく、機能的な要素をもたせたものがよい。堅木を用いた左官仕上げのコーナー保護や腰部の保護などがお勧めである

茶室などで見られる腰張りの要領でシナ合板を用いた例（ベガハウス）

左官仕上げの出隅を細い木材で保護した例（ベガハウス）

## 障子はモジュールを操作する

畳と同様に和を強く感じさせるのが障子。これも畳同様に崩して用いる。「吉村障子」のように竪框と組子を同寸にそろえて1枚の障子のように見せる、太鼓張りにして組子の印象を緩和するなどの操作が常道である

吉村障子は閉じると1枚の障子に見え、すっきりとした印象になる

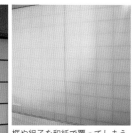

框や組子を和紙で覆ってしまうことで壁のように見せる。和紙の代わりにワーロンを用いるとさらにモダンな印象になる

# 徹底分析！和風モダンのインテリア

建具は吊戸にして吊元を天井に飲み込ませるなど、天井と直接取り合っているように見せる

天井照明はダウンライトとし、天井面はなるべくシンプルにまとめる

収納家具の棚板の見付け寸法はミニマムに抑えたうえで、縦横の寸法をそろえる

間仕切り収納は上部を開けて、躯体と縁が切れていることを強調する。このことですっきりとしたイメージが強調される。納まりも楽なのでリフォーム向き

建具や家具などに木質系の面材を用いる場合はコルクがうまく調和する

高さを抑え、かつ木の風合いを残したソファなら畳の上に置いても違和感なくなじむ

「吉村障子」はモダンな空間によく似合う。和風モダンのスタンダード

畳縁なしの琉球畳を敷き詰めた「畳リビング」。市松に張るよりプレーンな表情にまとめるほうがよい

見付け面積の小さな部分は、木目や節などの質感がある程度強めのほうが空間のアクセントになる



解説：大菅力

# 素材や部品を上手に使って キッチンをおしゃれ化する

昨今のLDKがつながった間取りでは、キッチンは重要なインテリア要素である。
特にダイニングやリビングからのキッチンの見え方が、
LDK空間のインテリアの「出来、不出来」を大きく左右する。
ここでは、インテリアとしてのキッチンのまとめ方について解説する。

## ルール1 ダイニングとのつながりで見え方が変わる

キッチンの配置の仕方によって、キッチン収納やカウンターなどのダイニングやリビングからの見え方が異なる。

特に収納の設け方は大きく変わるので、注意が必要である。

### ダイニングと正対する場合の見え方

ダイニング側で開閉できる収納を設け、配膳用に食器を収納したり、小物を収納できるようにすると散らかりにくく、使いやすい

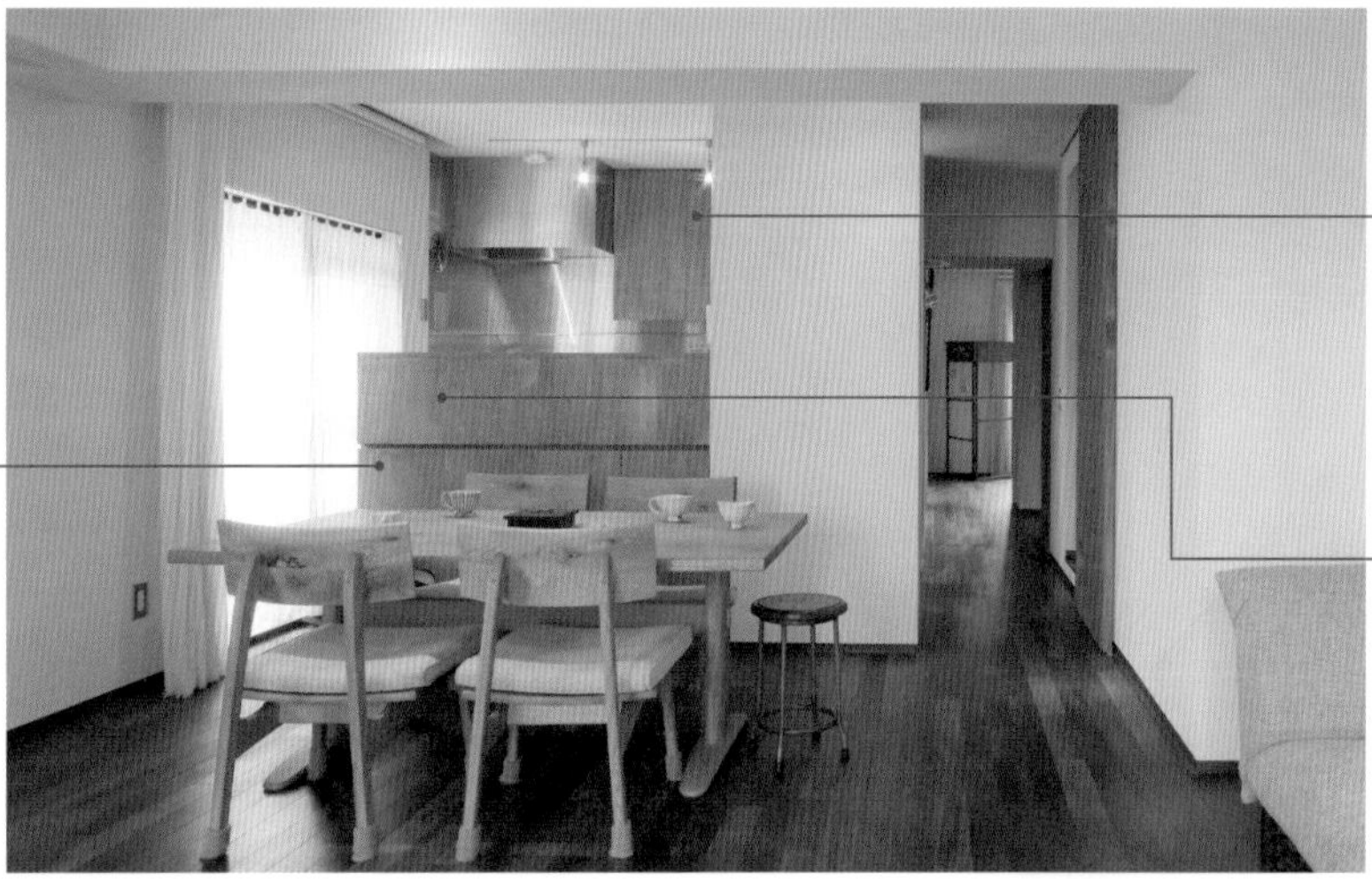

吊戸棚も目に飛び込みやすいのでコーディネートに注意

このタイプは、キッチンユニットやカウンターの面材がインテリアに表れてくる。セオリー通り床材やテーブルとの調和を考えて面材を選ぶ。同系色にするのが一番簡単

### ダイニングと並列する場合の見え方

この形式の場合、背後の収納兼カウンターをダイニングに伸ばし、ダイニングの収納を兼ねる

ダイニングやリビングから見える部分が多いので、間接照明も有効

コンロ脇の壁も目立つ場合が多い。インテリアとの調和を考える際に、アクセントウォールとするのも有効

キッチンユニットやカウンターの側面がよく見えるので素材や色の選定に気を使いたい

解説：大菅力、設計：村上建築設計室、撮影：渡辺慎一

## ルール2 いまどきのキッチンスタイルを押さえる

キッチンのデザインはインテリアデザインの多様化に伴って、どんどん多様になってきている。
そうしたなかから、汎用性が高そうなスタイルをいくつかピックアップしてみた。

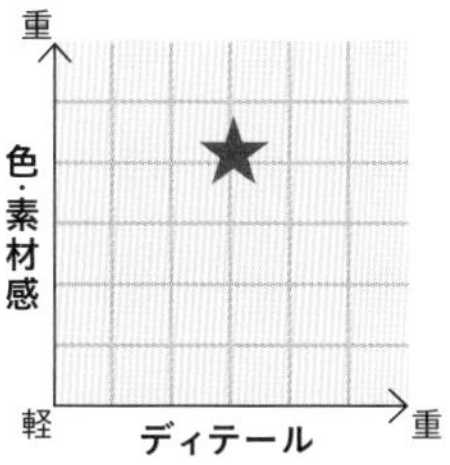
重
色・素材感
軽
ディテール
重

### 手づくり感を前面に出したナチュラルキッチン

大工造作による箱と建具屋による扉という工務店らしいキッチンである。いわゆる「木の家」から派生してきたスタイルで、ナチュラルモダンや和風モダンなどの空間に馴染みやすい。シナベニヤによる化粧縁で押さえた扉がポイント（相羽建設）

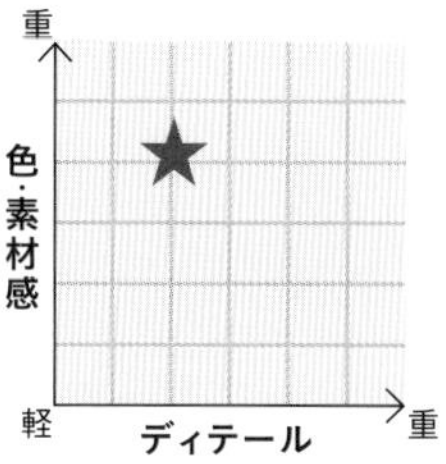
重
色・素材感
軽
ディテール
重

### 抑制感と高級感を加味したナチュラルキッチン

木の質感を扉の面材などにより前面に出しながらも、カウンタートップやレンジフードをステンレス製にすることで、甘い雰囲気に転ばないように配慮されている。ムク材の厚みを見せた手前のカウンターがほどよい高級感を醸し出している（村上建築設計室）

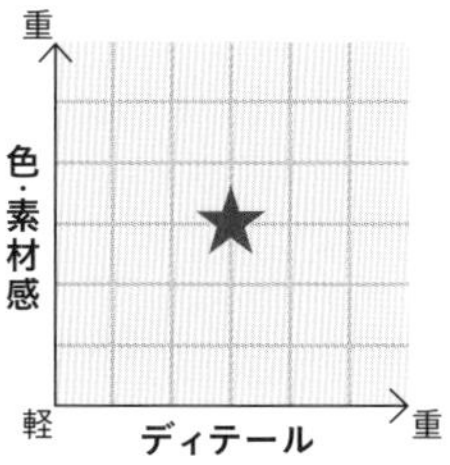
重
色・素材感
軽
ディテール
重

### ほどよいシャープさをもたせたモダンキッチン

収納扉などはシナベニアによる木質感を前面に出すことでナチュラルな雰囲気をもたせ、逆にカウンターから側板にかけてはコーリアンの小口を通してシャープな印象を醸し出す。素材のやさしさと線の鋭さが混じり、ほどよい緊張感をもったキッチンとなる（村上建築設計室）

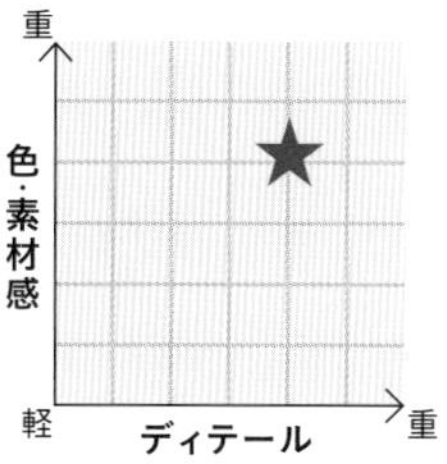
重
色・素材感
軽
ディテール
重

### 色合いで微妙な甘さを加えたモダンキッチン

鏡面仕上げの扉と人造大理石の天板という工業的な素材の組み合わせだが、白とパステルトーンを組み合わせることで、柔らかい印象を与えている。キッチン廻りの壁仕上げも明るめの中間色でまとめることで、モダンでありながらやさしい印象にまとめている（モコハウス）

　昨今では、オープン間取りが住宅の主流になり、キッチンがＬＤＫの真ん中にくることも珍しくなくなった。そのため、キッチンは水周りとしての機能だけでなく、インテリア要素としても考える必要が出てきている。特にリフォームの場合は、間取りや性能の面では新築ほどの「オーダーメード感」は味わえないため、お客はインテリアでそれを満たそうとする傾向が強い。新築以上にインテリア的な視点が強く求められるといっても過言ではない。

　インテリア要素としてキッチンを考えた場合、ダイニングやリビングからどう見えるかが大切だ。64頁の写真のように、キッチンとのつながりによって収納の設け方も変わってくるし、大きな面として見える部分が異なる。こうした見え方の違いによって、キッチンカウンターや収納扉の面材などの組み合わせや設計上の扱いが変わってくる。

　基本は全体の空間スタイルと調和させることだ。そうした視点でまとめたのが66～68頁の素材チャートである。カウンター材、面材、コンロ前の仕上材のそれぞれを色・素材感とディテールの2つの軸で数値化している。これらの平均値（座標軸）と全体の空間スタイルの平均値（座標軸）がぶれないように組み合わせればうまくまとまるはずだ。

## ルール 3 天板は[白・黒・ステン]が基本

天板は面積が大きいので、インテリアに与える影響が大きい。色や素材感は無論、端部のディテールも印象に影響を与える。両者のバランスをとり、空間になじませるとよい。

### ステンレス

工業製品独特のハードな質感。最低でも1.2㎜厚のものを使うと見た目は変わらないが使用者に高級感が伝わる

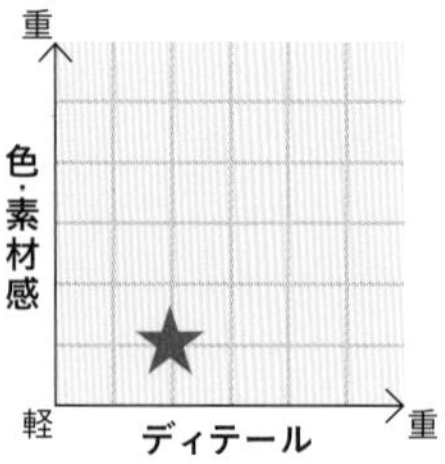


### 人造大理石／白

天板の王道である。工業製品ながらある程度質感があるのが特徴である。小口がきれいなのでシャープさも出せる

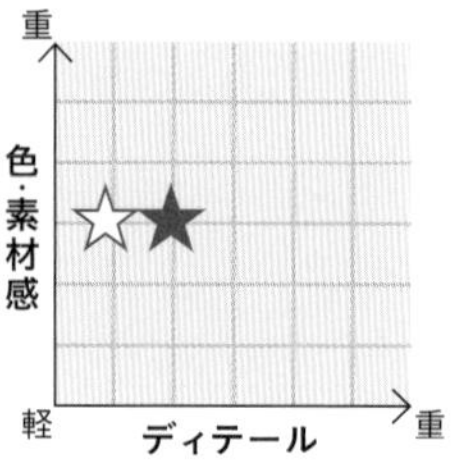


### 人造大理石／中間色

北欧モダンなどは中間色を使うのも空間のなじみがよい。そんなときに色数の多い人造大理石は便利な素材

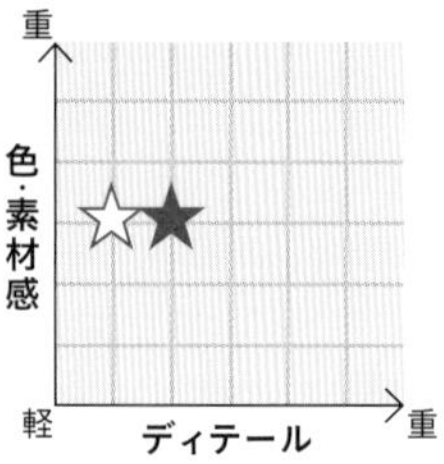


### モザイクタイル／黒

色による重厚感と細かく入る目地によるかわいらしさがほどよくブレンドされる。汚れも目立ちにくいのも特徴の１つ

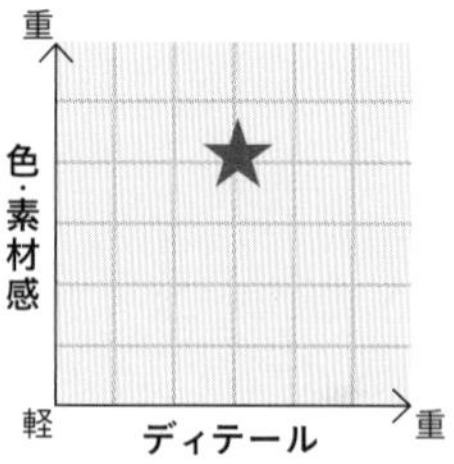


### モザイクタイル／白

白色のもつ清潔感と細かく目地が入ることによるかわいらしさは、幅広いスタイルに適用可能。便利な素材

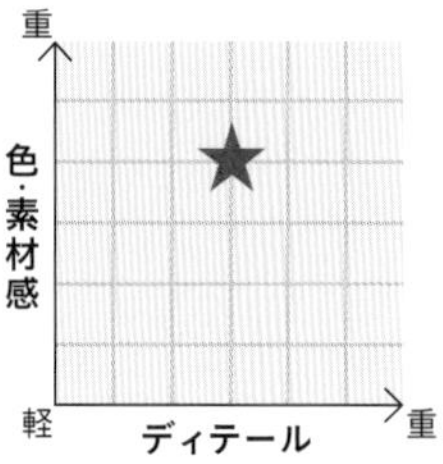


### 大理石・白

奥行きのある素材感は自然素材ならでは。小口のシャープさも抜群。ナチュラル感と高級感を出すのに向く

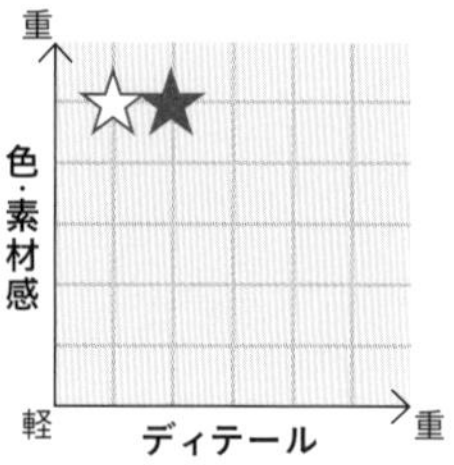


### 御影石・黒

硬質で重厚感を感じさせるという点では随一。小口もシャープに表現できる。個性が強いので空間の質を選ぶ

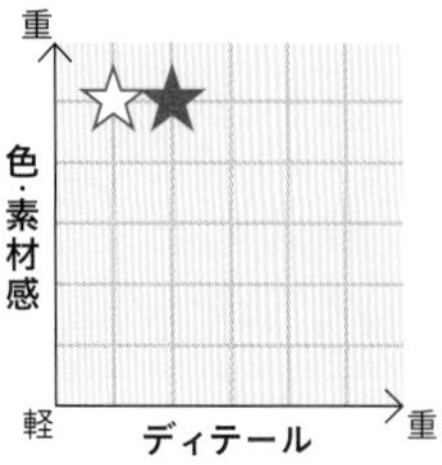


### ブビンガ

金額とメンテのことから事例は少ないが、耐水性の高い南洋材を用いるのも面白い。小口のシャープさも出る

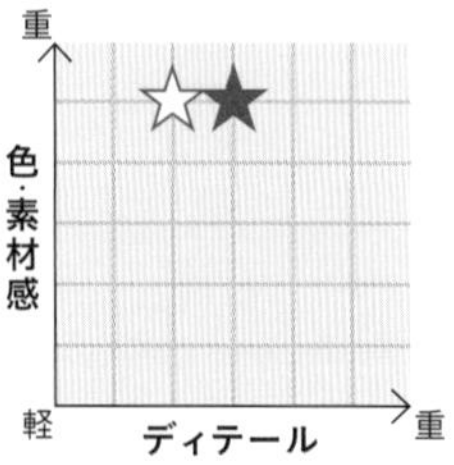


★：そのまま使用したした場合の評価　☆：端部を切り放しにした場合などの評価

ルール 4

# 面材は[木か白]で決まり

収納扉の面材は木質系かメラミン化粧板や塗装となることが多い。表面の色・素材感もさることながら、フラッシュにするか框戸にするか、化粧縁の有無で印象は大きく変わる。

## シナベニア（化粧縁なし）

同じシナベニアでも塗装を施すと質感がぐっと増す。また、化粧縁を使用しないとディテールはシャープになる

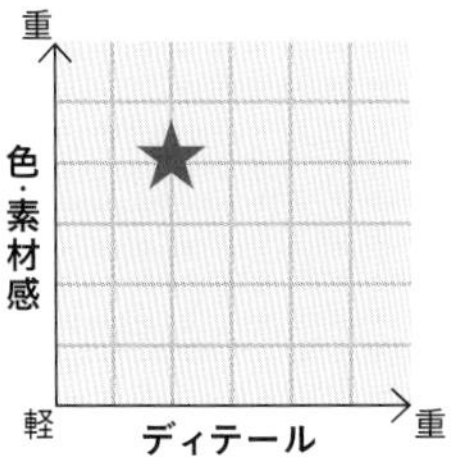


## シナベニア（化粧縁あり）

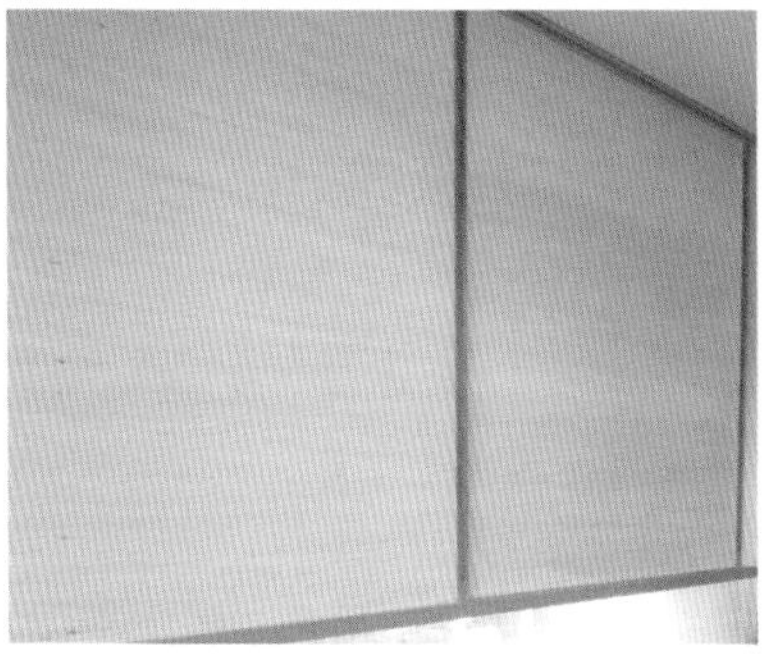

適度な均質さをもつ明るい木質感の素材。どんな空間にも馴染ませやすい。化粧縁でディテールの重さを操作する

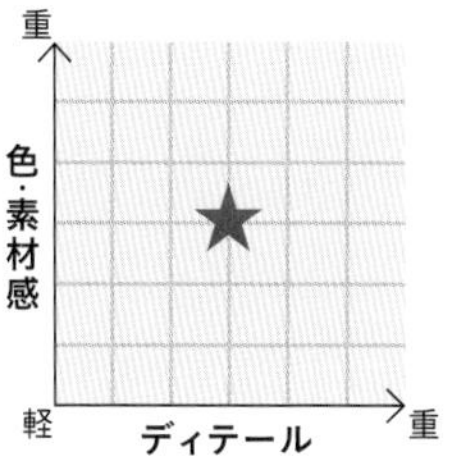


## ウォルナット（化粧縁なし）

高級樹種の突板は存在感は抜群。化粧縁などを用いず簡潔なディテールで納めると、モダンかつナチュラルにまとまる

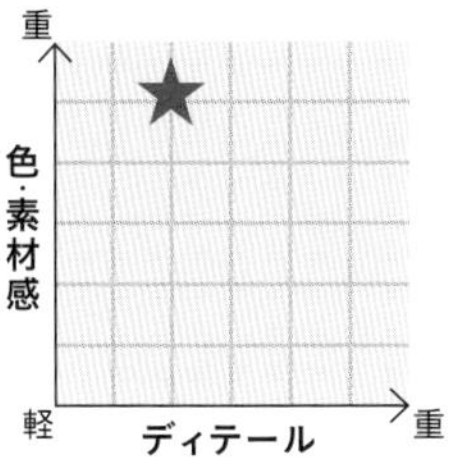


## スギ（ムク）

ムク材の引き出しや扉はナチュラル指向の空間には効果絶大。前板の端部の処理で印象は大きく変わる

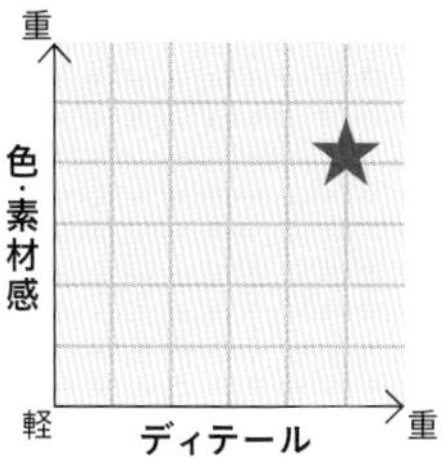


## パイン（框戸）

木目のはっきりした框戸はナチュラルな雰囲気を強く醸し出す。モダンに寄った空間に合わせるには工夫がいる

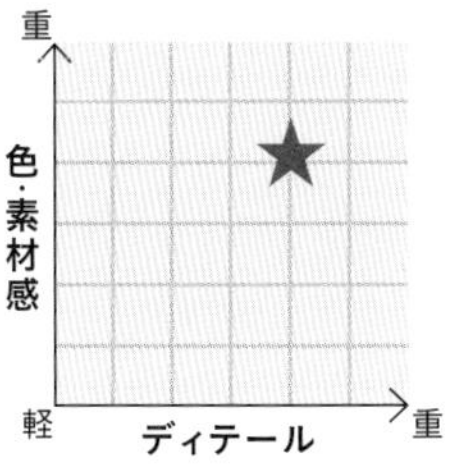


## クロス（化粧縁あり）

空間になじませるには面材にクロスを貼る手法もある。この場合は化粧縁を用いたほうが安っぽく見えない

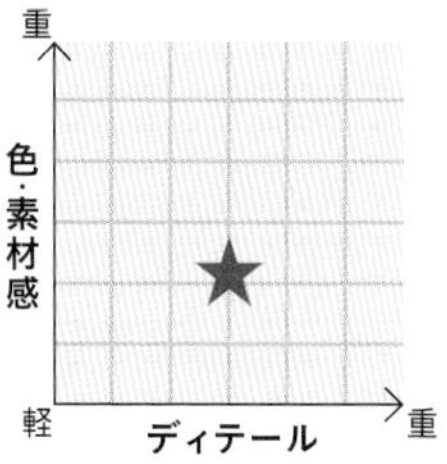


## メラミン化粧板（化粧縁なし）

均質なピュアホワイトが醸し出す清潔感は、どんな空間にもマッチする。ナチュラルにもモダンにも転ばせられる便利な素材

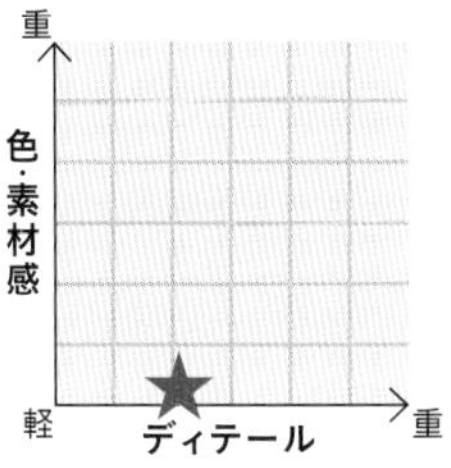


## 白塗装（框戸）

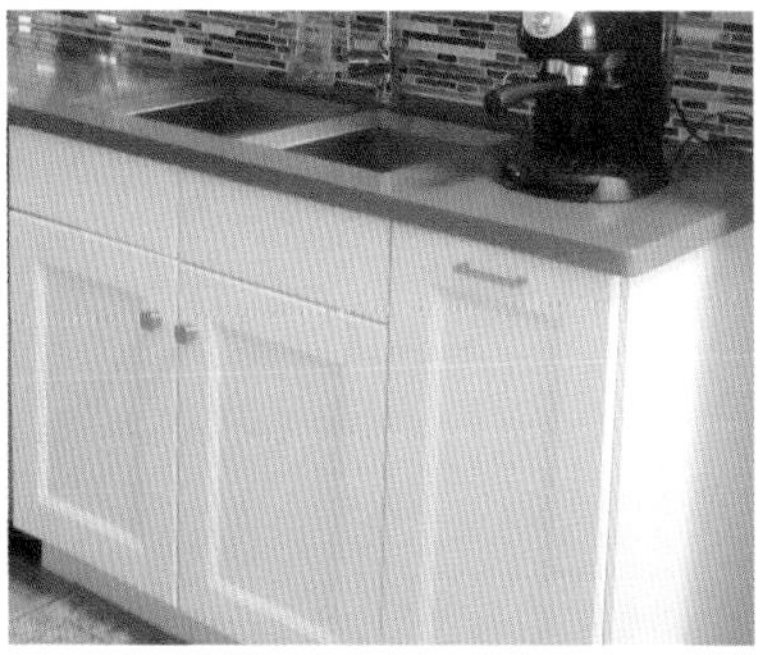

白く塗装したムクの框戸は、色や素材感はさほどないが、框がもつ記号性によってナチュラルな雰囲気が出やすい

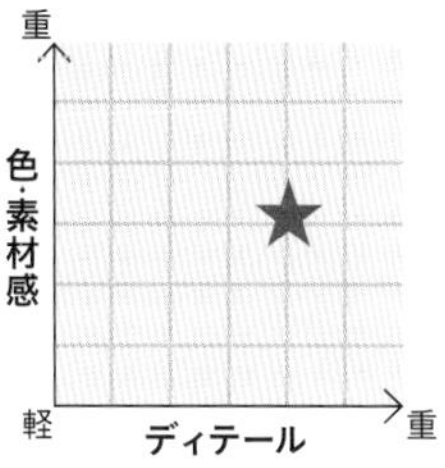

## ルール 5 キッチン前の壁はメタル・白・黒

キッチン周辺の仕上材には不燃が求められるが、タイルや化粧不燃板を用いれば、自由度の高い表現が可能だ。

特にタイルは柔らかさや重厚さを加味する上で有効であり、寸法や色、形状も豊富で使いやすい。

### ステンレス

硬質な質感は雰囲気を引き締めるのに最適。色・素材感の強い素材と組み合わせるとナチュラル寄りの空間にも使える

### ガルバリウム鋼板／めっき色

硬質な無塗装のテクスチュアも面白いが、さまざまなカラーがあるので合わせやすい。磁石が効くのが便利

### メラミン化粧不燃板／白

均質さと白色のもつ清潔感が特徴。各種材料に合わせやすいので、雰囲気をモダンに寄せる際に用いると効果的

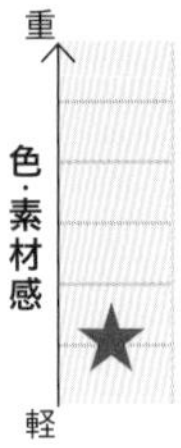


### ガラス

硬質さと均質さ、透明感をもつニュートラルな素材。色・素材感の強い材料との相性もよくさまざまなアレンジができる

### モザイクタイル／白

清潔感とかわいさがほどよく混じった使いやすい素材。組み合わせ次第でどんな傾向の空間にもマッチする

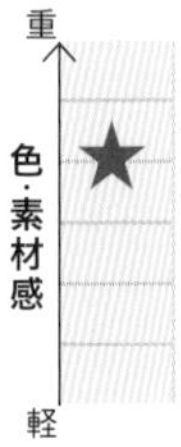


### モザイクタイル／ミックス

色・素材感ともに情報量が多い。硬質な素材と組み合わせることで、バランスが整い、その個性も生かされる

### タイル／黒

色調は重厚だが、焼き物の素材感もあるので、組合せ次第でナチュラルからモダンまで幅広く使える素材

### タイル／白

清潔感と焼き物のもつ質感が中庸な雰囲気を醸し出す。製品のテクスチュアによって雰囲気が大きく変わる

★：そのまま使用したした場合の評価　☆：端部を切り放しにした場合などの評価

## ルール 6 ［空間スタイル×キッチン］コーディネイト術

空間全体の座標（数値）と、66～68頁でまとめた各部位の素材を組み合わせて平均化した座標（数値）が近ければ、その空間に馴染むということになる。ここでは3つサンプルを挙げるので、考え方の参考にしてほしい。

### デザインスタイル分布図

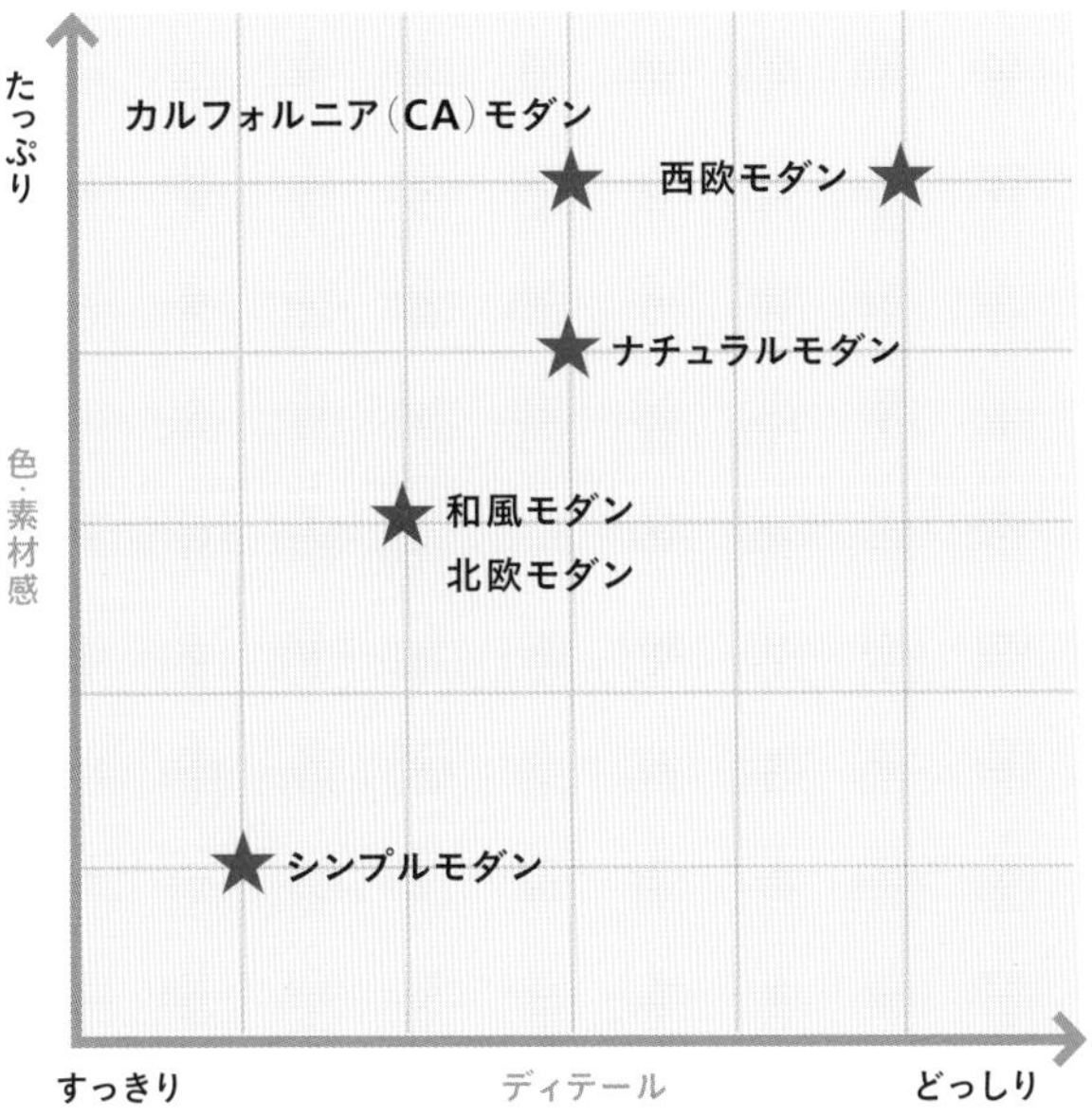


最初に採用するスタイルの座標軸をチェックする。たとえば北欧モダンであれば、色・素材感3、ディテール2となる。この数字に近づくようにカウンターや面材などを組み合わせていくと外さない

### ナチュラルモダンの提案例

#### 壁

モザイクタイル（ミックス）:
**色・素材感 5**
アクセント壁になるように存在感のある素材を使用

#### 天板

モザイクタイル（白）:
**ディテール 3　色・素材感 3**
ニュートラルなエッジと素材感の白いモザイクタイルは、ナチュラルモダンに合わせやすい素材

#### 面材

シナベニア（化粧縁あり）:
**ディテール 3　色・素材感 3**
化粧縁を出して、ディテールの存在感をやや強調し、モダンに転びすぎないようにする

#### コーディネート検証

ナチュラルモダン空間指標:
**ディテール 3　色・素材感 4**
壁×天板×面材平均:
**ディテール 3　色・素材感 4**
数値はぴったりそろっており、王道のナチュラルキッチンになっている

### CAモダンの提案例

#### 壁

タイル（黒）:
**色・素材感 4**
素材感を生かすカリフォルニアモダンにもマッチする強い存在感の素材

#### 天板

大理石（白）:
**ディテール 2　色・素材感 5**
強い素材感をもちシャープな小口表現が可能な大理石でほどよく雰囲気を引き締める

#### キッチン

パイン（框戸）:
**ディテール 4　色・素材感 5**
ムクらしい表情をもつパイン材の框戸。エイジング塗装などを施すのもこのスタイルに合う

#### コーディネート検証

CAモダン空間指標:
**ディテール 3　色・素材感 5**
壁×天板×面材平均:
**ディテール 3　色・素材感 4.7**
おおむね空間全体の傾向と一致。素材感がやや抑制気味なのでインパクトのある照明器具を組み合わせてもよい

### 北欧モダンの提案例

#### 壁

透明ガラス:
**色・素材感 2**
均質さと質感を併せもつガラスは抑制感が大切な北欧モダンに合う

#### 天板

人造大理石:
**ディテール 2　色・素材感 3**
人造大理石も均質さと質感を併せもつ素材。北欧モダンの鉄板素材

#### 面材

シナベニア（化粧縁なし）:
**ディテール 2　色・素材感 3**
木質系の突板では均質な表情をもつシナベニアをシンプルなディテールで用いると雰囲気に合う

#### コーディネート検証

北欧モダン空間指標:
**ディテール 2　色・素材感 3**
壁×天板×面材平均:
**ディテール 2　色・素材感 2.7**
色、素材感がやや抑制気味となっているので、天板の形状で遊んだり、扉の金物で遊んだりしてもよい

# 古い3LDKマンションの［定番間取り］を整理する

「築10～25年、3LDKで75㎡」。これがリノベーション対象となるマンションの平均像だ。そうしたマンションはプランも類型的で、プラン改変の手法をセオリー化しやすい。通風と回遊性をもたせることを軸に、ありがちなマンションの間取りを改変する手法についてまとめてみた。

## ルール1 水廻りを移動する際の注意点

**浴室**
- 排水トラップの形状により床高が変わる
- 下階がバスルームではない場所へ移動すると漏水のクレームになるため、防水に注意
- 古い在来浴室などで配管がスラブ上でコンクリートに埋設されている場合、配管の取替えが非常に困難になる

**トイレ**
- 汚水管は径が太いため、移動すると床が上がりやすくなる
- 便器から縦管へ直接横引きで接続されている場合はさらに移動が困難になる
- 居室の上に移動する際は排水管に注意

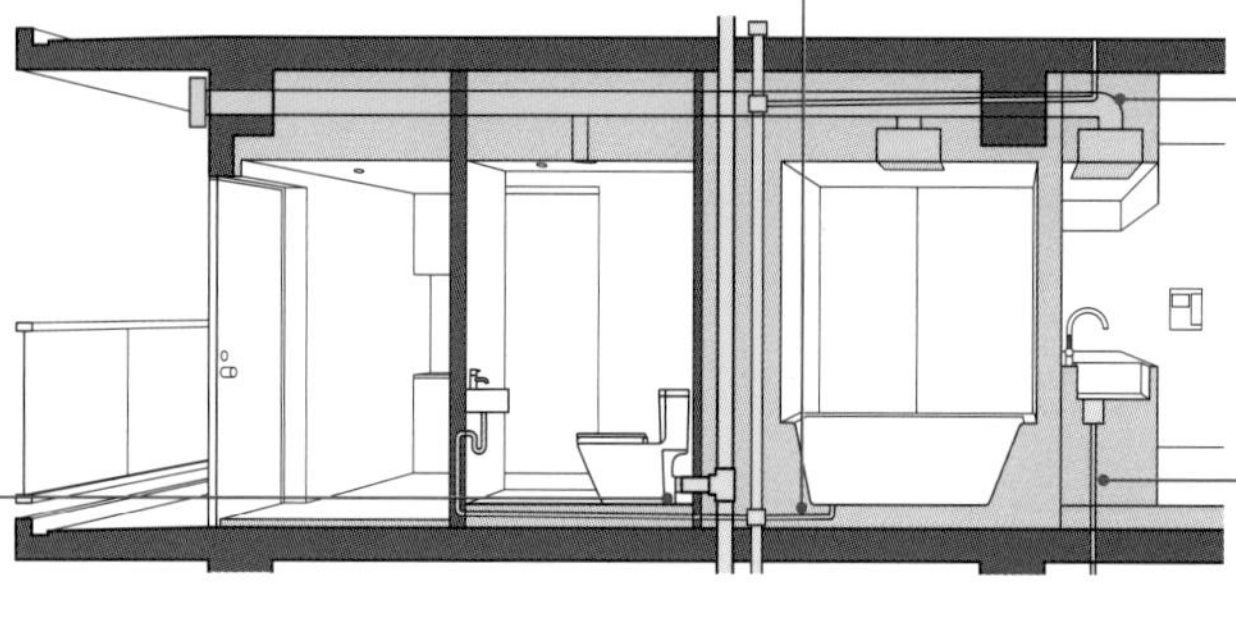

**キッチン換気扇**
- 梁のスリーブの位置によって排気ルートが限られてくる
- 換気扇の形状によっては天井懐も要確認

**キッチン**
- 給水、給湯、排水、ガス、電気、排気など、多くの設備が絡む
- 直張りの床でアイランドキッチンにする場合は、配管経路に注意が必要
- 下階の住人に配慮して、排水管の防水対策も施したい

## ルール2 ありがちな3LDK間取りの問題点

窓のない閉鎖的な空間で換気しにくい

垂れ壁や袖壁でリビングダイニングと仕切られているため、開放性が得られにくい

昔の住宅はセミオープンまたは個室型のキッチンで空間的に分断されていることが多い。ただしこの間取りを今でも好まれている年配の方も多い

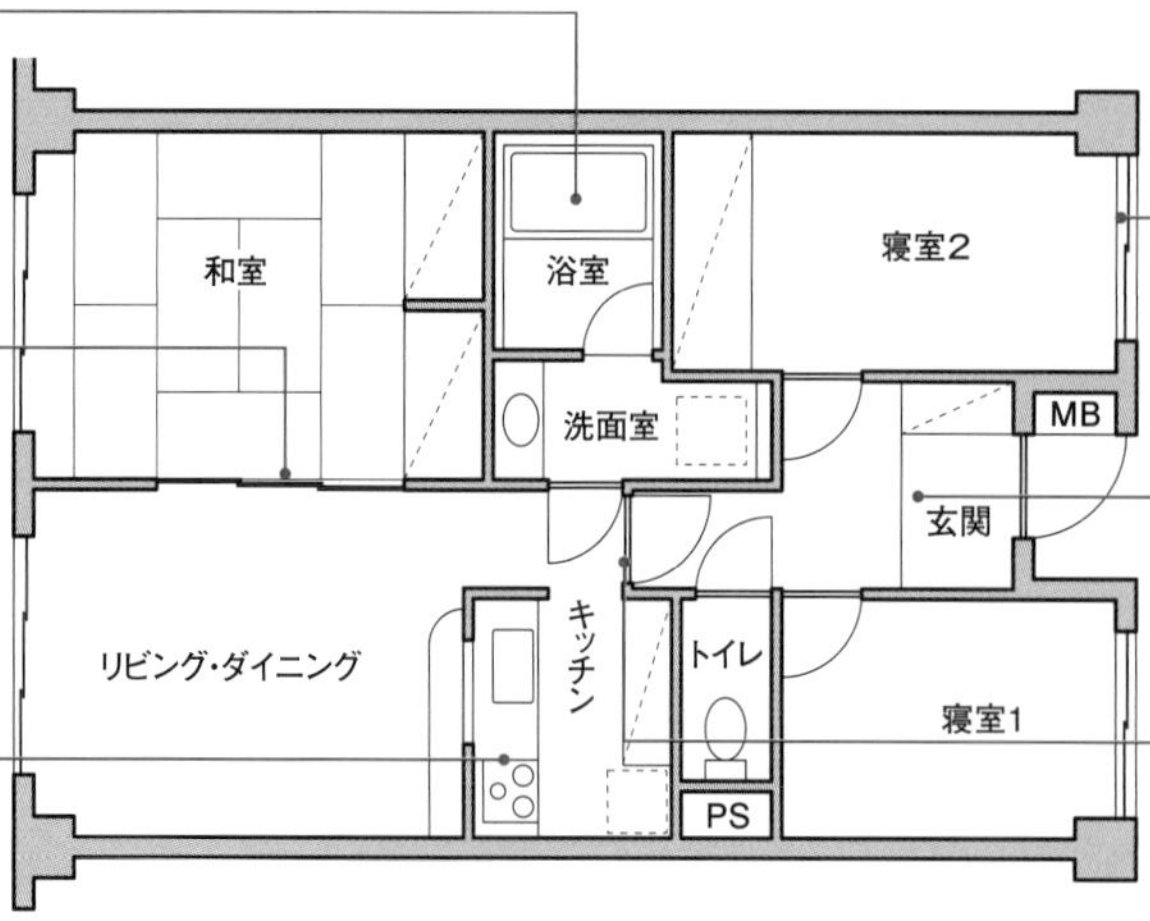


（S＝1：150）

断熱が不十分な北側の壁は、結露やカビが発生している場合が多い

各部屋とドアで仕切られているため、暗く閉鎖的な空間になりやすい

南北の動線がここだけに限られ、光や風も通りにくい

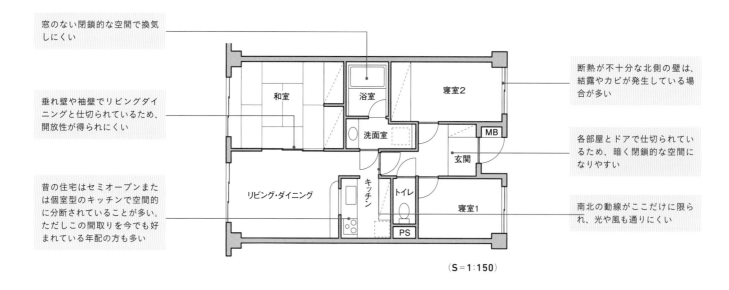

# ルール3 間取り整理の基本1［浴室位置を固定］

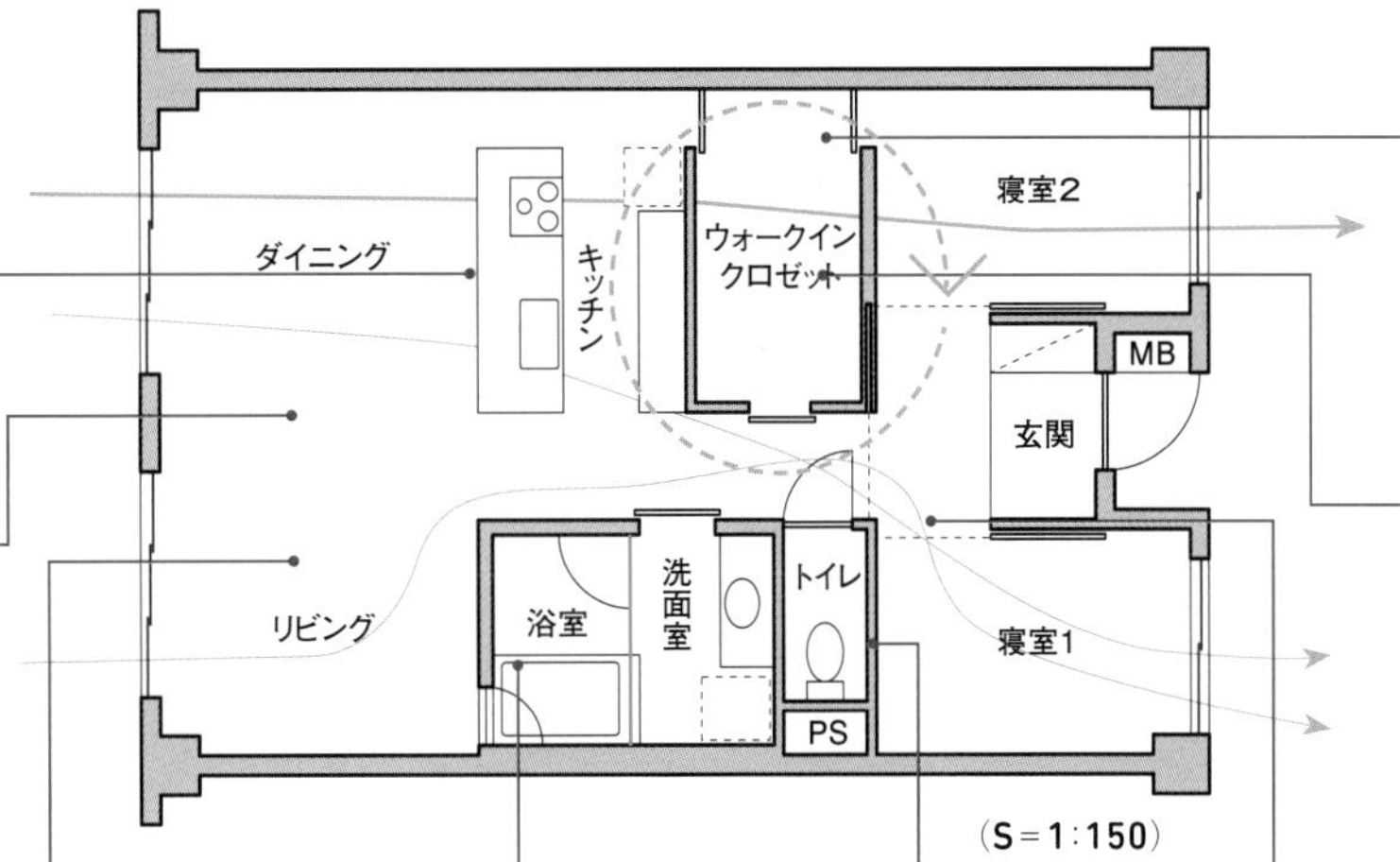


・開放的で若い家族に好まれる
・臭いは広がりやすく、キッチンの汚れも目につきやすくなる
・設備配管が床から立ち上がるので配管ルートに注意する

・間仕切壁は極力排除
・垂れ壁や袖壁、沓擦りなど、空間の境界となる物は極力排除
・個室化する場合は可動間仕切りの対応を検討

LDKとする場合、キッチンとダイニング、ダイニングとリビングを隣接させ、リビングからキッチンが丸見えにならないように配慮

バスルームは床の高さを上げれば移動できる。ただし下階への排水の音に注意

トイレは汚水管の関係上、元の位置から遠くに移動しづらい

回遊性のあるプランは風や日光もよく通る

・WICにはさまざま大きな物がしまえる
・玄関とキッチンの間にＷＩＣを設けると、パントリー代わりにもなり、食材の動線もよくなる

・引戸は開放時の納まりがよい
・普段は使わない廊下なども部屋に取り込み、空間をつなげる
・吊り引戸にして沓摺を設けず床を連続させて一体感を得る

# ルール4 間取り整理の基本2［浴室位置を移動］

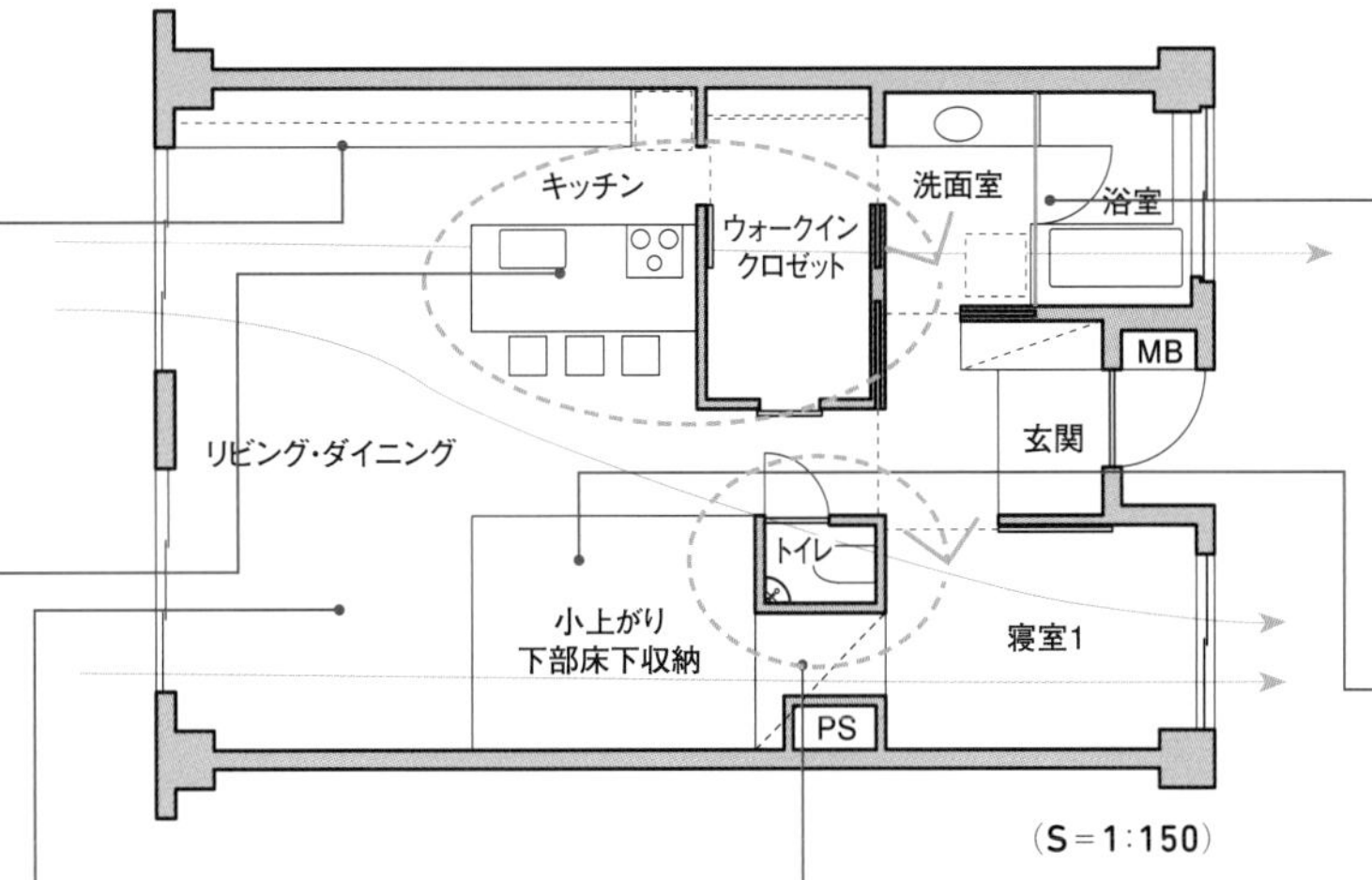


配膳台も兼ねたカウンター収納と吊戸棚。キッチンとダイニングの収納をつなげることで、家庭雑貨～食器類までその時の容量に応じて連続して収納

キッチンカウンターを長手方向に配置して家事動線を一直線に。カウンターでは簡単な食事も

南側に面したリビングダイニング。小上がりをダイニングとすると、ゆったりとしたリビングに

トイレの向きを変えてPSとの間に押入れを設けた。押入れは両面から開放できるようにすると通気性がよくなり、新たな動線も生まれる

廊下側にバスルームを移動した。ガラスで仕切った洗面室とつながる、明るく、風通しのよいバスルーム。管理規約上は可能でも、下階が寝室なので、排水音に注意

・収納量を補うため下部を床下収納にした床高さの違うスペース
・畳が欲しい人にも適している
・座椅子や掘りごたつスタイルのダイニングにもなる
・食後にソファの上で仮眠する人が多いため大きなソファ代わりにもなる

マンションの間取りは戸建住宅に比べて非常に類型化されているため、リフォーム対象として見るとセオリー化しやすい。

## 性能改善が回遊性につながる

まず手を付けるのはマンションの弱点である通風・採光・断熱の改善である。窓配置は変えられないので、間仕切りを極力撤去し、オープン間取りに変えることで部屋の奥まで光が届くようにする。

同じく通風性も、廊下を極力居室に取り込む、各スペースを仕切る建具を引込み可能な引戸にする、納戸は両側の2部屋からアクセスが可能な緩衝スペースとする、などにより、廊下からベランダまで風の通り道をつくる。

断熱性能は直接プランとは関係ないが、こうした大らかな間取りで光熱費を抑えるには、窓廻りや北側の壁などの断熱補強が効果を上げる。光熱費だけでなく、居心地のよさも改善されるので、断熱補強を前向きに検討したい。

これらの効果は絶大で、驚くほど気持ちよい空間に変わる。また、こうした改変は、回遊性をもたせて空間に変化をもたせ、家事動線を改善する手法とも相性がよいので、一石二鳥である。

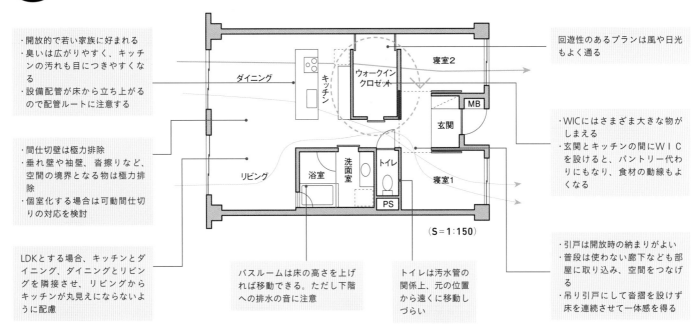

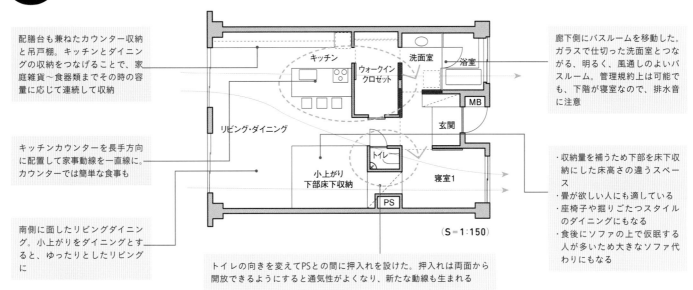

# 古い木造住宅の［定番間取り］を整理する

マンションほどではないが、リフォーム対象となる
木造住宅の間取りもある程度類型化できる。ここでは、
「ハウスメーカー風間取り」、「昔の工務店風間取り」、「農家の間取り」を
いまどきの間取りに変えていく際の考え方についてまとめた。

## 間取り改変の基本的な考え方

| 要望 | 手法 | 具体例 |
|---|---|---|
| 広く | 部屋をつなげる | LDKを一体にする、子供部屋など2階の部屋を一体にする、洗面・風呂を一体にする |
| | 廊下を取り込む | リビングに廊下を取り込む、玄関に廊下を取り込む（土間にするなど） |
| | 押入れを取り込む | 子供部屋などのニッチスペースとして活用 |
| 明るく | 部屋をつなげる | 光を家の奥まで呼び込む |
| | ストリップ階段にする | ストリップ階段で階段下をオープンにすることで、玄関ホールを明るくする |
| | 吹抜けをつくる | 上階の光を下階に回す |
| | 増築部分に大きな窓を設ける | 窓を大きくするのは大変な工事になるので、増築部分をうまく利用する |
| 頑丈に | 耐力壁の増設 | 外壁ラインで増設するのは大変なので、その内側で増やしていく。場合によっては筋かいを露出させる |
| | 床の補強 | 梁交換、添え梁（製材、鉄骨）、剛床化 |

## 変更しないほうが無難な個所

| | 対象 | 理由 |
|---|---|---|
| いじらないほうがいい | 外壁・屋根 | 足場を含めて工事にお金がかかる |
| | 開口部の位置・大きさ | 窓廻りをめくると漏水のリスクが高くなるので、外装をいじる場合のみ変更する |
| なるべくいじらない | 階段位置 | 床をやり替えることになるので、お金がかかる |
| | トイレ・浴室の位置 | 給排水、浄化槽などの位置関係がかかわってくるので大がかりな工事になる場合がある |

木造住宅の間取りの変更には大きく3つの制約要素がある。構造、設備、防水だ。

構造については、まず壁量を満たすことが大前提となる。問題は外周の壁量を増やしたい場合。壁を剥がさないと新しい耐力壁はつくれないが、外壁をやり替える場合以外は追加費用が生じ、漏水の危険性も高まる。そこで、外周の内側に露出した筋かいを設置することになる。

同様に上部荷重を支える柱が抜けなかったり、補強が必要になる場合もある。プラン上は不必要（不自然）なこうした構造要素を、いかに自然に見せるかがリフォームのポイントだ。ミニ書斎や収納スペースをうまく絡ませるのが常道だ。

階段の位置変更もできれば避けたい。技術的には可能でも、事前調査や補強を含めた設計・施工が煩雑になるからだ。

水廻りの移設については、浴室とトイレの排水が問題になる。2m程度の移動なら問題ないが、大きく動かす場合は配管の勾配が問題となる。できれば既存の位置からそれほど動かさずにプランをまとめたい。

防水が絡むのは、窓の配置換えだ。外装をやり替える場合以外は、サイズアップ程度に留めるのが現実的。この場合も防水ラインが工事過程で切られるため、慎重な施工が必要だ。

解説：菅沼建築設計＋大菅力

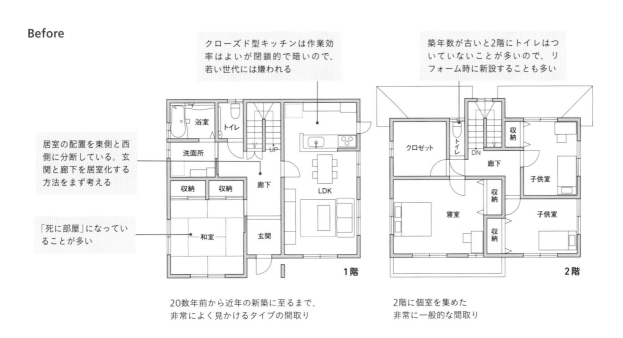

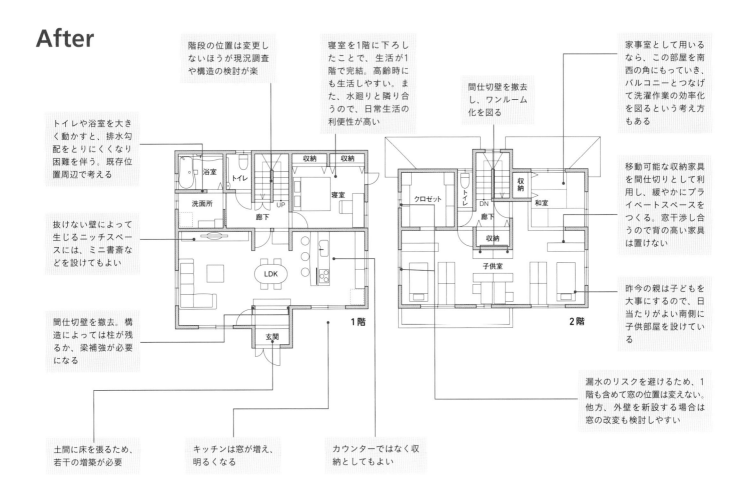

# ルール1 ハウスメーカー住宅は廊下を居室化し2階をオープン化する

ハウスメーカーの間取りはセンター廊下が特徴である。
この廊下スペースをいかに居室に取り込むかが工夫のしどころとなる。

## Before

クローズド型キッチンは作業効率はよいが閉鎖的で暗いので、若い世代には嫌われる

築年数が古いと2階にトイレはついていないことが多いので、リフォーム時に新設することも多い

居室の配置を東側と西側に分断している。玄関と廊下を居室化する方法をまず考える

「死に部屋」になっていることが多い

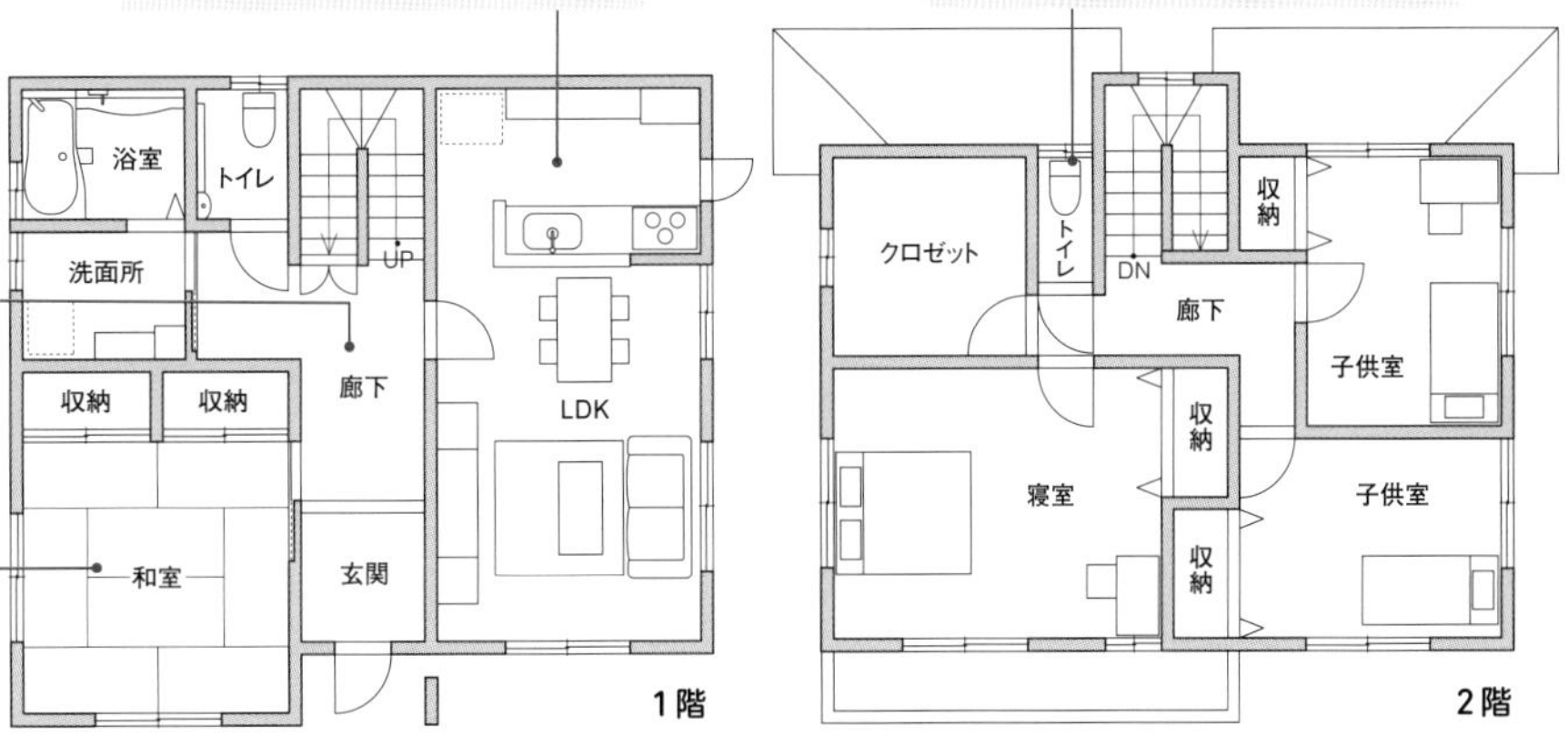

浴室
トイレ
洗面所
UP
収納
収納
廊下
LDK
和室
玄関
1階
クロゼット
トイレ
DN
収納
廊下
子供室
収納
寝室
子供室
収納
2階


20数年前から近年の新築に至るまで、非常によく見かけるタイプの間取り

2階に個室を集めた非常に一般的な間取り

## After

階段の位置は変更しないほうが現況調査や構造の検討が楽

寝室を1階に下ろしたことで、生活が1階で完結。高齢時にも生活しやすい。また、水廻りと隣り合うので、日常生活の利便性が高い

間仕切壁を撤去し、ワンルーム化を図る

家事室として用いるなら、この部屋を南西の角にもっていき、バルコニーとつなげて洗濯作業の効率化を図るという考え方もある

トイレや浴室を大きく動かすと、排水勾配をとりにくくなり困難を伴う。既存位置周辺で考える

抜けない壁によって生じるニッチスペースには、ミニ書斎などを設けてもよい

間仕切壁を撤去。構造によっては柱が残るか、梁補強が必要になる

移動可能な収納家具を間仕切りとして利用し、緩やかにプライベートスペースをつくる。窓干渉し合うので背の高い家具は置けない

昨今の親は子どもを大事にするので、日当たりがよい南側に子供部屋を設けている

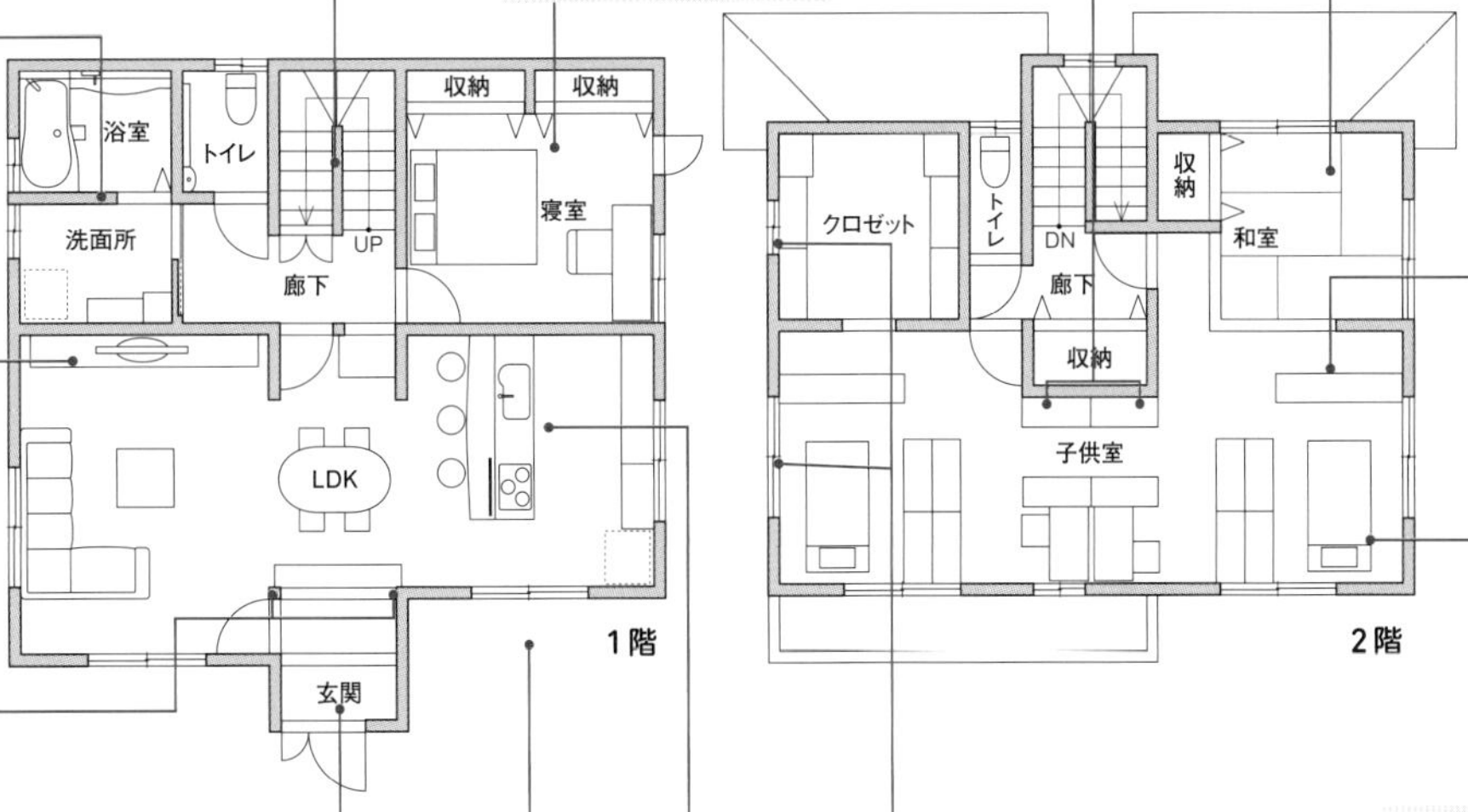

浴室
トイレ
収納
収納
寝室
UP
洗面所
廊下
LDK
玄関
1階
クロゼット
トイレ
DN
収納
和室
廊下
収納
子供室
2階


漏水のリスクを避けるため、1階も含めて窓の位置は変えない。他方、外壁を新設する場合は窓の改変も検討しやすい

土間に床を張るため、若干の増築が必要

キッチンは窓が増え、明るくなる

カウンターではなく収納としてもよい

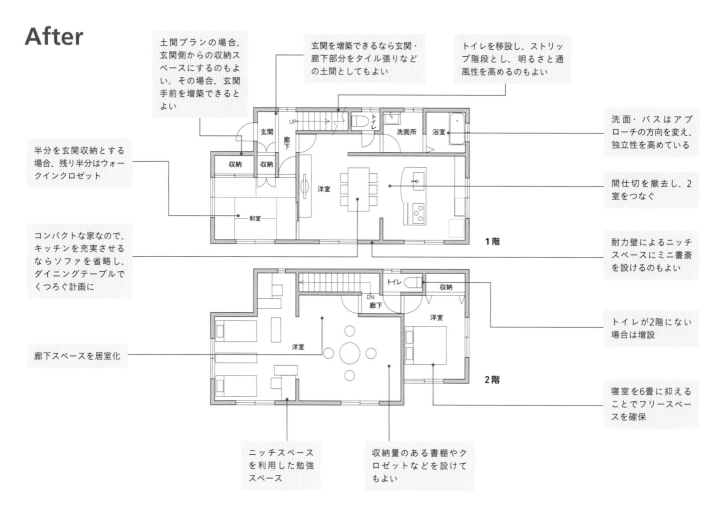

ルール 2

# 工務店住宅は細切れ間取りをつなげて開いていく

昔の工務店住宅には、片側廊下の横に居室が並ぶタイプのものが多い。
壁量を満たしながら部屋をつなぐ工夫が必要になる。

## Before

地域工務店がつくった家に多い間取り。古い年代の物件でもよく見かける。ハウスメーカー的な演出を排し、つくりやすさを重視した間取り

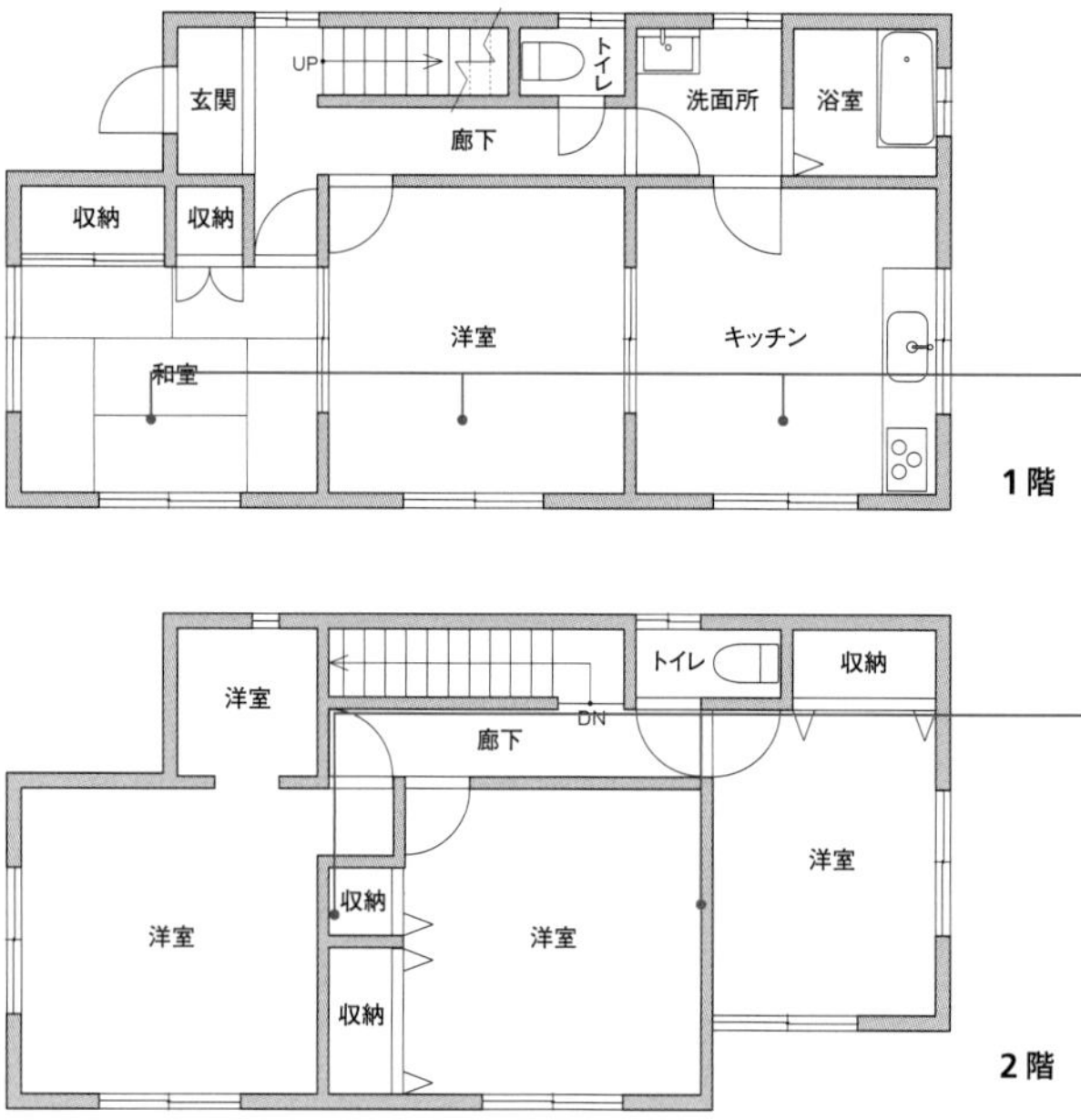

UP
玄関
トイレ
洗面所
浴室
廊下
収納
収納
和室
洋室
キッチン
1階
洋室
トイレ
収納
DN
廊下
洋室
洋室
収納
洋室
収納
2階

軸組優先で1間×1間の部屋が3つ並ぶ。洋室の先に和室があるのも特徴。細切れ間取りで使いにくい

壁の通りは1階とずれていることも多い

（S＝1：150）

## After

土間プランの場合、玄関側からの収納スペースにするのもよい。その場合、玄関手前を増築できるとよい

玄関を増築できるなら玄関・廊下部分をタイル張りなどの土間としてもよい

トイレを移設し、ストリップ階段とし、明るさと通風性を高めるのもよい

半分を玄関収納とする場合、残り半分はウォークインクロゼット

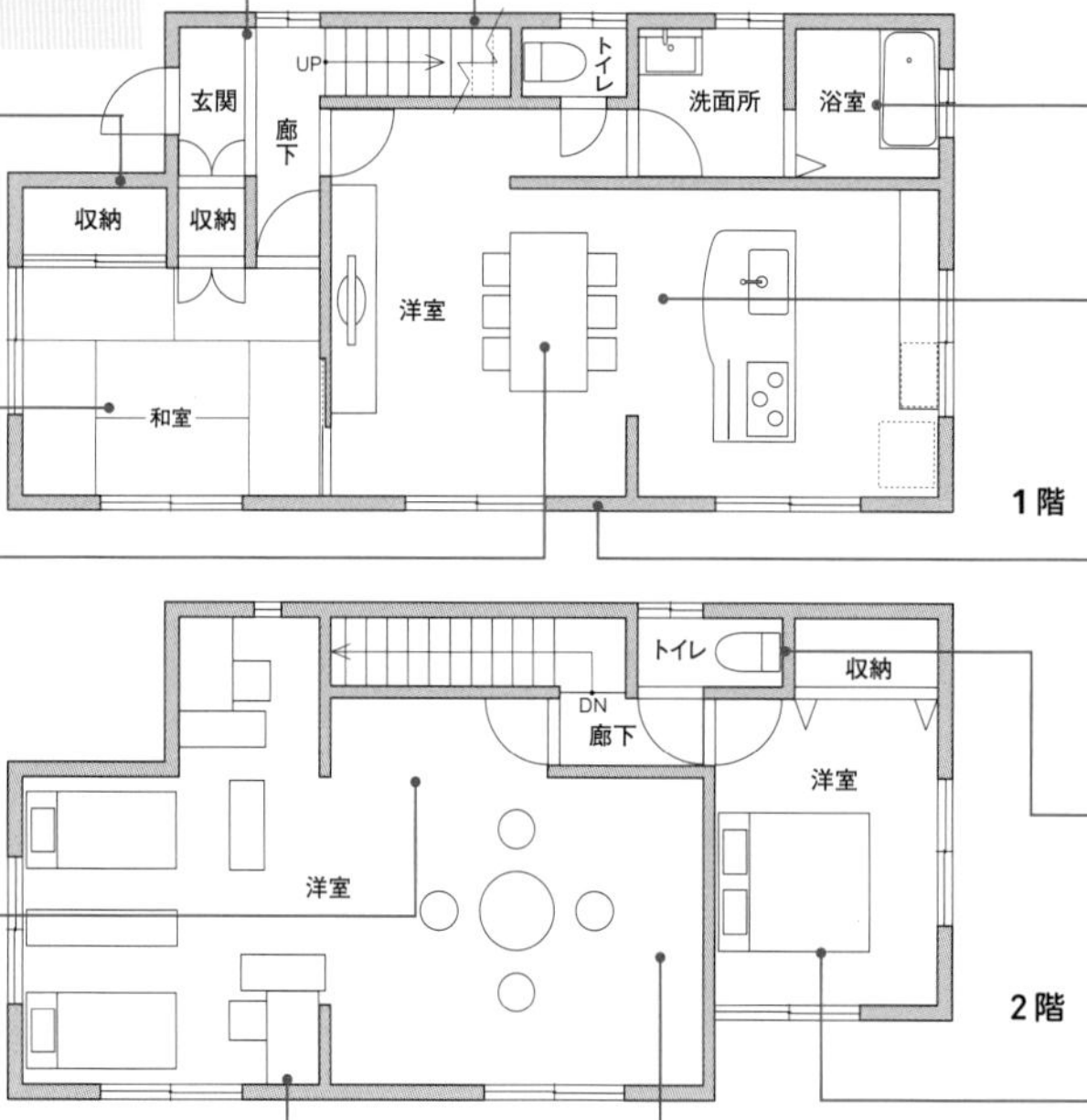

UP
玄関
トイレ
洗面所
浴室
廊下
収納
収納
洋室
和室
1階
トイレ
収納
DN
廊下
洋室
洋室
2階


洗面・バスはアプローチの方向を変え、独立性を高めている

間仕切を撤去し、2室をつなぐ

コンパクトな家なので、キッチンを充実させるならソファを省略し、ダイニングテーブルでくつろぐ計画に

耐力壁によるニッチスペースにミニ書斎を設けるのもよい

トイレが2階にない場合は増設

廊下スペースを居室化

寝室を6畳に抑えることでフリースペースを確保

ニッチスペースを利用した勉強スペース

収納量のある書棚やクロゼットなどを設けてもよい

# ルール 3 農家型住宅は壁を増やして水廻り動線を改善する

農家型住宅は南面の大開口と連続する座敷が特徴である。
壁量不足と偏心を解消しながら、水廻りと居室の関係を改善するのが基本だ。

**Before**

古い農家によくある間取り。築20年くらいの農家でも、和室(座敷)がつながる雰囲気が残っていることが多い

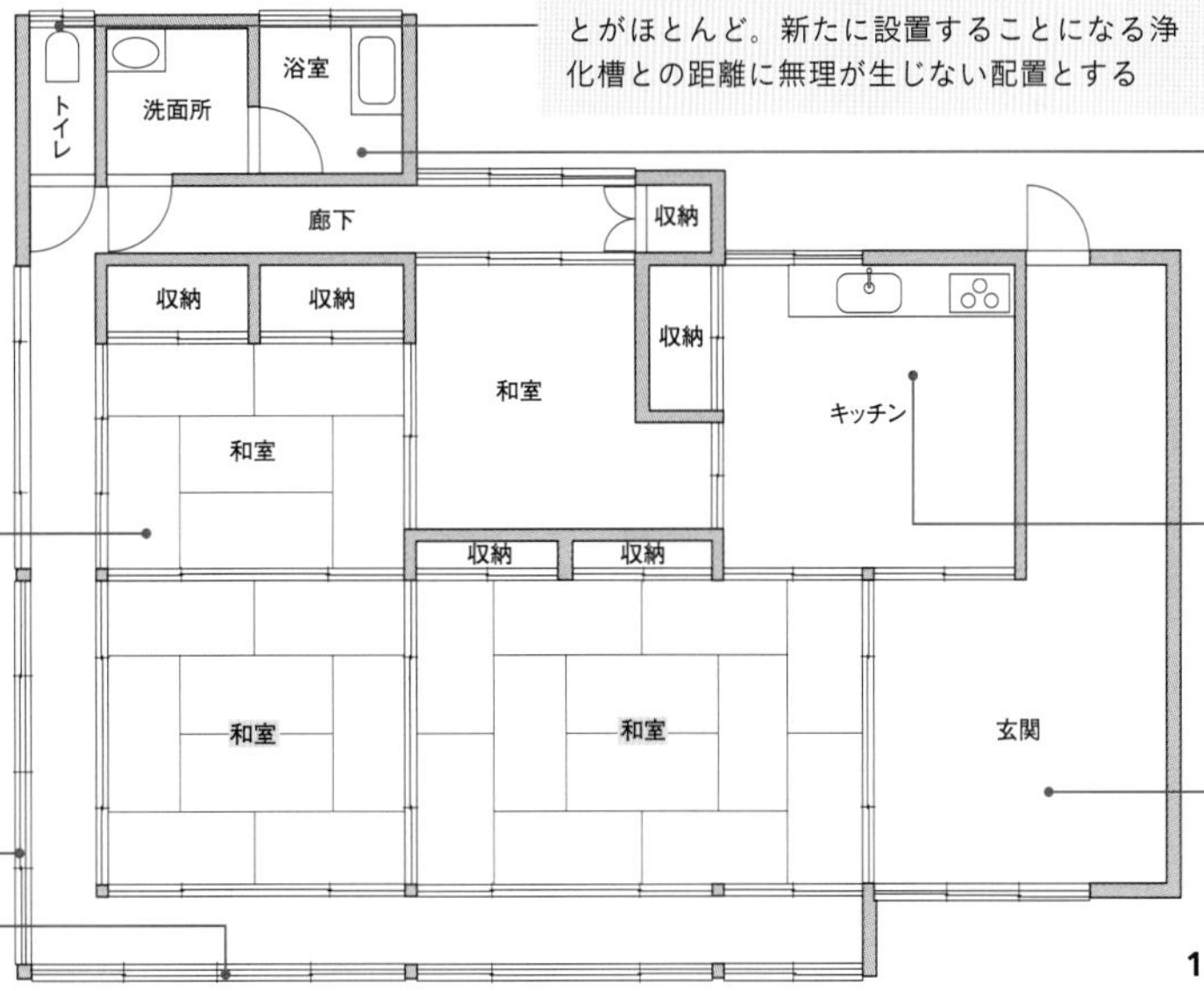

トイレ
洗面所
浴室
廊下
収納
収納
収納
収納
和室
和室
キッチン
収納
収納
和室
和室
玄関
1階


便所は外廊下の突き当たりに位置していることがほとんど。新たに設置することになる浄化槽との距離に無理が生じない配置とする

水廻りは何度目かの改修工事の際に外側(たいてい北側)に設けられていることが多い。たいてい腐食が進んでいるので撤去が前提となる

南面に大きな開口をもち、和室がつながっていくのが特徴。大きな家だともうひと間つながることもある

土間の一部に床を張ってキッチンを室内に移動している家が多い

壁量が不足しており、偏心率も高い。耐力壁の増設が不可欠。基本的には既存の外周ラインの内側に耐力要素を設けることになる

広い土間の扱いが工夫のしどころ

**After**

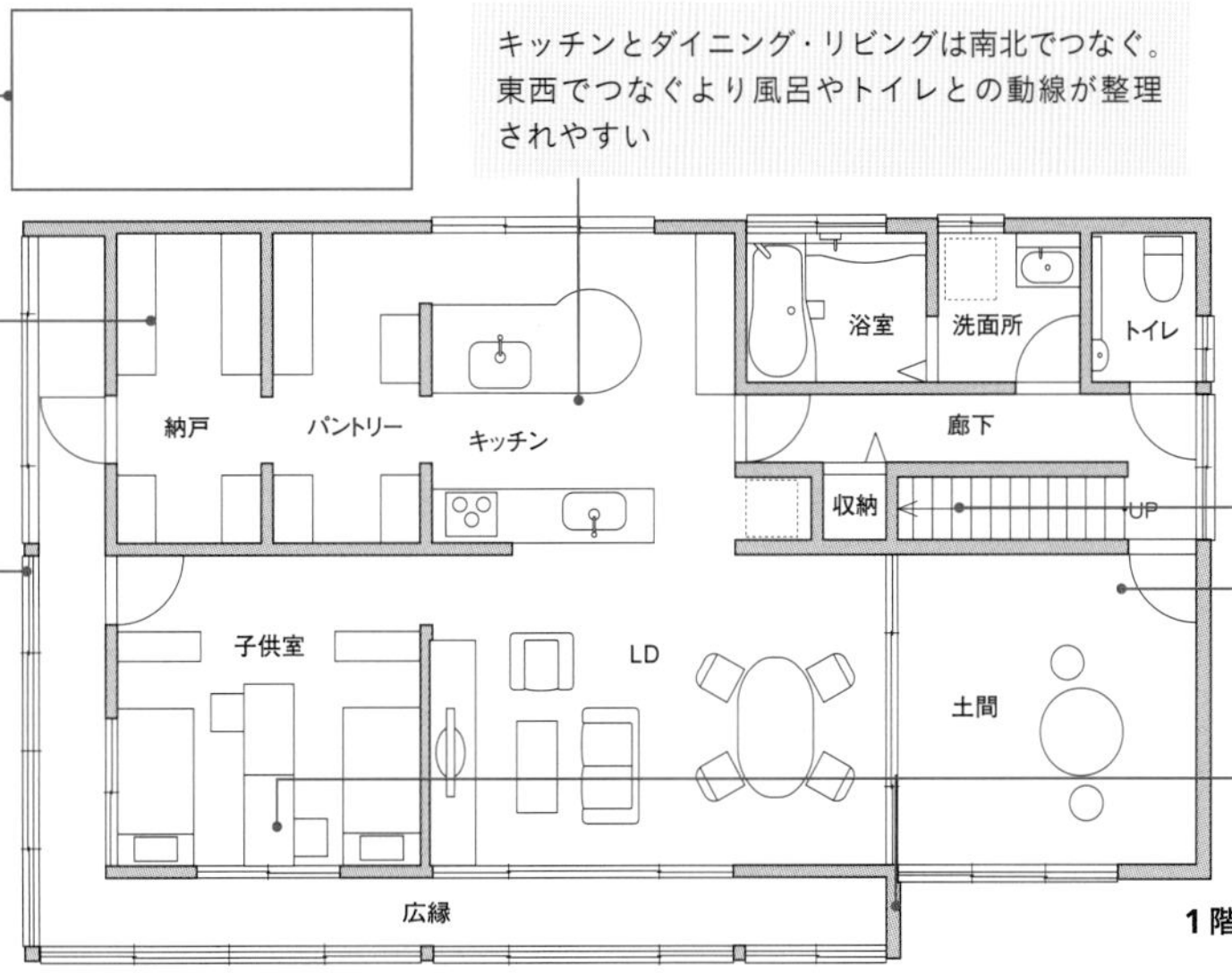

浴室
洗面所
トイレ
納戸
パントリー
キッチン
廊下
収納
UP
子供室
LD
土間
広縁
1階


キッチンとダイニング・リビングは南北でつなぐ。東西でつなぐより風呂やトイレとの動線が整理されやすい

小屋裏が広いので2階に寝室を設ける。耐力壁線を通すうえでも役立つ。2階は窓がないのでトップライトは必須

トイレ・浴室などは状態が悪いことも多く、動線上も不便なので撤去する

既存の特徴を生かすのであれば、土間を一部残す。自転車や趣味の道具がおけるので今の生活にも合っている

壁が必要になる収納部屋を設けて壁量をかせぐ

外周ラインの内側で耐力壁を増設する。プランによっては筋かいなどを露出してもよい

広縁は生かして開放性と回遊性を確保

## 間取りタイプごとのセオリー

古い木造住宅の間取りを、タイプ別に考えてみよう。まずハウスメーカーの間取りの特徴は、方位に合わせて階段スペースを挿入すればたいていの敷地で成立する点。玄関にインパクトをもたせやすく、合理的に間仕切れるので、部屋数を増やしやすい。これを昨今のオープン間取りに変えるには、部屋のつなぎ方がポイントになる。壁量はほぼ満足していることが多いので、隣り合う2室をつなぐことは容易だ。中央の廊下を居室に取り込む方法が工夫のしどころだ。

大工が考えた昔の工務店間取りもよく見られる。この場合もLDKをつなぐのが基本だが、壁量が不足しがちなので、仕切り部分が表に出てきやすい。その部分は夫の個室か妻の家事室、納戸のいずれかにするとニーズとも合致して納めやすくなる。また玄関・廊下スペースが暗くて狭いので、ここも工夫のしどころだ。玄関と廊下を一体にして土間とするのも選択肢の1つである。

最後は農家の間取りだ。これは偏心率が高く、壁量が足りないので、建具のある場所を中心に耐震壁を補いながら偏心率を下げつつ、もとの間取りの伸びやかさをどう生かすかがテーマになる。

# デザインリフォームのための営業・プレゼン必勝術

大規模リフォームは客層が新築と微妙に異なる。
お客のニーズを掴みつつ、それに合せた営業戦略が必要になる。
ニッチビジネスなので商圏を広くとり、スピード感のある提案や応対を
行うことが基本になる。そのうえで、インテリア提案で差別化する。

## ルール1 望まれているリフォーム会社像（大規模リフォームの場合）

**客の気持ち**

・こだわりは実現したい
・トレンドもそれなりに反映したい
でもその分高くなったり、
使いづらくなったりするのは嫌
・自分たちが主体的に決定したい
（プロに振り回されたくはない）

煎じ詰めると →

こだわっているところ以外は普通でいいの


**暗に求めていること**

・ワンストップ対応ができる
・費用対効果の高いハーフオーダーが提案できる（もしくは経験豊富で費用対効果の高い提案可能）

結論 →

設計事務所もいいけど、なんか大変そう


**求められている会社像**

設計事務所に近いデザイン力をもった工務店

## ルール2 求められている組織（アピールすべき内容）

・設計者が一定数存在する：設計力のアピール（性能的な安心感も含めて）
・女性の設計者やインテリアコーディネーターのスタッフがいる
：共感能力のアピール（対女性対策）
・設計者などの担当者が引渡しまで一貫して窓口になる：ワンストップ対応のアピール
・いわゆる営業マンはいない：しつこい営業をしないことのアピール

子どものことや家事のことを理解してくれるのは、うれしいわ


→ **男女**（設計＋インテリアコーディネーターなど）**ペアで接客と提案を一貫して行うのがベスト**

大規模リフォームは、工事規模・金額の面では新築に近い案件も少なくないが違いも多い。まずはその点をみてみる。

**1―エリアが広い**

広く浅く客を取る必要がある。新築よりもエリアを広げてPRを行い、離れた現場にも対応できる態勢が必要。PR範囲を広げるぶん広告宣伝費が必要であり、高めの粗利設定となる。35％が1つの目安となる。

**2―金額が小さい**

均せば1件当たりの売上げは新築の3割程度で、少額のお金が出たり、入ったりする。新築特有のどんぶり勘定だと破綻する。バランスシートを見ながら経営する必要がある（新築でもそうあるべきだが）。

**3―出会いから引渡しまでが短い**

新築の場合、出会ってから引き渡すまで2年はかかる。大規模リフォームの場合は現に建て主がその建物に住んでいるケースや物件を所有しているケースも多く、かなり短い。ただしプロセスは新築に準ずるので、そのぶん密度が濃くなる。つまり、提案から現場を通じてクイックな対応がお客に対して求められる。相手に合わせた対応ができないと、感情的にもつれてトラブルに発展する。

## ルール3 男女ペアの営業手法のポイント

- ・ホームページで「押しつけ営業はしない」「希望者には女性スタッフが対応」をうたう
- ・電話メールなどの問合せ時に、設計者が担当者となって打ち合わせを行うことを伝える
- ・資料請求後に送付する資料のデザインやコピーは、女性視線を盛り込む
- ・第一印象が大事なので、奥さん同伴のお客の打ち合わせには、必ず女性スタッフが入る
- ・生活の仕方に関するヒアリングが2 ～ 3割、間取りが5 ～ 6割、ンテリアが2 ～ 3割の比率で打ち合わせする
- ・競合他社がある場合、お客が迷っている場合は、契約前に実邸訪問を行ってクロージングをかける
- ・契約後、仕様がおおまかに固まった後にも、実邸訪問を行う
  （設計内容を確認するとともに仕様のグレードアップなどが期待できる）

## ルール4 事業化するには不動産情報が不可欠

### 外部の不動産会社と連携するケース

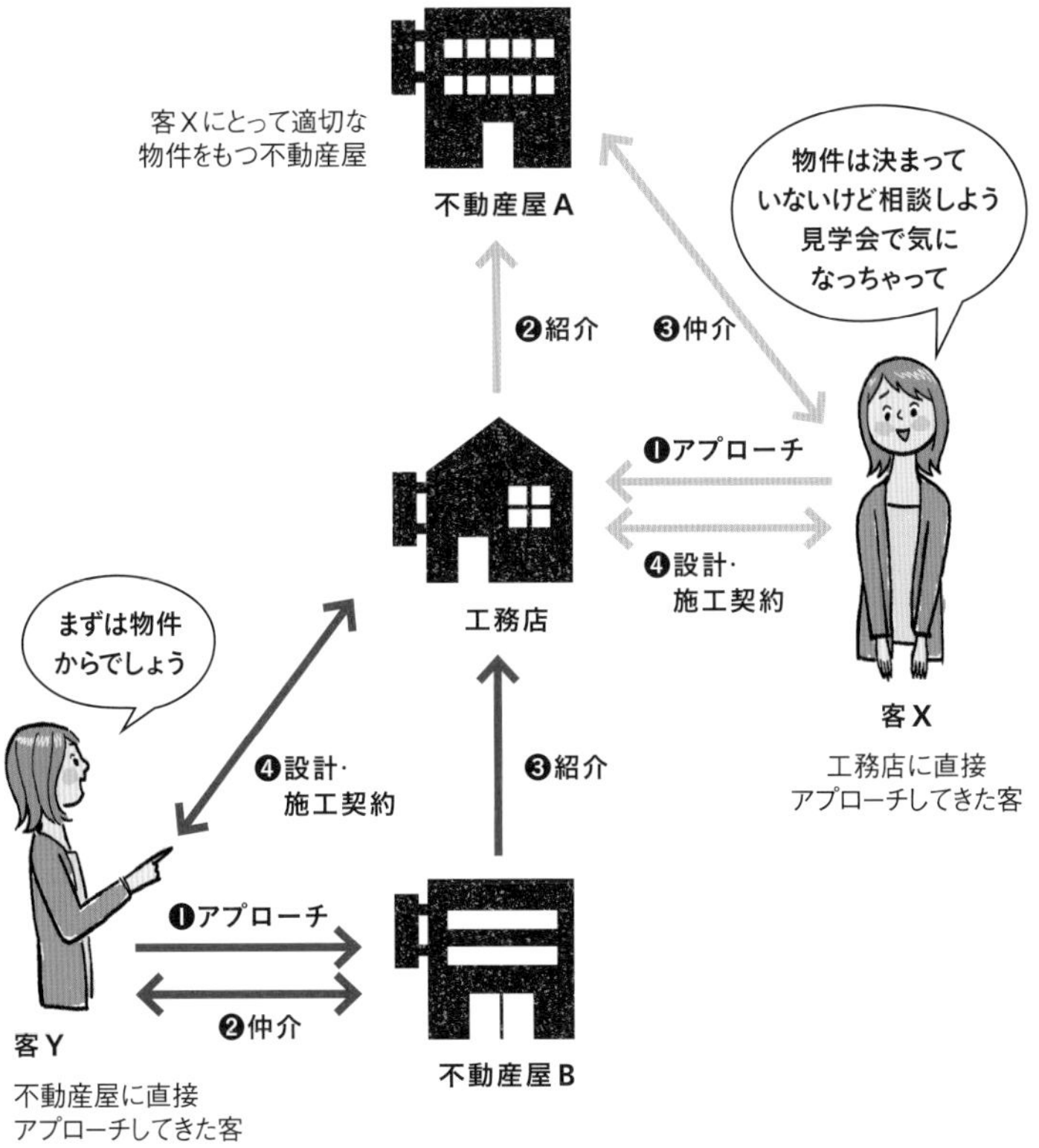


工務店にアプローチしていたお客の土地探しを不動産屋に託すケースと、不動産屋に来た客を紹介してもらうパターンがある。後者は色眼鏡で見られる場合もある。組む相手を選ぶことが大切。物件が決まって契約に至るまで時間がかかるのが難点

### 不動産事業を展開するケース

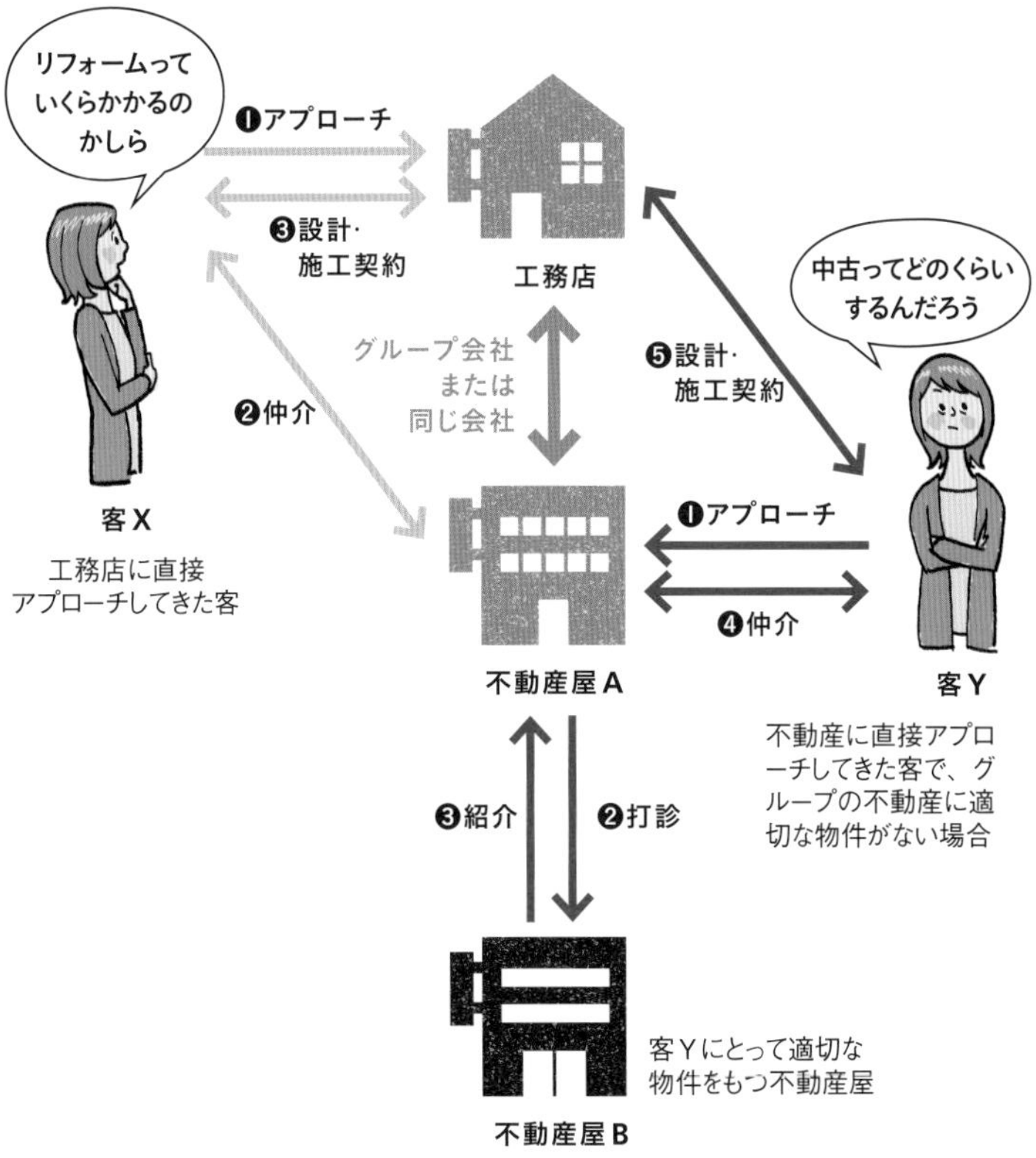


工務店の社内ないし子会社をつくって不動産事業を行うと、物件紹介から設計・施工契約まではスムース。また自社管理物件は仲介料無料、他社からの紹介物件も半額とするなど、コストメリットを付与することも可能になる



イラスト：飯山和哉

## ルール5 初回プレゼンに必要なのは、こんな資料

◎：必須
○：なるべく用意
△：状況次第
×：不要

**コンセプトシート**
「フィート感」を伝えるために必読

**平面図**
言うまでもなく必須図書

**立面図**
外観の改修を伴う場合に

**断面図**
戸建てプランによっては

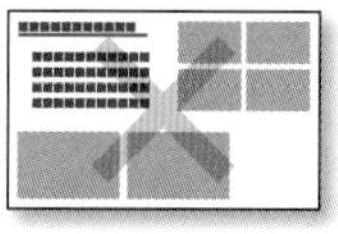

**展開図**
素人にはパースのほうが分かりやすい

**インテリア・家具パース**
「半オチ」していたら写真で済む場合も

**外観パース**
外観の改修を伴う場合に

**CG**
年配の方はわりと好きなのでお客によっては

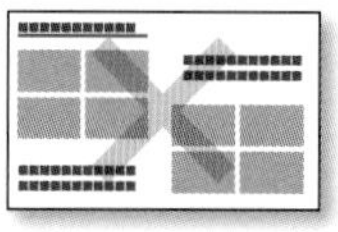

**模型写真　模型**
白模型ではダメで、素材まで貼り込む必要があるので手間がかかる

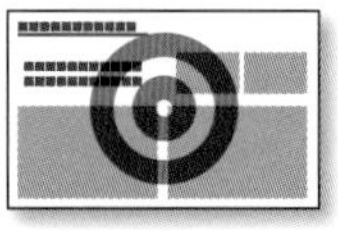

**現況報告書**
手間だが、後のクレーム防止を図るうえで重要

**見積り**
初回は不要な場合が多い（ただし、概算は押さえておく必要がある）

## ルール6 プレゼン資料作成のポイント

**コンセプトシートは、とにかく簡潔にまとめる**

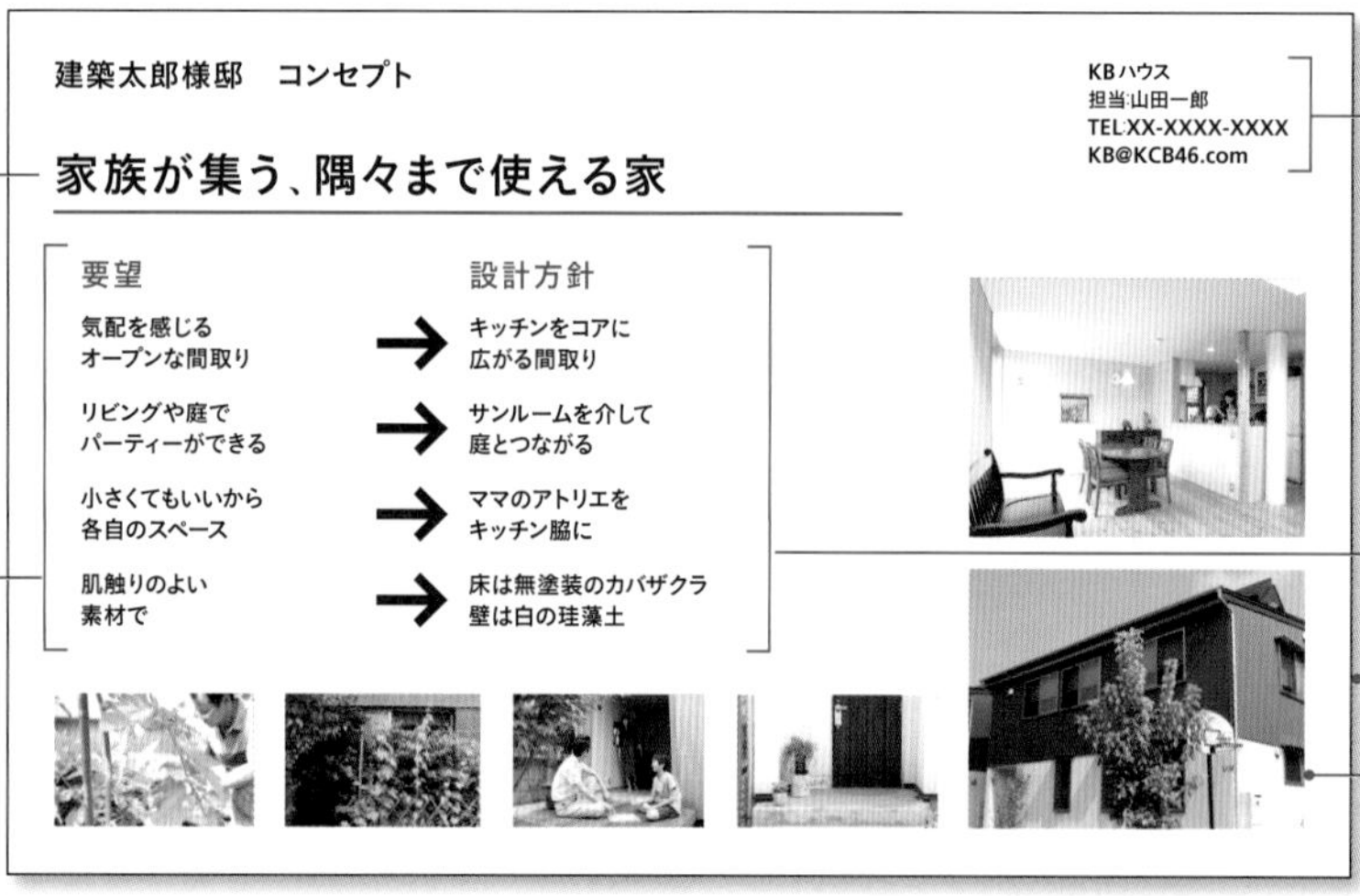


大見出しのコピーは大切しっかり練る

要望（ポイント）は5点くらいに絞りたい

ハードではなくソフト（そこで何をしたいか）を中心に要望を抽出する

会社名・担当者名・連絡先はすべてのページに

要望と解答（設計方針）の関連が伝わるようにポイントを抽出する

1枚でまとめるのが基本

イメージ写真も散りばめる

**プランは「松竹梅」を用意して竹に導く**

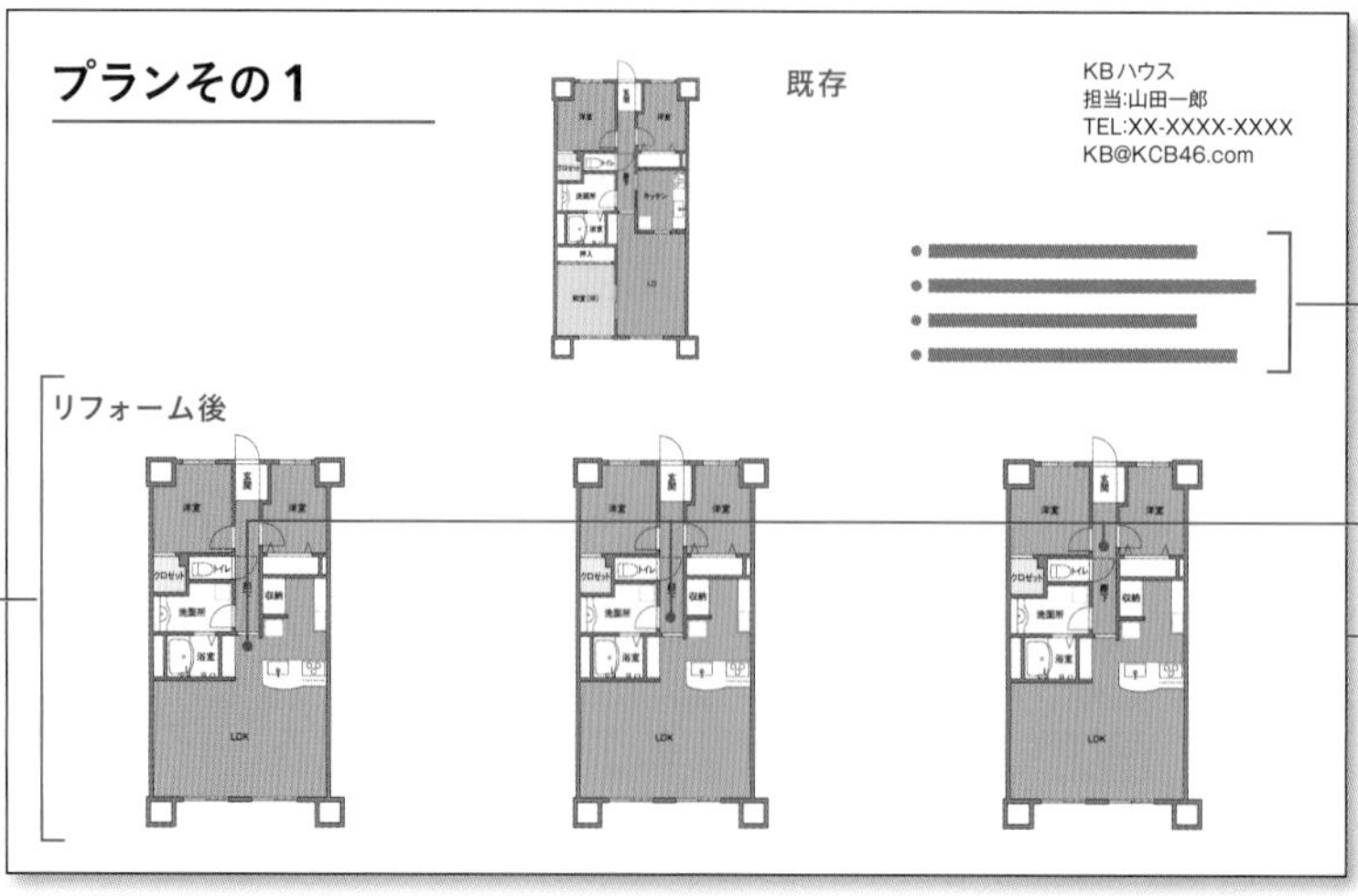


無難な案、大胆な案、落としどころの案の3つの案を提示

平面図はなるべく大きく、設備家具なども入れて、スケールが伝わるように

必要に応じて立面図・断面図も作成する

改変した部分とその狙いが分かるようにポイントを抽出する（文章と図面上のマーキングなどの両方で）

カラーで表現するほうが好まれる

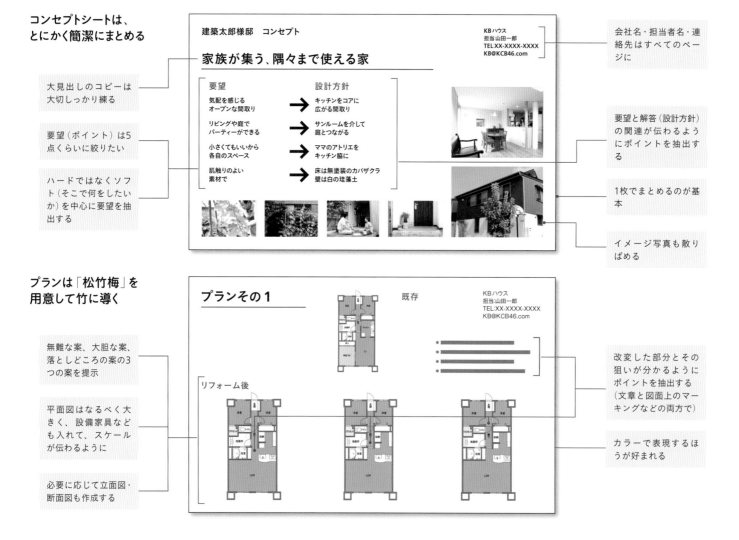

## 4｜周辺に人が住んでいる

住みながらのリフォームは無論、周辺住人が多数いる状態での工事となる。そうした人たちへの配慮が常に必要になる。音や振動を軽減する工法の選定や養生の気配りなど、自社の現場監督にスキルが要求されるのはもちろん、下職にもそれらのセオリーを徹底させる必要がある。

## 5｜現況を見誤るとすぐ赤字

新築と異なり、既存建物の状況はまちまち。解体前にすべてを把握することは難しいが、各段階で明らかになるリスクを見越した設計や、それにもとづく下職の手配ができていないと、想定外の費用が発生し、粗利が確保できない。ベースの金額が少ないぶん、人工を見誤っただけでも利益はすぐに吹っ飛んでしまう。

## 客の関心はインテリアに特化

次に、客層の違いについて述べる。新築の客との共通要素もあるが、違いも多い。それをふまえた営業のスタイルをとる必要がある。

### 1｜性能

既存建物の性能がよくないので高いレベルは求めない。ただし、すでに住んでいる建物のリフォームでは、体感と光熱費で結果が出やすい断熱改修は取り組む価値がある。また瑕疵になる要素は新築よりも多いので、そうした危険は確実に潰しておく。

### 2｜間取り

要求の傾向は新築同様。ただし、既存状況を根拠にして説明すれば、こちらの提案を受け入れやすい傾向はある。

### 3｜設備

要求の傾向は新築同様。特にキッチン廻りには強くこだわるのが普通。浴室や空調など既存建物の影響を受けやすいところは、新築よりもこだわりが控えめになる。

### 4｜インテリア

ほかの部分の規制が多いぶん、インテリアへの関心は新築以上に高い。特にマンションリフォームでは、空間的な変化がつけにくいぶんインテリアの重要度は非常に高い。

こうした前提条件をベースに実際の手法としてまとめたのが、この項の図版類である。スピード感ときめ細やかさが求められること、提案内容がインテリアに特化してくることが、設計技能に長けたスタッフを必要とし、営業マンなどの仲介者を排除して、それらのスタッフに直接クイックに対応させる理由である。

**スケッチ**
**家具を中心に**
**シーン+参考写真で**

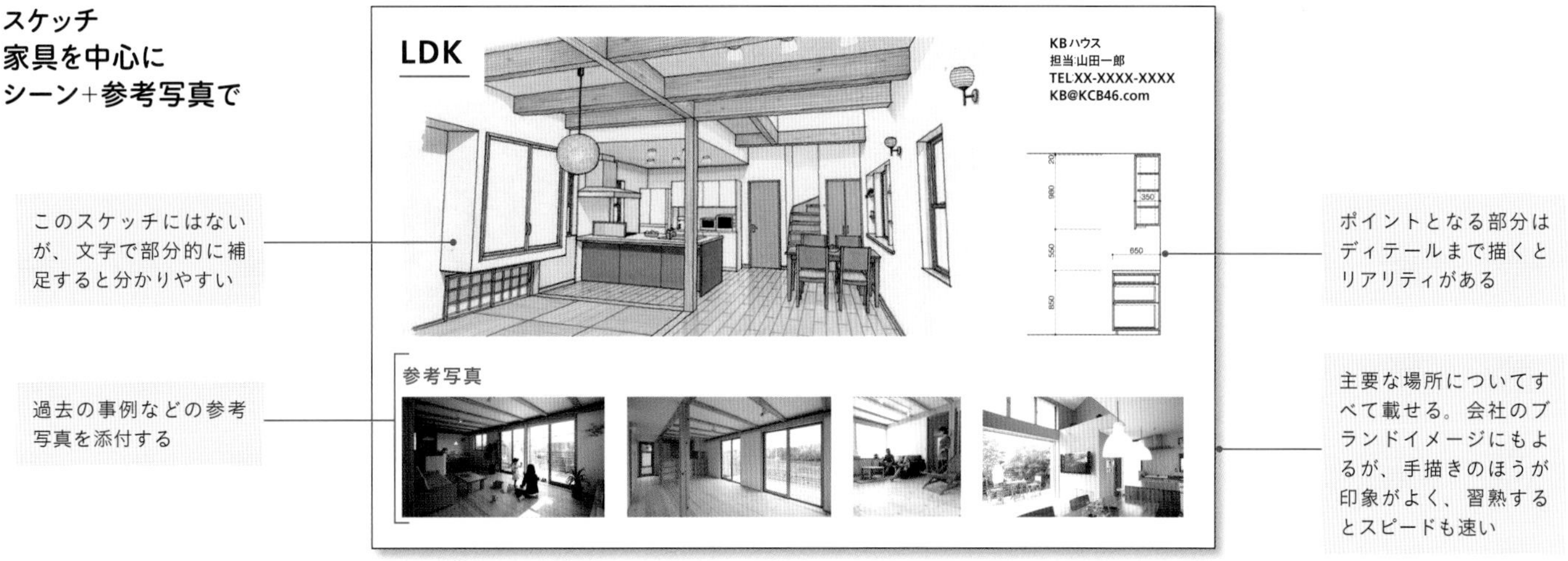
LDK
KBハウス
担当:山田一郎
TEL:XX-XXXX-XXXX
KB@KCB46.com
参考写真
このスケッチにはないが、文字で部分的に補足すると分かりやすい
過去の事例などの参考写真を添付する
ポイントとなる部分はディテールまで描くとリアリティがある
主要な場所についてすべて載せる。会社のブランドイメージにもよるが、手描きのほうが印象がよく、習熟するとスピードも速い

**現況報告書**
**構造の劣化・漏水などを**
**しっかりチェック**

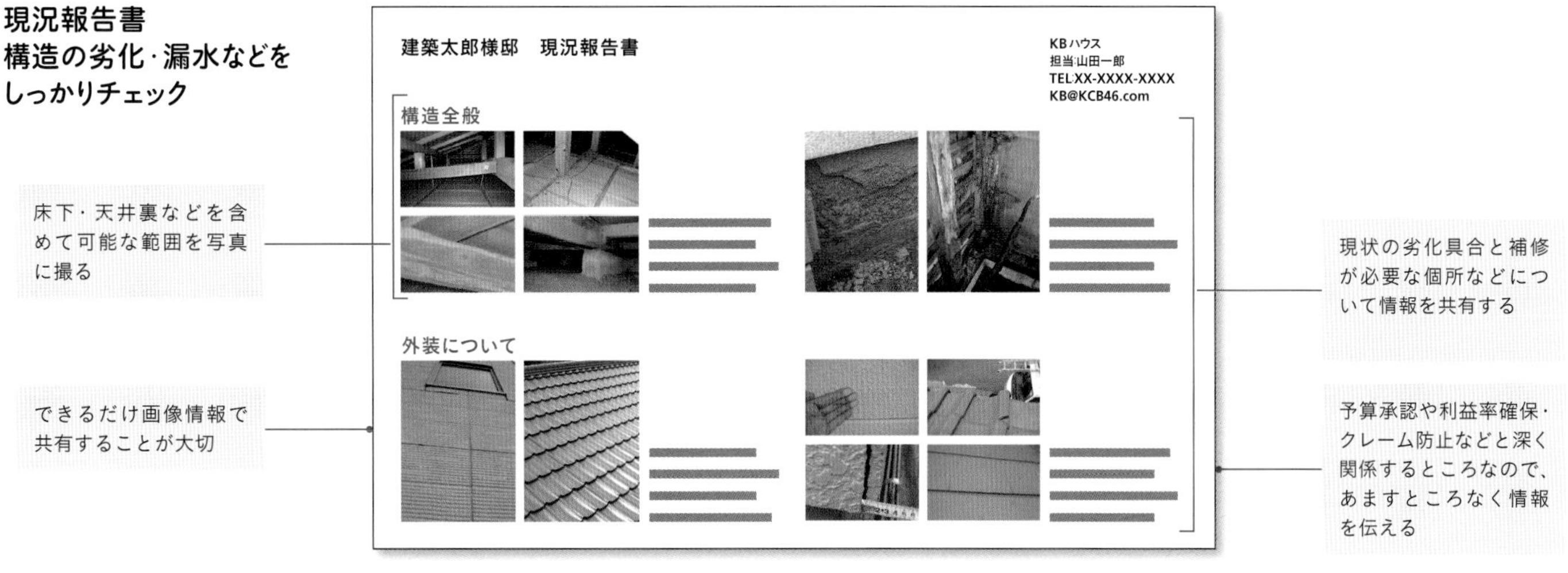
建築太郎様邸　現況報告書
KBハウス
担当:山田一郎
TEL:XX-XXXX-XXXX
KB@KCB46.com
構造全般
外装について
床下・天井裏などを含めて可能な範囲を写真に撮る
できるだけ画像情報で共有することが大切
現状の劣化具合と補修が必要な個所などについて情報を共有する
予算承認や利益率確保・クレーム防止などと深く関係するところなので、あますところなく情報を伝える

# 路上駐車から騒音まで現場クレーム対策ガイド

デザイン性や費用対効果の高いリフォームをしても、
クレームが発生してしまったら、元も子もない。
ここでは、デザインリフォームの成功に欠かせない、
クレームを未然に防ぐ具体的な対策方法について解説する。

## 工事前の対策

クレームを起こさないには、工事前に十分な対策を行うことが重要になる。ここでは、そのなかでも特に重要な工事前の対策を紹介する。

### 1―駐車スペースの確保

工事関係者の路上駐車は都市部の建築工事の定番クレームである。特にリフォームでは、建物が更地になるようなことはないので、工事を通して敷地内に駐車するスペースはほとんどない。マンションの場合は、敷地内に来訪者用駐車スペースが用意されている場合もあるが、事前の手続きが必要な場合が多く、急な利用に対応できないこともある。

いずれにしても、工事関係者全員分の駐車スペースを確保することは不可能なので、まずは駐車場から工事現場までの徒歩の移動に支障がない場所に駐車スペースがあるかを事前に確認する必要がある。そして、駐車料金がそれなりにかかる場合は、どのように費用を分担するかも考えておく。

また、交通網の発達した大都市圏であれば、工事関係者に各自電車やバスなどで現場まで行ってもらうことも検討したい。また、一度工務店などに集まってもらい、現場まで車で送り迎えするという方法もある。

いずれにしても、何の対策も行うわないと、結局、工事現場周辺での路上駐車が繰り返され、近隣や建て主のクレームとなる。

### 2―近隣挨拶

近隣挨拶は工事の種類を問わず重要な行為であるが、特にマンションのリフォームの場合は、十分すぎるくらい近隣への挨拶を行うことをお薦めしたい。なぜなら、マンションは近隣同士が壁やスラブを共有しているため、騒音や振動が伝わりやすいからだ。

マンションでは、工事を行う建て主の住戸の上下左右の住戸に近隣挨拶を行うのが必須である。できれば、同様に騒音や振動が伝わりやすい斜め上や斜め下の住戸にも行うとよい。

近隣住戸への訪問時は、工事の日程や作業時間、作業内容などを明記した書類などを手渡しし、口頭で説明する。また、管理組合や管理会社、管理人などにも可能であれば同様に説明するのが望ましい。同時に管理組合などに工事説明の書類をマンションの掲示板などに掲示してもらうよう依頼し、数日後に掲示がなされていないようなら、自主的に掲示をしておく。

### 3―工事届書の提出

マンションリフォームでは、多くの場合、工事の前に管理組合指定の書式で工事の届出を提出する必要がある。適切な届出を行わないで工事をすると、工事停止や出入り禁止となり、建て主に迷惑がかかる。

一般的には、次の4点の書類を提出する。

①工事概要書（仕様書、見取図など）
②工定表（工事時間、作業休日、騒音工事日など）
③工事業者誓約書（作業者書注意同意書、共用部分仕様規定など）
④工事業者名簿（または施工業者、施工者、施工責任者連絡先・連絡可能時間など）

提出時期は、マンションの管理体制によってさまざまだが、管理組合が自治管理している場合は、着工前までに理事会にこれらの書類を提出する必要がある。活動熱心な理事会でも、会合自体は2週間に1回程度なので、理事会の日程を事前に確認し、その日に間に合うように準備を進めておきたい。

## 工事中の対策

汚れや騒音、数多くの工事関係者の頻繁な出入りなど、工事そのものがクレームとなる要素を多く抱えている。ここでは工事中のクレームとその対策を紹介する。

### 1―汚れ対策

リフォームで特に気を使いたいのが、工事現場周囲の汚れ対策である。建築工事は「汚い」というイメージをもたれやすく、それが実際に目に付く「汚れ」として現れるとすぐにクレームとなる。

汚れ対策もっとも重要なのが養生である。たとえば、マンションであれば、マンションの玄関から現場までの床を徹底的にブルーシートなどで養生するのが望ましい。特に工事道具や部材を搬入するエレベータは壁などに傷がつかないように壁全面に十分な養生が必要だ。諸事情により徹底した養生ができない場合は、作業靴などで共用部を汚さないように、汚れとりのマットなどを現場の入口に用意しておく。

## 2｜騒音対策

騒音も工事のクレームの定番である。特にクレームになりやすいのが解体工事。解体業者は結構荒っぽい方法で解体作業を進めることが多く、壁や下地を破壊するたびに大きな音が出る。したがって、解体は電気工具の使用を極力抑え、手壊しでていねいに行うようにしたい。

手壊しを実践するには、大工が解体を行えばよい。大工は手壊しの仕方も分かっているので、大型の電気工具がなくても作業を進められる。ただし、解体に慣れていない大工だと解体に日数がかかってしまい効率的ではない。効率と手壊しを両立させるなら作業がていねいな解体業者に、さらに施工管理者側が教育して、進めていくしかない。

また、日常の工事でどうしても大きい音が出てしまう場合などは、事前にマンションの住民の特徴を把握し、作業時間や日にちを調整して工事を行う。たとえば、小さい子どもが多いマンションでは、昼寝の時間に配慮したり、夜勤者が多いマンションでは、早朝の作業を避けたりといった具合である。

## 3｜工事関係者の教育

リフォームに限ったことではないが、工事関係者の立ち振る舞いは、当該工事に対する近隣の印象を大きく左右する。

一番大事なのが、近隣住民への挨拶。挨拶をきちんと行うだけでも、印象がかなりよくなるので、工事関係者に住民への挨拶を徹底するようにしたい。また、作業道具を現場の外に放置しないことや、たばこなどを目立つところで吸わないこと（基本的に禁煙とするのが望ましい）、大きな音でラジオをかけないことなど、当たり前のことをしっかりと徹底させたい。

## クレームになってしまったらすぐに対応する

工事前・工事後に十分なクレーム対策を行っていても、クレームは発生してしまうもの。クレームが発生したら、その日のうちにクレームを出した当人に会って説明することが重要だ。時間をおいてしまうと、さらに不満が募ってしまい、取り返しのつかないことになりかねない。クレームを出した方にすぐに連絡をとって、誠意をもって事情を説明することが、さらなるクレームを防止し、ひいては工事をよりスムーズに進めることにもつながるのだ。

## リフォームの定番クレームの具体的対策

| 主なクレーム | 工事前の対策 | 工事中の対策 |
|---|---|---|
| 路上駐車 | ・マンションに来訪者用駐車スペースが用意されている場合は、事前に利用手続きを行う<br>・近隣の駐車スペースを確認する（駐車料金の分担についても確認）<br>・工事関係者に各自電車やバスなどで現場まで行ってもらうことを検討する<br>・一度工務店などに集まってもらい車で送り迎えすることなどを検討する<br>・通行の妨げにならない個所をあらかじめ見つけておく（法律違反にならないことは大前提として）することなどを検討する | ・路上駐車する場合は、現場管理者や代わりの者を車の近くや目に付く場所に待機させておく<br>・長期に停車する工事関係者の車は、そのつど有料駐車場へ誘導する |
| 汚れ | ・作業者に現場周囲を汚すことによるクレームの問題について十分説明や教育をしておく<br>・建築現場での清掃などを徹底するよう教育する | ・マンションであれば、玄関から現場まで徹底的にブルーシートなどで養生する<br>・エレベータは壁などに傷がつかないように壁全面に十分な養生を行う<br>・どうしても養生ができない場合は、作業靴などで共用部を汚さないように、汚れとりのマットなどを現場の入口に用意しておく<br>・汚れてしまったらすみやかに清掃を行う<br>・養生で使ったものは、工事終了後すみやかに撤収し、原状回復しておく |
| 騒音 | ・事前にマンションの住民の特徴を把握し、作業時間や日にちを調整する<br>・工事内容について近隣への説明を十分に行っておく | ・大きな音の出る電気工具の使用を極力控え、使用する際は窓を閉める、近隣の住民に迷惑のかかる時間に使わないなどの配慮をする<br>・解体作業時に大きな音を出さないようにするには、大工に解体作業をやってもらうのがよい。<br>・基礎やコンクリートの壁をはつったり壊したりするときはどうしても大きな音が出てしまうし、振動も大きくなる。できるだけ手早く短期間で進めるように配慮するとともに、可能であれば、事前に掲示板などで通知しておくとよい |

# リフォーム費用の肝！<br>水廻り撤去＆交換のコスト

一時期、「ユニットバスの交換、工期3日！」という宣伝がされた。
実際は補修もせずに工事を進めるなど、完成度が低い工事であり、
トラブルも多かったはずだ。順当な利益を上げるためには
無理のない工期設定と要所での予測が大切。実例をもとに解説する。

## 確実な工期が順当な利益を生む

### 図1 在来浴室→ユニットバス［完成度を高める］工程表

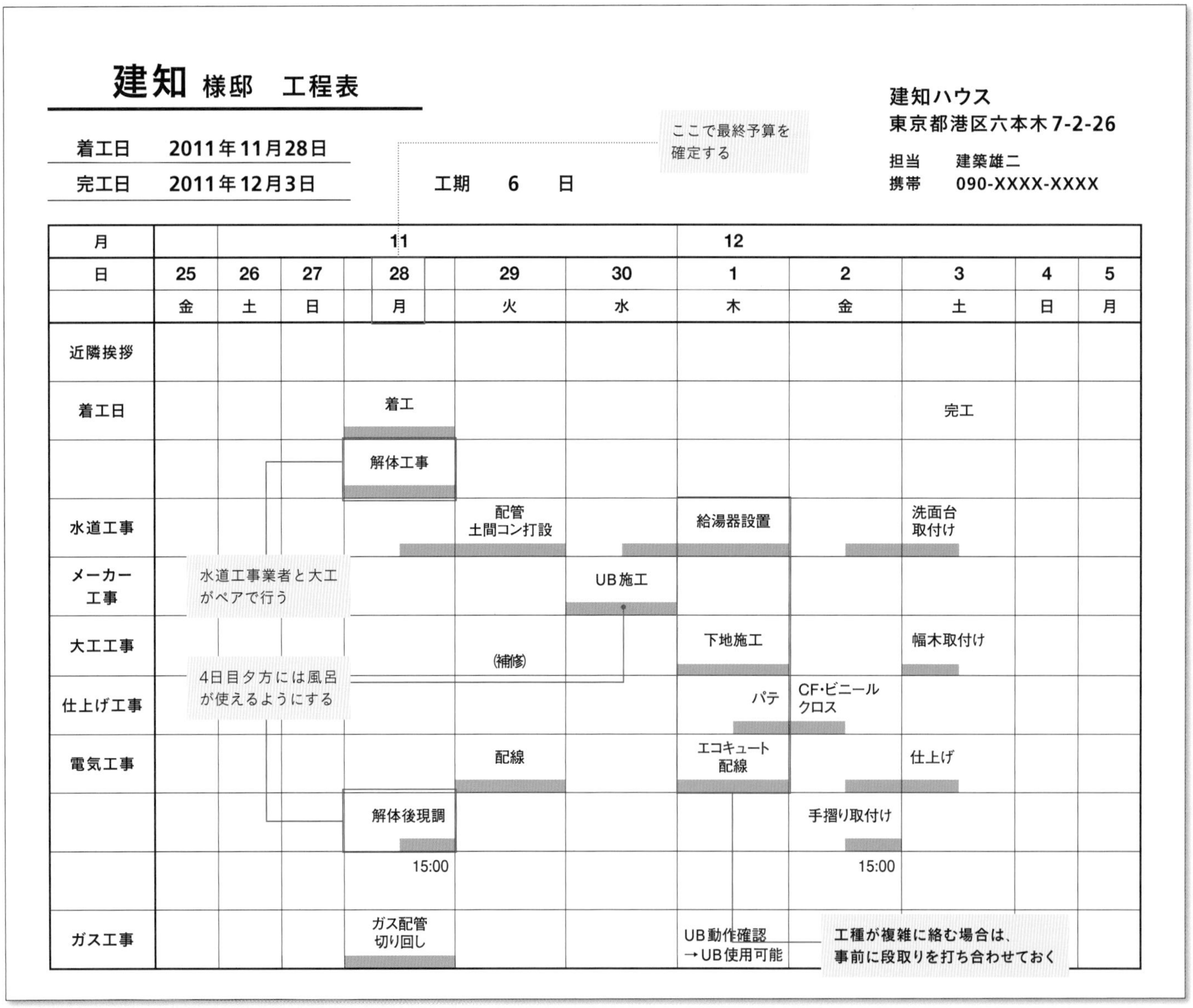

建知 様邸 工程表
着工日 2011年11月28日
完工日 2011年12月3日
工期 6 日
建知ハウス
東京都港区六本木7-2-26
担当 建築雄二
携帯 090-XXXX-XXXX
ここで最終予算を確定する
月 11 12
日 25 26 27 28 29 30 1 2 3 4 5
金 土 日 月 火 水 木 金 土 日 月
近隣挨拶
着工日
着工
完工
解体工事
水道工事
配管
土間コン打設
給湯器設置
洗面台
取付け
メーカー工事
UB施工
大工工事
(補修)
下地施工
幅木取付け
仕上げ工事
パテ
CF・ビニール
クロス
電気工事
配線
エコキュート
配線
仕上げ
解体後現調
15:00
手摺り取付け
15:00
ガス工事
ガス配管
切り回し
UB動作確認
→UB使用可能
水道工事業者と大工がペアで行う
4日目夕方には風呂が使えるようにする
工種が複雑に絡む場合は、事前に段取りを打ち合わせておく


間取りの変更を含むために一日多い工期となっている。
工期は確実な予測のもとで組むことが利益確保につながる

## 図2 浴室の撤去・交換工事の概要（5～7日）

### 解体・撤去・処分［所要日数1日］

**作業者** 水道工事業者（止水の必要がある）+鳶ないし大工（大工が入ったほうが造作工事の段取りを考えられるので、後の作業がスムーズ）

**工程のポイント**
- 解体後に墨出し（UBメーカーよる）
- 配管位置・出入口位置・土間コンクリート高さ・窓下地の位置（交換する場合）を打ち合わせ

※1　タイルのはつりでは細かい埃が出る。通常の床養生に加え埃対策としての養生も重要。廃材の搬出経路も含めて養生する
※2　既存の窓を利用する場合、窓とUBの壁の取り合いに注意。窓の位置がユニットバスの壁と合わないことがよくある（大抵はフリーカットの枠材で対処）

↓

### 補修工事［所要日数1日］

土台や柱など躯体がシロアリの被害や腐食している場合は、解体翌日に補修工事を行う。現場調査時に予測を立てる

**作業者** 大工

**工程のポイント**
- 補強方法は大工と現場で打合せ（場合によっては防蟻処理が必要）
- 躯体の状態によっては材料費と労務費がかかるので追加金額を施主に伝える（クレーム防止の観点から敏速に対応）

↓

### 逃げ配管　配線　土間コンクリート打設［所要日数1日］

**作業者** 水道工事業者+鳶

**工程のポイント**
- 午前中は水道業者による逃げ配管。午後は砂を補充して、土間コンクリート打設
- 給水・給湯管は基本的に交換、排水管は劣化の度合いによって交換するかどうか決める
- 洗面化粧台の逃げ配管もこの日に行う
- 照明・換気扇スイッチの位置が変わることがあるので現場で再確認する
- 引戸にするときは既存のコンセント位置などにも注意

※1　引出し式収納付きの洗面化粧台は給水・給湯配管の取出し位置が扉式変わるので注意。メンテナンス上は床出し配管がお勧め
※2　多機能換気扇の場合は専用回路が必要になるので、この日に配線をしておく

↓

### UB据付け［所要日数1日］

**作業者** UB施工業者+水道工事業者

**工程のポイント**
- この日は給湯器など外部の工事を除くとUB施工以外の工事はできない
- UB施工の最後にシーリングをするため、施工後のUBの出入りは禁止
- 水漏れの際の責任分担を明確にするため、UBと給水・給湯管は水道工事業者がつなぐか、UB施工業者がつなぐか事前に確認しておく

※1　最近のUBは隣接設置型（2穴）の給湯器にはほとんど対応していないので、既存の給湯器がこのタイプならば設置フリー型に交換する
※2　給湯器のガス管接続工事は建て主が契約している業者に依頼するのが一般的

↓

### 大工工事［所要日数1～2日］

**作業者** 大工+水道工事業者

**工程のポイント**
- 主に洗面所側の枠の取付け、壁面の施工、幅木や廻り縁の取付けを行う
- 間取りが変わるなど内容によっては2日かかる
- 水道工事業者は給水・給湯・追い焚きの動作確認をし、この日の夜からUBが使用できるようにする

↓

### 内装工事［所要日数1日］

**作業者** 塗装工事業者、クロス工事業者など（仕上げによる）

**工程のポイント**
- 塗装や左官、ビニルクロス張りなど仕上げの種類によって職人を手配する
- 内装工事の進み具合で洗面化粧台の取付けをこの日の夕方か、翌日に手配する

## ユニットバスの撤去・交換のポイント

ユニットバス（以下ＵＢ）の設置工事は洗面所を含めて最短で５日。状況に応じてプラス１～２日としていく。たとえばサッシ交換の必要（要望）がある、間取りの変更を伴なう、施工環境が悪いというのも要因となる。また、解体後に判明する躯体の傷み具合なども工期に影響する。

在来浴室は最も傷みやすい場所で、高い確率で躯体が腐るか白蟻の被害を受けている。工期を組むときは最悪の場合を想定し、現場では柔軟な工程の調整を要す。こうした事情を工事の前に施主にも十分に説明しておく必要がある。

在来浴室からＵＢの改修工事では、隣接している洗面脱衣室の床が湿気により傷んでいる場合が多い。また、ＵＢ出入口の壁と洗面脱衣室の壁の取合いがあるため、「浴室＋洗面所」の工事として提案するのが一般的である。既設の給湯器の交換時期も耐用年数限界を同時に迎えることが多いため、設備機器の交換も同時に行ったほうが効率の高い改修工事となる。

浴室の改修工事の一番多いパターンは、以下のかたちである。

①在来浴室→ＵＢ
②洗面所の内装・洗面化粧台の交換
③ガス給湯器の交換
④サッシは既存利用

### 図3 トイレの撤去・交換工事の概要（2日）

**解体～床（壁）下地［所要日数1日］**

**作業者** 水道工事業者または大工

**工程のポイント**

・トイレの室内では1人しか作業ができないのでもう1人は廃材の搬出にまわる
・床下地が木製なら比較的早いが、タイルの床でモルタルの下に砂を盛ってあると解体と搬出は午前中では終わらない（こういった解体は経験豊富な人に任せる）
・解体の後に大工が床下地の施工をする（仕上がりのレベルに注意）
・根太受けと配管に邪魔になる個所を避けて根太を取り付け、その後水道業者が新たに配管する
・コンセントが必要な場合は電気業者によって配線を逃げておく

↓

**床仕上げ～器具取り付け［所要日数1日］**

**作業者** 大工・電気工事業者・水道工事業者

**工程のポイント**

・床の仕上げがCFならば合板12㎜厚を2枚張り（下面を針葉樹合板、上面をラワン合板）
・床の仕上げがフローリングなら針葉樹合板で捨て張り
・「汽車便」の場合、床の解体時に壁に粗が出るので壁の施工が必要になる（仕上げがビニルクロスであれば石膏ボードを張る。手摺を付ける可能性があれば一部合板にする）
・上記の場合、幅木・廻縁を取り付けて、内装業者よるビニルクロス張りになる
・内装工事が終わると電気業者によるコンセントの取り付け、水道業者による便器、ペーパーホルダー、タオルハンガーを取りつける
・上記の動作確認をして工事が完了

### 表2 トイレの撤去・交換工事のコスト

| 作業・工事 | コスト |
|---|---|
| 解体撤去 | 床の下地が木で組んであれば1人工。モルタル＋砂では2人工 |
| 発生材処分 | ・既存の便器を含め床の下地が木で組んである場合10,000円前後<br>・モルタル＋砂：25,000円前後 |
| 大工工事 | 1～2人工（壁下地含む） |
| 内装工事 | 25,000円（前後壁ビニルクロス貼り、床CF） |
| 電気工事 | 10,000円前後（アース付きコンセント設置。便座の機種によっては専用コンセントが必要になるので注意） |
| 水道工事 | 材工25,000円前後（配管と器具取り付け） |
| 便器・ペーパーホルダー・タオルハンガー（材） | 選定した製品による |
| 下地木材（材） | 8,000円（前後根太・根太受け・合板・石膏ボード・幅木・廻縁） |

### 表1 浴室の撤去・交換工事のコスト

| 作業・工事 | コスト |
|---|---|
| 解体撤去 | 2～3人工（高基礎の場合ははつりが大変なので3人工はみておく） |
| 発生材処分費 | 既存洗面台・給湯器を含めて処分費50,000円前後（1坪の在来浴室の場合、初日の解体で出るごみの量は2tトラック2台分になる） |
| 土間コンクリート打設 | 材工25,000円前後 |
| 給排水設備工事 | ・UB配管：材工35,000円前後<br>・洗面台配管及び器具付け：材工20,000円前後<br>・給湯器配管及び器具付け：材工20,000円前後 |
| 大工工事 | 1人工 |
| 電気工事 | 材工25,000円前後<br>（専用回路※の必要がなければ） |
| UB＋UB組立て費 | 製品による |
| 洗面化粧台（材） | 製品または造作の仕様による |
| ガス給湯器（材） | 製品による |
| 内装工事 | ・壁／天井：材工20,000円前後（ビニルクロス張替えとして）<br>・床：材工10,000円前後（クッションフロア張替えとして）<br>・枠材・幅木・廻縁・下地材など（材）：15,000円前後 |

※ 専用回路の必要がある場合や分電盤の交換になるケースなどはさらに増加する

浴室の改修工事は躯体の様子が確認できないと正確な見積りができないので、正式な予算は解体後に確定する。そのことを見積提出時にお客に説明しておく

費用対効果ではこれが最も合理的だ。この内容を分離してそれぞれの工事を別の時期に行う場合、余計にコストを要したり、仕上がりが悪くなったりする。

工期は一般的に1週間だが、住みながらのリフォームが多いので、4日目の夜には浴室を使えるように工程を組みたい。休日を挟むと工期が延びるため、なるべく月曜日の着工とするのが望ましい。（**図1参照**）

UB発注前（現調時）に留意しておくべきは、まずはUB部材の搬入経路である。メーカーの資料に必要最低減の廊下の幅などが記載されているので、きちんと目を通しておく。最も大きい浴槽部のパーツが、搬入経路の基準になる。また、作業スペースや材料置場、悪天候時の影響などについてもあらかじめ頭に入れておく。

UB→UBの改修工事は解体作業がぐっと楽になる。タイルや土間のハツリがないためで、廃材の量も半分以下で済む。また、土間コンクリート打設の工程がないのも大きい。そのため、工事の初日に解体から逃げ配管まで終わらせることができる。2日目にUB組立となり、以下の工程については**図1**と同じになる。

マンションの在来浴室→UBのときには、下地が即躯体なのでタイルをはつるとき躯体を傷つけないように注意が必要。UBの寸法を確保するためにぎりぎりまではつることもあり、またRCの躯体自体が内側に膨らんでいるケースもある。マンションの管理事務所で躯体の図面をコピーさせてもらい、寸法を確認したうえで、UBの大きさを検討し、ぎりぎりのサイズは避ける。フリーサイズのUBを用いるのも手だ。

### トイレの撤去・交換のポイント

トイレ改修工事で比較的多いパターンは以下の6パターンである。

①洋式便器→洋式便器
②洋式便器→洋式便器＋壁（天井）
③洋式便器→洋式便器＋床
④洋式便器→洋式便器＋床＋壁（天井）
⑤和式便器→洋式便器
⑥和式便器（汽車便）→洋式便器＋壁（天井）

これらのうち、③～⑥は床材の変更と和式便器から洋式便器の変更といった条件を含むので、介護保険の対象工事になる。また、丸番号が大きくなるほど工事がたいへんになり予算がかかる（**図3は⑥の場合**）。工期は①～③は1日、④～⑥は2～3日程度かかると考えたほうがよい。

ちなみにトイレは狭い空間なので、各業者が平行して作業できない。入れ替わり立ち代りで作業を進めるので、時間単位の工程となる。

### キッチンの撤去・交換のポイント

キッチンの改修工事においては、改修する範囲をどこで区切るのかがポイントとなる。一般的には以下の3つのケースが想定される。

①キッチン設備のみの交換
②キッチン設備＋DKの内装更新
③キッチン設備＋LDKの内装更新

床・壁・天井の改修でもっともコストがかかるのは床だ。キッチンは床の上に載せるので、まず既存の床の傷み具合の確認が重要になる。

また、キッチン設備のみを交換する場合は、床・壁・天井の既存部分との取合いに注意する必要がある。昔の間取りではDKとリビングが間仕切壁で区切られていることが多く、間仕切壁を撤去してLDKをひとつにつながったスペースにしたり、対面キッチンにしたいという依頼も多い。当然、間仕切壁の撤去は構造耐力上問題がないか検討する。

リフォームの流れは**図4**のようになる。工期は規模や内容によるが、仮にキッチン部分だけなら2日かかる。そしてタイル張りだとさらにプラス1日になる。この工程は、木造住宅でもマンションでも変わらない。

**図4 キッチンの撤去・交換工事の概要**（2日）

システムキッチン＋キッチンパネルの解体・交換を前提として解説する

**解体撤去～逃げ配管［所要日数1日］**

**作業者** 水道工事業者と大工（解体時に止水の必要があり、撤去後に下地の状態を確認して、場合によってはすぐに修繕するため）・ガス工事業者・電気工事業者

**工程のポイント**
・キッチンユニット自体の解体と撤去は2～3時間程度
・解体後、水道工事業者・ガス工事業者は逃げ配管の作業、電気工事業者はコンセント・照明器具・換気扇のダクトの作業になる
・大工はキッチンパネル張りの段取りを行う

注1 ガス業者の手配は忘れがちになるので注意
注2 既存の換気扇がプロペラファンでもシロッコファンを提案する。風の影響を受けにくく、排気量が安定している。施工上のトラブルも少ない

↓

**キッチンパネル～キッチン取付け［所要日数1日］**

**作業者** 大工と水道工事業者またはキッチンメーカー指定業者（前者のほうが安い）・ガス工事業者

**工程のポイント**
・人工大理石の溶接など特殊な作業がなければ、大工と水道業者に任せるほうが安い
・取付け後はガス工事業者によるコンロの着火試験を行う
・水道工事業者は混合水洗や食洗器の動作確認をして作業を終える

注 吊戸棚と窓、天井高の位置関係に注意

**表3 キッチンの撤去・交換工事のコスト**

| 作業・工事 | コスト |
|---|---|
| 解体撤去 | 1人工 |
| 発生材処分費 | 15,000～20,000円 |
| 水道工事 | 材工25,000円前後 |
| 大工工事 | 2人工 |
| 電気工事 | 材工25,000円前後 |
| ガス工事 | 材工20,000円前後 |
| システムキッチン（材） | 選定した製品による |
| キッチンパネル・副資材（材） | 選定した製品による |
| 下地材 | 状況による |



注 マンションの場合、10階の現場でもエレベーターが使用不可ということもある。諸経費として運搬費を見ておく

# 費用対効果を徹底追及！ ローコストリフォーム設計術

リフォームは予算以上のことをお客が望んでいる場合が多く、コスト削減を考えなければならない場面が非常に多い。ここでは、日常業務でありがちな予算と要求を想定し、どのように計画を組み立て、予算内に納めていくかについて解説する。

私たちが請け負うリフォームは、劣化が原因で不具合が生じ、必要に迫られて行うケースが大半だ。必要な工事の見極めができるかリフォーム提案者の力量が問われる部分だ。

劣化が進行しては困る重要な個所は、雨漏りの原因となる外部、次に設備機器の故障だ。これらをどのように修繕するかが最初に考えることだ。そのうえで予算が厳しいときは、まず設備のグレードを抑えることを検討する。次に工事範囲を絞ることを考える。このとき別の機会にリフォームしてもコストの影響がない範囲を検討しておく。

以下、比較的多いローコストの依頼内容を3つに分類し、コストの振り分け方を解説する。

**ケース1**：現在住んでいる築20年の物件（外部は2年前にリフォーム済み）を「予算３００万円以下で水廻りを中心としたリフォーム」。

**ケース2**：新規購入の築20年の中古マンションを「予算５００万円以下で広いＬＤＫと水廻りにリフォーム」

**ケース3**：新規購入の築20年（外部のリフォームから10年経過）の中古戸建住宅を「予算８００万円以下で全面リフォーム」

### 木造の水廻り中心の300万円リフォーム

まずケース１の工事範囲は浴室・洗面所とキッチン（ＤＫ）、トイレとなる。ここで最初に考えるのは、浴室・洗面所のユニットバス（以下ＵＢ）や洗面化粧台のグレードを抑えることである。定価でいうとＵＢは１００万円以下、洗面化粧台は10万円以下の予算配分となる。浴室・洗面所は建物のなかで最も傷みやすい部分なので、床も含めて内装すべてのリフォームをする。１２０万～１５０万円前後が目安になる。ガス給湯器交換は10万円前後だ。

キッチンは定価１００万円以下の製品とし、ダイニングキッチンの壁・天井のクロス張替えも含めて１００万円以下で抑えるようにする。トイレは和式から洋式に変更する。節水タイプ、洗浄機能付きの便座を備えた製品だと、便器の定価は20万円程度。床も含めた内装全般の改装で30万円前後とする。これで、総額２５０万～２８０万円となる。これにユニットバスの窓の交換を含めてもいいだろう。

### マンションの500万円リフォーム

次にケース２である。予算上、大規模な間取り変更はできない。そこで工事範囲をＬＤＫだけに絞り、キッチンや収納設備のグレードを上げ、内装や床材に予算を割く。

また、ＬＤＫの工事費を３００万円前後に抑えることで、ＵＢや洗面所、トイレの器具交換とその部屋の内装をリフォーム範囲にするのも費用対効果の高い考えだ。器具交換と同時に内装も替えると効率的だ。これらの内容をまとめると次頁のようになる。

### 木造の全面やり替えの800万円リフォーム

木造の場合、８００万円以上かかるのであれば、足りない分はローンを組んで新築にしたいと考えるようだ。要望の多くは全面リフォームだが、外部なども工事範囲に含めると金額的に難しい。外部の屋根や外壁、雨樋などはリフォームの必然性が高く、10年前後が目安になる。サッシの交換が望まれるときは外部も頭に入れて提案したい。コストダウンを図るには、まず設備機器や内装のグレードを下げることを考え、次にリフォーム範囲を狭めていく。

ここでは、築20年で10年前に外壁と屋根の塗装をしていて、内部はほとんど改修していないというよくある条件をもとに提案を組み立ててみた。基本は前述のように、外部補修の予算を出すため、キッチンや便器などの設備器具の値段を抑え、ムクの床材はスギやパインなど安価なものにする。

## ルール 1 マンションリフォームの提案［コスト目安480万円］

Before

よくある3LDKのマンションの間取り。今どきの生活に合わない細切れ間取りが特徴。古びた新建材のインテリアも住みたくなる意欲を減退させる

After

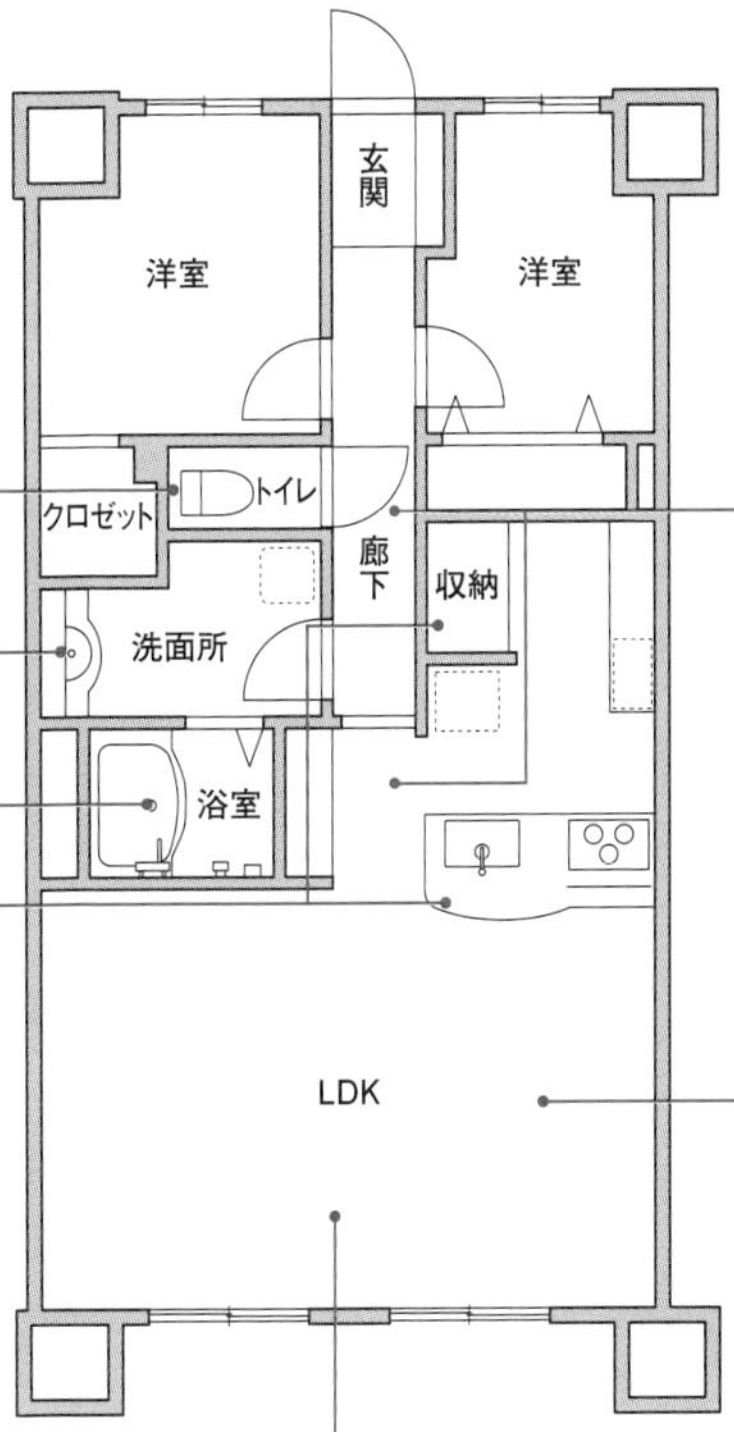


ユニットバス・洗面化粧台・便器は交換。洗面所・トイレの内装はクロス・CFの張替え

**150万円**

キッチン＋収納

**115万円**

床の既存じゅうたんを、防音処理＋ムク床材（タモなど）に。工事範囲はLDKと廊下

**100万円**

LDKの間取り変更。既存ビニルクロスから珪藻土塗りに変更。天井はシナ合板＋塗装

**120万円**

照明器具はLED中心に変更。リビング部分は調光器付き

**15万円**

Before

視界が遮られるため閉塞感がある空間

After

最低限の間仕切撤去でオープンLDKを実現。仕上げも廉価な自然素材に変更

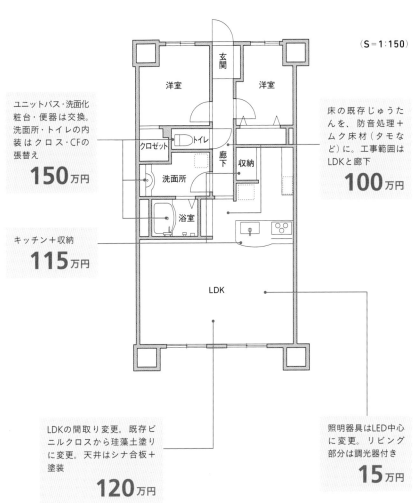

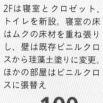

# ルール 2 木造戸建てリフォームの提案［コスト目安800万円］

## Before

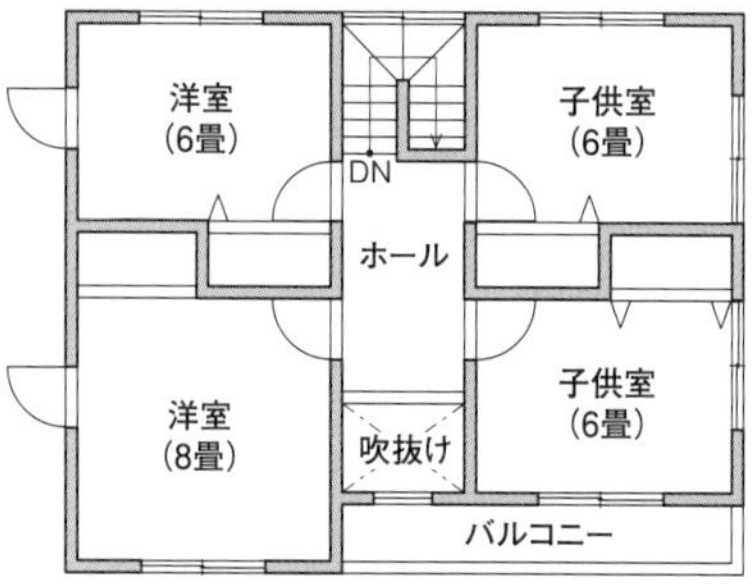

洋室
(6畳)
子供室
(6畳)
DN
ホール
洋室
(8畳)
吹抜け
子供室
(6畳)
バルコニー


2階

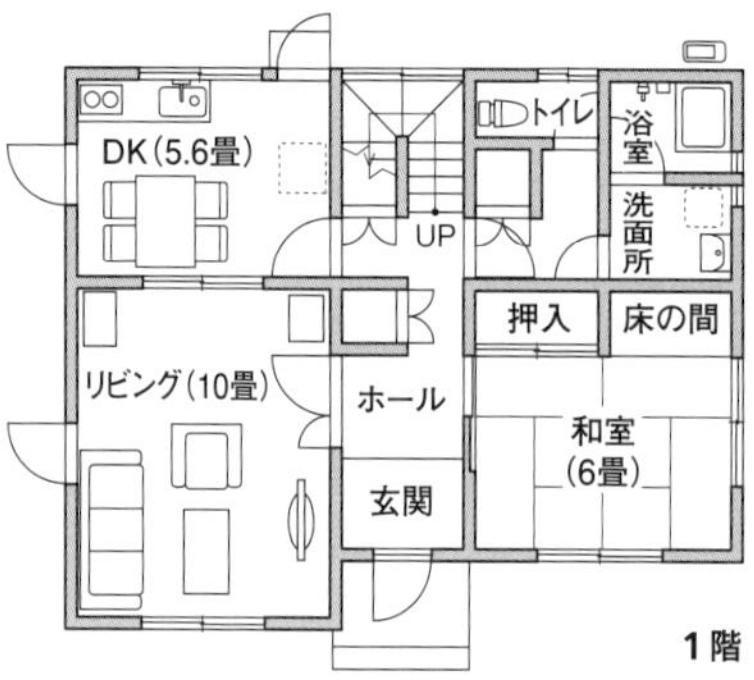

DK(5.6畳)
トイレ
浴室
UP
洗面所
押入
床の間
リビング(10畳)
ホール
和室
(6畳)
玄関


1階

センターホール型のよくあるハウスメーカー的な間取り。まずは細切れとなっている間取りの解消が望まれる

## After

(S=1:200)

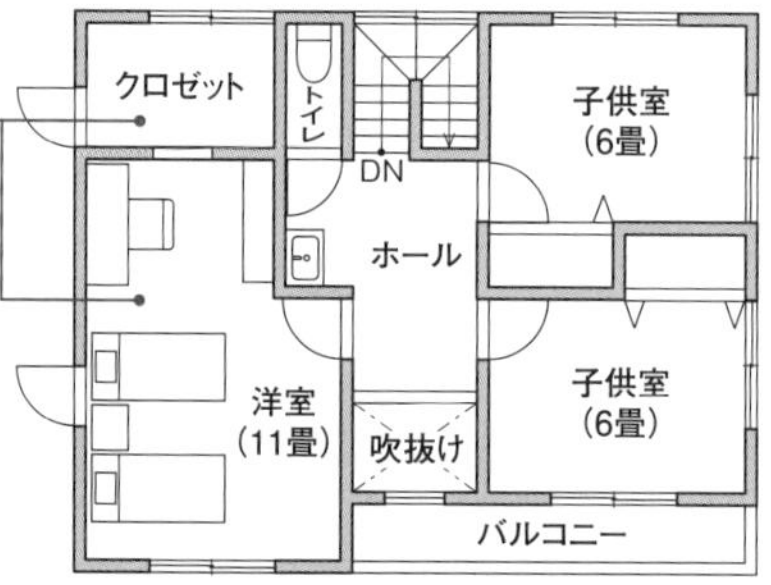

クロゼット
トイレ
DN
子供室
(6畳)
ホール
洋室
(11畳)
吹抜け
子供室
(6畳)
バルコニー


2階

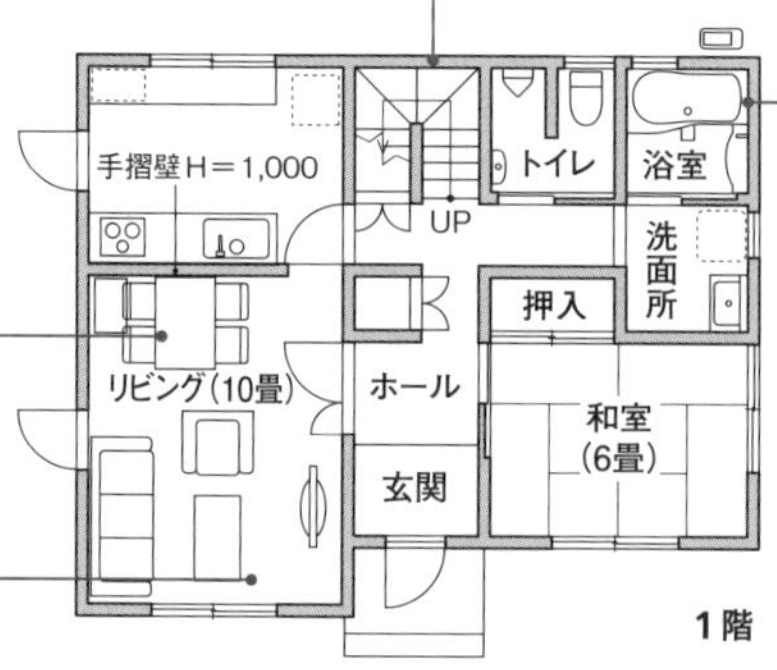

手摺壁H=1,000
トイレ
浴室
UP
洗面所
押入
リビング(10畳)
ホール
和室
(6畳)
玄関


1階

2Fは寝室とクロゼット、トイレを新設。寝室の床はムクの床材を重ね張りし、壁は既存ビニルクロスから珪藻土塗りに変更。ほかの部屋はビニルクロスに張替え

**100万円**

外部は外壁と屋根の塗装、雨樋の交換

**120万円**

既存ダイニングキッチン＋リビングをワンルームのLDKに。床はムクの床材を重ね張りし、壁は既存ビニルクロスから珪藻土塗りに変更、天井はシナ合板＋塗装

**270万円**

照明器具はLEDを中心に交換。リビング部分は調光器付きとする。場所によっては既存器具の利用も検討

**10万円**

築20年は在来の浴室はかなり危ない状態なのでユニットバスに交換。また、洗面所とトイレにゆとりをもたせる間取り変更。トイレにはストール（小便器）も併設。窓もペアガラスに

**300万円**

## Before

LDKがそれぞれ仕切られていて、閉塞感がある

## After

比較的移設が楽なキッチンを移動し、最低限の間仕切撤去で開放的なLDKに

chapter

3

# 収納計画と家具デザインのコツ

古い木造住宅やマンションに対する不満の第１位が、収納不足である。
限られた面積でいかに収納スペースをつくり出していくかが、リフォームの肝だ。
ここでは建築と一体でつくる造付け収納のプラン、デザインの手法を解説するとともに、
既製品の家具と内装を組み合わせてどのようにデザインするか、についても触れる。

# ［部屋別］収納プラン術

各部屋に設ける収納をどのように考えればよいのか。
ここでは、部屋ごとの収納スペースの考え方を具体例とともに解説する。

解説：勝見紀子

## 適切な収納スペースとは

取材で訪ねた築10年ほどのある住まい。リビング、食堂、洗面所、玄関、あらゆる部屋の床やテーブルの上に物が置かれていた。それらの多くは日常的に使っているもののようだが、なかには埃を被っているものもあった。適切なボリュームで造り付けられている物入れやクロゼットにも、スペースいっぱいに物が納められている。

すぐ使うものが目の前に出ていれば便利な気もするが、部屋の至るところに物が積まれている状態は、やはり上質な暮らし方とは言いがたい。人の居場所が狭くなるし、見た目にも気持ちのよいものではない。また、造付けの収納も、日常生活でほとんど使わない物が大量に納められている一方で、部屋に散乱する日用品の収納スペースを逆に奪ってしまっている。

もちろん、収納スペースを増やせば部屋中の物を収納することが可能であるが、実は、この収納スペースには際限がない。筆者は高齢者の住まいに伺う機会がしばしばあるが、一般的な住宅に比べて格段に広い家であるにもかかわらず、雑多で膨大な物のなかに埋もれて暮らしている方はとても多い。物は増え続けるものであり、収納スペースの大きさでは解決できないのだ。

収納を考える際は、物を平面的に置かずに、なるべく縦の空間を使い切るようにする。それぞれの場所で使う物とストック品が置けるだけのボリュームでよい。奥行きのある押入れや納戸、階段下収納など大型の収納室を「とりあえず」と設けてしまうと、使わない物を溜め込んでしまいやすい環境をつくってしまうことになる。

## 使いやすい収納を考える

物の量をコントロールすることと同時に、大切なのは「どこにしまうのか」に気を配ることだ。たとえば、居間でミシンを使うのに、和室の押入れにしまわざるを得ないケース。よほどマメな人でない限り、出しっ放しにしてしまうか、出し入れが面倒でミシンを使わなくなってしまうだろう。この場合は、居間のテーブル近くにミシンや備品の収納場所を確保するか、思い切って別のどこかにデスク+収納のミシンコーナーをつくってしまうのがよい。このあたりは建て主のミシンに対する重要度で判断する。

また大きな納戸やウォークインクロゼットを設けて、周辺の部屋の収納をまとめてしまうことがあるが、この場合も建て主にとってはとても使いづらい状況が生まれる可能性がある。大量のものが納戸などに集中し、足の踏み場がないほど物が置かれてしまい、使いにくい倉庫のようになってしまう。

先ほどのミシンのように、物は本来使う場所に置きたい。しかし、どうしても納戸などの収納室に置く場合は、壁面を立体的に使える棚を設置する必要がある。ただし、やたらに物を詰め込まないように、棚は奥行きを抑え、間隔も細かく設けたい。また、物によっては、引出し式の収納ケースを用いるなどきめ細かな区分けが望ましい。とにかく床に置くことを避けるような工夫を施すべきである。

いずれにしても収納は、使う際に取り出しやすく、無理なくしまえることを優先して考えたい。

壁面いっぱいに設けられた引戸の収納スペース。収納はボリュームではなく、高さや幅などの面で使えることを考えたい

収納

# 収納の適材適所

平面図（S＝1：80）

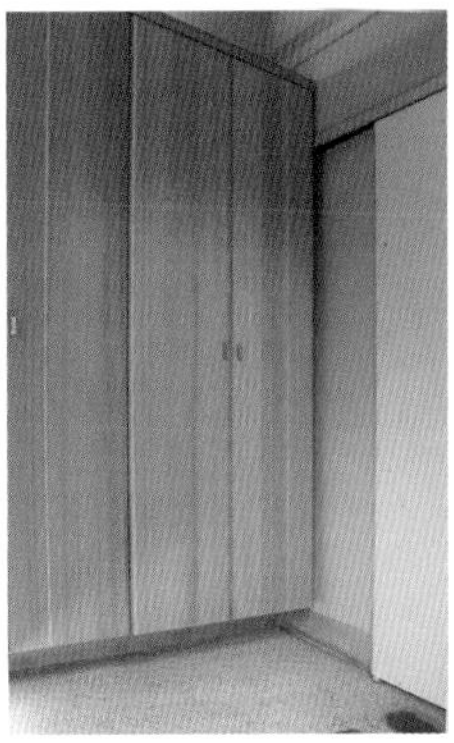

家族の衣類を各個室でなくまとめて一括収納したいとの要望は少なくない。あまり造り込まずに、洋服を吊るすパイプを設ける程度とし、手持ちのタンスなどを置けるようにする

日本の玄関に欠かせない靴入れ。腰高程度の収納では不足する。狭い空間でも、圧迫感を感じさせないよう、壁や床との統一感に配慮する

スペースに余裕があれば設けておきたいのが脱衣所の収納。浴用品、洗剤、タオルの量は多く、洗面台の収納では納まりきらないことが多い。家族の下着なども脱衣所に置くことができる

どんなに狭いトイレでもトイレットペーパーなどの収納は必須。便器上に吊戸棚形式で設ける

玄関土間から直接入れる収納室は使いやすい。シューズクロークとあるが、コート類、傘、外遊び・外掃除の道具などをざっくりしまえる

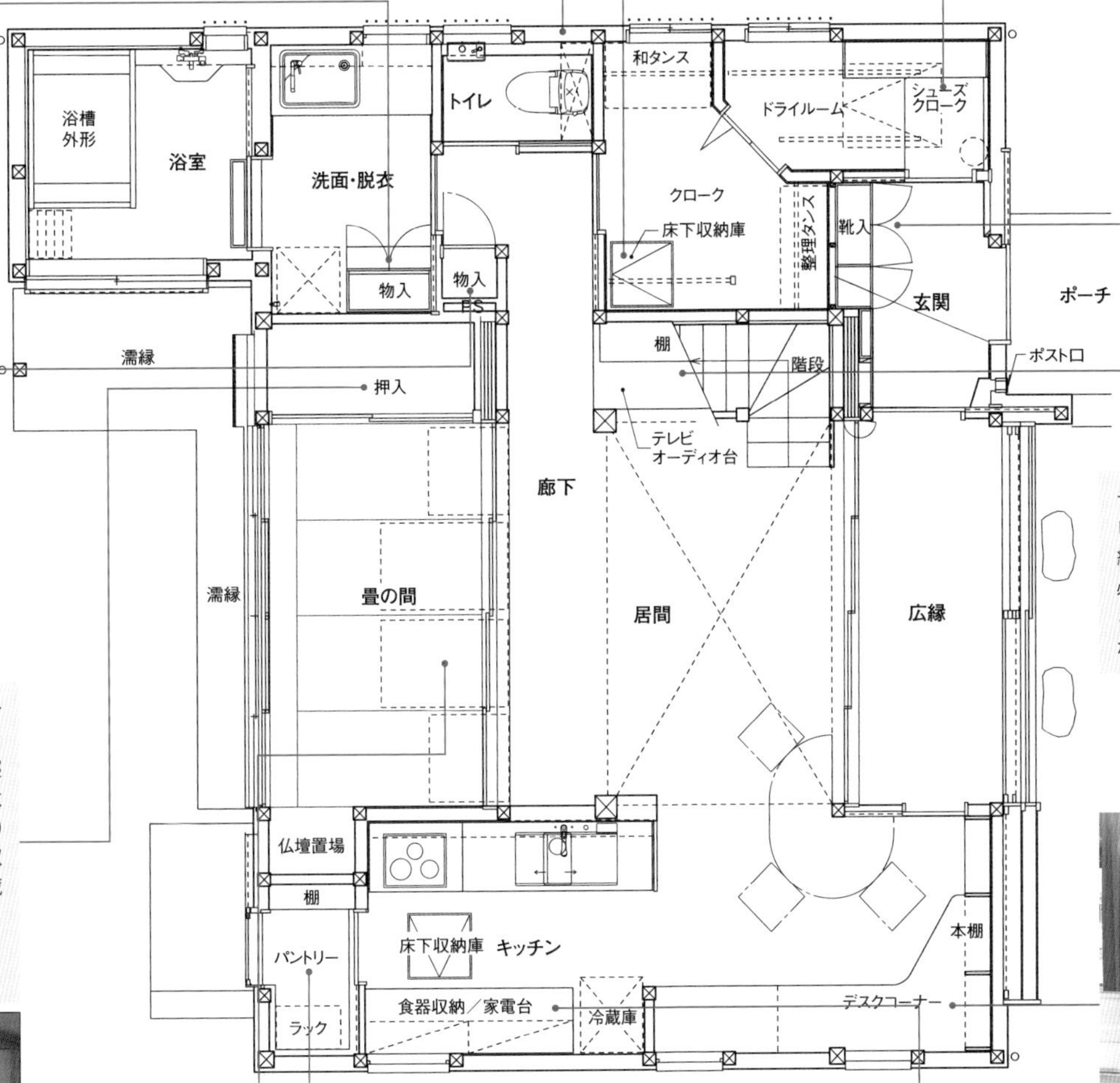

浴槽
外形
浴室
洗面・脱衣
トイレ
和タンス
ドライルーム
シューズ
クローク
クローク
床下収納庫
整理タンス
靴入
玄関
ポーチ
物入
物入
ES
濡縁
押入
棚
階段
ポストロ
テレビ
オーディオ台
廊下
濡縁
畳の間
居間
広縁
仏壇置場
棚
パントリー
ラック
床下収納庫
キッチン
本棚
食器収納／家電台
冷蔵庫
デスクコーナー


掃除機をはじめとした掃除用具は、専用の収納場所が欲しい。どこにも持ち出しやすい位置が理想。床上1.3mほどを掃除機スペース、その上を細々とした用品の収納に当てる

テレビだけでなく、テレビ以外の機器類とその配線やコンセントに注意が必要。DVDやCDなど細々としたものの収納もあらかじめ考えておきたい

予備の寝室として畳部分を使うなら、必ず必要なのが押入れ。ベッドの寝具と異なり、敷布団の大きさからくる奥行き90cmが定番。天井までの収納とする際、天袋は死蔵品を生みやすいので避け、中段位置で上下を区切るとよい

狭くてもよいので食品庫であるパントリーを設けたい。冷蔵庫に入れない野菜類や保存食品などの収納に使える

ちょっとした書き物やパソコン作業などは、リビングやダイニングの延長で行うのが便利。PCの周辺機器の収納と配線スペース、本や資料、文具の収納も併せて考えておくとよい

畳床と板床との段差部分に設けた引出し収納。座布団などの大物や予備の日用品などがたっぷりと入る

キッチン収納は、食器・家電の置き場所に加え、作業台としての機能を備えたものが理想。最低でも、電子レンジ、炊飯器、トースター、ポットなどが置ける寸法を確保したい。コンセントの数・配置にも注意

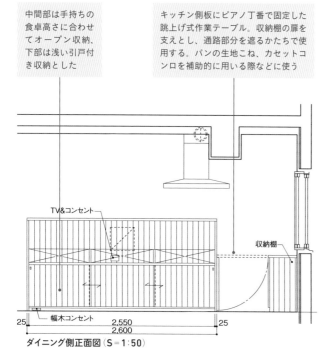

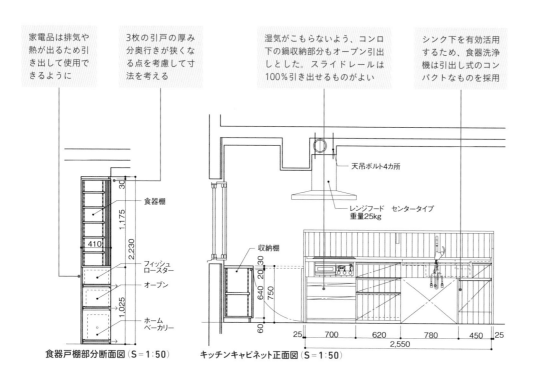

## ルール1 キッチン収納とパントリーは使い勝手優先で

**キッチン収納1**

### キッチン収納は可動方法に工夫を凝らす1

家電品は排気や熱が出るため引き出して使用できるように

3枚の引戸の厚み分奥行きが狭くなる点を考慮して寸法を考える

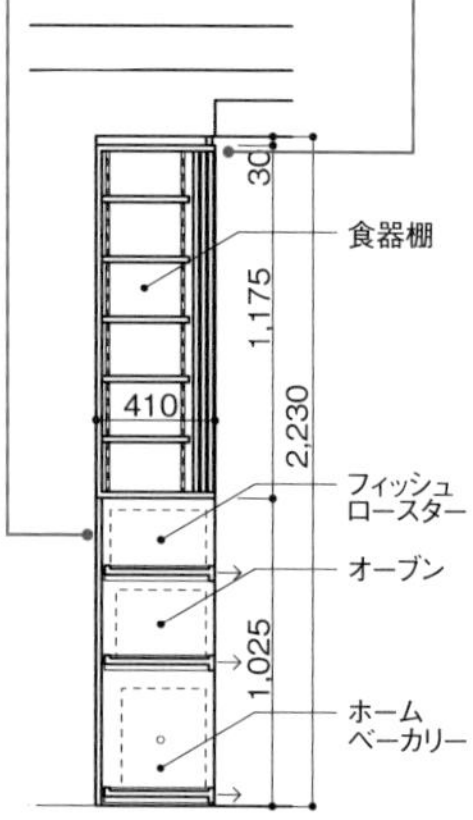

食器棚
410
30
1,175
2,230
フィッシュロースター
オーブン
1,025
ホームベーカリー


食器戸棚部分断面図（S＝1：50）

湿気がこもらないよう、コンロ下の鍋収納部分もオープン引出しとした。スライドレールは100％引き出せるものがよい

シンク下を有効活用するため、食器洗浄機は引出し式のコンパクトなものを採用

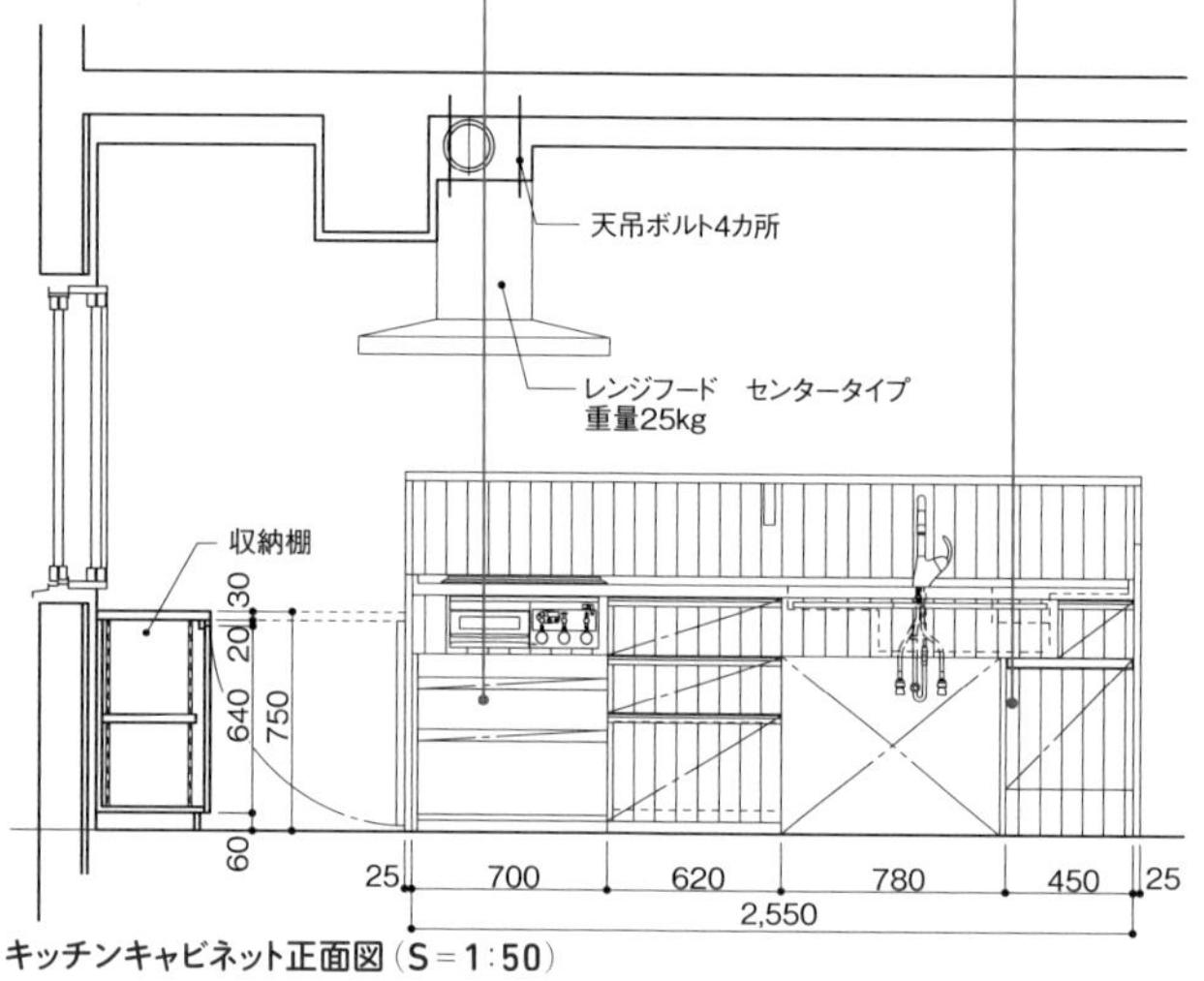

天吊ボルト4カ所
レンジフード　センタータイプ
重量25kg
収納棚
30
20
640
750
60
25
700
620
780
450
25
2,550


キッチンキャビネット正面図（S＝1：50）

さまざまな寸法の調理器具が納まっているキッチン収納。棚が可動になっていることも重要

作業台はいくらあっても足りないことが多い。必要なときだけ使える跳上げ式テーブルは建て主の評判もよい

中間部は手持ちの食卓高さに合わせてオープン収納、下部は浅い引戸付き収納とした

キッチン側板にピアノ丁番で固定した跳上げ式作業テーブル。収納棚の扉を支えとし、通路部分を遮るかたちで使用する。パンの生地こね、カセットコンロを補助的に用いる際などに使う

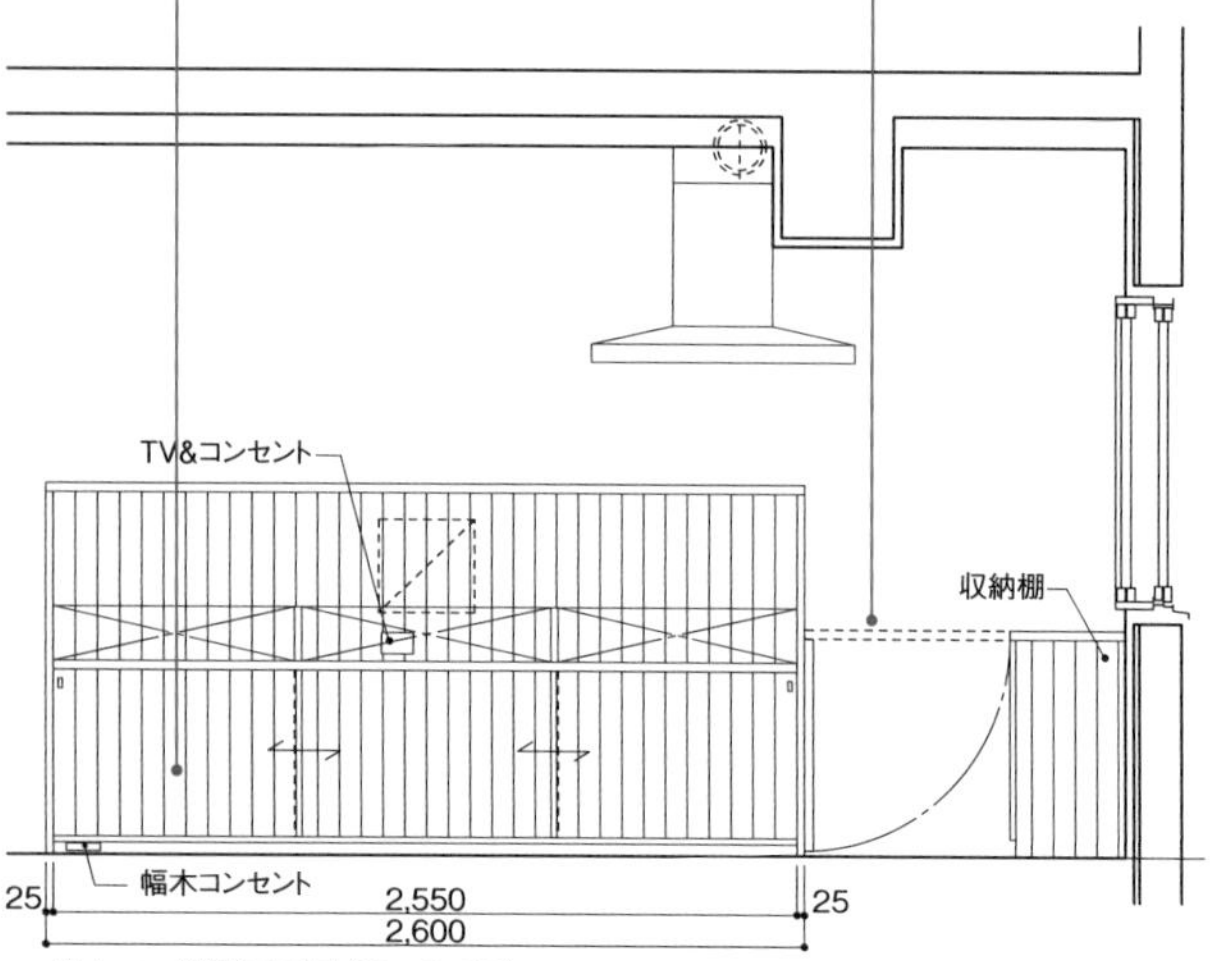

TV&コンセント
収納棚
幅木コンセント
25
2,550
25
2,600


ダイニング側正面図（S＝1：50）

キッチン天板を奥まで延ばし、その部分を調理器具の一時的な置き場所や、仕舞い込まずに使いたいキッチンツールの置き場所とした

対面部分高さを1,230㎜と高めに設定しているのは、キッチン側から予備スペースを有効に使うため

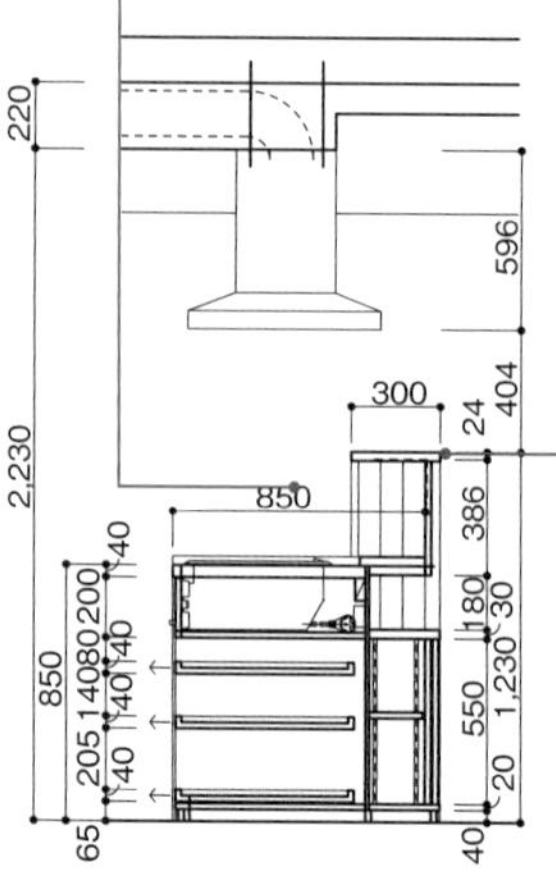

220
596
300
24
404
2,230
850
386
180
30
850
1,230
550
20
40
65


対面キッチン断面図（S＝1：50）

キッチン裏側の奥行きのない収納スペースにはカップ&ソーサーが納められる。奥行きがない分、探すのに便利

キッチン収納2

# キッチン収納は可動方法に工夫を凝らす2

オーブンなどの入った下部の棚は引き出せるようにして使い勝手を優先。上部の棚はごちゃごちゃして見えないように、引戸で隠れるようにしている

レシピ検索にパソコンを使用するため、インターネット配線を用意している。コンセント・電話の環境も整えると、キッチンの収納棚上が情報コーナーとなる

ダイニングからキッチンをすっきり見せるため、上部の食器収納部分の戸は框やガラスを用いずに「面」に見えるデザインとしている

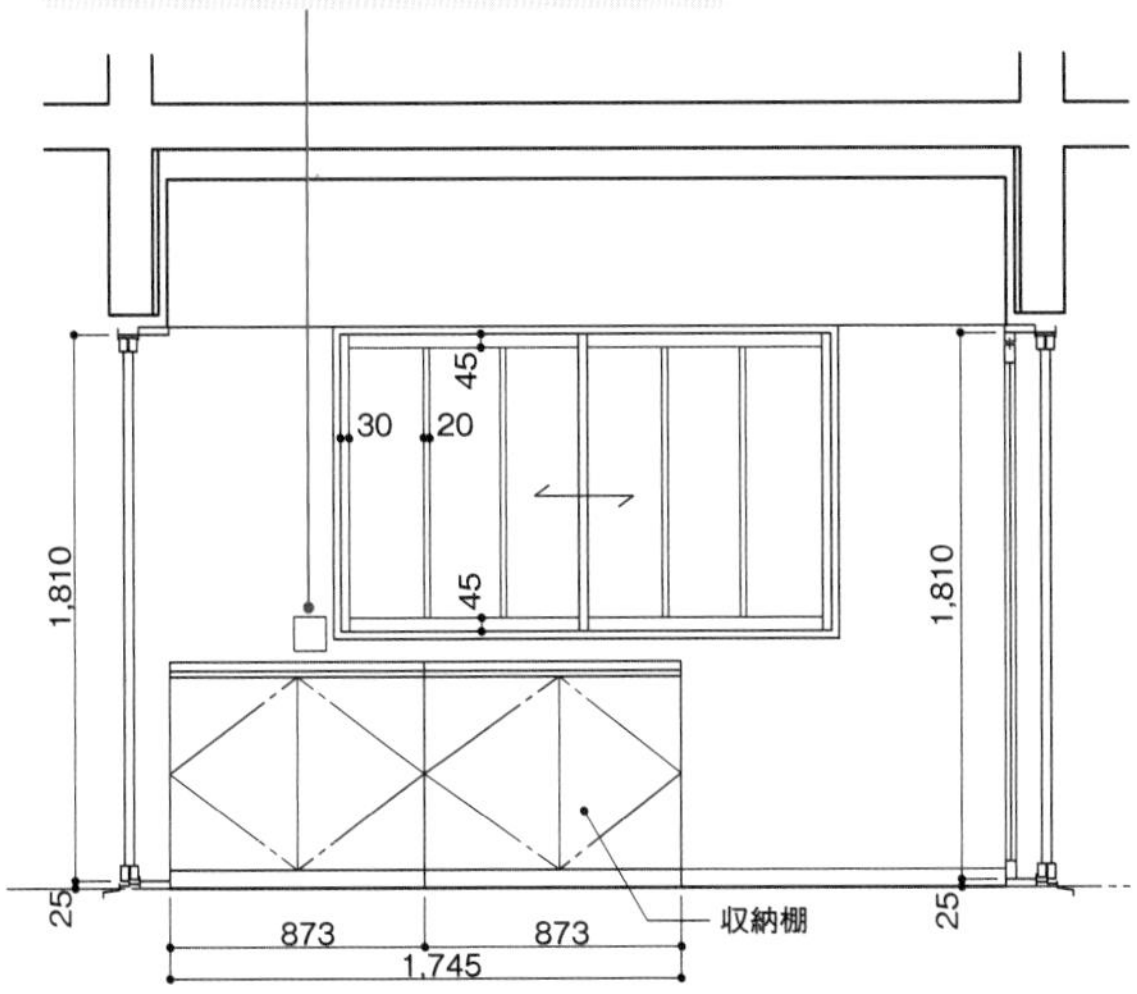


窓下収納棚正面図(S＝1:50)

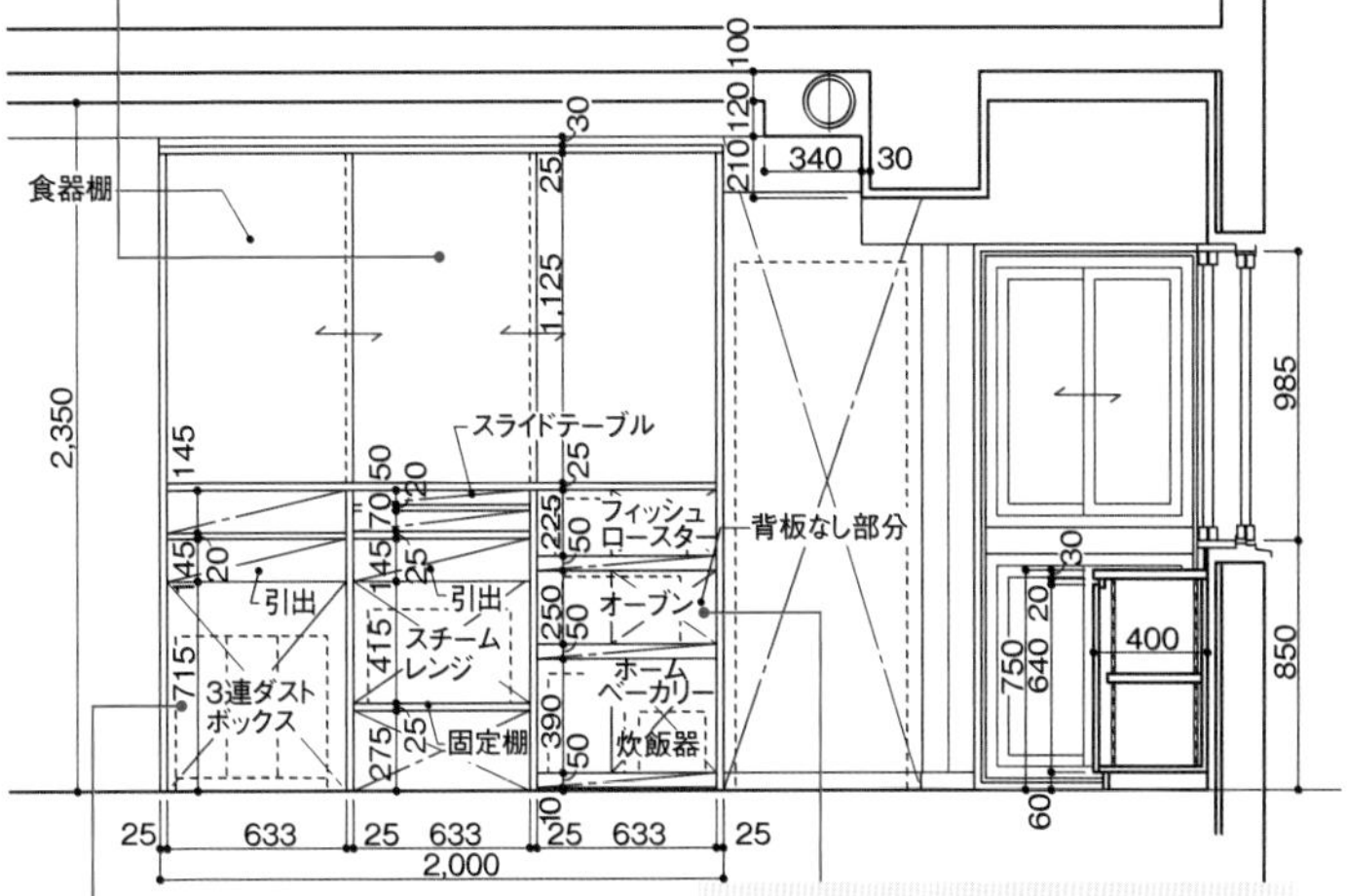


食器・家電棚展開図(S＝1:50)

分別に対応するゴミ箱置場も設定

上部とは反対に下半分はオープンな仕様。5種類の調理家電の置き場所をあらかじめ決め、大きさに応じたスライドテーブルを計画した

パントリー

# パントリーには＋αの機能を加える

1.5畳大のパントリー(食品庫)。このような長細の平面形とすることで、棚の長さが稼げて効率がよい

この住まいでは外流しがあるので割愛したが、パントリー内の土間部分に下洗いのシンクがあると便利

片側の壁面一杯に棚を造り付ける。パントリーの棚には重い物を載せることも多いため、大工造りで頑丈に

棚の間隔について、最下部は大きめに取り、あとは300～400㎜程度とする。奥行きは、深め・浅めの両方あるとさらによい

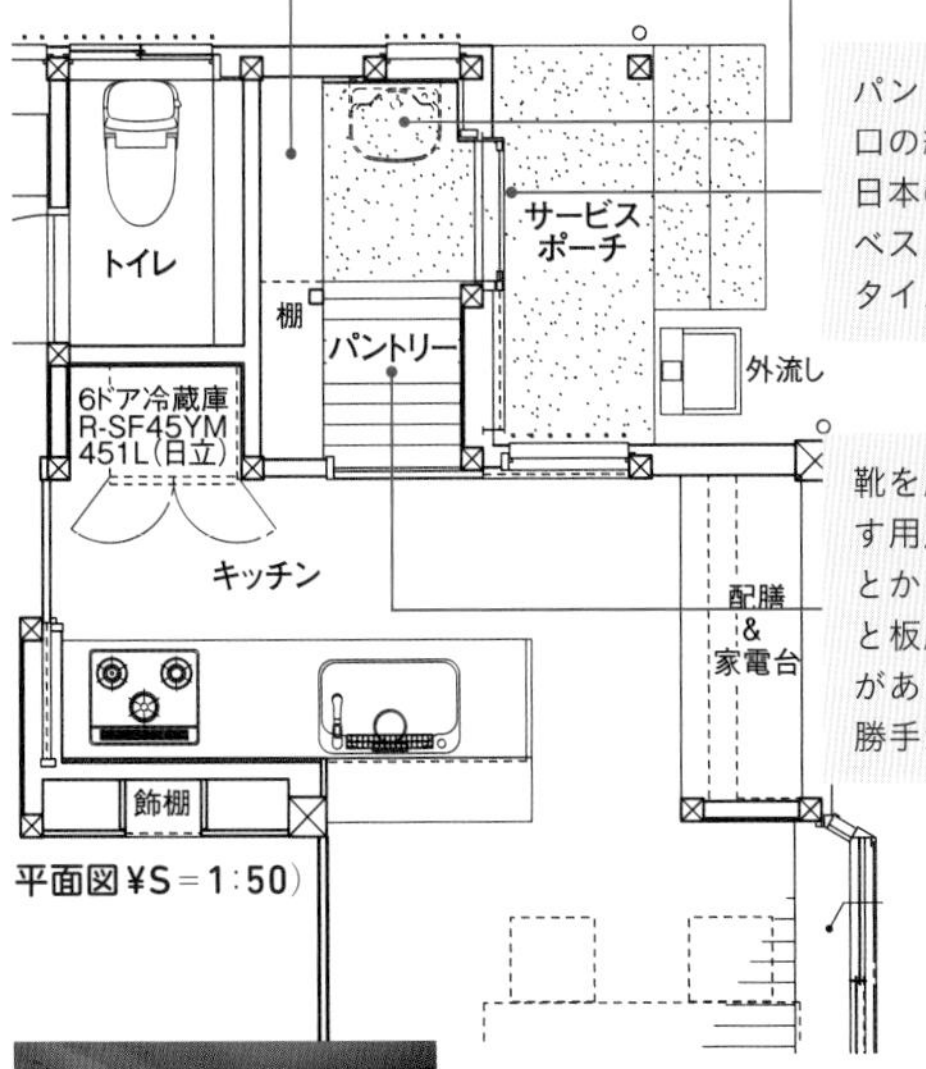


平面図¥S＝1:50)

パントリーと勝手口の組み合わせは日本の生活様式にベストマッチのスタイル。

靴を履かずに済ます用足しもあることから、土間部分と板床部分の両方があるほうが使い勝手がよい

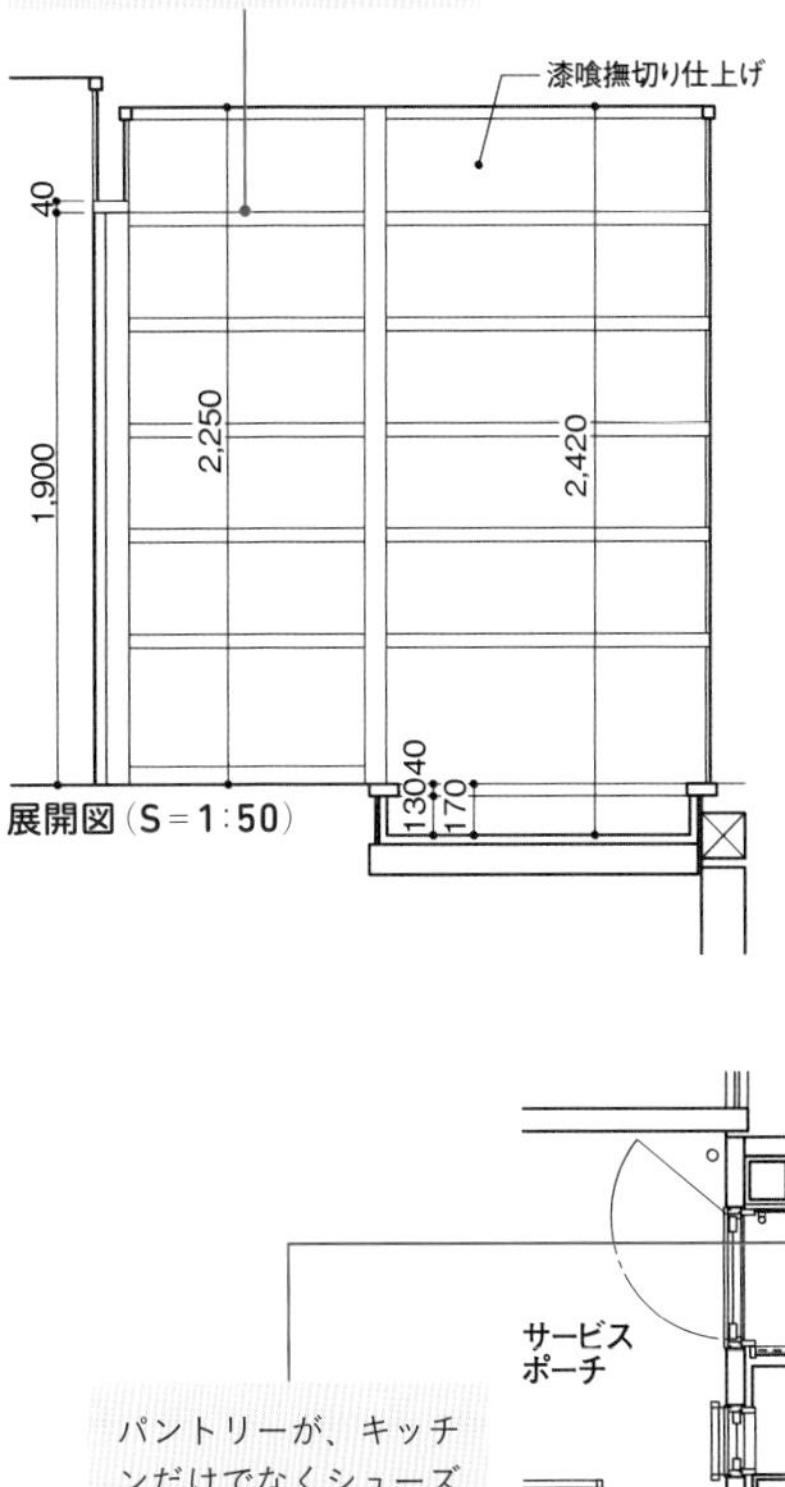


展開図(S＝1:50)

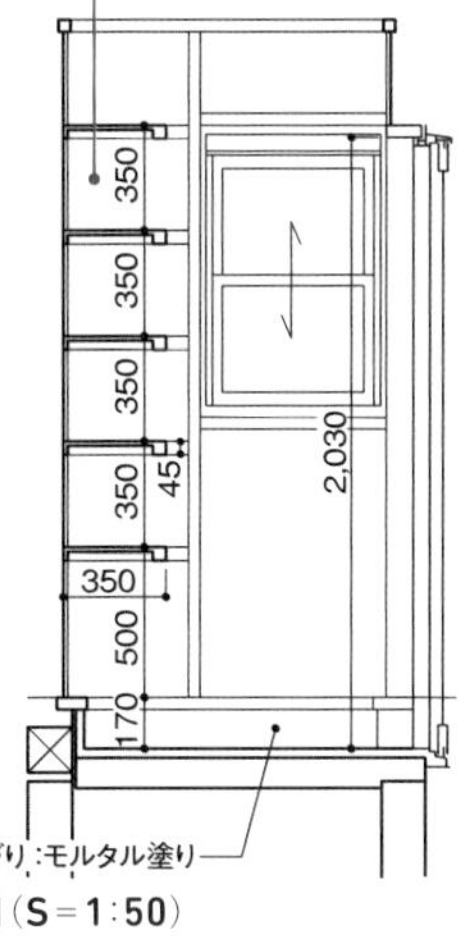


展開図(S＝1:50)

土間部分を設けたパントリー。棚板はスギ材とし、壁は抗菌性・吸湿性の高い漆喰壁とした

パントリーが、キッチンだけでなくシューズクロークを介して玄関と通じるプラン。裏廻り動線を土足で行き来できるのはとても便利

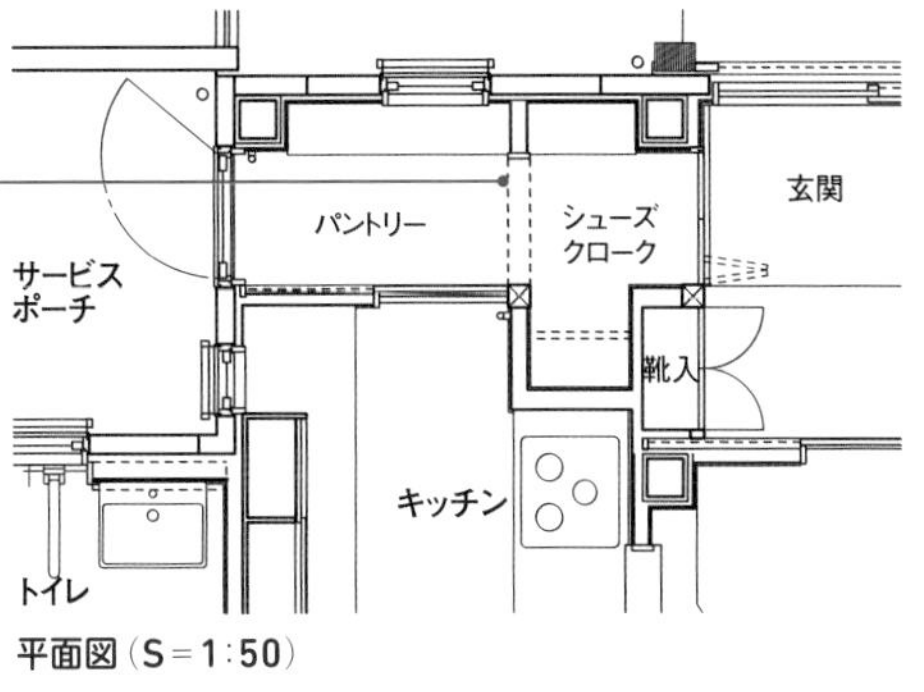


平面図(S＝1:50)

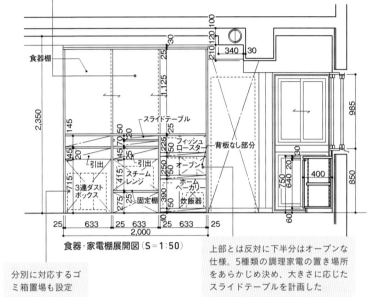

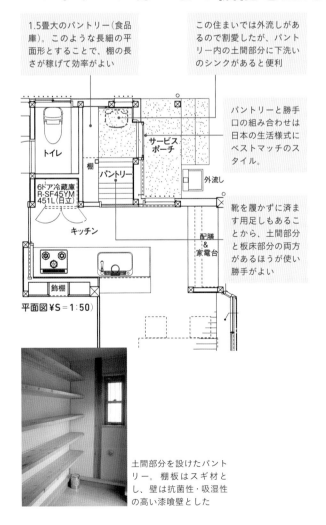

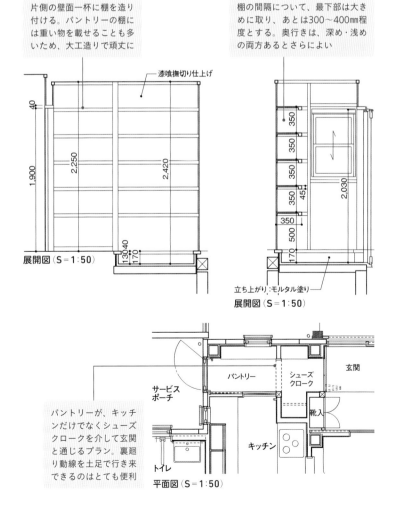

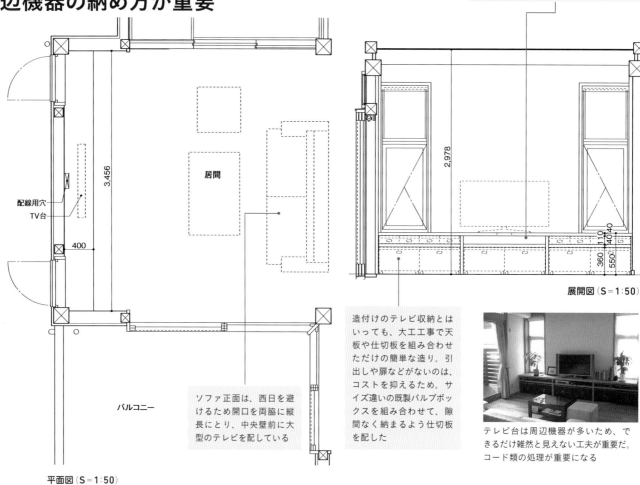

# ルール 2 テレビ台は雑然と見えない工夫を

テレビ台

## 周辺機器の納め方が重要

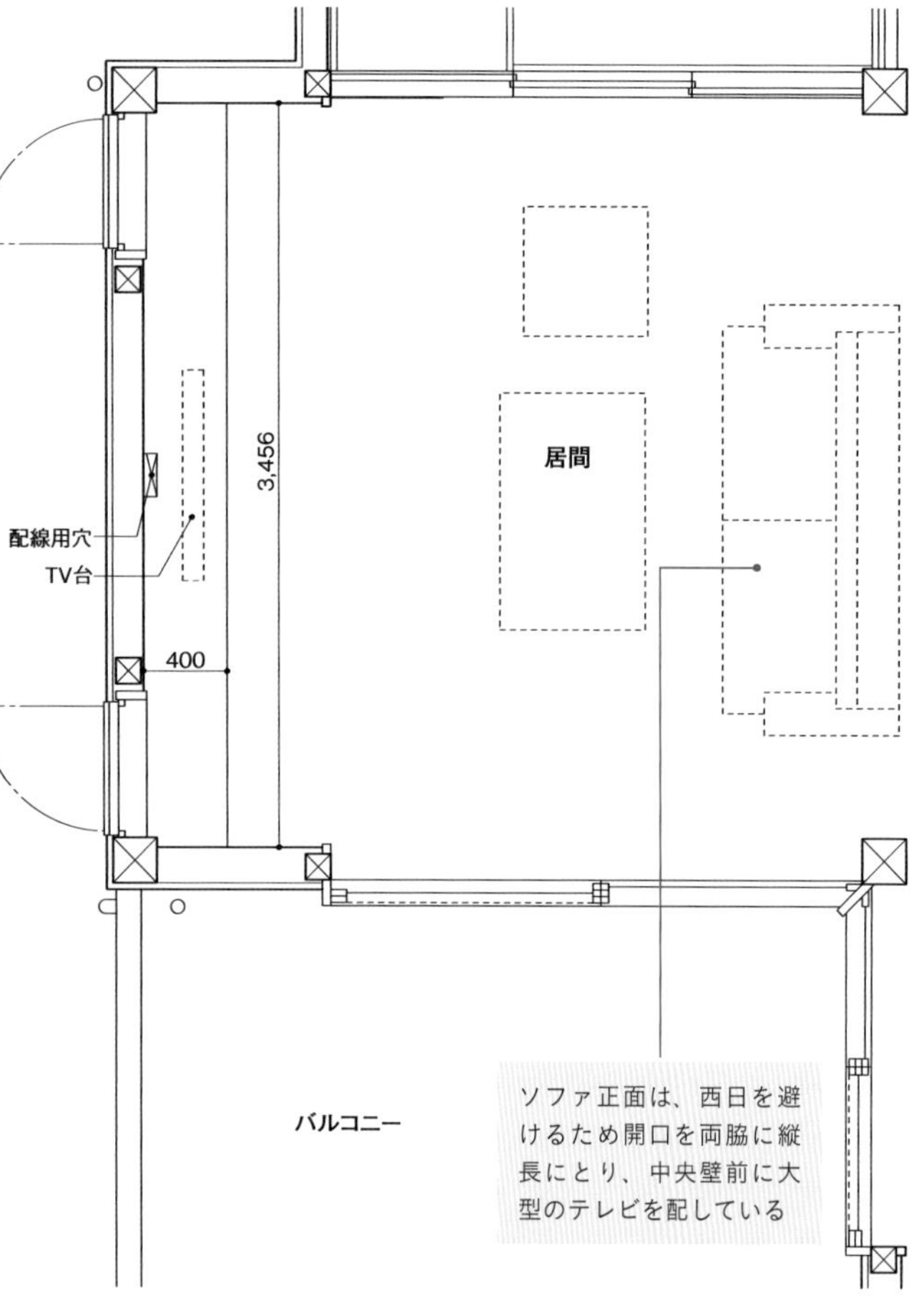
3,456
居間
配線用穴
TV台
400
バルコニー

平面図（S＝1：50）

ソファ正面は、西日を避けるため開口を両脇に縦長にとり、中央壁前に大型のテレビを配している

DVDプレーヤーなどテレビ周辺機器スペース。意外に薄く、目立たない存在にできる。デスクコーナー同様、天板の上下をつなぐケーブル用のスリットを設けている

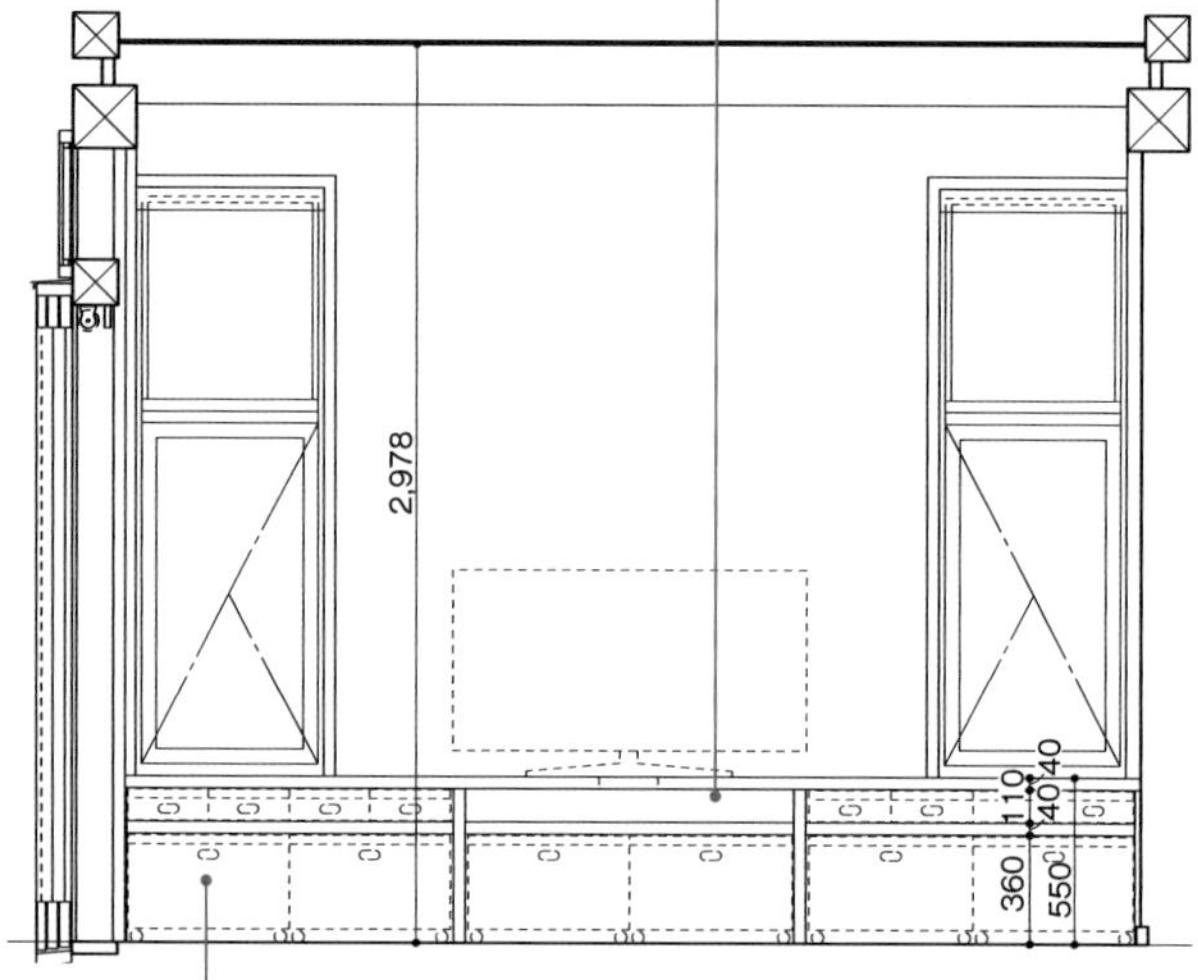
2,978
40
40
110
360
550

展開図（S＝1：50）

造付けのテレビ収納とはいっても、大工工事で天板や仕切板を組み合わせただけの簡単な造り。引出しや扉などがないのは、コストを抑えるため。サイズ違いの既製パルプボックスを組み合わせて、隙間なく納まるよう仕切板を配した

テレビ台は周辺機器が多いため、できるだけ雑然と見えない工夫が重要だ。コード類の処理が重要になる

作業机

## リビングに設ければ使い勝手大

家庭で事務処理やPC作業に割く時間は、一昔前と比べると格段に長くなっている。これまで食卓で行っていたこうした作業も、増えるばかりの機器や資料の置き場所の悩みとともに、食卓以外の定位置が必要になってきている。この家では、食卓そば壁に向かってL型に配したデスクと本棚にかなりの面積を割いている

本棚上端に間接照明

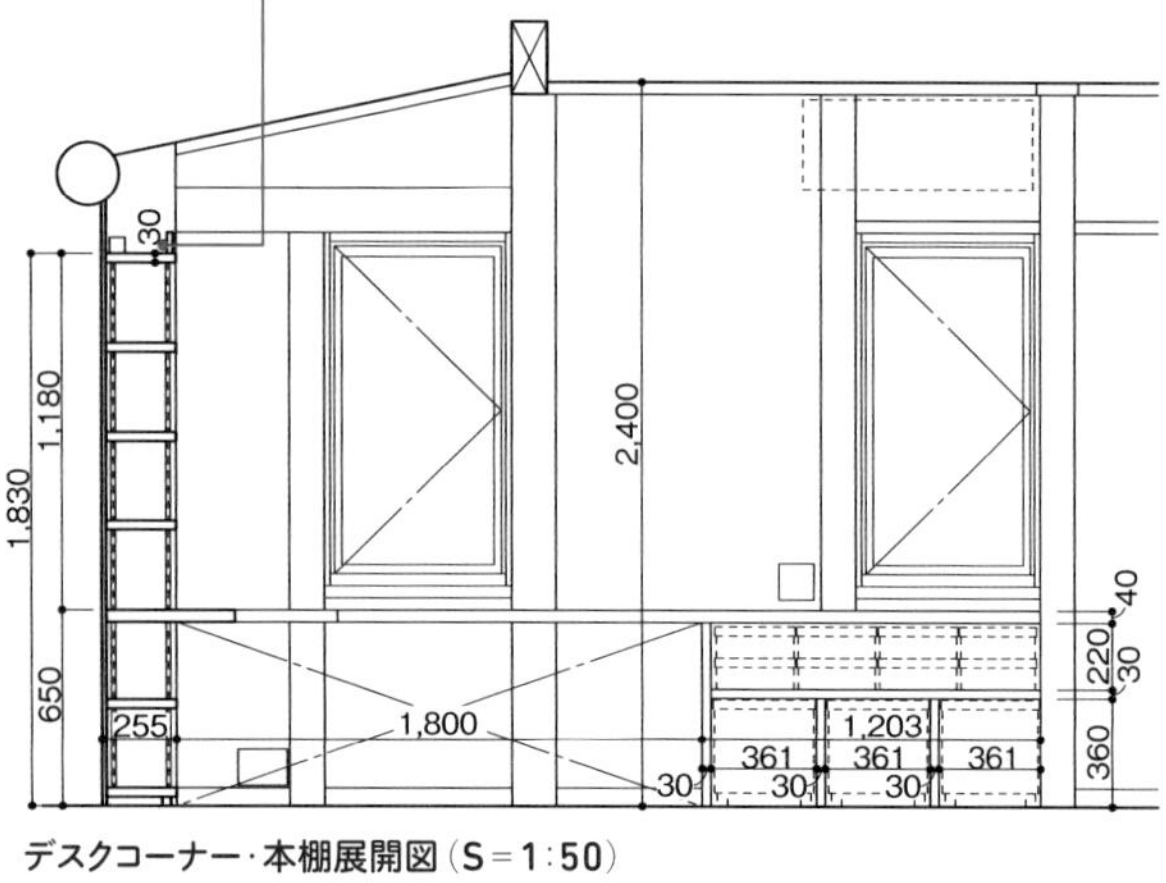
30
1,180
1,830
2,400
40
220
30
650
255
1,800
1,203
361
361
361
360
30
30
30

デスクコーナー・本棚展開図（S＝1：50）

各機器の電源、またパソコンと周辺機器のコネクトなど、多くのケーブルを必要とするが、デスクの上下に配線がうまく渡るように、デスクを加工

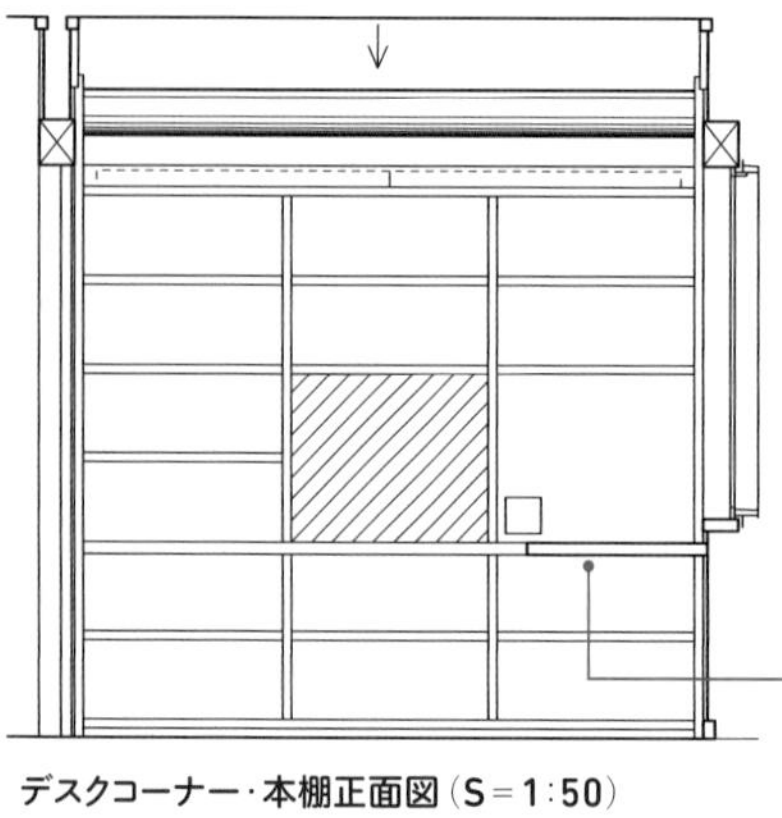

デスクコーナー・本棚正面図（S＝1：50）

# ルール3 水回り収納は収納力と清掃しやすさを重視

**洗面・脱衣収納**

## とにかく収納力重視で

ここに置きたい物は、実に多岐にわたる。洗顔・歯磨きにかかわるもの、化粧品やブラシなど身支度に必要なもの、リネン類、浴用品の予備や掃除具、洗濯にかかわる洗剤や物干し具、脱衣カゴ、着替えの下着など。洗面台と洗濯機で一杯の狭い洗面所では、片付かないのは道理だ。収納付き洗面台以外にも、雑多なものの収納棚はぜひ検討したい

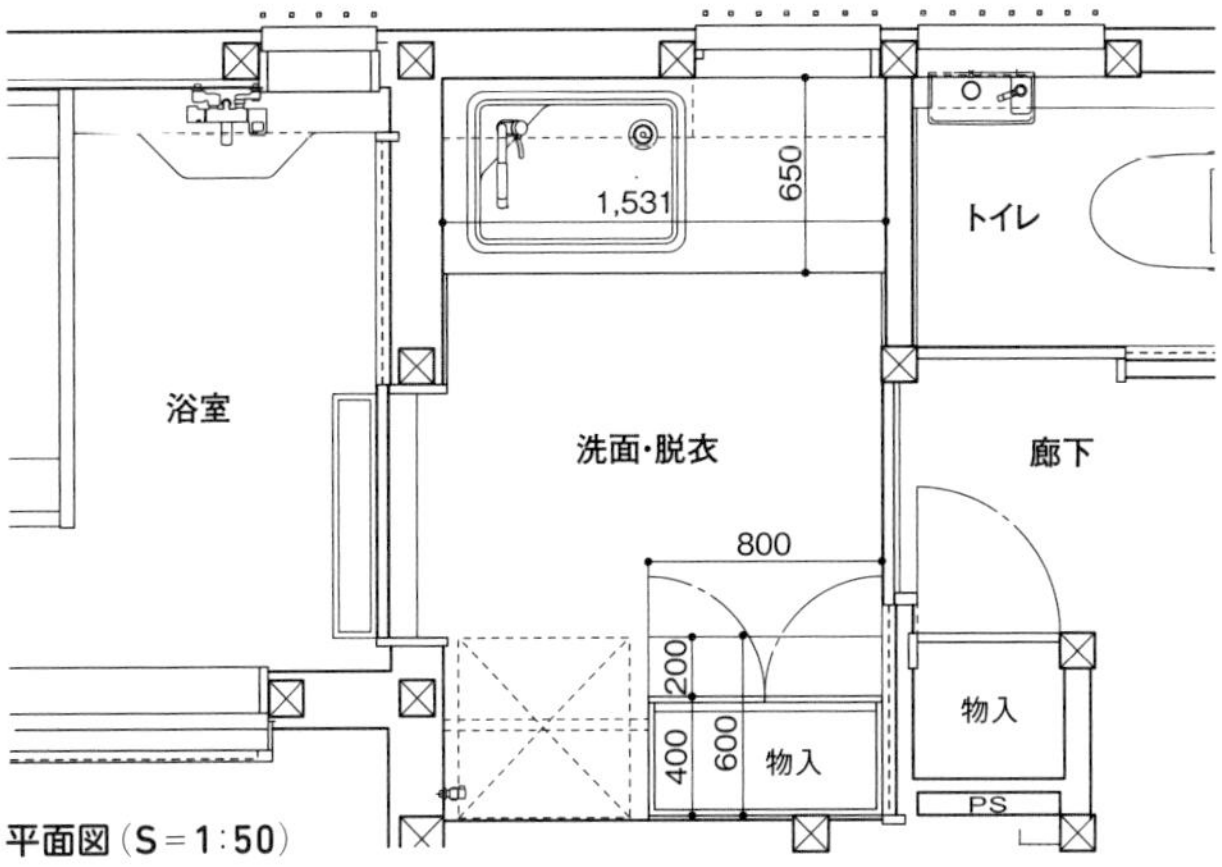


平面図（S＝1:50）

化粧棚下端にはボウル面を明るく照らすためのリネストラランプ

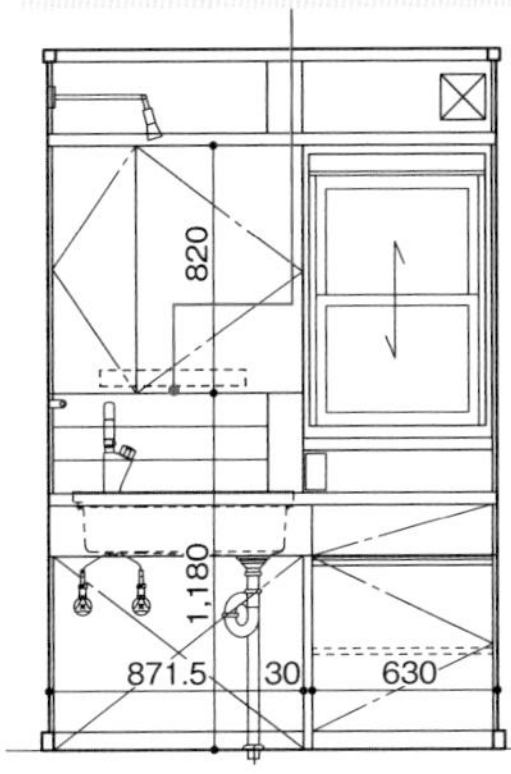


展開図（S＝1:50）

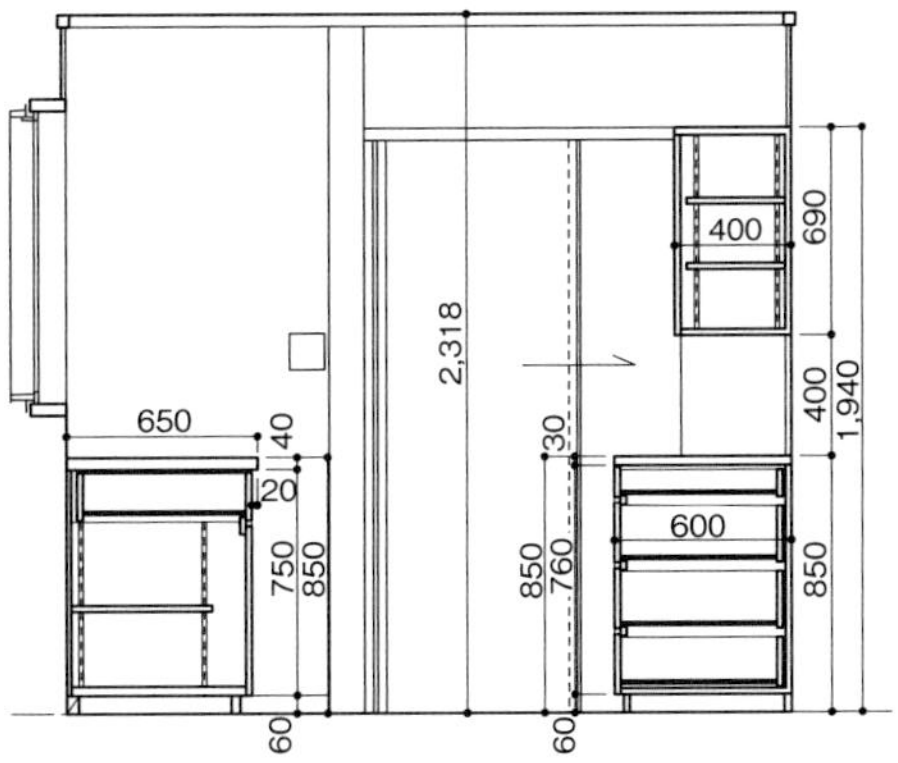


展開図（S＝1:50）

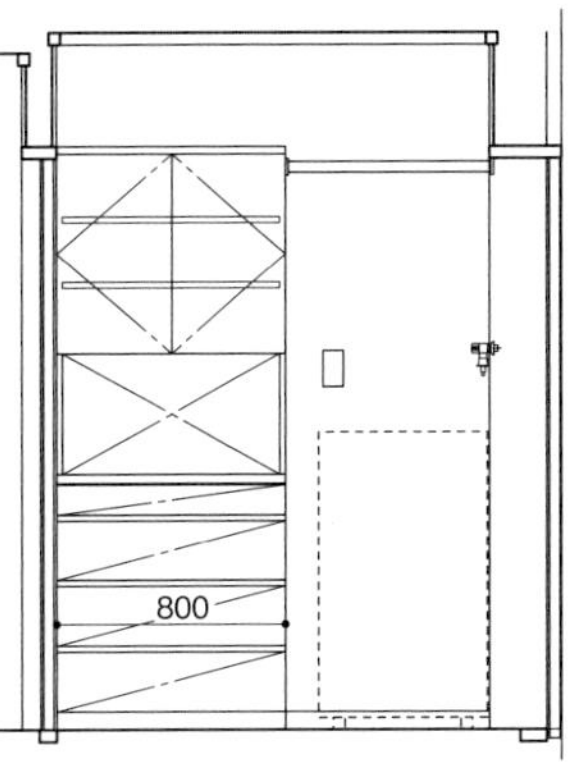


展開図（S＝1:50）

**トイレ収納**

## 清掃しやすさを第一に

トイレ脇に設けた開き戸。吊戸棚とすることで下部に物を置くことができるうえに、収納力もある

出張り部分、上部は開き扉の収納。下部はオープンのペット用トイレ置き場。床壁仕上げは清掃性を重視しメラミン化粧板

人のトイレの用品だけでなく、ペットのシーツなども買い溜めできる容量があると安心。収納高さもほどよく、大人にも子どもにも使いやすい

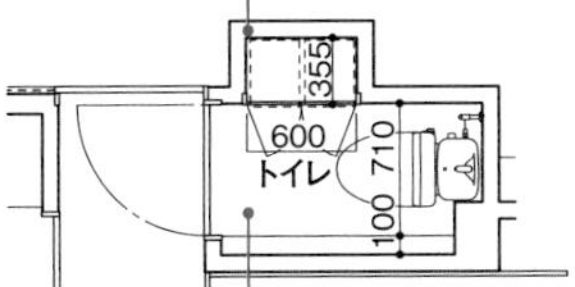


平面図
（S－1:50）

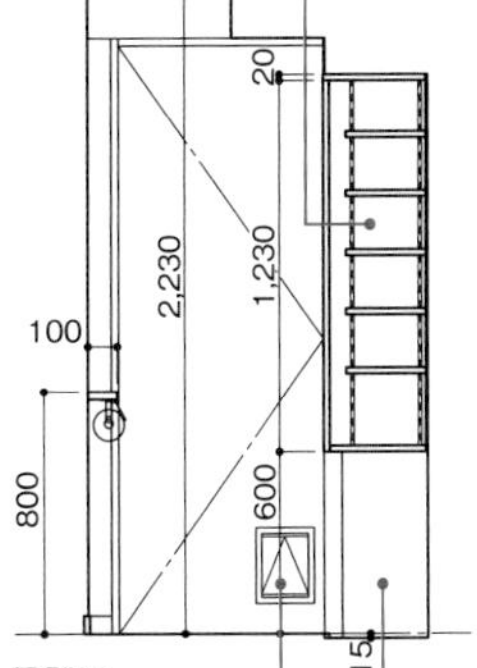


展開図
（S＝1:50）

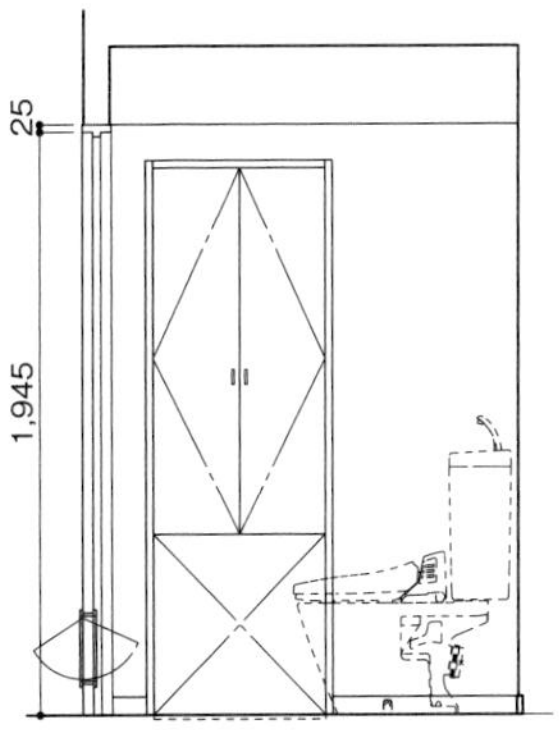


展開図
（S＝1:50）

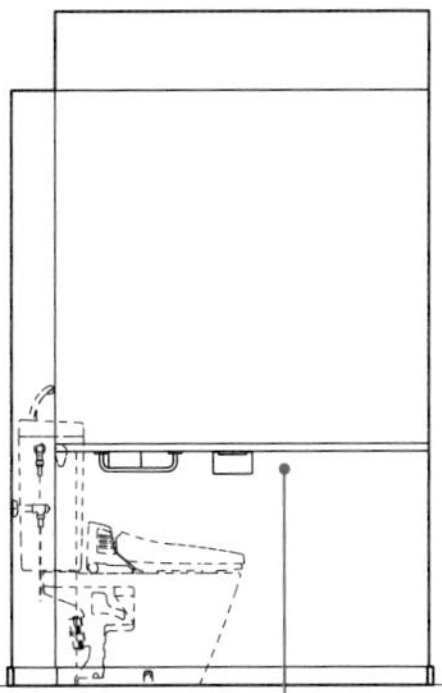

展開図
（S＝1:50）

コンパクトながら、たっぷりの収納と、ペット用トイレの置き場、ささやかな小物棚のあるトイレ

ペット用出入口をドア下部に設置

メラミン化粧板仕上げとすることで、汚れた際に消毒液で拭き取ることができる

棚板はスギ25㎜厚、タオル掛け、紙巻器を壁付けせず、棚下端に取り付けることで、器具の存在感が消え、スッキリする。わずか奥行き100㎜でも、何かと仮置きができて重宝する

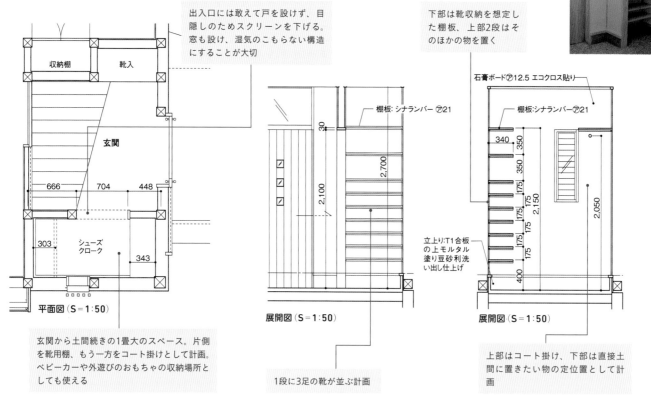

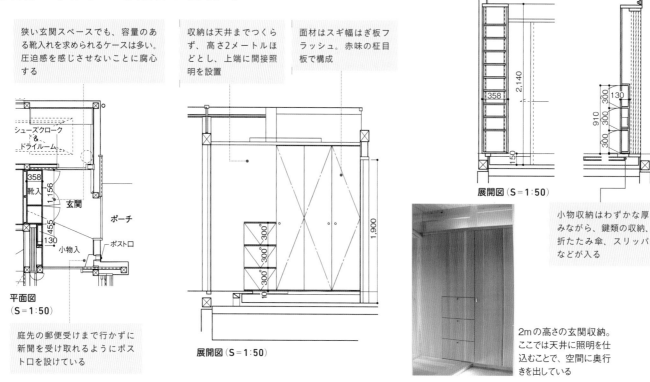

## ルール 4 玄関収納は収納物が多い

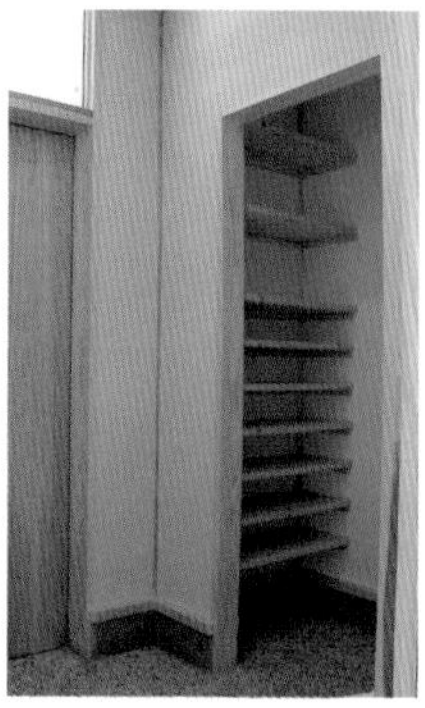

さまざまな収納を想定してできるだけ大きなスペースを確保するとともに、出し入れのしやすさも考慮する

**玄関収納1**

### 収納力を格段に向上させるシューズクローク

出入口には敢えて戸を設けず、目隠しのためスクリーンを下げる。窓も設け、湿気のこもらない構造にすることが大切

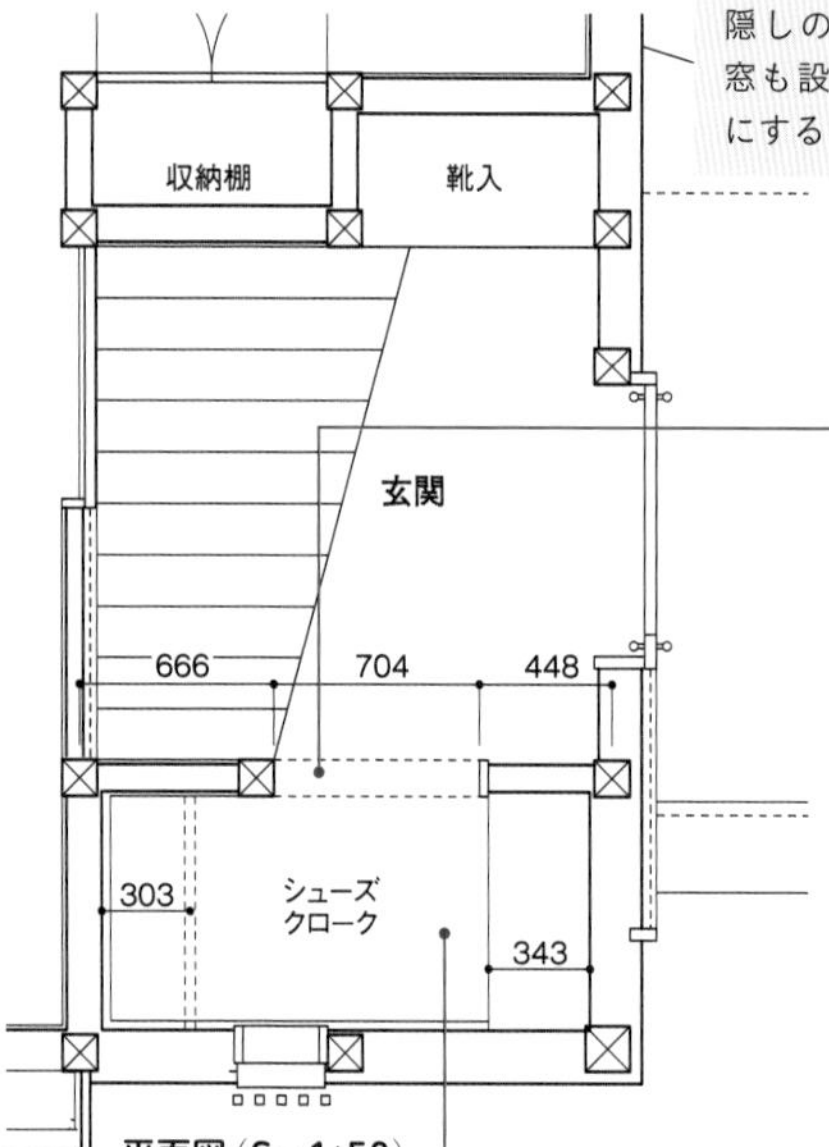

収納棚
靴入
玄関
666
704
448
303
シューズ
クローク
343


平面図（S＝1:50）

玄関から土間続きの1畳大のスペース。片側を靴用棚、もう一方をコート掛けとして計画。ベビーカーや外遊びのおもちゃの収納場所としても使える

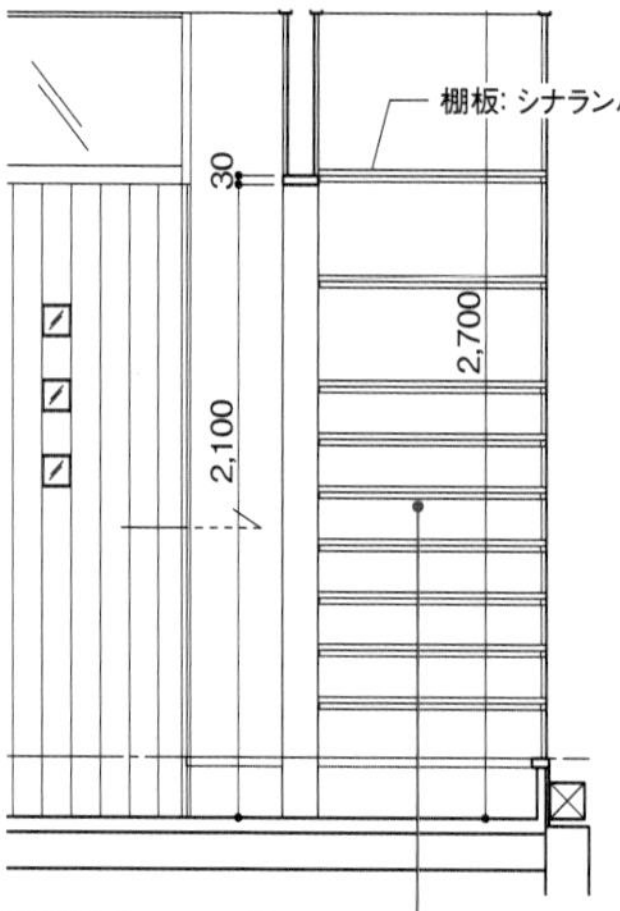

棚板：シナランバー ⑦21
30
2,700
2,100


展開図（S＝1:50）

1段に3足の靴が並ぶ計画

下部は靴収納を想定した棚板、上部2段はそのほかの物を置く

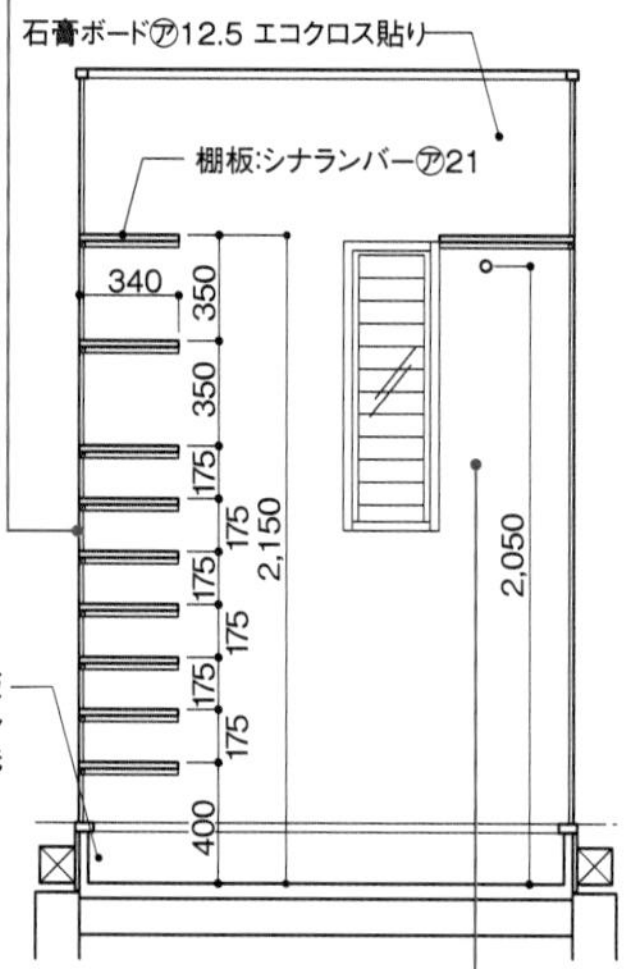

石膏ボード⑦12.5 エコクロス貼り
棚板：シナランバー⑦21
340
350
350
175
175
175
175
175
175
400
2,150
2,050
立上り：T1合板の上モルタル塗り豆砂利洗い出し仕上げ


展開図（S＝1:50）

上部はコート掛け、下部は直接土間に置きたい物の定位置として計画

**玄関収納2**

### 収納は高さで収納力を稼ぐ

狭い玄関スペースでも、容量のある靴入れを求められるケースは多い。圧迫感を感じさせないことに腐心する

収納は天井までつくらず、高さ2メートルほどとし、上端に間接照明を設置

面材はスギ幅はぎ板フラッシュ。赤味の柾目板で構成

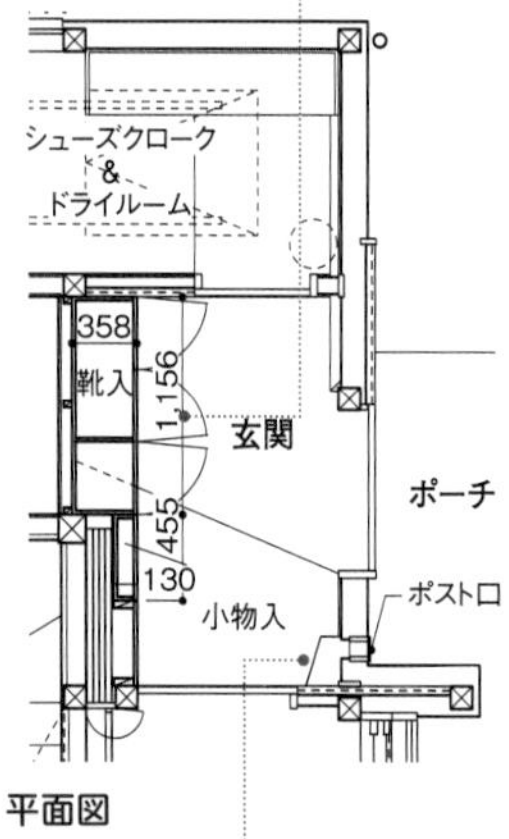

シューズクローク
&
ドライルーム
358
靴入
1,156
玄関
ポーチ
455
130
小物入
ポスト口


平面図
（S＝1:50）

庭先の郵便受けまで行かずに新聞を受け取れるようにポスト口を設けている

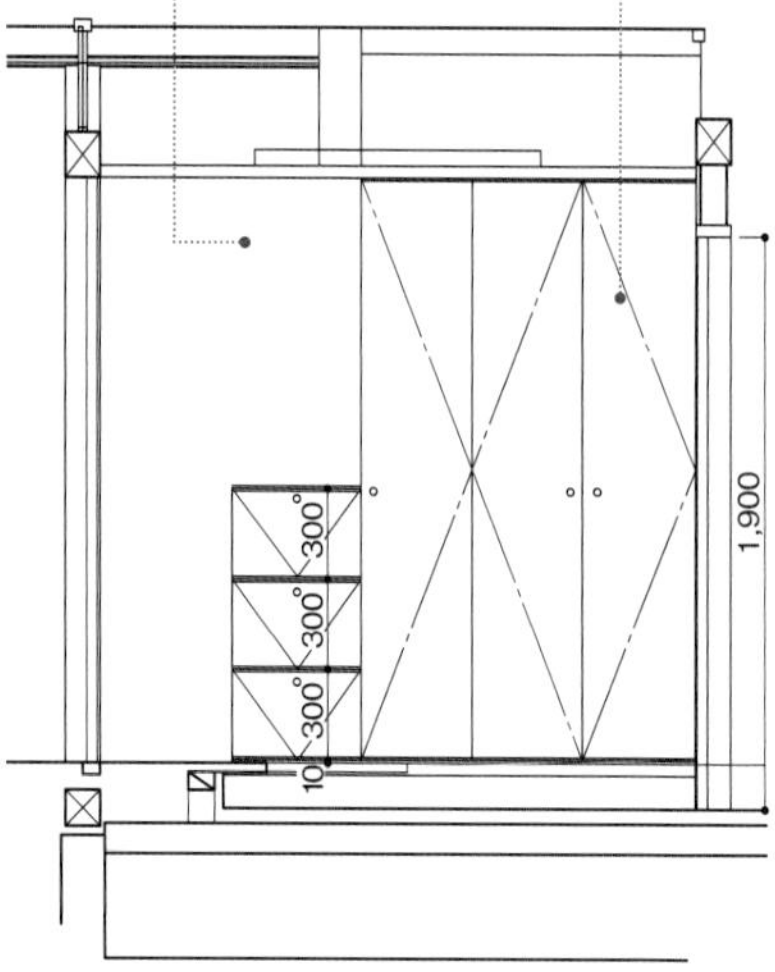

300
300
300
10
1,900


展開図（S＝1:50）

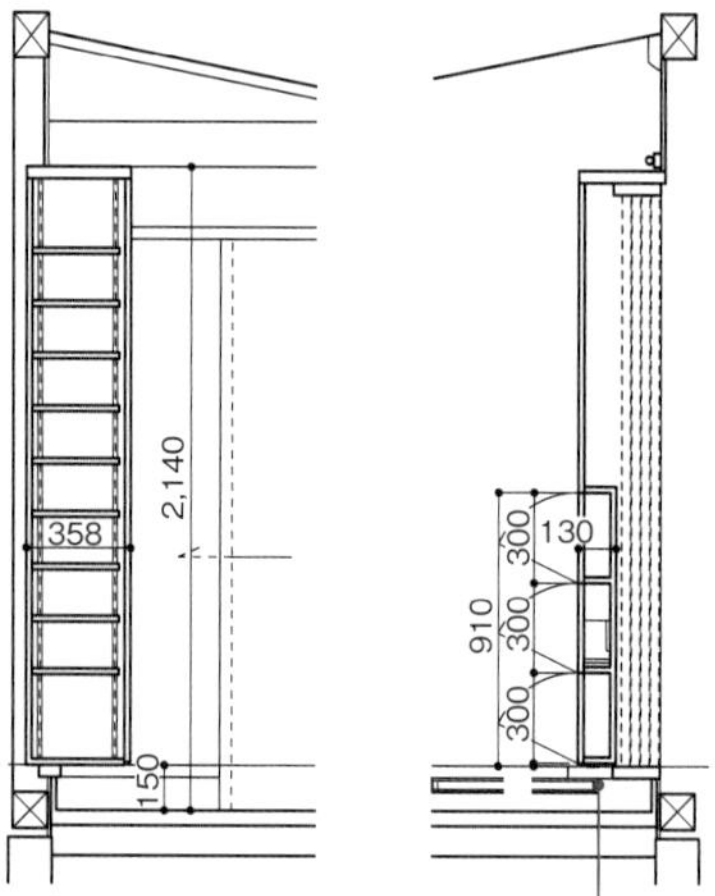

358
2,140
150
130
300
300
300
910


展開図（S＝1:50）

小物収納はわずかな厚みながら、鍵類の収納、折たたみ傘、スリッパなどが入る

2mの高さの玄関収納。ここでは天井に照明を仕込むことで、空間に奥行きを出している

# ［種類別］造付け収納の考え方

### リビングに馴染むテレビボード

圧迫感を抑えるため、目線の高さをあけて上下に収納を設けている。デッキ類などは全面のメッシュの裏側にかくれているため目立たない（住空間設計LIVES／COMODO建築工房）

### 奥まった場所に設置されたデスクコーナー

リビングの奥に設置されているため、作業をしていてもリビング、デスクコーナー双方でさほど気にならない。机廻りが多少雑然としていても大丈夫だ（田中工務店）

## リビング収納はテレビボードが重要

リビングに置かれるものといえば何と言ってもテレビボードである。テレビだけではなく、ハードディスクレコーダーなどのデッキ類や、AV関連の周辺機器などを収納する必要がある。

これらの機器は相応の奥行きが必要になるため、テレビボードは手前にせり出し、結果存在感が出やすい。したがって、目立たないような仕上げや必要に応じて扉（リモコン対応の機器は格子扉や専用のメッシュ）などで隠せるようにしたい。

また、テレビの幅よりやや大きいくらいのテレビボードがあるだけだと存在感が出すぎてしまうので、壁一面にテレビボードと同じ高さのローボードの収納にしたり、壁一面を収納にして、そこにテレビを組み込んだりしたほうがその存在感は薄まる。

そのほか、リビングには本棚が設けられる場合もあるが、本好きであれば大胆に大きな本棚を設置するのもありだ。ある程度整理されていれば、本が見えること自体はインテリアの影響は少ない。もちろん、**日々本の整理を行うのも面倒ではあるの**で、扉などを付けて隠してしまうのが無難ではある。

最近はリビング学習や家族全員が日常的にパソコンを使う機会が多いため、造付けのデスクコーナーとそれに連動した収納が設けられるケースも多い。ただし、デスクの周囲はどうしても雑然としてしまうので、リビングの隅の奥まった場所に設けたり、キッチンの近くに設けたりしてキッチンと一体に見せるのがよいだろう。

基本的にはリビングは「くつろぐ場所」であり、プランで調整ができるなら収納はできるだけ少なくしたほうが見た目にすっきりとする。たとえば、隣接して納戸や大きめなウォークインクロゼットを設けるのもよいだろう。

## キッチンはパントリーから考える

キッチンは食器から調理用品、食品まで収納すべきものがたくさんある。スペースに余裕があればパントリーを設けるのが望ましい。最近は共働きの家族が多く、どうしても買いだめする傾向があるので、パントリーのようなスペースがあると、キッチンの外まで物があふれる心配はない。

パントリーはキッチンに接する場所に、できるだけ動線の流れに合わせて設置したい。パントリーは使い勝手の面で扉などを設けない場合も

**木調で高級感のある洗面化粧台**

突板張りの扉で既製品では出せない高級感のある洗面化粧台。側面にオープンの棚も設けられており、使い勝手がよい（田中工務店）

**見た目と使い勝手のよい食器棚**

主張しない白でまとめられた食器棚。引出し中心に構成されており、食器などの出し入れがしやすい（住空間設計LIVES）

多い一方、パントリーのなかはオープンな棚が中心で雑然としやすいので、リビング・ダイニングから見えにくい場所に設けるとよいだろう。また、パントリーの奥に勝手口を設けたり、玄関へと通じるようなプランニングとするとより買い物の収納やゴミ出しなどがしやすくなる。

通常の食器棚は、キッチンの配置にもよるが、一般的な対面キッチンの場合、リビングやダイニングから見えやすい位置に設置されるので、できるだけ目立たないようにデザインしたい。白系の面材の扉を設けて壁のように見せたり、リビングの収納や家具の面材の仕上げや素材、形状に合わせてデザインしたりするとよいだろう。

また、食器棚は手間がかからないとオープンな棚や開き戸・引戸ばかりにすると食器の出し入れなどの使い勝手が悪くなる。大工工事だと難しくなるが、できるだけ引出しも設けるようにしたい。

冷蔵庫はリビングやダイニングから直接見えないように配置したいが、どうしても見えてしまう場合は、簡易な引戸などを設けて隠せるようにすると、キッチンの印象が薄まり、リビングやダイニングインテリアに調和する。

キッチンは収納が多すぎて困ることはないので、床下収納なども積極的に検討したい。

## 玄関収納は隣に収納部屋を設けたい

玄関は最近、収納量が増加している場所である。最大の理由は庭が狭くなり物置が設けられるスペースがなくなったことが大きいと思うが、使い勝手の面でも外のものは玄関の周囲に置くのが自然である。

一番簡単なのは玄関収納のスペースを別につくること。玄関の脇にウォークインクロゼットのような収納部屋をつくり、そこに靴のほか、スポーツ用品、自動車・自転車などの外回りの備品を収納する。こうすることで玄関がすっきりした印象になる。

スペースがない場合は、靴箱を中心に小物の備品を入れるスペースを設けるが、できればここも高さ1m程度の収納に押さえたい。圧迫感がないうえに、上部を窓や飾り棚に利用できる。

あとは収納量に応じて、吊り戸棚を設ける、全面を棚にする、廊下の壁まで収納スペースを広げるなどで対応していけばよい。玄関は暗くなりがちなので、白い塗装やシナベニアなど明るい色の面材を使うとよいだろう。取っ手も手かけとするのが望ましい。

なお、玄関は家の顔になるので、玄関収納の一部に照明を組み込んで、高級感を出していきたい。

## 洗面化粧台の収納は見えない工夫を

水廻りも収納が多い個所である。目立たないところだが、すっきり収めるのは造付けの洗面化粧台や収納を設けるとよい。

洗面化粧台は鏡と洗面ボウルとカウンターで成立するが、収納する備品も多いので、収納を組み込むか隣接する場所に収納棚を設けるようにしたい。

ただし、洗面化粧台廻りは、化粧や洗顔、歯磨きなどの備品のほかに、近くに設置されることが多い、洗濯機や浴室などの細かい備品を収納することも考えられるので、なるべく細かくたくさんの収納スペースと、扉や引出しなどでそれらが外側から見えないように配慮する。

予算がなくオープンな棚で対応しなくてはならない場合は、側面の壁に設けるなどにして正面から見えにくくする工夫をしたい。

洗面化粧台は既製品と差別化するために、シナベニアや突き板など木調でデザインすると高級感が出る。

トイレは、必ず収納すべき備品があるので、スペースがなくてもいろいろ工夫して収納スペースを確保したい。

# より美しくみせる収納デザインの基本ルール

収納の見た目をよくするコツは仕上材や端部の処理などちょっとした工夫にあり。

解説：和田浩一

収納家具の多くは室内に露出するため、やみくもにつくると部屋全体の印象をかえって悪くする。また、家具のデザインは非常に繊細で相応のセンスが要求されるため、自らのセンスだけで安易にデザインしてしまうのも危険である。そこで、ここでは、

**1 突き板の張り方**
**2 扉の割付け**
**3 小口の処理**
**4 逃げの処理**
**5 手掛け**

の5つのルールに則って設計することを提案してみたい。このルールだけをしっかり守れば、ある程度自由にデザインしても、収納デザイン自体が大きく破綻することはない。特に小口や逃げの処理など細かいポイントに手間をかけることが、デザイン全体のグレードアップにつながるのである。

また、このルールを踏まえたうえで、デザインによって工事区分を使い分け、コスト管理を行いたい。筆者は、引出しや特殊な金物の使用で高い施工精度を求める場合、特殊な納まりにする場合、特殊な材料を使用する場合は家具工事、一般的な素材や部材、金物だけを使用し、工場塗装の必要がない場合は大工工事、その中間が建具工事というように使い分けている。

ルール 1

## 突き板は何よりも木目をそろえる

扉やパネルに突き板を張る場合、隣り合う扉やパネルは木目が通るように気をつけたい。極端なことをいうと、ベースキャビネットと吊戸棚に分かれていても、1枚の突き板を使い、その間のオープン部分は捨てるぐらいの覚悟も必要だ。実際はそこまですることはないが、少なくとも隣り合う扉どうしは同じ突き板から製作するべきである。また、縦木目のときは、木の末口と元口を間違えないようにしたい。末口と元口の違いは、一見分からないようでもよく見れば「違和感」として感じてしまうので、慎重に割り付けなければならない。

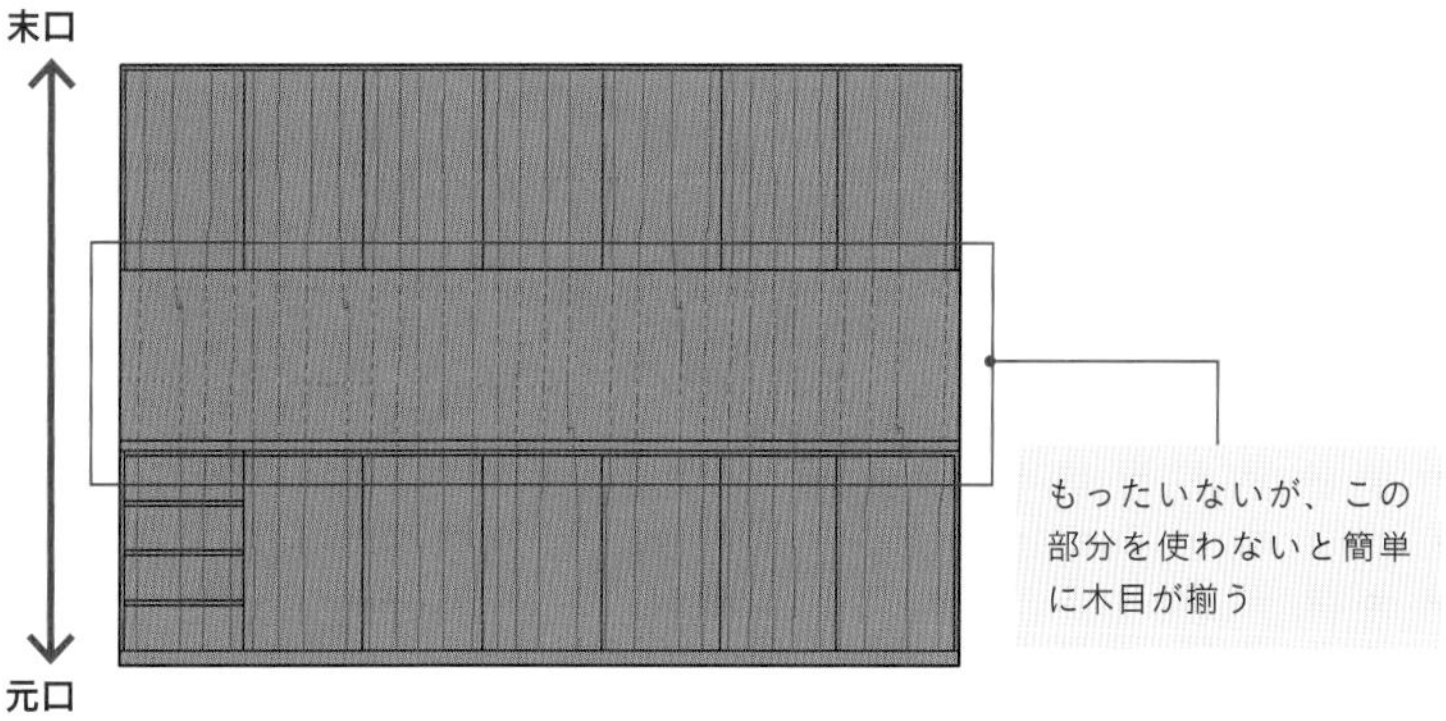

末口
元口
もったいないが、この部分を使わないと簡単に木目が揃う


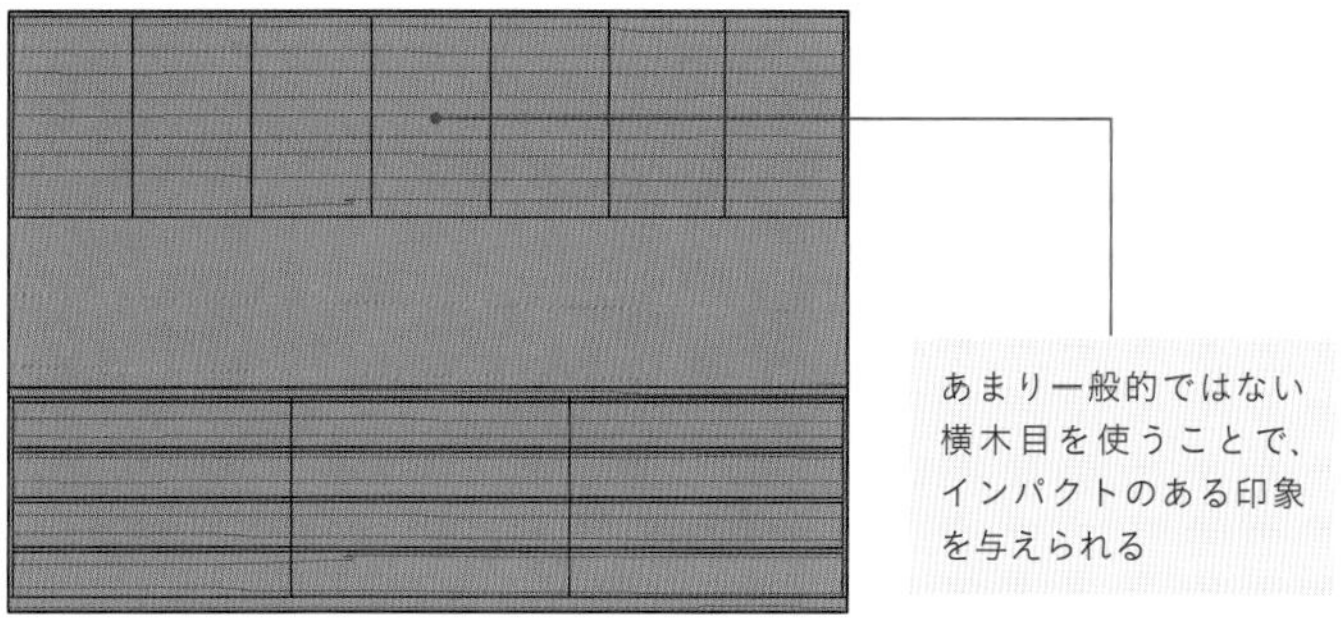

あまり一般的ではない横木目を使うことで、インパクトのある印象を与えられる

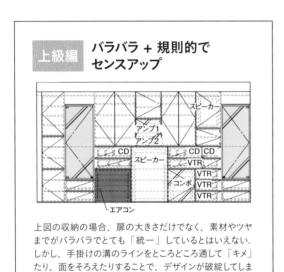

ルール
2

# 扉の割付けはそろえるだけじゃダメ

収納扉の割付けの基本は「そろえる」に尽きる。幅をそろえる、高さをそろえる、面をそろえるなど統一することですっきりときれいに見える。しかし、揃えることばかりを重視しすぎると、（規模が大きな収納では特に）「冷たい印象」になってしまいがちであるから、時には「崩す」ことも考えたい。

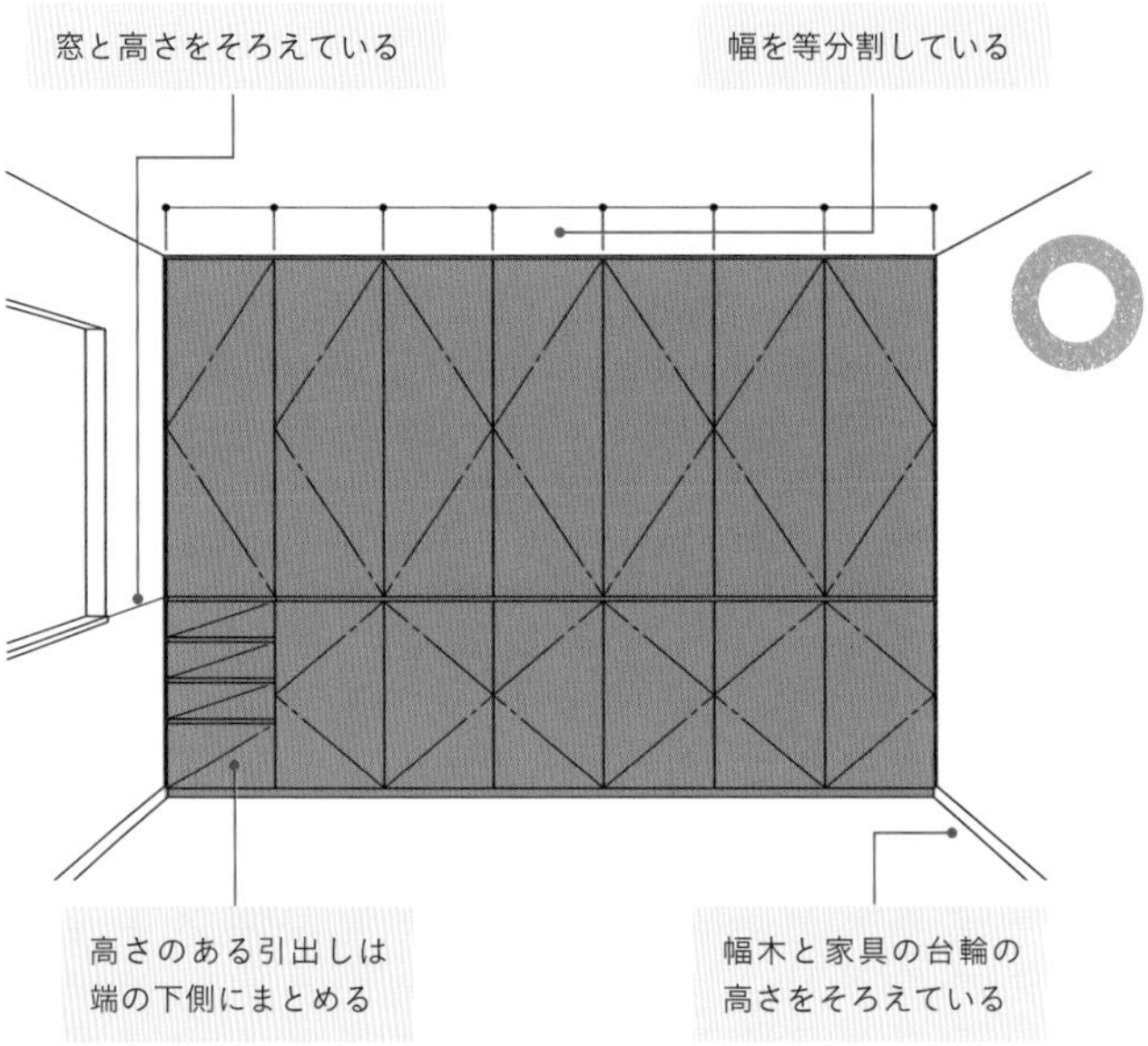

窓と高さをそろえている
幅を等分割している
高さのある引出しは
端の下側にまとめる
幅木と家具の台輪の
高さをそろえている


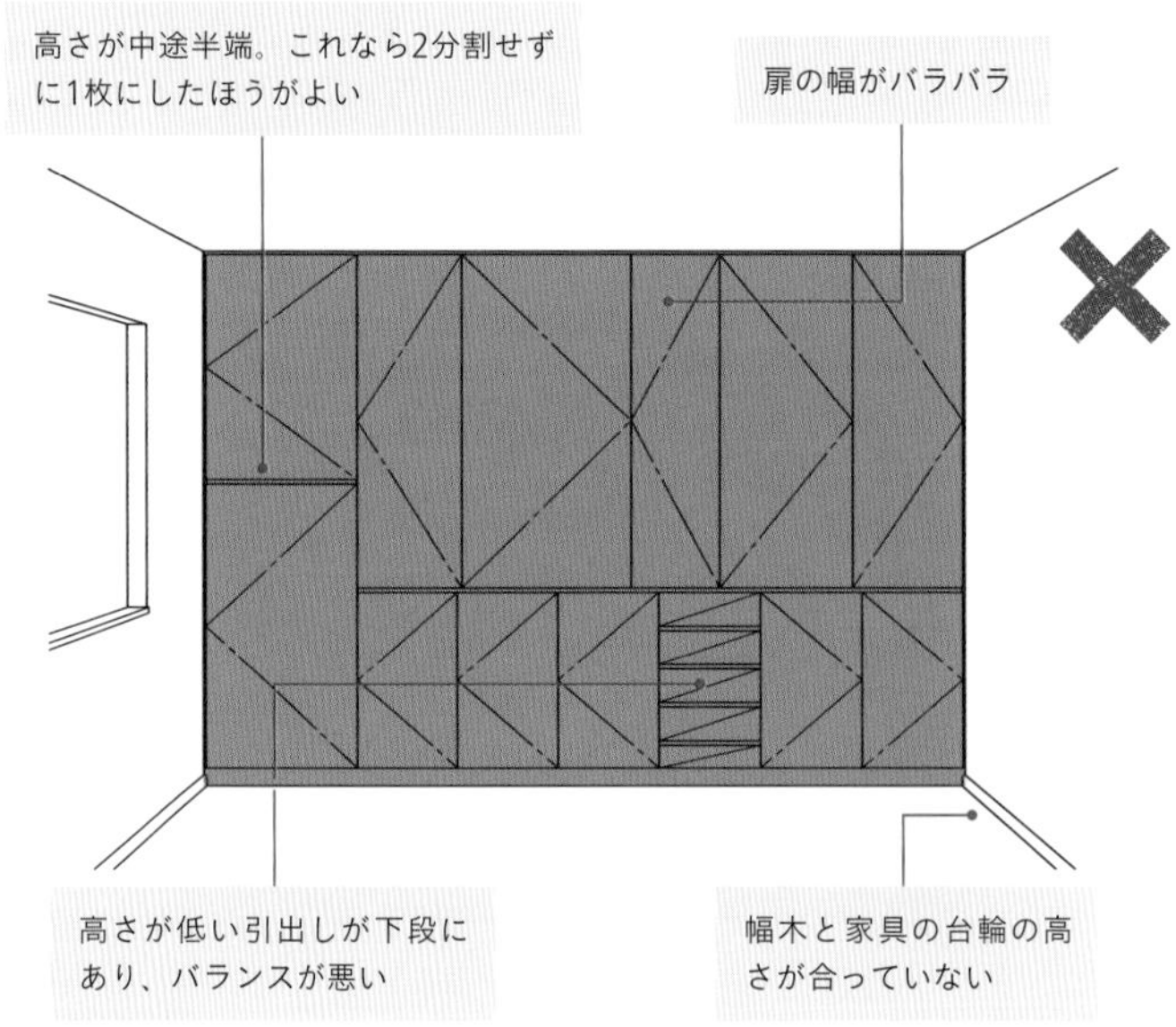

高さが中途半端。これなら2分割せず
に1枚にしたほうがよい
扉の幅がバラバラ
高さが低い引出しが下段に
あり、バランスが悪い
幅木と家具の台輪の高
さが合っていない


### 上級編 バラバラ + 規則的でセンスアップ

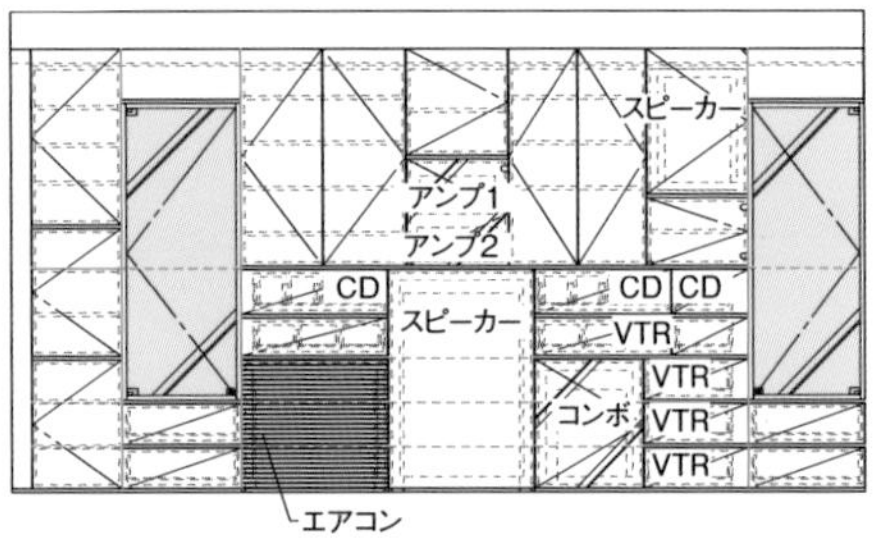

スピーカー
アンプ1
アンプ2
CD
スピーカー
CD
CD
VTR
VTR
コンポ
VTR
VTR
エアコン


上図の収納の場合、扉の大きさだけでなく、素材やツヤまでがバラバラでとても「統一」しているとはいえない。しかし、手掛けの溝のラインをところどころ通して「キメ」たり、面をそろえたりすることで、デザインが破綻してしまいそうなところをつなぎ止め、照明の効果もプラスしてやさしい雰囲気を醸し出している。

**単板もしくは厚単板**

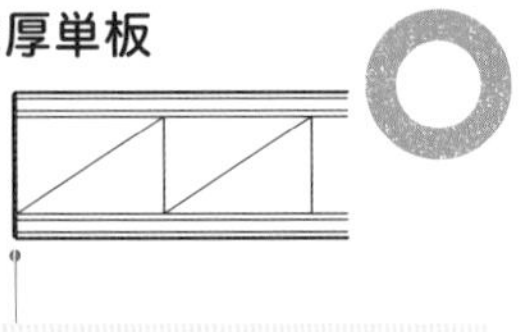

単板の厚みが気にならないためすっきりと見える

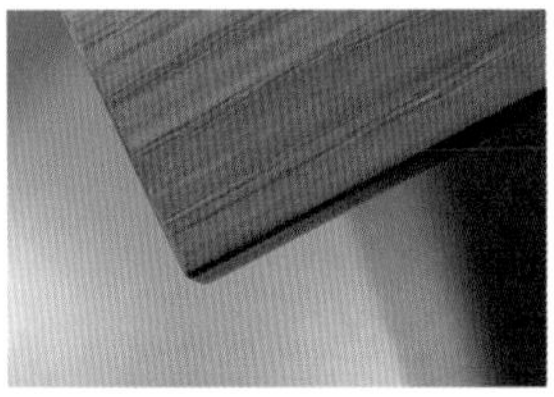

小口材が薄く、断面が目立たない

**ムク板（挽板）**

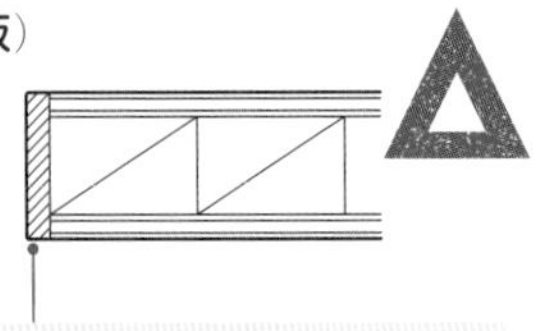

線が2本見える。扉が連続する場合はさらに線が増え、見苦しい

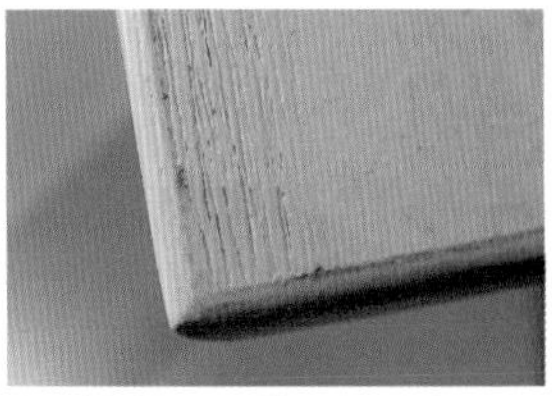

小口材が厚く、断面がよく分かる

ルール
3

# 扉の小口処理は木口テープや単板で

扉やキャビネットの小口は家具の印象を大きく左右する。たとえば、扉の小口だが、建具工事的に処理すると、厚さ4～7㎜のムク材（挽板）を張るが、多くの扉が並ぶ場合、この厚みの線が気になる。この場合は厚みのない木口テープや単板を張るとよい。

## ルール 4

# 造作家具の逃げ寸法は20㎜で

造作家具には建築と家具の精度の差を調整するためにフィラー、台輪などの「逃げ」が不可欠となるが、「逃げ」のデザインが見た目を大きく左右するので注意したい。逃げを小さくするとシャープな印象になるが、小さくしすぎると施工精度によってはきれいに納まらずかえって見栄えが悪くなる。逃げとして20㎜程度とっておくとその問題は解消しやすい。

### 天井から支輪で逃げる

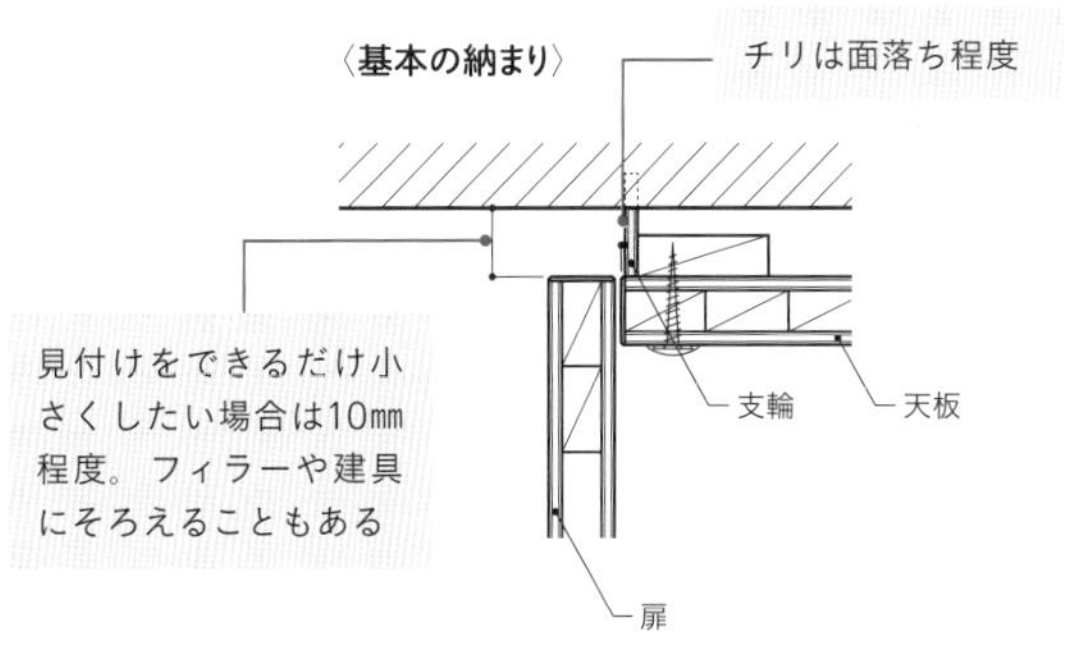

〈基本の納まり〉
チリは面落ち程度
見付けをできるだけ小さくしたい場合は10㎜程度。フィラーや建具にそろえることもある
支輪
天板
扉


### 壁からフィラーで逃げる

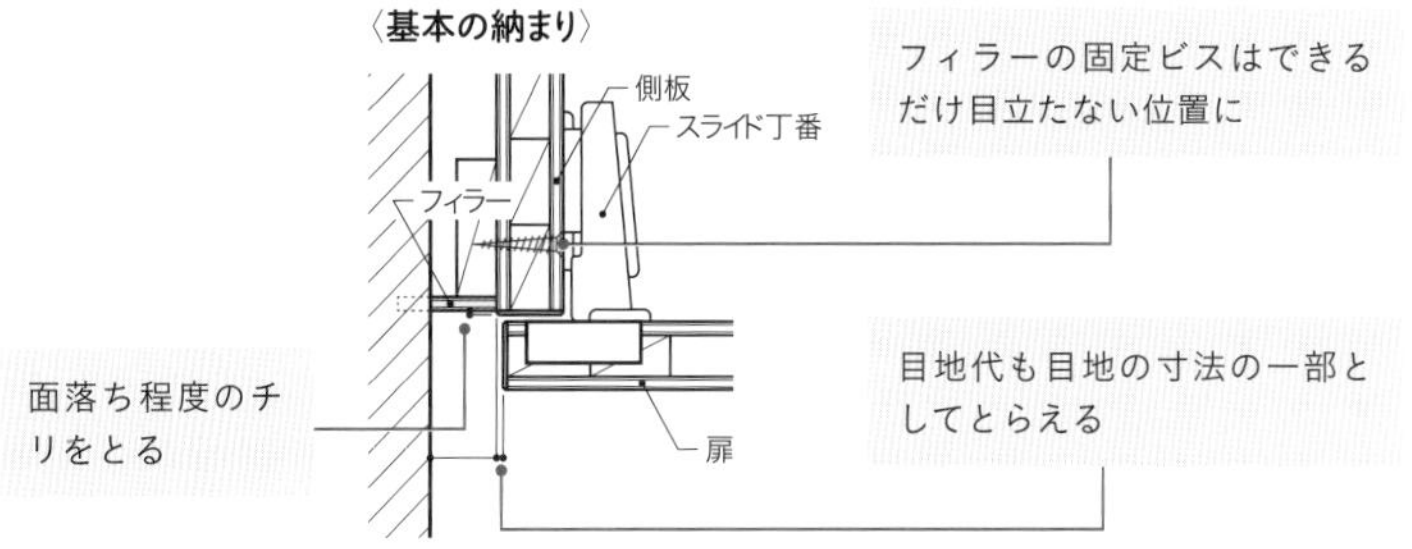

〈基本の納まり〉
側板
スライド丁番
フィラー
フィラーの固定ビスはできるだけ目立たない位置に
面落ち程度のチリをとる
目地代も目地の寸法の一部としてとらえる
扉


### 床・幅木から台輪で逃げる

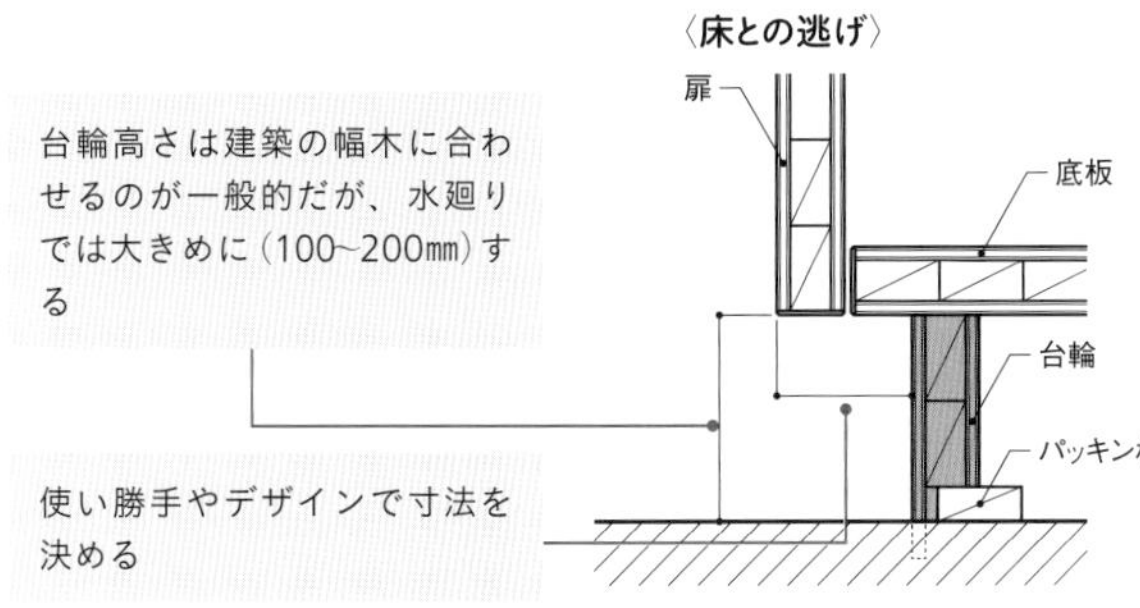

〈床との逃げ〉
扉
底板
台輪
パッキン材
台輪高さは建築の幅木に合わせるのが一般的だが、水廻りでは大きめに（100～200㎜）する
使い勝手やデザインで寸法を決める


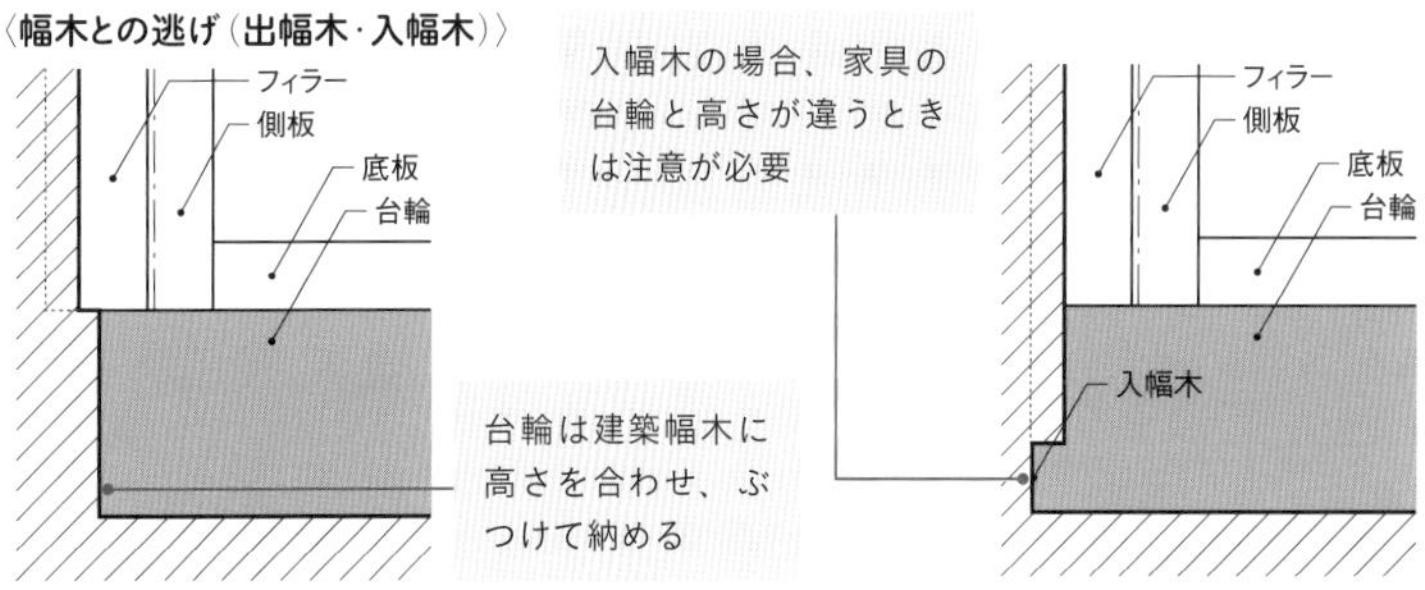

〈幅木との逃げ（出幅木・入幅木）〉
フィラー
側板
底板
台輪
台輪は建築幅木に高さを合わせ、ぶつけて納める
入幅木の場合、家具の台輪と高さが違うときは注意が必要
フィラー
側板
底板
台輪
入幅木


### 手掛けの設け方

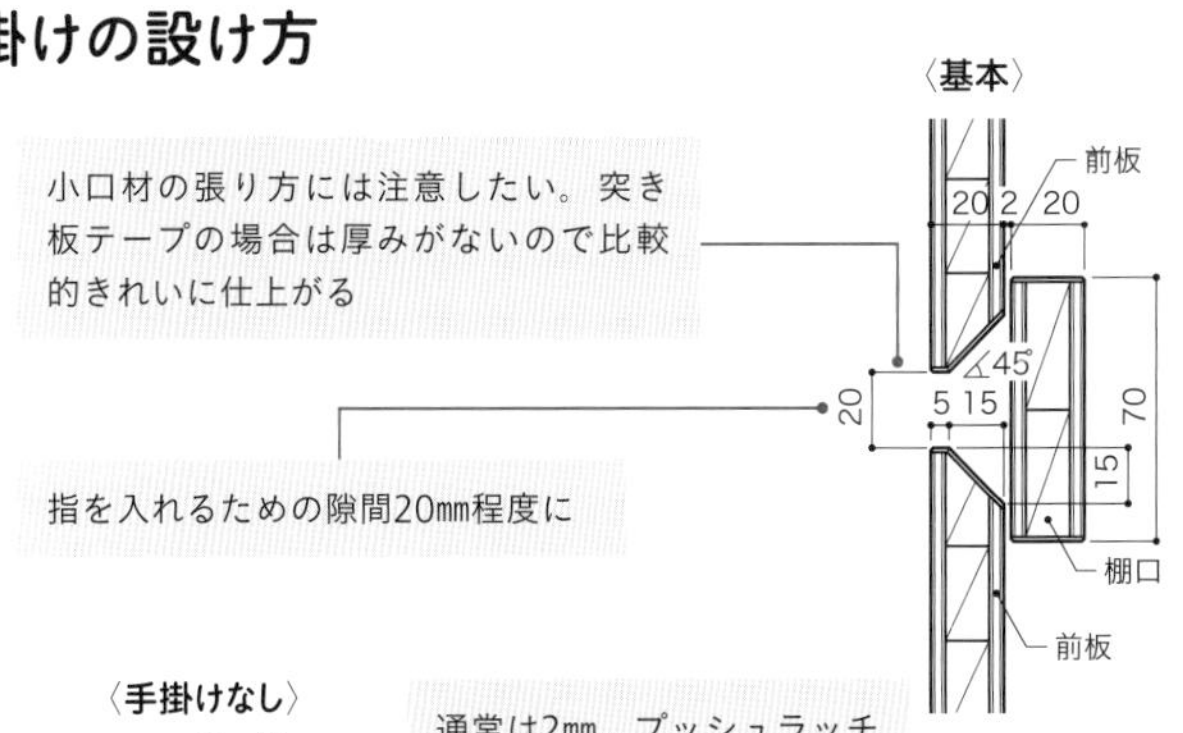

〈基本〉
前板
20
2
20
小口材の張り方には注意したい。突き板テープの場合は厚みがないので比較的きれいに仕上がる
45
20
5
15
70
15
指を入れるための隙間20㎜程度に
棚口
前板


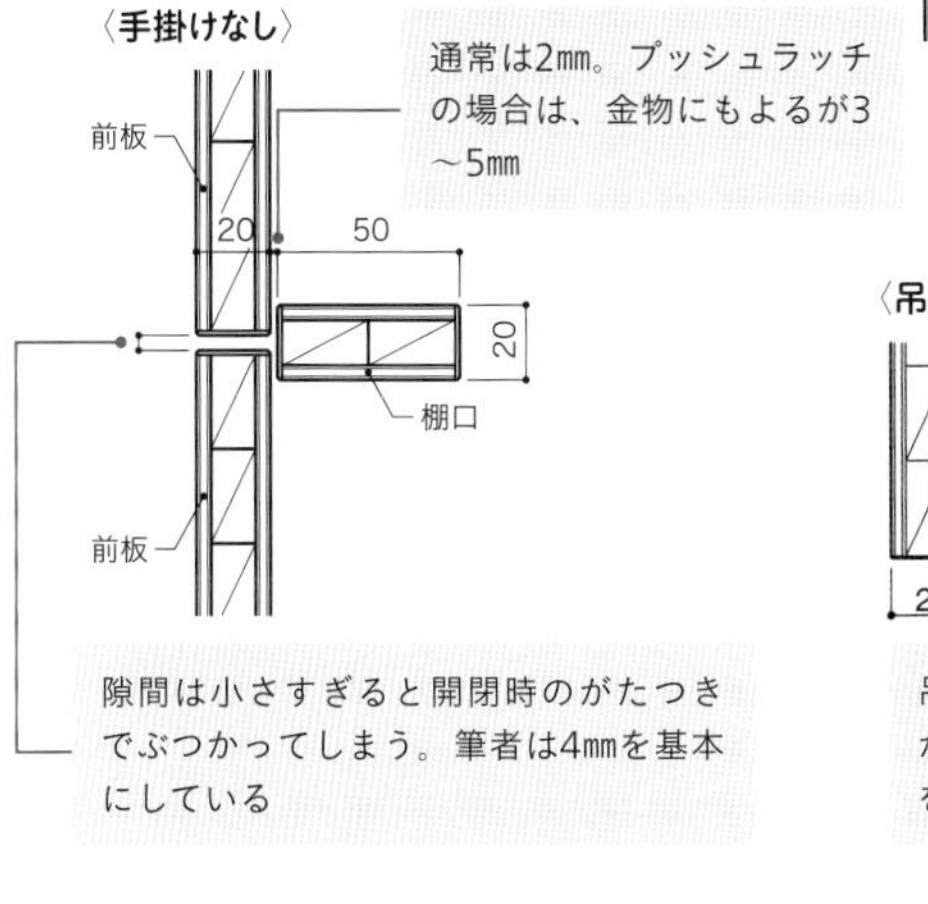

〈手掛けなし〉
通常は2㎜。プッシュラッチの場合は、金物にもよるが3～5㎜
前板
20
50
20
棚口
前板
隙間は小さすぎると開閉時のがたつきでぶつかってしまう。筆者は4㎜を基本にしている


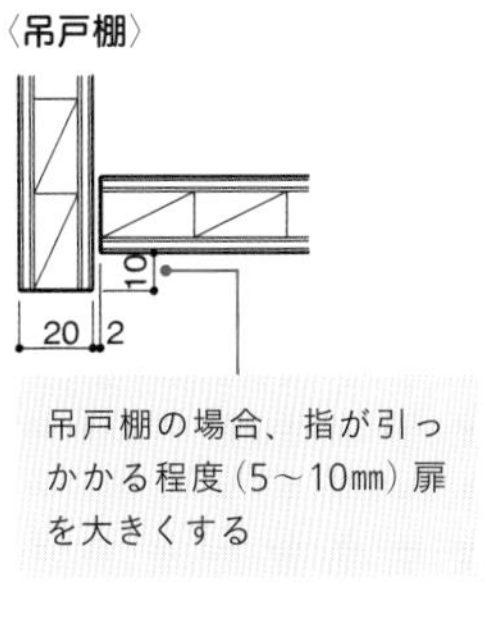

〈吊戸棚〉
10
20
2
吊戸棚の場合、指が引っかかる程度（5～10㎜）扉を大きくする


## ルール 5

# ハンドルやツマミを避けて手掛けとする

フラットですっきりしたデザインにしたい場合、ハンドルやツマミを使用せずに手掛けにするとよい。その場合、手掛けのためのスリットが20㎜程度必要となるため、その奥部の仕上げにも気を配りたい。 キャビネットの側板と棚口のジョイントが出ないようにする。手掛けの形状はデザインや素材、仕上げ、使用する場所によって決定するが、たとえば化粧板の場合は、扉の端から端までテーパーをつけ、板材を塗り潰した場合や突板の場合は扉の一部に手じゃくりを掘り込むことが多い。吊戸棚の場合は5 ～ 10㎜ほどキャビネットよりも扉を大きくすることもある。

# 造付け収納のデザインの工夫

**横に長いローボードは圧迫感を抑える**

圧迫感のない白木のテレビ台を兼ねるローボード。横に伸ばすことで収納量を増やしている。コード類も内部に納まるよう穴があけてある（加賀妻工務店）

## 収納は目線のたかさより低く抑える

壁付けの造付け収納はできるだけ低く抑えたい。目線の先が収納か壁かで圧迫感が大きく異なる。高さに基準はないが、椅子（高さ４００㎜程度）に座ったときの目線の高さの１２００㎜よりは２００㎜以上低いほうが望ましい。リビングだと通常の椅子より低いソファーや床に直接座ることもあるため、収納はできるだけ低くしたい。

## 収納量が足りない場合は横に伸ばすか吊り戸で

ローボードのような低い収納だけではどうしても収納量が足りない。その場合は、まず横にどんどん伸ばしていくようにしたい。壁一面に造付けのローボードを設置すれば、かなりの収納量が確保できる。それでも足りない場合は、吊り戸棚で対応するとよいだろう。とにかく目線の先にはできるだけ壁がくるようにしたい。

## 収納は壁のように見せて存在感を消す

収納は壁より前に出てくるため圧迫感を与えてしまう。したがって、存在感をできるだけ消したい。壁のような白のマットの塗装や、木材であればシナ合板などとし、必要に応じて白いクリア塗装などをかけてもいいだろう。ハンドルや取っ手などを手掛けなどとし、一面を同色・同じテクスチュアの扉とするなどとし、目地のある壁くらいに見せられれば壁全面を収納としてもそれほど圧迫感はない。

## できるだけ扉や引出しをつける

収納を壁のように見せるという手法と通じるのだが、どうせ壁のように見せるのであればできるだけ扉や引出しをつけて、収納物を隠したほうがよい。収納物はすべてがデザイン性の高いものとはいえないし、デザイン性が高いものでもそれをうまく並べられるわけでもないからだ。もちろん、一部の扉をなくしたり、ガラス戸にするなどして、見せ場とするのは問題ない。

## 設備やコンセントは収納で隠す

一般的に白系の壁と木材の色などシンプルな色使いや表情で構成される内装において、プラスチックやステンレスなどの金属で構成され、見た目もある意味で「デザイン」されている設備類は異物でしかない。したがって、エアコンなどの設備やコンセント（特にマルチメディアコンセン

## 均等な割付けで整然と見せる

棚の割付けは均等に割るのが基本。吊り戸棚が並ぶ場合でもピッチはそろえるようにしたい（フリーダムアーキテクツデザイン）

## 家具に照明を取り付けて間接照明に

家具は壁から出っ張っているので簡単に建築化照明にすることができる。簡単にインテリアに高級感を与えることができる（TIMBER YARD）

## 手掛けでシンプルに見せる

取っ手やハンドルを止めて手掛けにすることでシンプルな棚に見せる。ここでは設備も上手に組み込んでおり、露出しても気にならない（TIMBER YARD）

ト）などは収納などを使ってうまく隠せるとよい。配線なども目に付きやすいので、収納の裏側や内側に内蔵されるような工夫をしっかりと施したい。

### 収納扉の取っ手は手掛けなどがよい

収納扉のハンドルや取っ手などはデザイン性の高いものもあるが、インテリアを重視するならば手掛けとするのが無難だ。収納をシンプルに設計すればするほどハンドルや取っ手などが目立ってしまうので、製品選びに相当なセンスやバランスが問われる。

### 扉や棚の割付けは等分割が基本

特別な理由がない限り、扉や棚の割付けは等分割するのが望ましい。特に横幅は規則正しく並んだほうが整然として見え心地よい。どうしても大きい扉や棚が必要な場合はその倍数で増やすか、それでも倍数で納まらない場合は1.5倍で処理すればよいが、1.5倍などで割った場合は、全体のバランスを整える必要があるため、多少なりのセンスが問われるので、扉や棚の大きさを調整して等分割に割り付けたほうが無難だ。

また、寸法にとらわれず割り付けたい場合や、壁一杯に納めるときにどうしても均等割りでは納まらない場合などは割付けの幅の種類を2種類に限定して割り付けてもよい。

### 隣接する収納は割付け・仕上げを揃える

同じ部屋や連続する部屋であれば、収納の仕上げの割付けはできるだけそろえたい。いろいろな色や素材を使うと見た目にせわしなく、それをまとめあげるには相当なデザインセンスが要求される。同じ色や素材、テクスチュア、納まり、割付け、高さなどを揃えたほうがインテリアに統一感が生まれて、整然とした印象になる。

### 収納に照明を組み込む

壁より出っ張ってしまうという造付け収納のデメリットを逆手にとって収納のなかに照明を仕込んで建築化照明としてしまうという方法がある。照明も設備であり、ペンダントライトやスポットライトなどを除けば建築のなかに納めてランプなどを見えなくしたほうがインテリアに高級感が出る。

また造付け収納であれば、吊戸の上やローボードの足元に建築化照明専用の照明器具を取り付ければ、特に建築的な処理を施す必要もなく、容易に間接照明のような効果が得られる。

# インテリアから考える家具の選び方

インテリアに合わせてどう家具を選べばいいのか。
CRAFTの豊富な事例をもとにその具体的なテクニックを紹介する。

**POINT1**

CRAFTで取り扱っているミヤマチェア。フレームのナラを黒く塗装

**POINT2**

ナラを黒く塗装したCRAFTのオリジナルテーブル

室内犬を飼っているため、床は清掃しやすいベージュのタイルを施工。壁は白いクロスを貼っている

**POINT4**

黒いフィルムが貼られたガラスの天板とナラのフレームを組み合わせたオリジナルローテーブル

**POINT3**

カッシーナの定番ソファ「マラルンガ」。座り心地のよさだけでなく、柔らかく美しいデザインで、よりシックな空間に

## ルール1 白い空間×こだわりの家具

シンプルモダンの白い空間に濃い茶系の家具を配置。
空間に合わせて家具もデザインしている。

## ルール 2 有名定番家具を生かす

明るい空間を望み白ベースで設計された内装に、
存在感が際立つ飽きのこない定番家具を配置。

**POINT1**

ミース・ファン・デル・ローエの名作家具「バルセロナチェア」

**POINT2**

アルフレックスのソファ「MARENCO」。柔らかいフォルムが特徴

白系の大理石調タイルと床、壁の白のクロスで構成された明るい空間。テレビ台などの造付け家具、キッチンなどはウォルナット系の突板で統一されている

**POINT3**

アルフレックスの定番ダイニングチェア「NT」。川上元美によるデザイン

**POINT4**

アルフレックスのダイニングテーブル。ウォルナットの天板で2m超の長さ

## ルール 3 柔らかい質感の家具を入れる

木目のソフトな南洋材の無垢フローリングとファブリックベースの
柔らかい質感の家具を組み合わせている。

無垢の天板のダイニングテーブルとケンカしないように、キッチンの壁の面材、造作したテレビ収納などは、ウォルナットでもあえて柾目の突板にしてシンプルに仕上げた

**POINT1**

フクラのソファ。座り心地がよい

**POINT2**

中目黒の家具ショップのダイニングセット。テーブルはウォルナットの無垢材で構成

## ルール 4 来客のための家具

多くの来客に対応できるように
居場所をたくさん設けた家具計画としている。

CUCINA製のオーダーキッチンや造作家具のテレビ台の面材はダイニングテーブルなどに合わせてウォルナットの突板で仕上げている

**POINT1**

ダイニングテーブルとチェアはタイムアンドスタイルのウォルナットを採用。8人掛けが可能なテーブルで多くの来客に対応できる。テーブルの角は子どもが怪我をしないように丸みを帯びたデザインに

**POINT2**

タイムアンドスタイルのソファ

**POINT3**

ファイバーアートステューディオのクッションとラグ。クッションは比較的固く、上下に重ねると1シーターのソファの役割にもなる

ブラックチェリーの床に壁・天井をクロスで仕上げたやや明るめの落ち着いた内装。たくさんの来客や子供に対応できるようにさまざまな場所に座れるように配慮した

ルール 5

# クールなデザイナーズ家具を生かす空間

生活感を感じさせないホテルライクな空間にデザイン家具が映える。

デザイン性の高い家具を生かすように、白いタイルの床とクロス、造付け家具の白い塗装で構成された真っ白な空間とした

**POINT1**

テレビ台はタイムアンドスタイルでセミオーダーしたもの。仕上げの色を右側の壁とそろえている

**POINT2**

ポール・ケアホルムの2人がけソファ「PK31」

**POINT3**

ポール・ケアホルムの1人がけソファ「PK22」

**POINT4**

飲食店などでよく見られるlapalma社製のレムチェアが白いカウンターに映える

白の塗装と人造大理石のカウンターで構成されるキッチンカウンター

**POINT1**

クライアントが購入したドイツ製のソファとオットマン。存在感があり、クッション性の高いものを採用

**POINT2**

クライアントが購入したローテーブルは、ソファに存在感があるため、ガラスとスチールのものを選択

白く毛先の長いカーペットと白い珪藻土の壁で構成。造付け家具も表面を白で塗装されており、まさに白い箱のような空間。一部の壁にはライムストーンも使われている

**POINT3**

ダイニングセットはタイムアンドスタイルのもの。黒色塗装でシャープな雰囲気。テーブルの天板にはダークガラスが使われている

## ルール 6 存在感のあるソファを生かす

上質なテイストを目指した結果、存在感のある家具にも負けない空間に。内装は白をベースに、じゅうたんや石、珪藻土で仕上げている。

**POINT**

フクラのソファ。すわり心地がよくコストパフォーマンスも高い

ウォルナットの床とウォームグレーのクロスで大人の落ち着いた雰囲気の内装。奥に見えるエントランスは明るい空間のため、濃い色味の家具を配してコントラストをつけた

## ルール 7 落ち着きのある空間の家具

ウォームグレーとウォルナット色がベースの落ち着いた空間に、明るいソファなどで軽やかに見せている。

## ルール 8 コルビュジエソファを生かす空間

コルビュジエのソファ「LC3」を採用することを
前提に内装を設計。有名家具に負けないように質感重視の仕上げとしている。

床はウォルナットと大理石、壁も白い珪藻土や割り石を張るなどして質感、高級感をアップさせている

**POINT1**

コルビュジエの名作ソファ「LC3」。存在感が際立つ

**POINT2**

ローテーブルはタイムアンドスタイルのもの。ウォルナットとガラスで構成された天板

## ルール 9 半戸外で軽快な名作家具を使う

明るい開放的なサンルームやデッキテラスに合わせて、
軽快な名作家具を設置している。

イームズの「ワイヤーチェア」。発売から60年を超える名作である

**POINT1**

明るいサンルームは床の白いタイルとガラスを中心に側面の割り石の壁などで構成されている

**POINT2**

セブンチェアと相性のよいフリッツハンセン社製のヤコブセンの「スーパー楕円テーブル」

**POINT3**

フリッツハンセン社製のヤコブセンの「セブンチェア」。明るい空間に合わせて白い定番色のものを採用

## ルール 10 イタリア家具を生かす

ゆったりとして個性的なデザインのイタリア家具を
上質でモダンな空間に採用している。

床のアイボリーのタイルと白いクロスのシンプルな内装。ソファ正面のテレビボードはコクタンの加工品を仕上げに使っており、カウンターの御影石とともに存在感がある

**POINT1**

ダイニングチェアはカッシーナのもの

**POINT3**

ミノッティのソファ。大型のソファで5、6人でもゆったりと座ることができる。クッションのうち、革製のものはボッテガ・ヴェネタのものが使われている

**POINT2**

ミノッティのカフェテーブル。スチールでつくられた華奢なデザイン

## ルール 11 内装と同化する家具

白と焦げ茶でコントラストの強い
内装には、同系色で内装になじむ家具が合う。

焦げ茶色のウォルナットの床と天井を剥がしてむき出しになった荒々しいテクスチュアのRCスラブを、白く塗装した天井が独特の空間。キッチンカウンターの造作も、ウォルナット色のフローリングで仕上げられている

**POINT1**

SEMPREの「マッシュルームスツール」。直径22mmとコンパクトな座面で狭い場所でも使える

**POINT2**

建て主がもちこんだものツートンカラーのソファ

ヴィンテージ風家具の雰囲気に合わせて、うづくり加工された幅広のオークの床や古いレンガがスライスされたものを壁に張るなどして空間の質感を高めている。キッチンカウンターの壁もオークのフローリングを張っている

**POINT1**

ヴィンテージ感のあるカウンターチェアはアクメファニチャー製

**POINT2**

ソファは北欧デザイン家具のボーコセンプトのもの。建主が前からもっていたもの

ルール 12

# ヴィンテージ家具を生かす空間

若い世帯のためにカフェのようなヴィンテージ感のある家具を導入。家具に合わせて質感のある内装にしている。

**POINT3**

ダイニングテーブル、ダイニングチェア、ベンチともにヴィンテージ感のあるアクメファニチャー製。鉄と木を組み合わせたハードさ、ヴィンテージ感の味わいが決め手

ヴィンテージ感のある飾り棚、照明もアクメファニチャーの姉妹ショップ、ジャーナルスタンダードファニチャー製

床はウォルナットの家具と相性のよいブラックチェリー。壁、天井は白いクロスで仕上げている

**POINT1**

タイムアンドスタイルのダイニングセット。ウォルナットで統一されている

**POINT2**

スチールの1シーターのソファもタイムアンドスタイル

## ルール 13 モダンな日本製家具でまとめる

モダンで落ち着いたデザインの家具ブランド、タイムアンドスタイルの家具で統一して内装と調和させた。

**POINT3**

カウンターのスツールはダイニング用の高さのものをサイズオーダーでカウンター用に高くした。タイムアンドスタイル製

**POINT4**

タイムアンドスタイルのソファ。光沢のあるファブリックが使われており高級感がある

**POINT5**

タイムアンドスタイルのローテーブル。ガラスの天板とウォルナットの足で構成

カウンター、その隣のローボード、入口のゲートなどはタイムアンドスタイルでオーダーしたもの。ウォルナットの突板などで色合いをそろえている

## ルール 14 ラグジュアリーな家具の寝室

家具の色に合わせてファブリックを多用することで
ホテルライクなラグジュアリー感を出している。

**POINT1**

日本ベッドのベッド。専門メーカーなので寝心地に優れる。カバー類に落ち着いた色合いの生地が使われており、エスニックな雰囲気もある

**POINT2**

ベッドの足元のフットベンチはタイムアンドスタイルのもの

落ち着いた茶色のじゅうたんやカーテンなどファブリックを多用したインテリア。ヘッドボードはガラスの天板とウォルナットの面材構成されており、内側には照明が仕込まれている

## ルール 15 アジアン家具を生かす寝室

寝室はアジアンテイストな雰囲気として、アジアンテイストの
家具や南洋材風に濃い茶色の木材仕上げを多用した。

**POINT1**

アジアン家具ブランドa.flatのテーブル。空間に合わせてダークな色合いでまとめている。窓には木製ブラインド

**POINT2**

a.flatのベッド。高さを低く抑えることで、部屋に広がりを与えている

濃いブラウン系でそろえた造作家具や木製ブラインド、茶系のじゅうたんでアジアンテイストの雰囲気を出している

## ルール 16 モダンな和室の座卓と椅子

イタリア家具のリビングの奥に設けられたモダンな和室空間。
そこに設置される家具は高い質感と高級感が求められた。

**POINT1**

コクタンの突板が使われている座卓。下部は掘り込まれており、座卓を外したあとにその部分に畳を敷くことができる

**POINT2**

座椅子は天童木工のもの。黒く塗装されたフレームでシックな印象である

部屋内につくられた和室スペース。壁は落ち着いた色の和紙、畳は縁なし畳が使われるなど、モダンなデザインとなっている

和室の襖を閉めている途中。襖の開け閉めで和室の印象が大きく異なる

小上がりの和室は襖を閉めることができる

chapter

# 4

# ひと手間かけたい家具デザインアイデア集

造作工事でできる家具は、本棚や靴箱などのいわゆる「箱もの」だけではない。
大工が扱える材料や工具を上手に使えるようにデザインすれば、
テーブル、ソファ、洗面台、キッチンなどあらゆるものをつくることができる。
ここでは豊富な写真や詳細な図面とともに、さまざまな家具のつくり方を解説する。

# 造作でつくる家具のアイデア

住宅などにが入る造り付け家具は、家具製作工場が設計し製作してつくるものと、
設計図面を元に大工やその他の職人、工場などでつくるものがある。
今回は比較的安価で設計意図が反映されやすい後者の例を紹介する。

## アイデア 1 すっきり見せるテーブルの脚

簡単に入手可能な流通材を組み合わせて簡単につくる
すっきりとした見た目をもつテーブル。

POINT

### 金物屋でつくる シンプルな脚

流通材を組み合わせただけなので
特別な技術を要せず、廉価でできる

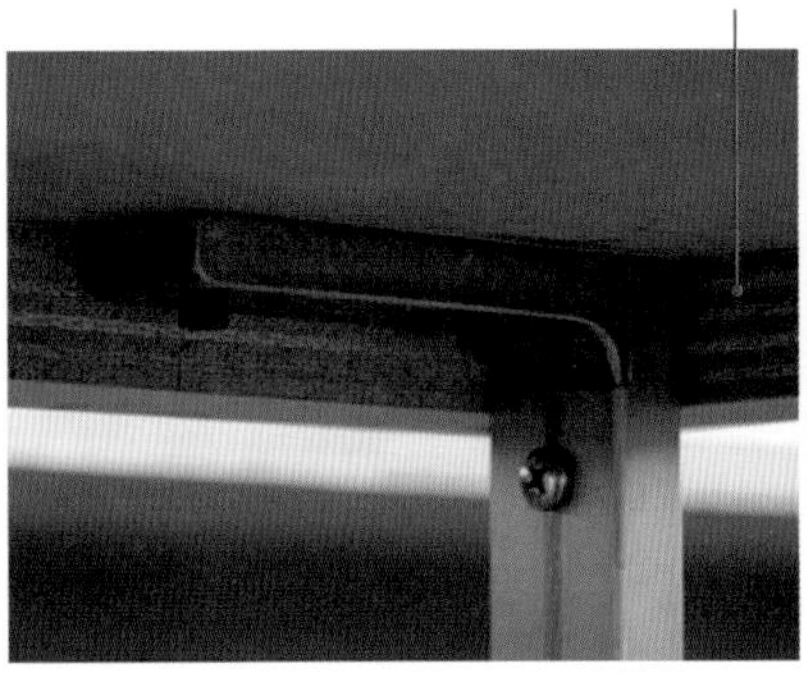
木口部分を
ふかしている

コーナーは
溶接して磨く

左／天板との接合部分はL型アングルを使用
右／脚は角パイプを溶接でつないだシンプルなコの字型

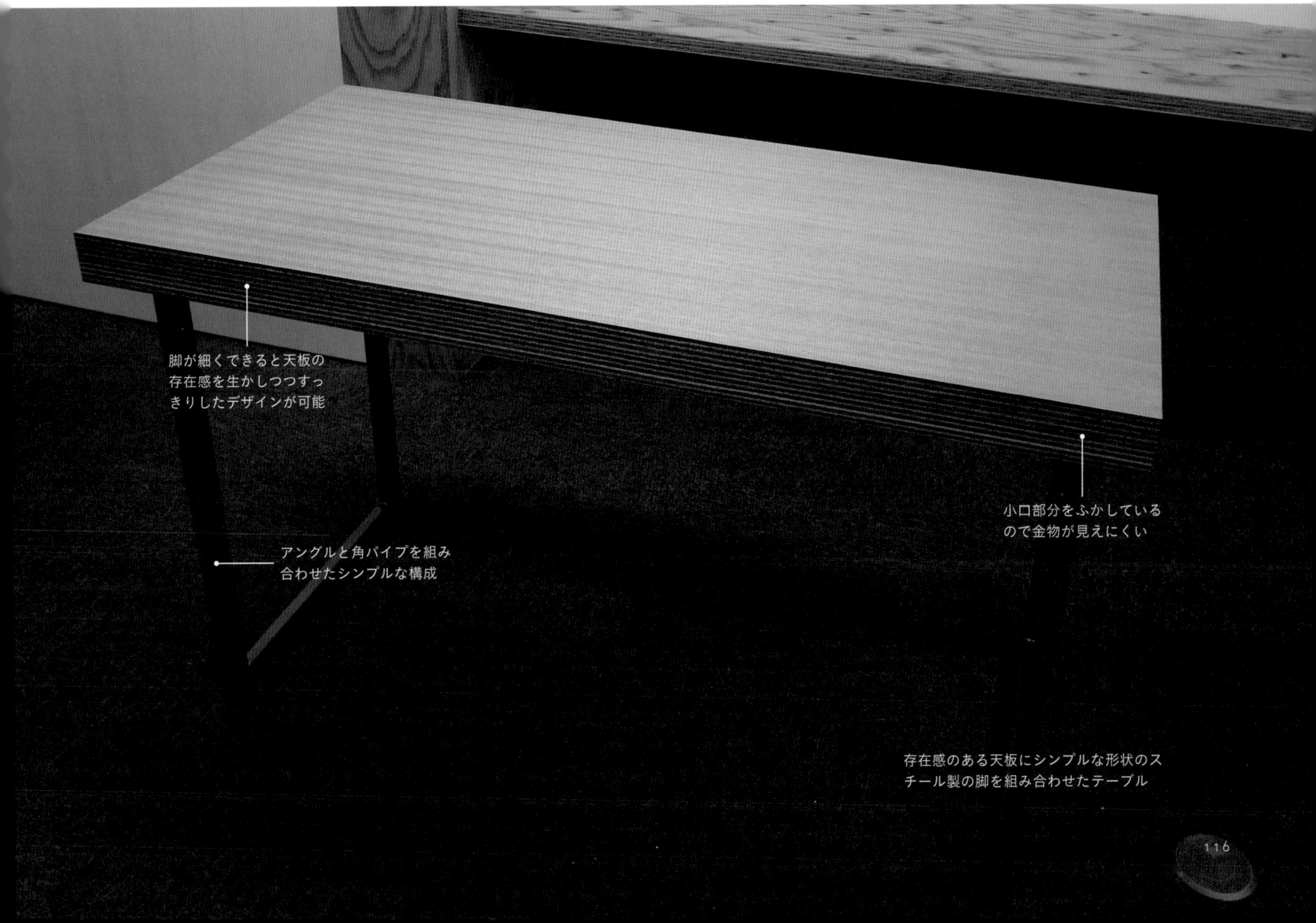
脚が細くできると天板の
存在感を生かしつつすっ
きりしたデザインが可能
小口部分をふかしている
ので金物が見えにくい
アングルと角パイプを組み
合わせたシンプルな構成

存在感のある天板にシンプルな形状のス
チール製の脚を組み合わせたテーブル

## 脚部の金物の概要（断面図 S=1：4）

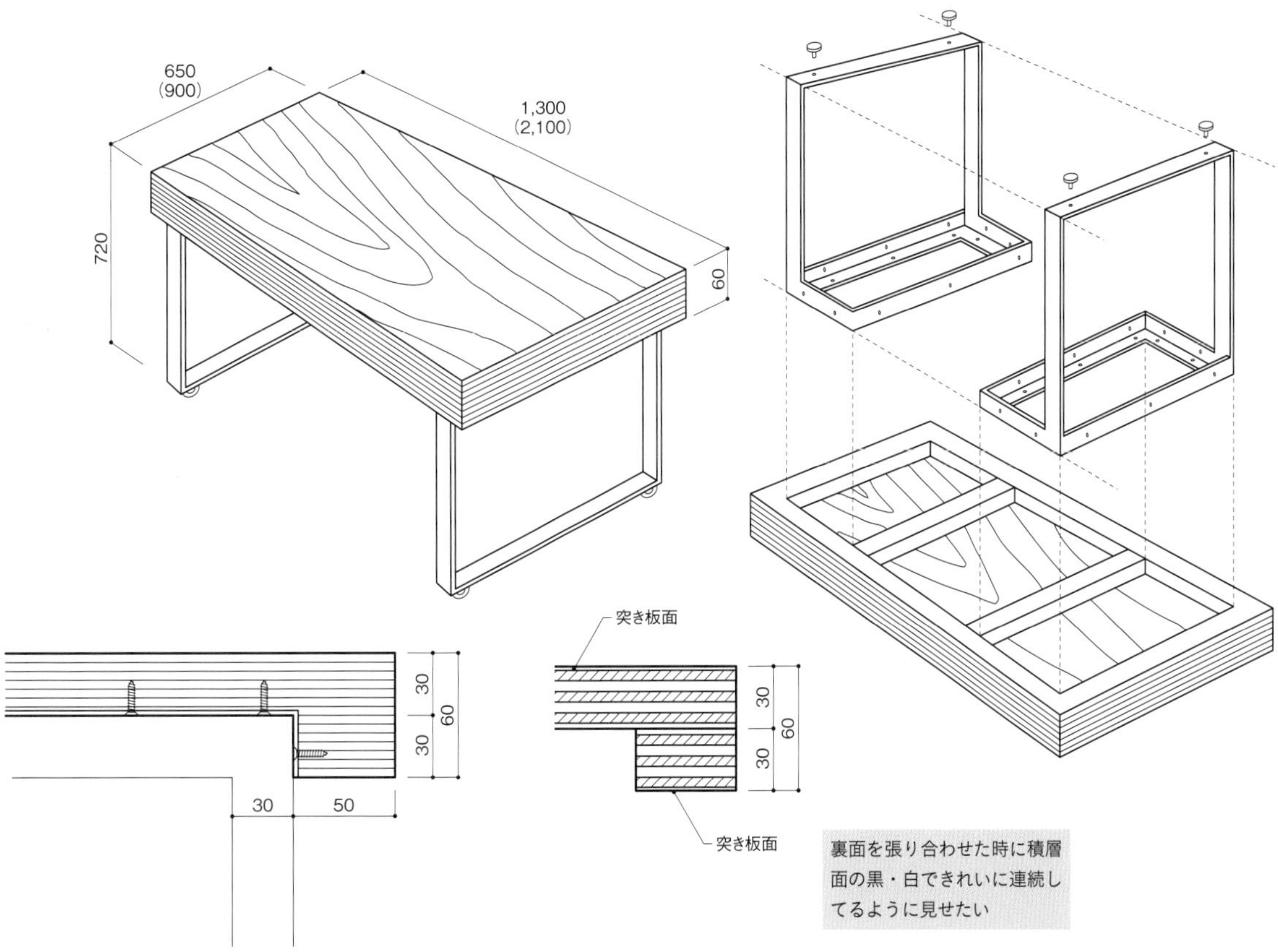
650
(900)
1,300
(2,100)
720
60
突き板面
30
60
30
30
50
突き板面
30
60
30
裏面を張り合わせた時に積層
面の黒・白できれいに連続し
てるように見せたい

## テーブルの構成（断面図 S=1：2）

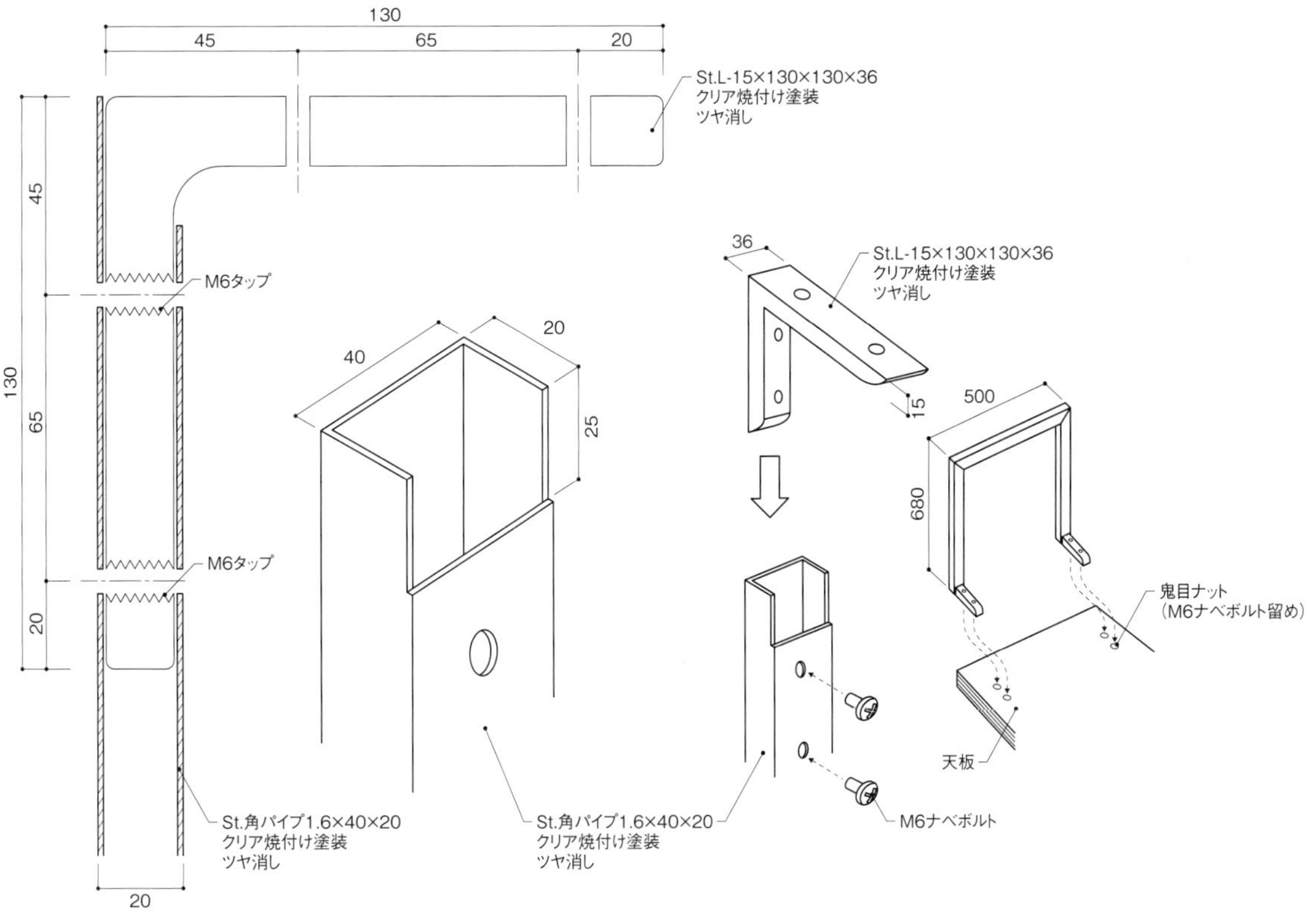
130
45
65
20
St.L-15×130×130×36
クリア焼付け塗装
ツヤ消し
45
M6タップ
130
65
M6タップ
20
St.角パイプ1.6×40×20
クリア焼付け塗装
ツヤ消し
20
40
20
25
St.角パイプ1.6×40×20
クリア焼付け塗装
ツヤ消し
36
St.L-15×130×130×36
クリア焼付け塗装
ツヤ消し
15
500
680
鬼目ナット
（M6ナベボルト留め）
天板
M6ナベボルト

# アイデア 2 Jパネルでつくった座卓

左／畳リビングとJパネルの座卓。S家の住処のリビング。この家は畳のリビングで座卓に座布団で生活するように設計されている。格子戸など和寄りの仕掛けも
右／座わりの板床とJパネルの座卓。M家の住処IIIのリビング。床座生活を想定した座卓だが、こちらはリビングとの段差は設けていない

## 座卓詳細図（S＝1:10）

平面図

断面図

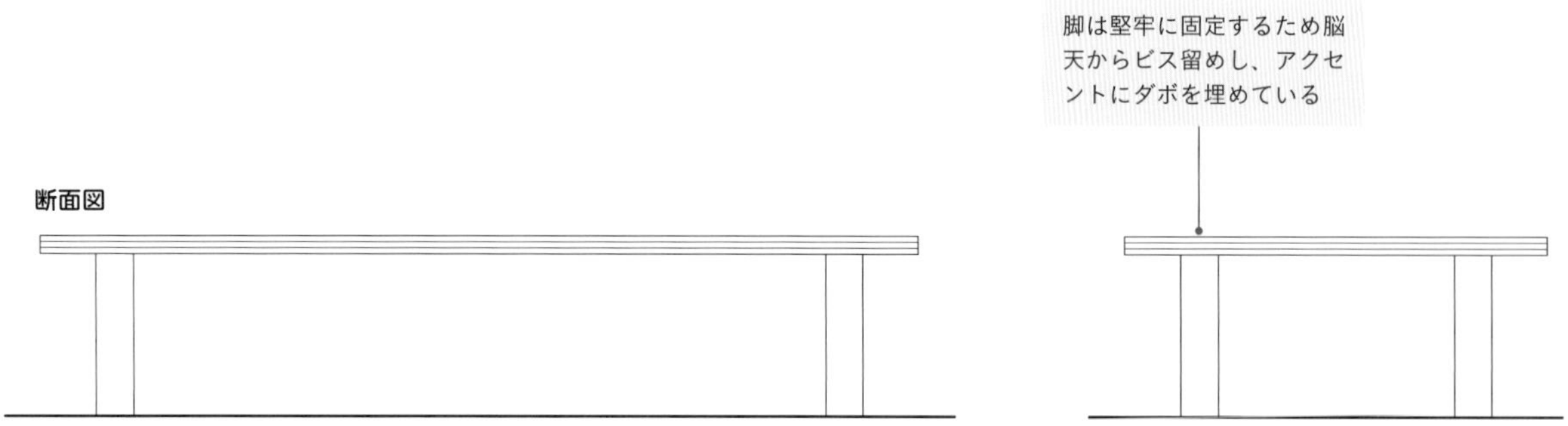
脚は堅牢に固定するため脳天からビス留めし、アクセントにダボを埋めている

オフィスに設置されたJパネルテーブル。3層のラミナが見える小口もデザインのアクセントになっている

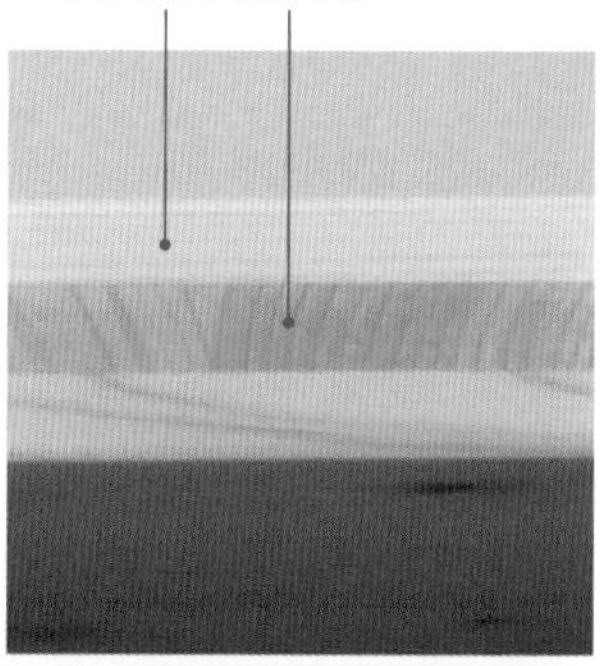
はぎ板の繊維方向を直交させて貼り合わせる

天板とサイドパネルの双方にJパネルを用いたシンプルな大テーブル。木口がきれいなので大手は不要（写真上）Jパネルはスギのはぎ板を木目を直交させて貼り合わせ厚いパネルにしたもの（写真下）。表面はスギ板と同じ

アイデア 3

# 木口を見せる Jパネルのテーブル

Jパネル（スギ三層クロスラミナパネル）と
釘だけでつくられたシンプルなテーブル。

## Jパネルによるテーブルの概要

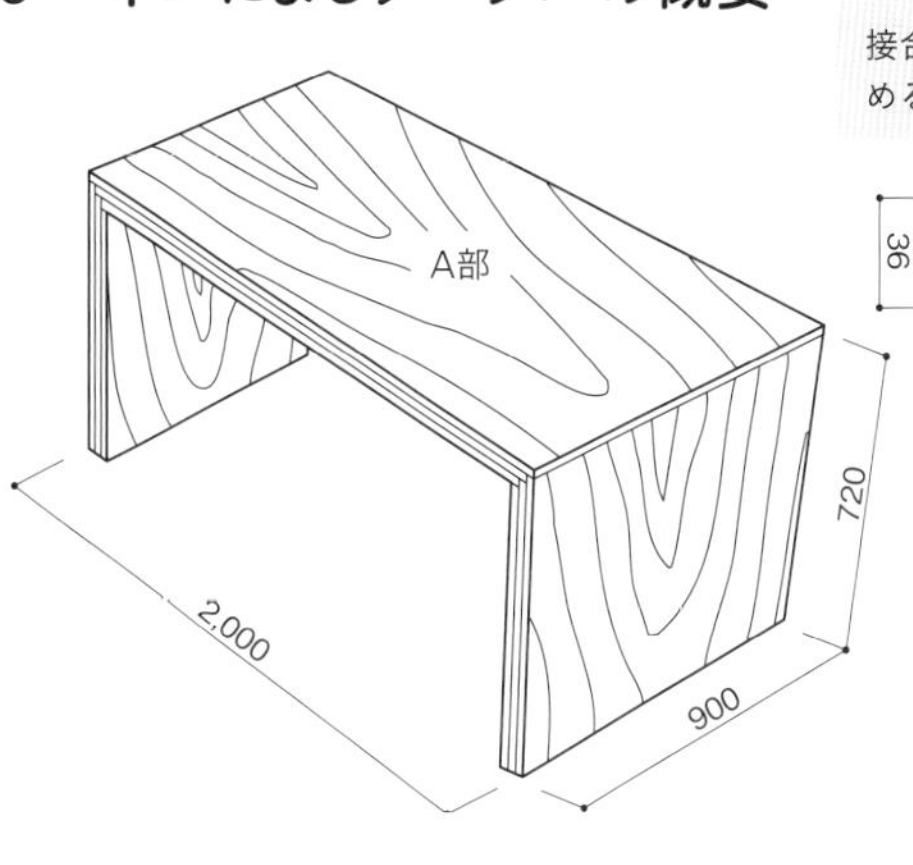
A部
720
2,000
900

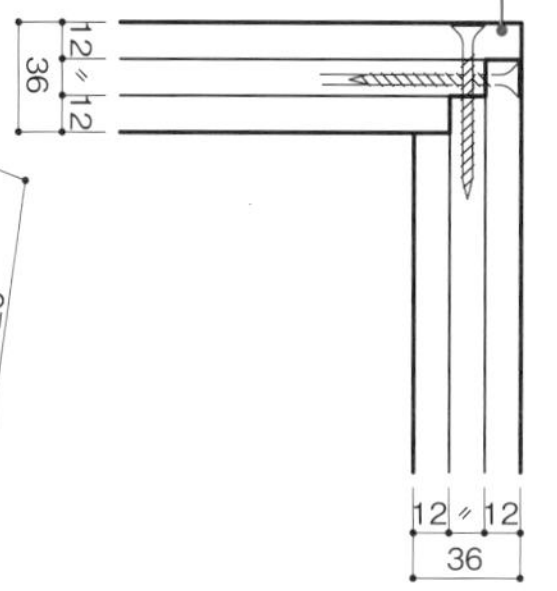
接合部を階段状に加工してビスで留めることでデザイン性が向上する
12
12
36
12
12
36

A部詳細図（S=1:5）



設計：ファロ・デザイン

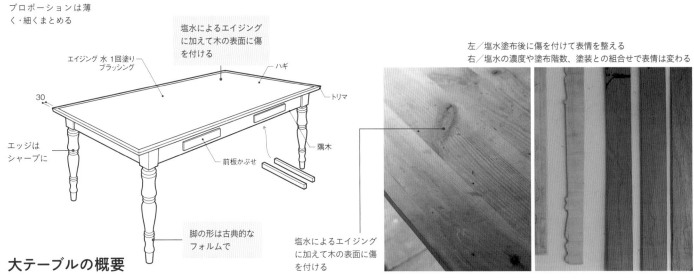

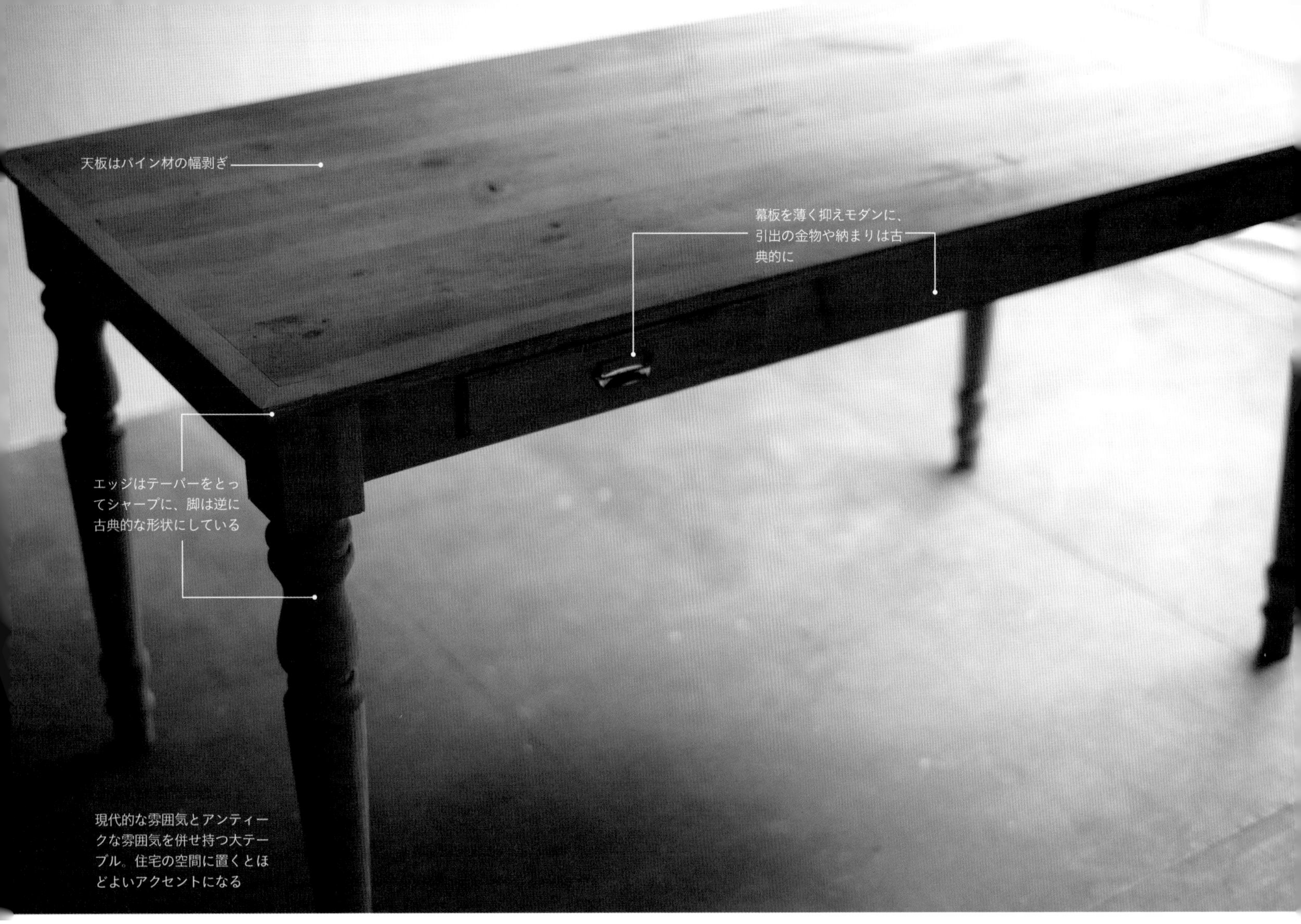
天板はパイン材の幅剥ぎ
幕板を薄く抑えモダンに、引出の金物や納まりは古典的に
エッジはテーパーをとってシャープに、脚は逆に古典的な形状にしている

現代的な雰囲気とアンティークな雰囲気を併せ持つ大テーブル。住宅の空間に置くとほどよいアクセントになる

## アイデア 4 エイジングを生かした大テーブル

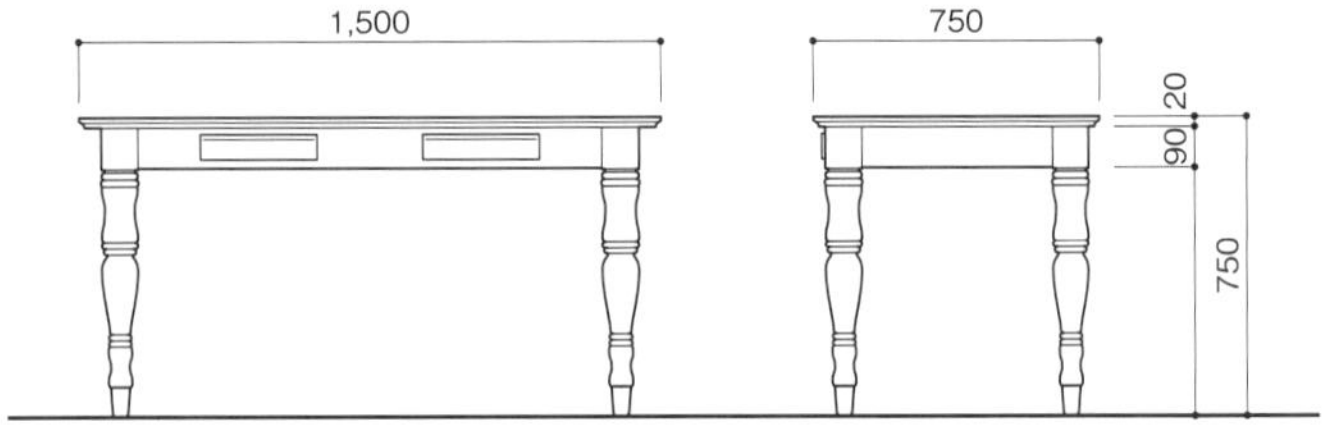
1,500
750
20
90
750

プロポーションは薄く・細くまとめる

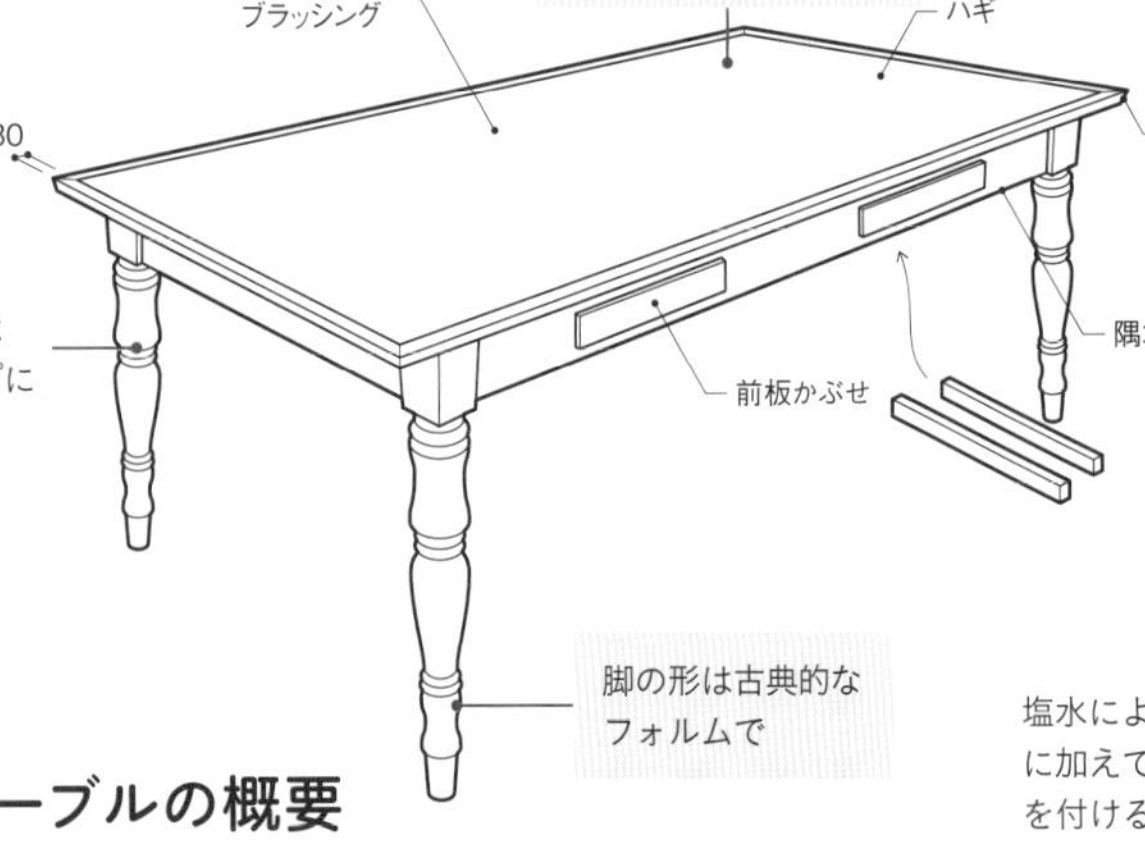
塩水によるエイジングに加えて木の表面に傷を付ける
エイジング 水 1回塗り
ブラッシング
ハギ
30
トリマ
エッジはシャープに
隅木
前板かぶせ
脚の形は古典的なフォルムで

### 大テーブルの概要

**POINT**

### スチールによる室内建具

スチールの建具はインテリアのアクセントになる。
錆を許容できる施主ならムクにすると質感は最高。

左／塩水塗布後に傷を付けて表情を整える
右／塩水の濃度や塗布階数、塗装との組合せで表情は変わる

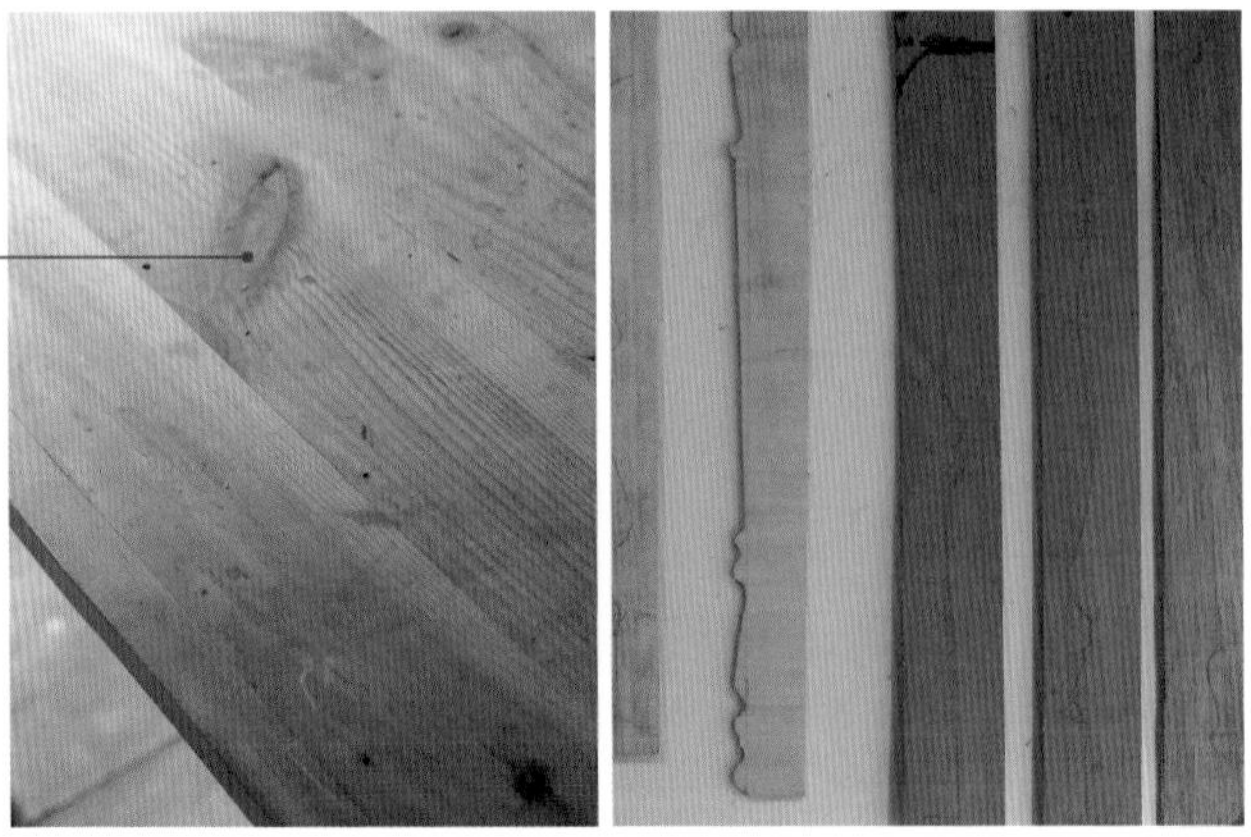

塩水によるエイジングに加えて木の表面に傷を付ける

# アイデア 5 ベニヤ＋鉄のテーブル

キッチンカウンターの天板も同じシナベニヤとして、高さも揃えている

角パイプは黒皮塗装の上にクリア仕上げ

左／テーブルを上から見たところ。天板のシナベニヤとポプラは色が近いためほどよく馴染んでいる
右／テーブルを側面から見たところ。天板の小口のベニヤがデザインのアクセントとなっている

## テーブル製作図（S=1:20）

### 平面図

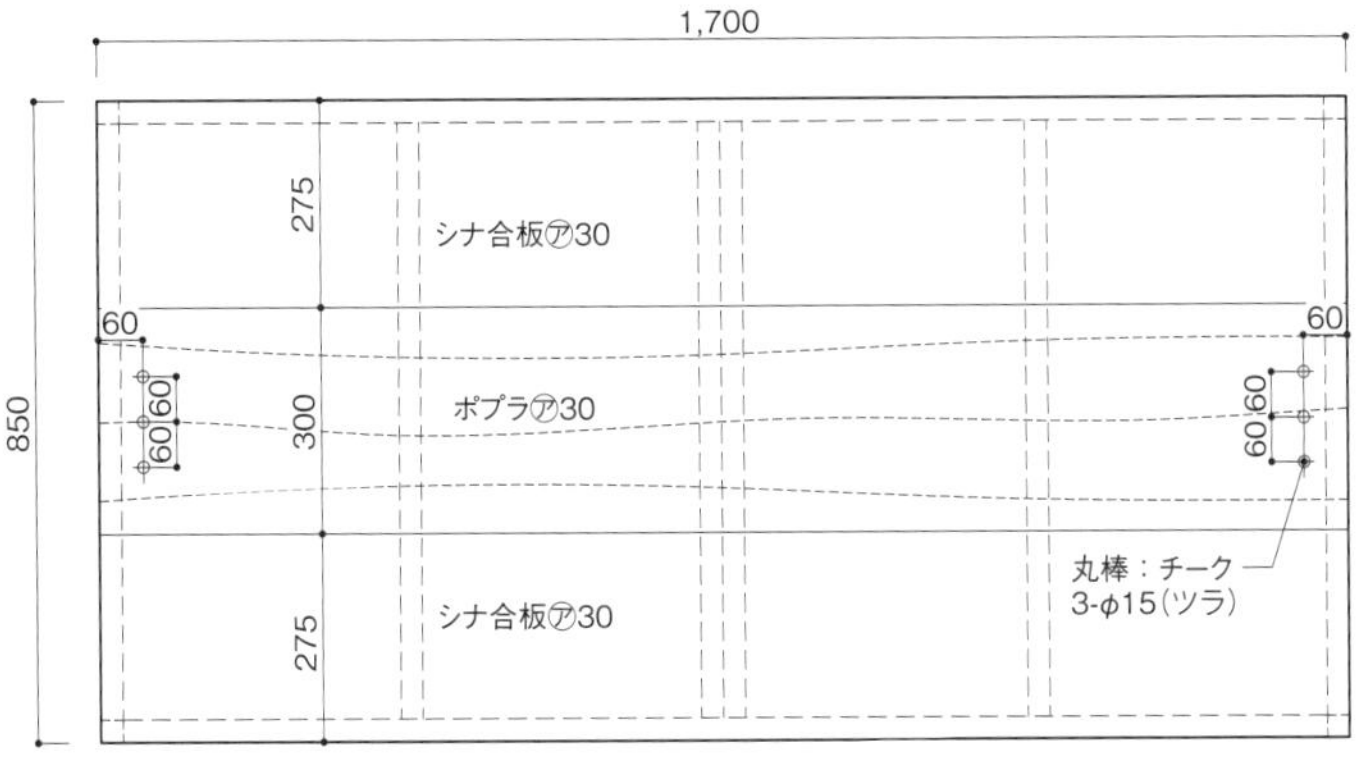
1,700
850
275
300
275
60
60
60
60
60
60
シナ合板㋐30
ポプラ㋐30
シナ合板㋐30
丸棒：チーク
3-φ15（ツラ）

天板は木材保護塗装のうえ、「匠の艶出しWAX」仕上げ

（天板部）

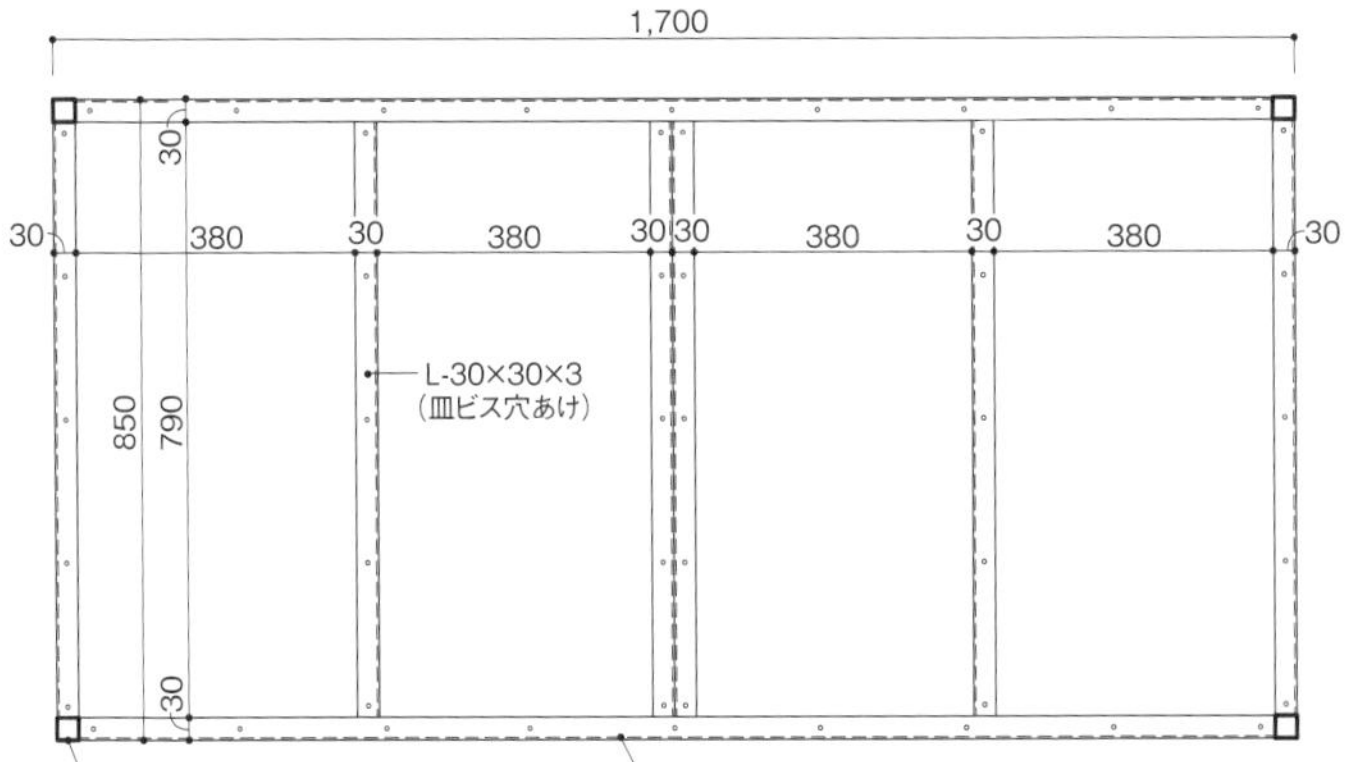
1,700
30
30
380
30
380
30 30
380
30
380
30
850
790
30
L-30×30×3
（皿ビス穴あけ）
脚：角パイプ-32×32×1.2
（角出し）
フレーム：L-30×30×3
（皿ビス穴あけ）

（骨下地部）

### 正面図

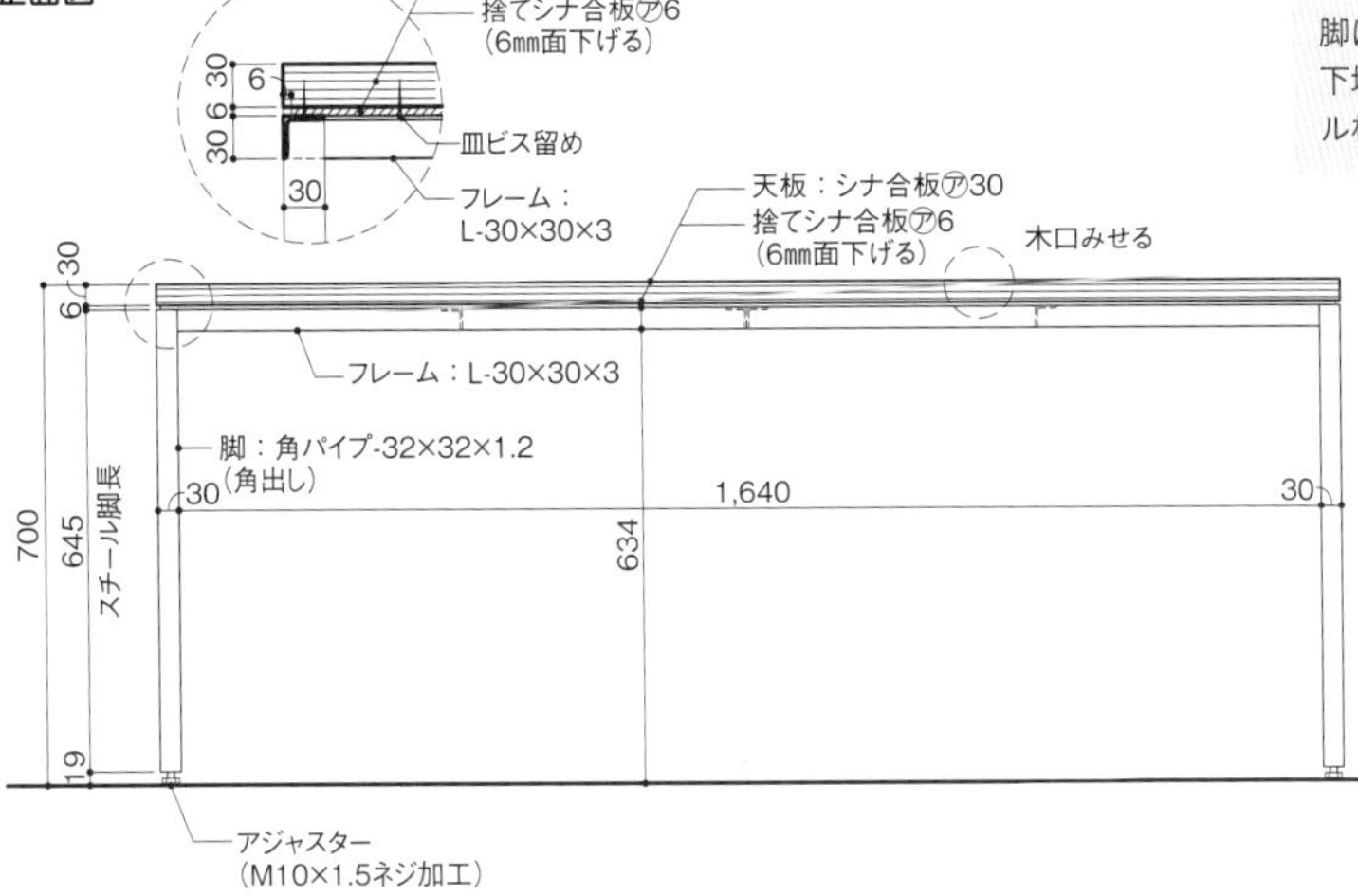
天板：シナ合板㋐30
捨てシナ合板㋐6
（6㎜面下げる）
30 6 30
6
皿ビス留め
30
フレーム：
L-30×30×3
天板：シナ合板㋐30
捨てシナ合板㋐6
（6㎜面下げる）
木口みせる
30
6
フレーム：L-30×30×3
脚：角パイプ-32×32×1.2
（角出し）
30
1,640
30
700
645
スチール脚長
634
19
アジャスター
（M10×1.5ネジ加工）

脚は角パイプとし、天板の下地の骨組みとなるアングル材と溶接されている

### 側面図

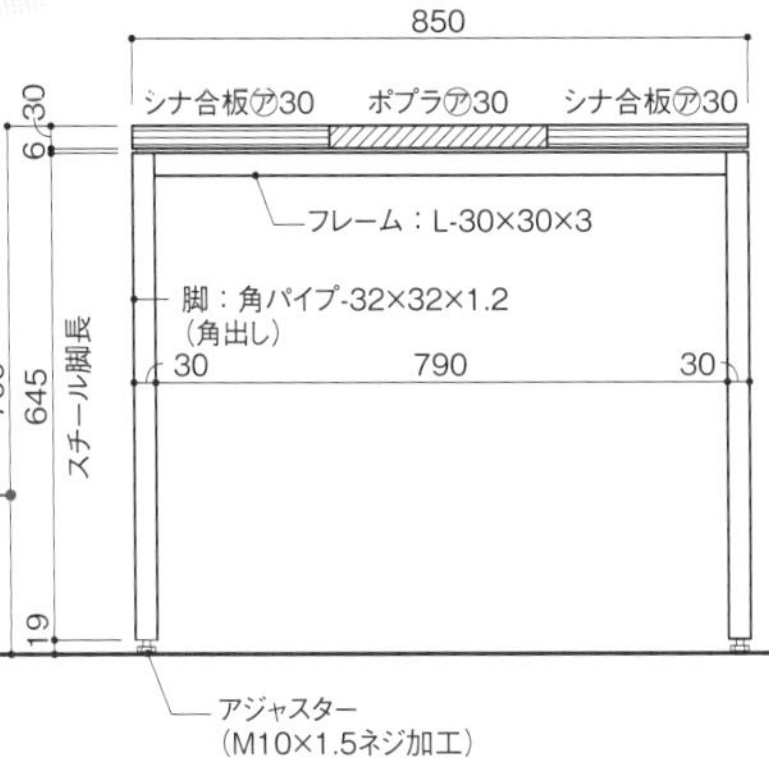
850
シナ合板㋐30
ポプラ㋐30
シナ合板㋐30
30
6
フレーム：L-30×30×3
脚：角パイプ-32×32×1.2
（角出し）
30
790
30
700
645
スチール脚長
19
アジャスター
（M10×1.5ネジ加工）

スチール部は「黒皮」仕上げとし、溶接部などはそのままみせる



設計：g_FACTORY建築設計事務所

右／NogのLDK。キッチンカウンターから大きなテーブルをもつダイニング、その奥のリビングを見る　左／大工製作によるシナベニヤとポプラムク材の椅子。座面のみポプラのムク材を使用

シナベニヤとポプラムク材の椅子。テーブルの天板や床材と素材を揃えている

シナベニヤとポプラムク材の天板と各パイプの足を組み合わせたテーブル

# アイデア 6 シナベニヤと無垢材の椅子

## 椅子の概要（S=1:10）

平面

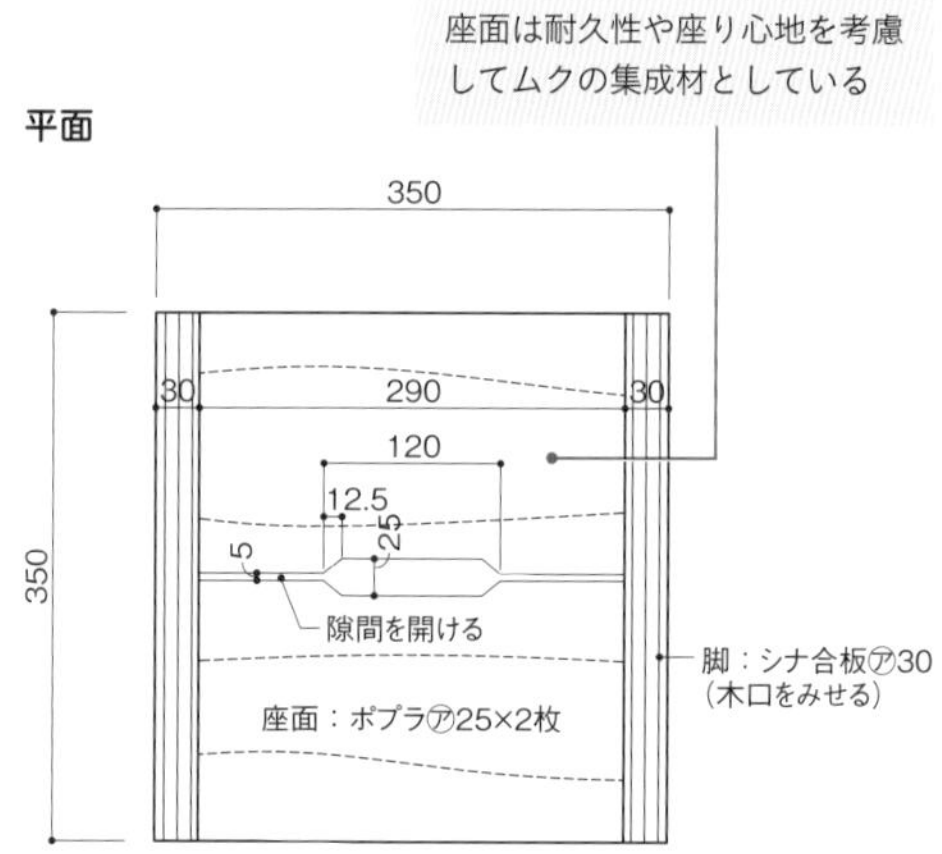

座面は耐久性や座り心地を考慮してムクの集成材としている
350
30
290
30
120
12.5
25
5
350
隙間を開ける
脚：シナ合板㋐30
（木口をみせる）
座面：ポプラ㋐25×2枚


アイソメ図

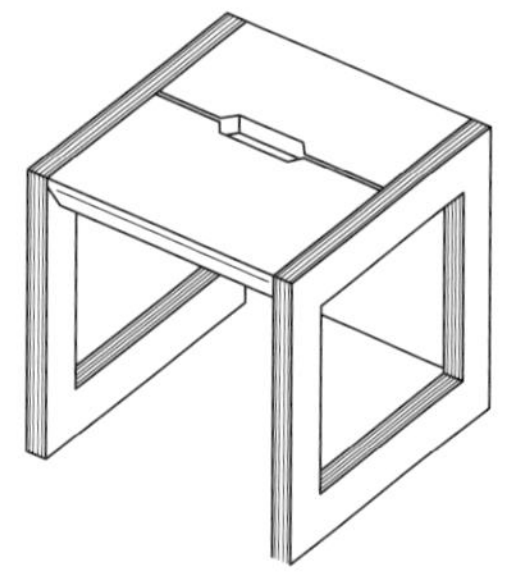

正面

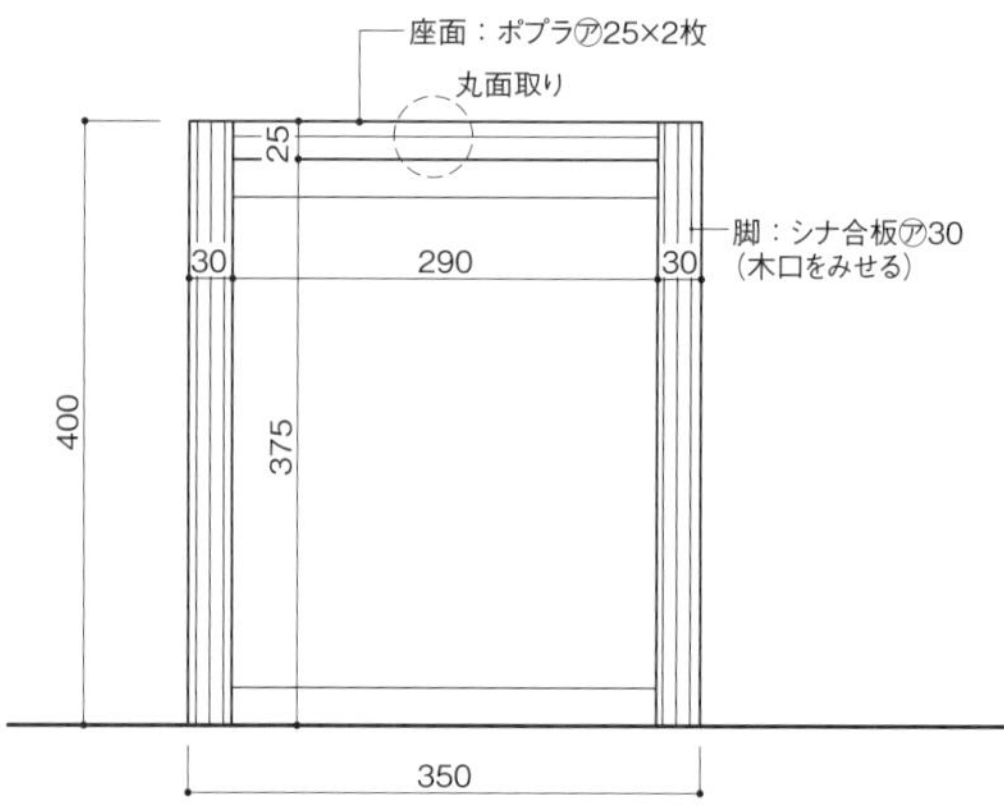

座面：ポプラ㋐25×2枚
丸面取り
25
30
290
30
脚：シナ合板㋐30
（木口をみせる）
400
375
350


側面

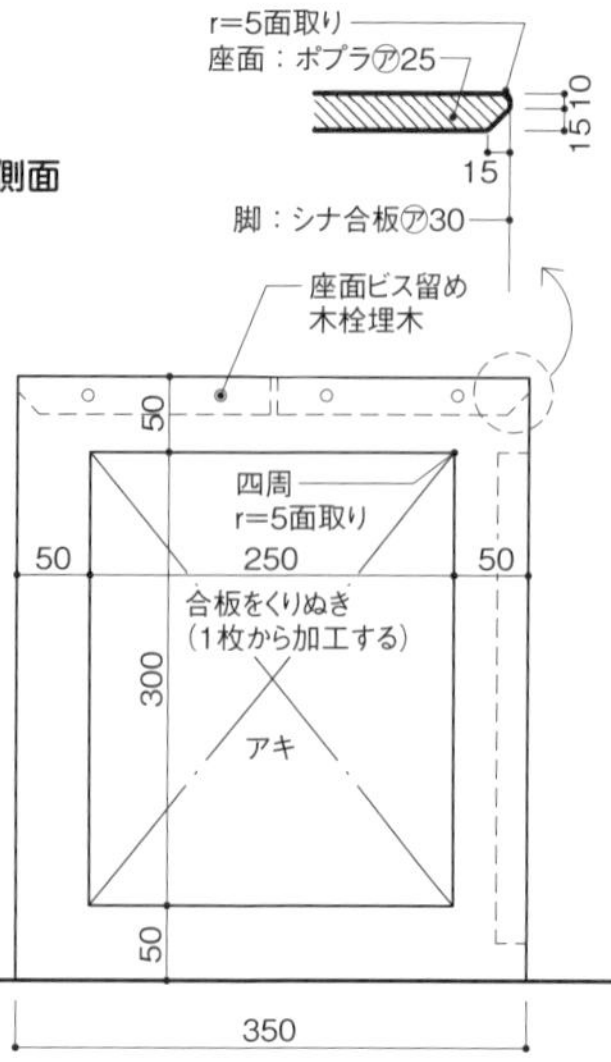

r=5面取り
座面：ポプラ㋐25
15
10
15
脚：シナ合板㋐30
座面ビス留め
木栓埋木
50
四周
r=5面取り
50
250
50
合板をくりぬき
（1枚から加工する）
300
アキ
50
350


背面

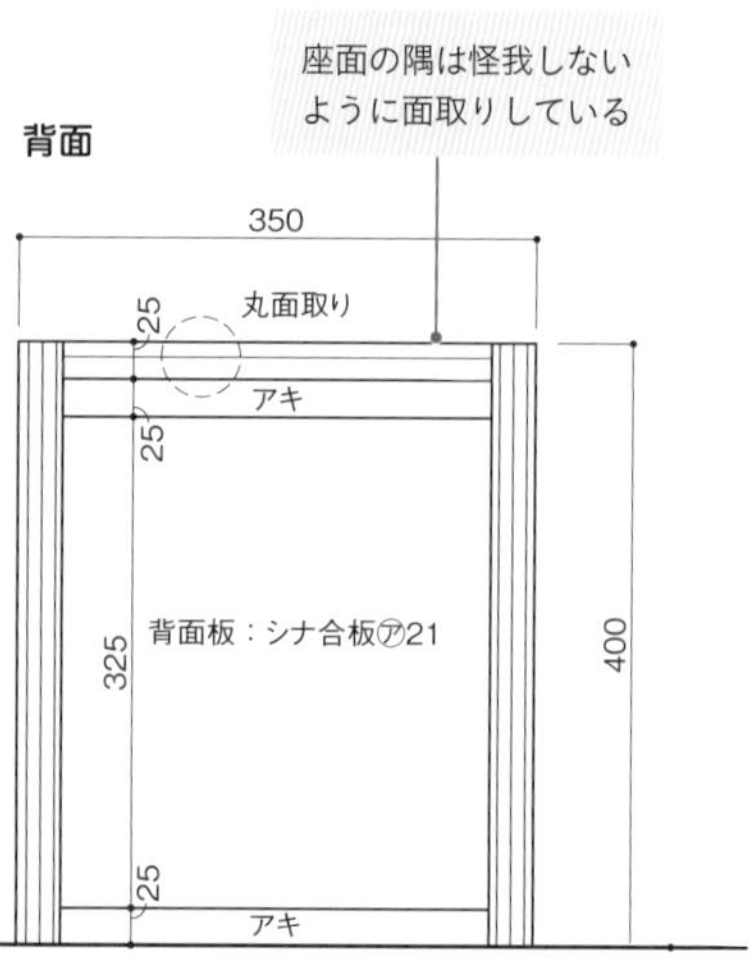

座面の隅は怪我しないように面取りしている
350
25
丸面取り
アキ
25
325
背面板：シナ合板㋐21
400
25
アキ


設計：g_FACTORY建築設計事務所

## 造付けソファの詳細

収納部立面(S=1:20)

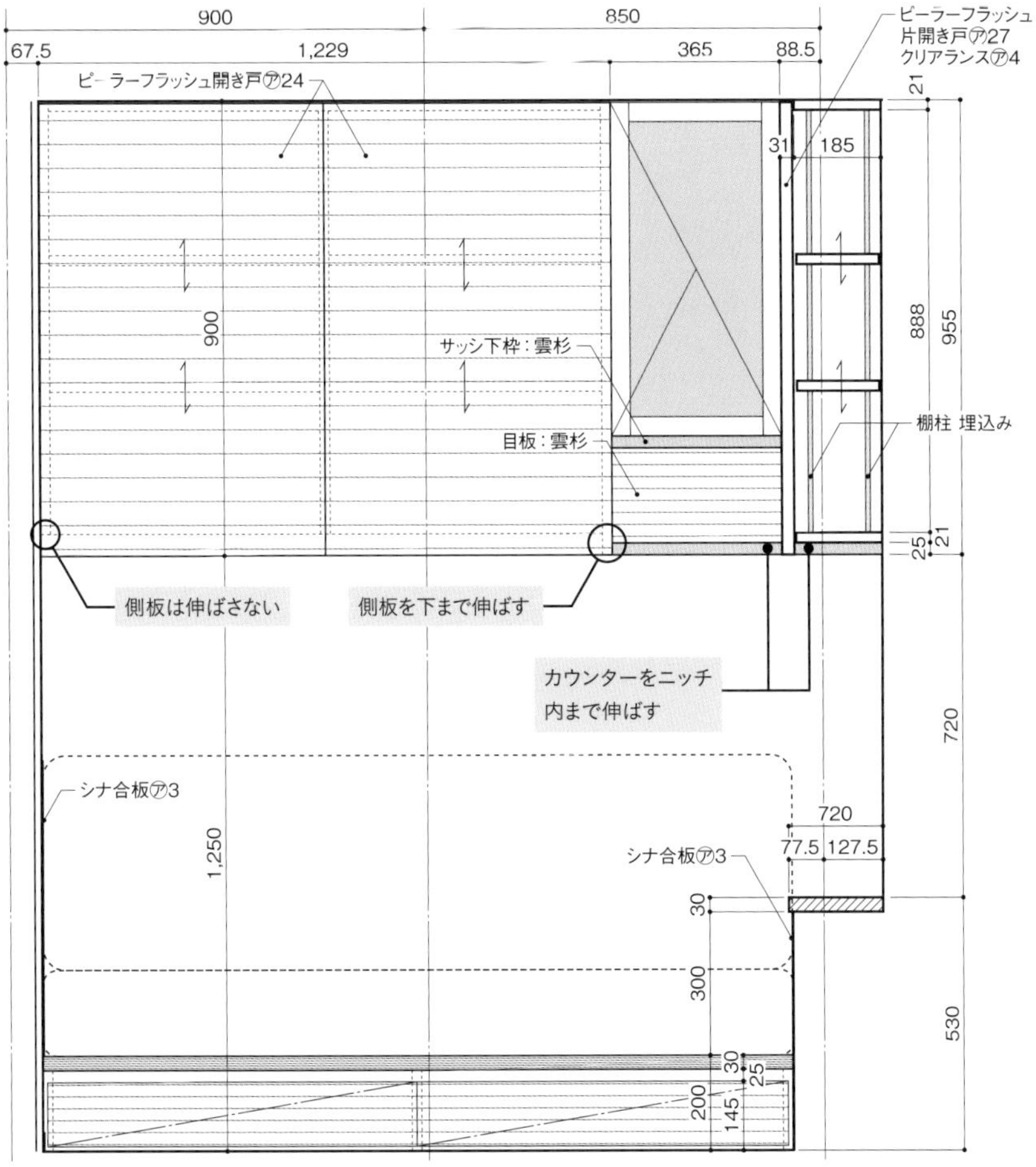
900
850
67.5
1,229
365
88.5
ビーラーフラッシュ
片開き戸㋐27
クリアランス㋐4
ビ－ラーフラッシュ開き戸㋐24
31
185
900
888
955
サッシ下枠：雲杉
目板：雲杉
棚柱 埋込み
側板は伸ばさない
側板を下まで伸ばす
カウンターをニッチ
内まで伸ばす
720
シナ合板㋐3
1,250
720
77.5
127.5
シナ合板㋐3
300
530
200
145

収納部断面(S=1:20)

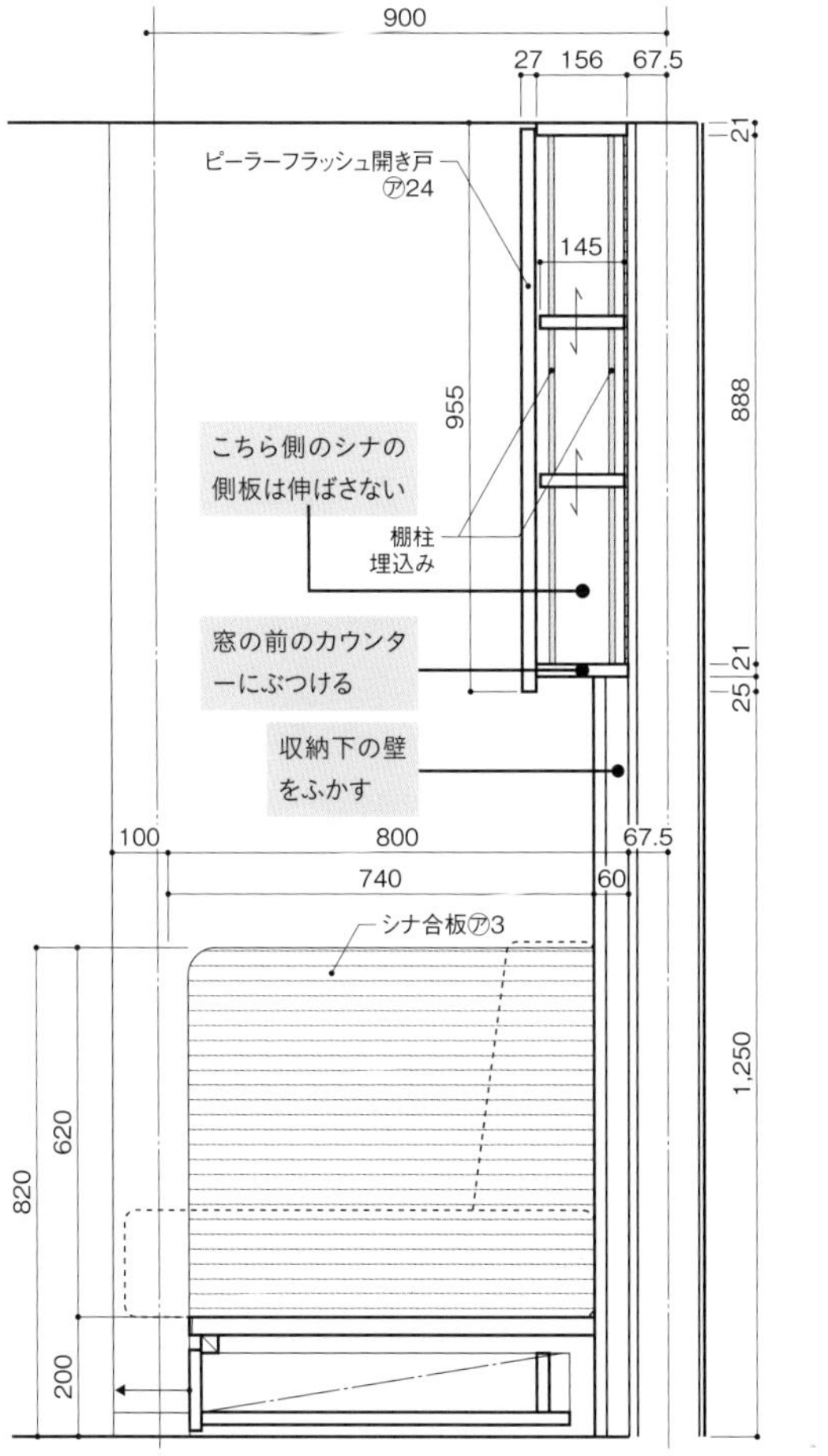
900
27
156
67.5
ビーラーフラッシュ開き戸
㋐24
145
955
888
こちら側のシナの
側板は伸ばさない
棚柱
埋込み
窓の前のカウンタ
ーにぶつける
収納下の壁
をふかす
100
800
67.5
740
60
シナ合板㋐3
820
620
1,250
200

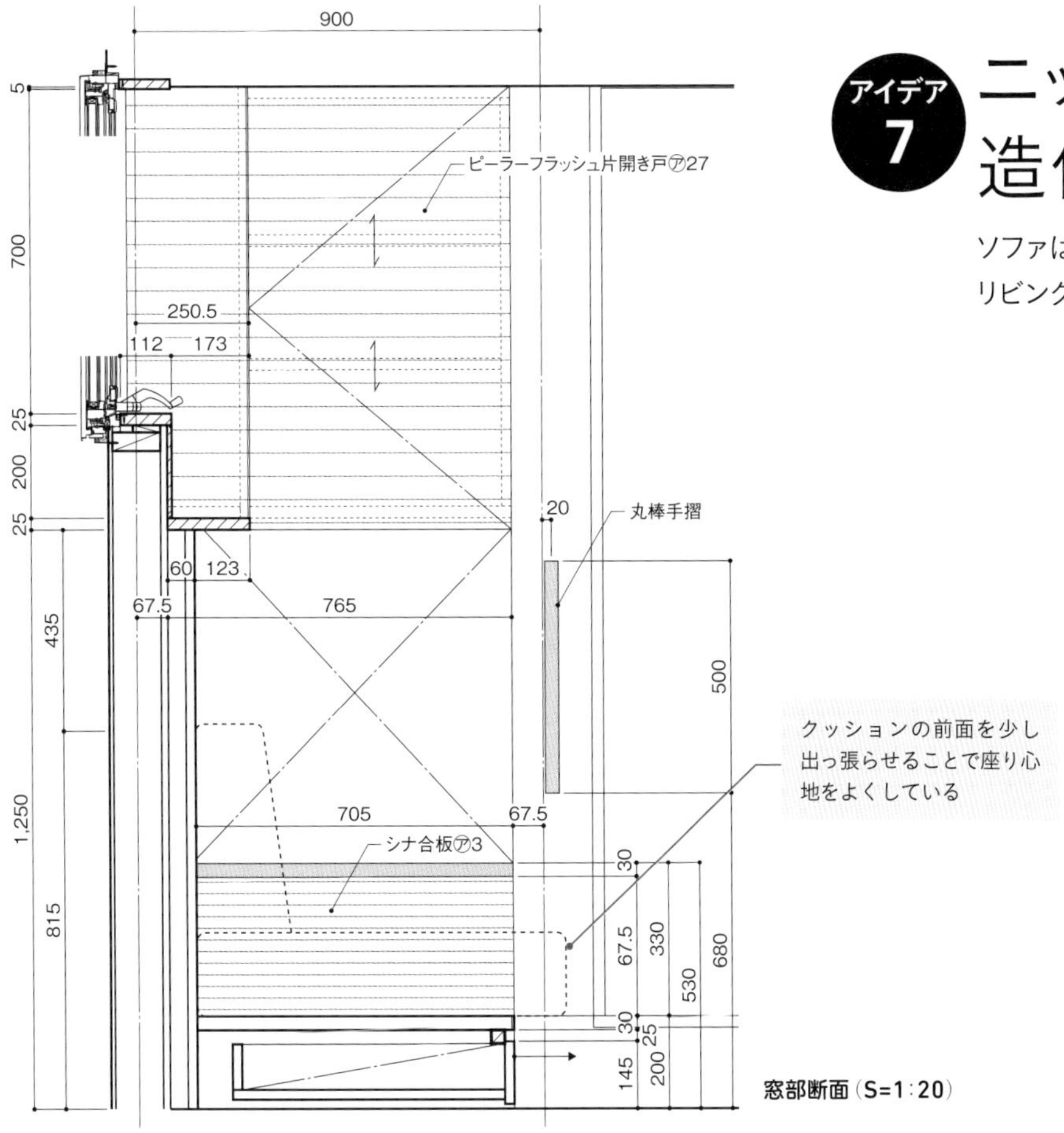
900
ビーラーフラッシュ片開き戸㋐27
700
250.5
112
173
200
20
丸棒手摺
60
123
67.5
765
435
500
クッションの前面を少し
出っ張らせることで座り心
地をよくしている
1,250
705
67.5
シナ合板㋐3
815
330
680
530
145
200

窓部断面(S=1:20)

## アイデア 7 ニッチに収まった造付けのソファーと収納

ソファは奥まった場所に設置すると座った時に落ち着く。リビングのニッチ空間を利用した造付けのソファの例。

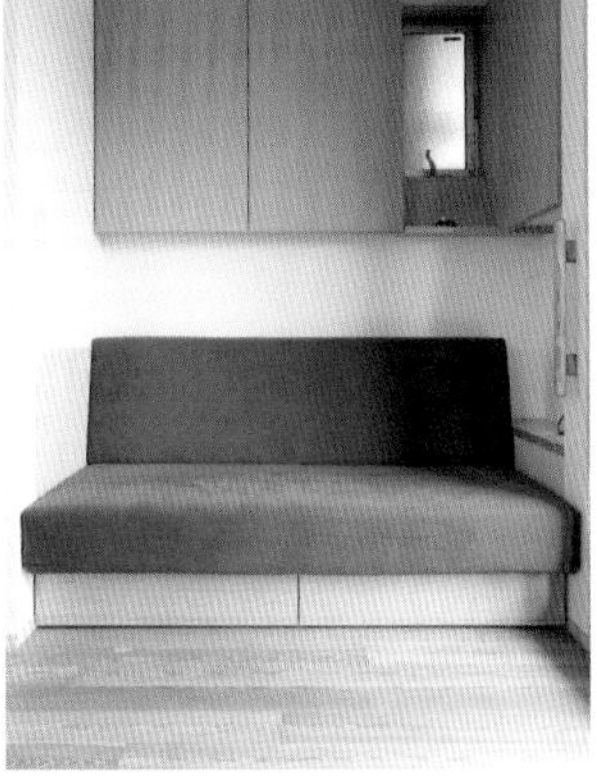

造付けのソファー。下部には引出し収納を内蔵

設計・施工：田中工務店

ロフトと床の距離を縮める台として、室内ベンチとして、収納として使い方を変えられる。高さは座りやすい400㎜。分割できるので、かさねて棚にすることもできる。ディスプレイを兼ねた長押との組み合わせで水平方向を強調し、一体感のある部屋に

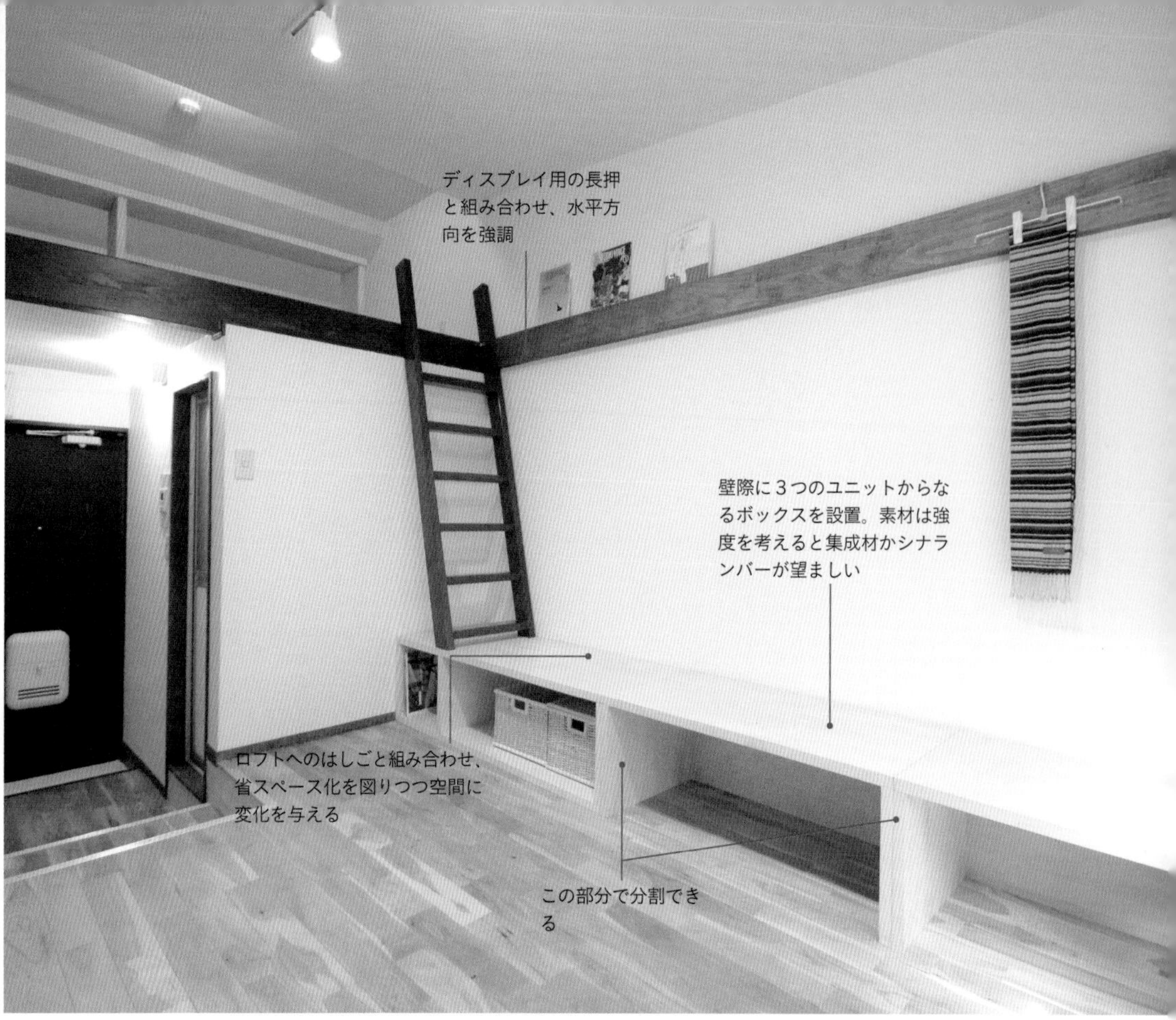
ディスプレイ用の長押と組み合わせ、水平方向を強調
壁際に3つのユニットからなるボックスを設置。素材は強度を考えると集成材かシナランバーが望ましい
ロフトへのはしごと組み合わせ、省スペース化を図りつつ空間に変化を与える
この部分で分割できる

写真は木造のアパートを改修したもの。ロフトと組み合わせることで空間に断面的な変化を与えている

## アイデア 8 空間に変化をもたらす可動ベンチ

暮らし方に応じて変化可能なベンチ。並べておくだけでなく、分割したり、重ねるたりすることで暮らし方に応じてアレンジすることができる。

### フロアボックスの概要

**立面図**（S=1:40）

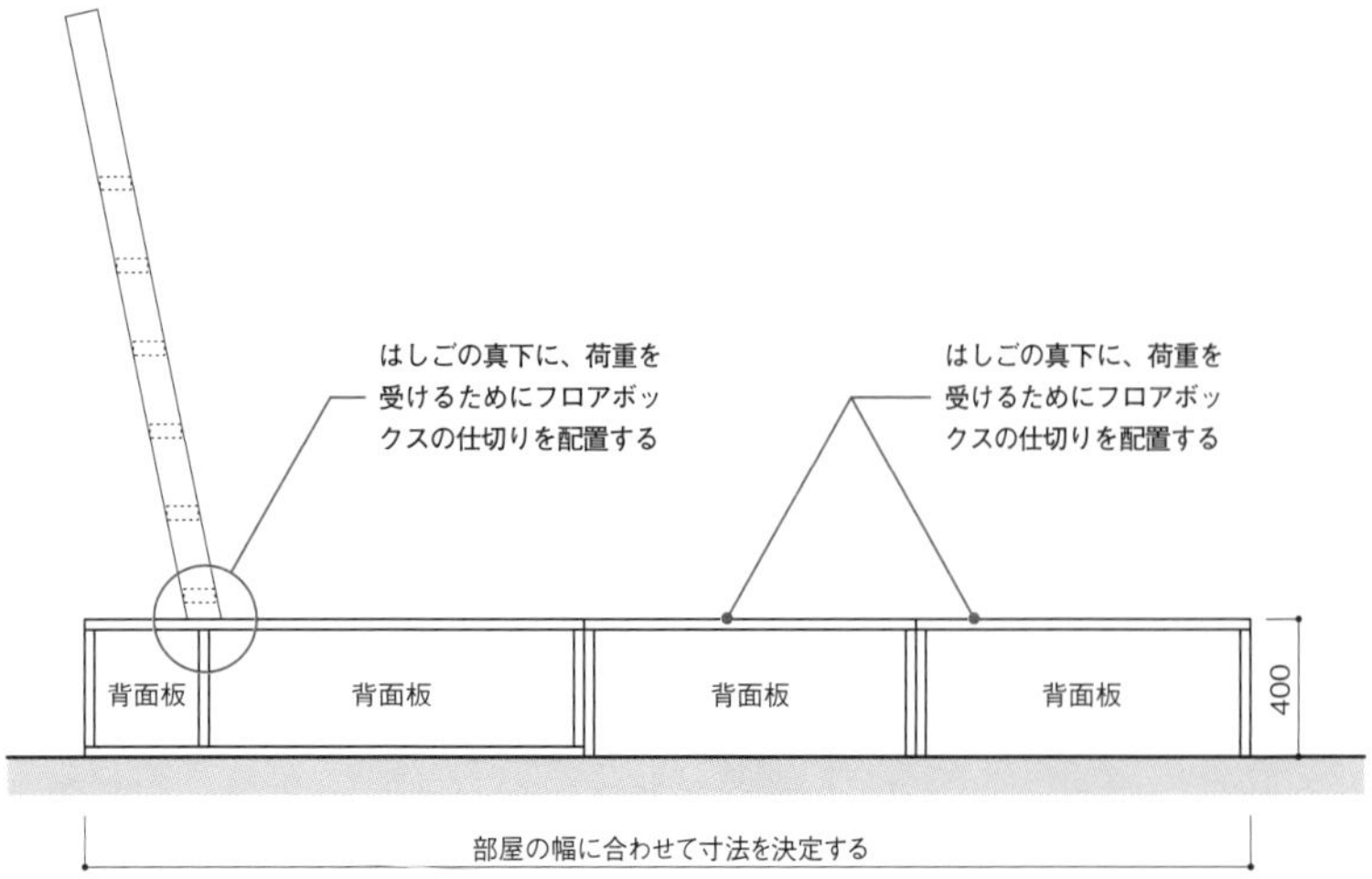
はしごの真下に、荷重を受けるためにフロアボックスの仕切りを配置する
はしごの真下に、荷重を受けるためにフロアボックスの仕切りを配置する
背面板
背面板
背面板
背面板
400
部屋の幅に合わせて寸法を決定する

**フロアボックスの考え方**（S=1:100）

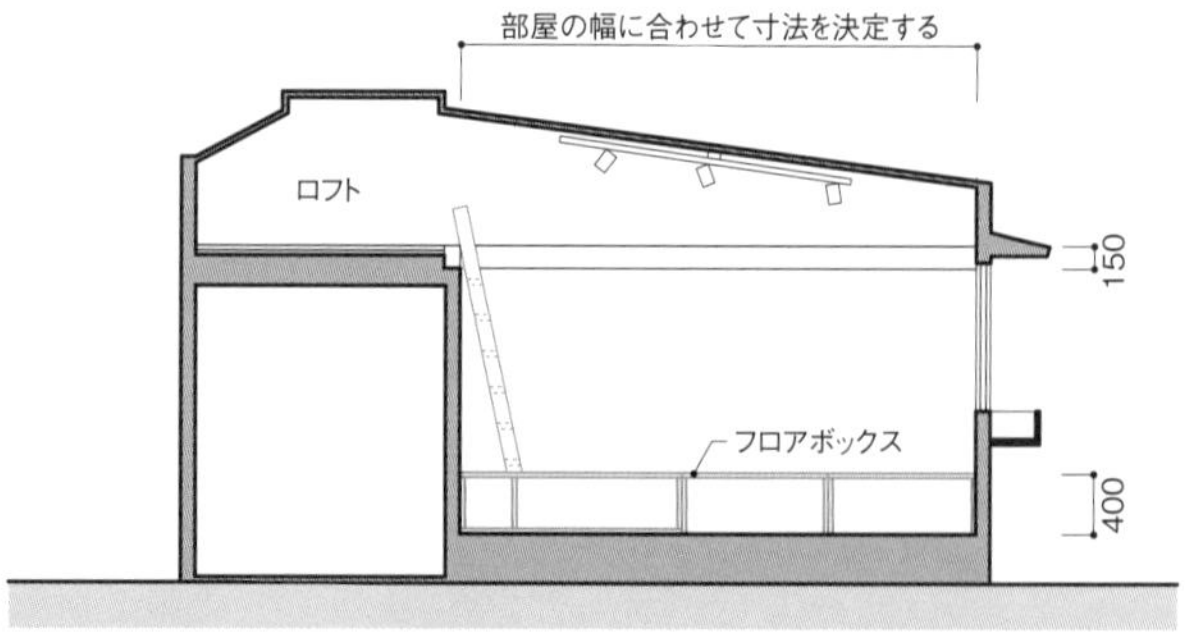
部屋の幅に合わせて寸法を決定する
ロフト
150
フロアボックス
400

設計：モクチン企画

出窓の腰壁と同材して仕上げているため一体感がある

サッシも枠を見せない納まりとしている

# アイデア9 出窓を利用した造付けのベンチ

出窓の腰壁部分を造作してベンチを製作した。

左／リビングの北側出窓部分の一部をベンチにした例
右／出窓部分のベンチ詳細。集成材と練付けで仕上げているため質感がよい

### 椅子の平面（S=1:8）

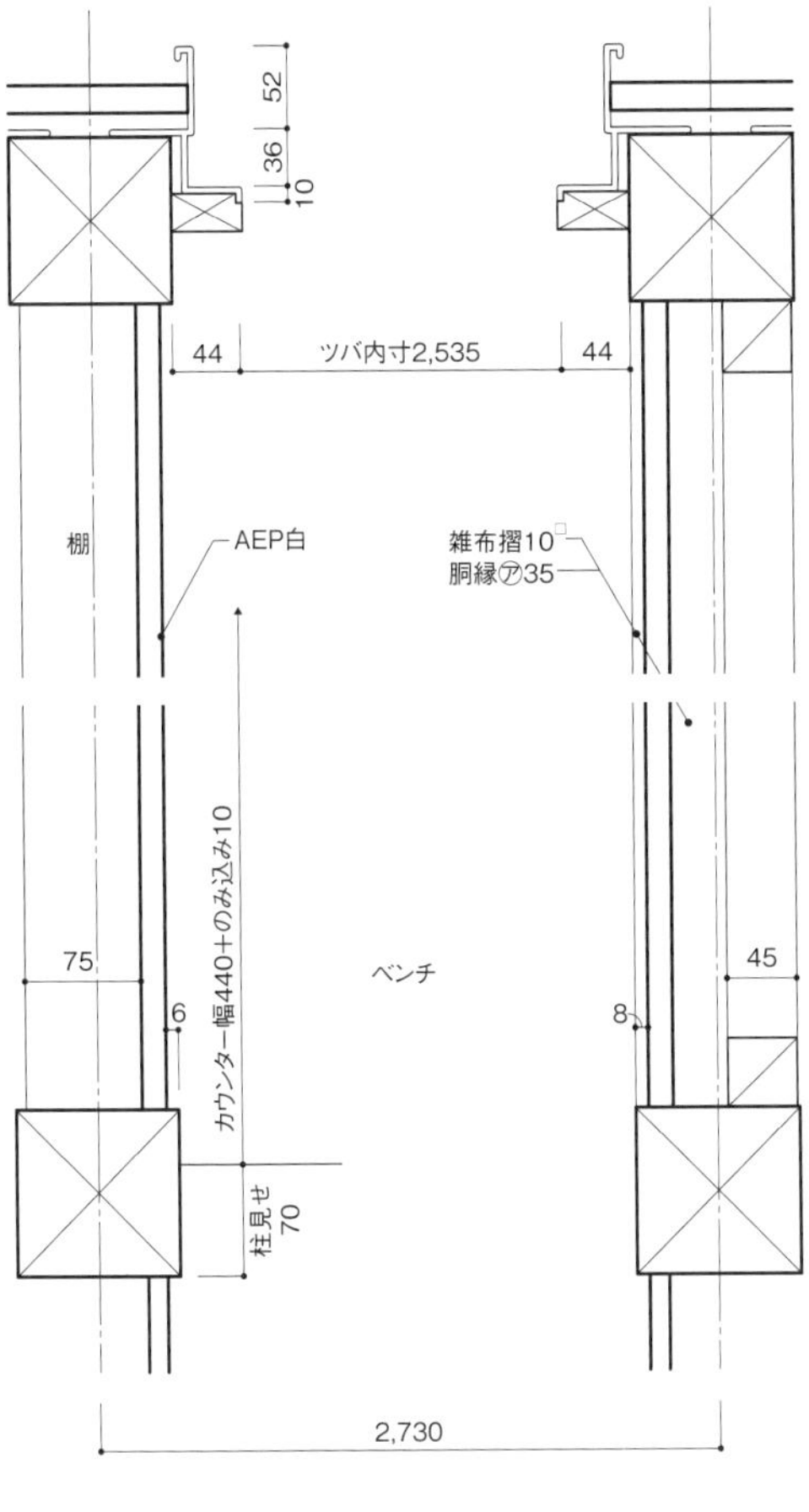

52
36
10
44
ツバ内寸2,535
44
棚
AEP白
雑布摺10□
胴縁㋐35
カウンター幅440＋のみ込み10
ベンチ
75
6
45
8
柱見せ70
2,730


### 椅子・天井の断面（S=1:8）

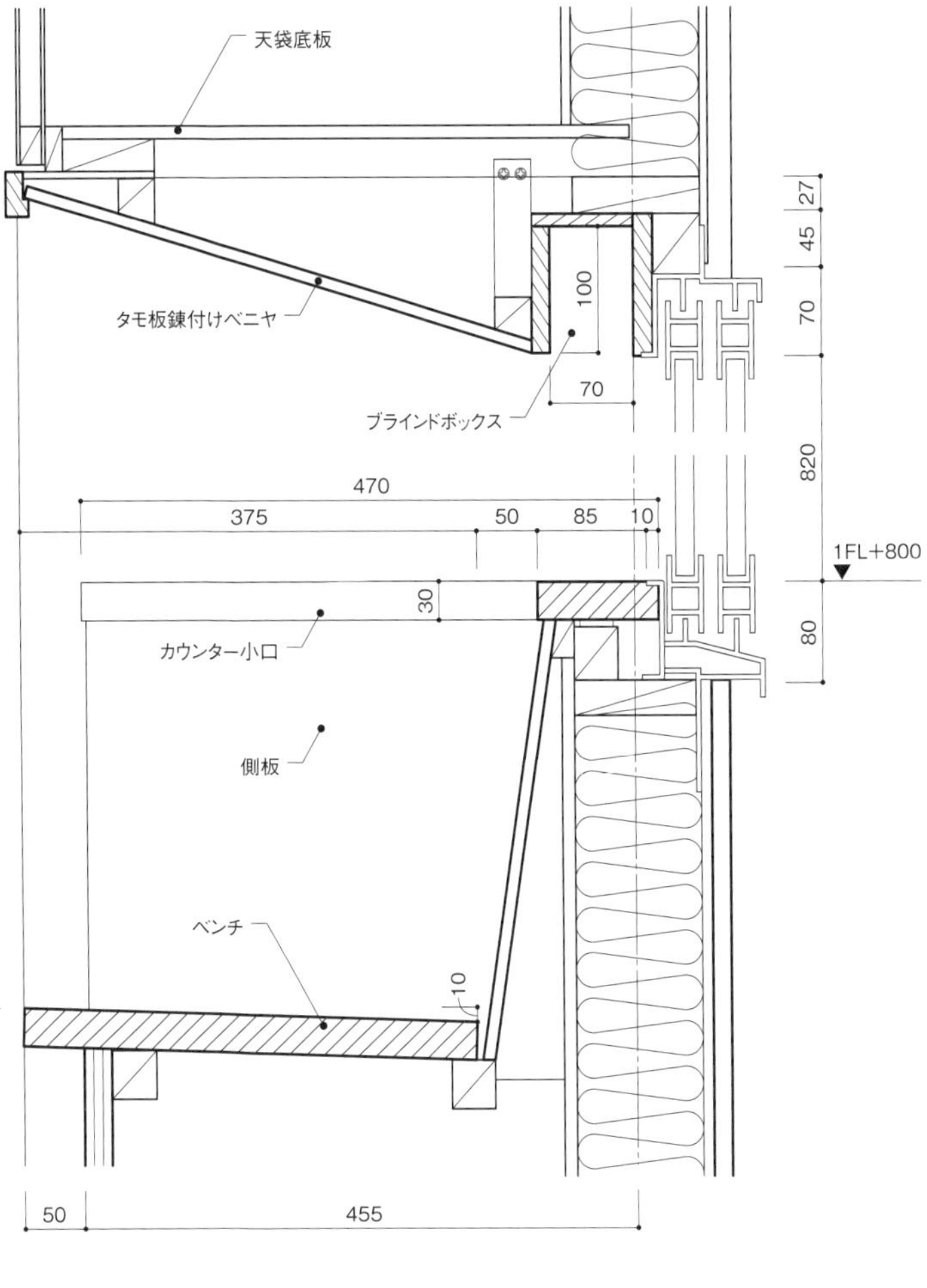

天袋底板
110
タモ板錬付けベニヤ
100
70
ブラインドボックス
27
45
70
820
470
375
50
85
10
1FL+800
30
カウンター小口
80
側板
350
ベンチ
10
50
455




設計・撮影:一級建築士事務所 ワカ設計室

# アイデア 10 窓際に長い机のあるリビング

壁・天井は紙クロス+塗り漆喰仕上げとしている
ガラス框戸などの木建を雨仕舞いの配慮で外付けにし、さらに框部分ができるだけ隠れるようにしている
机のカウンターはタモ集成材
Jパネルを使った座卓
玄関土間はモルタル洗いだし仕上げとしている
床は節ありのスギムクフローリング

M家の住処Ⅱのリビング。座ることを想定したリビングとしており、天井の高さを2,227㎜とし、立ち作業を想定するキッチンはそこから400㎜床のレベルを下げている

## 机廻り断面詳細図（S＝1：10）

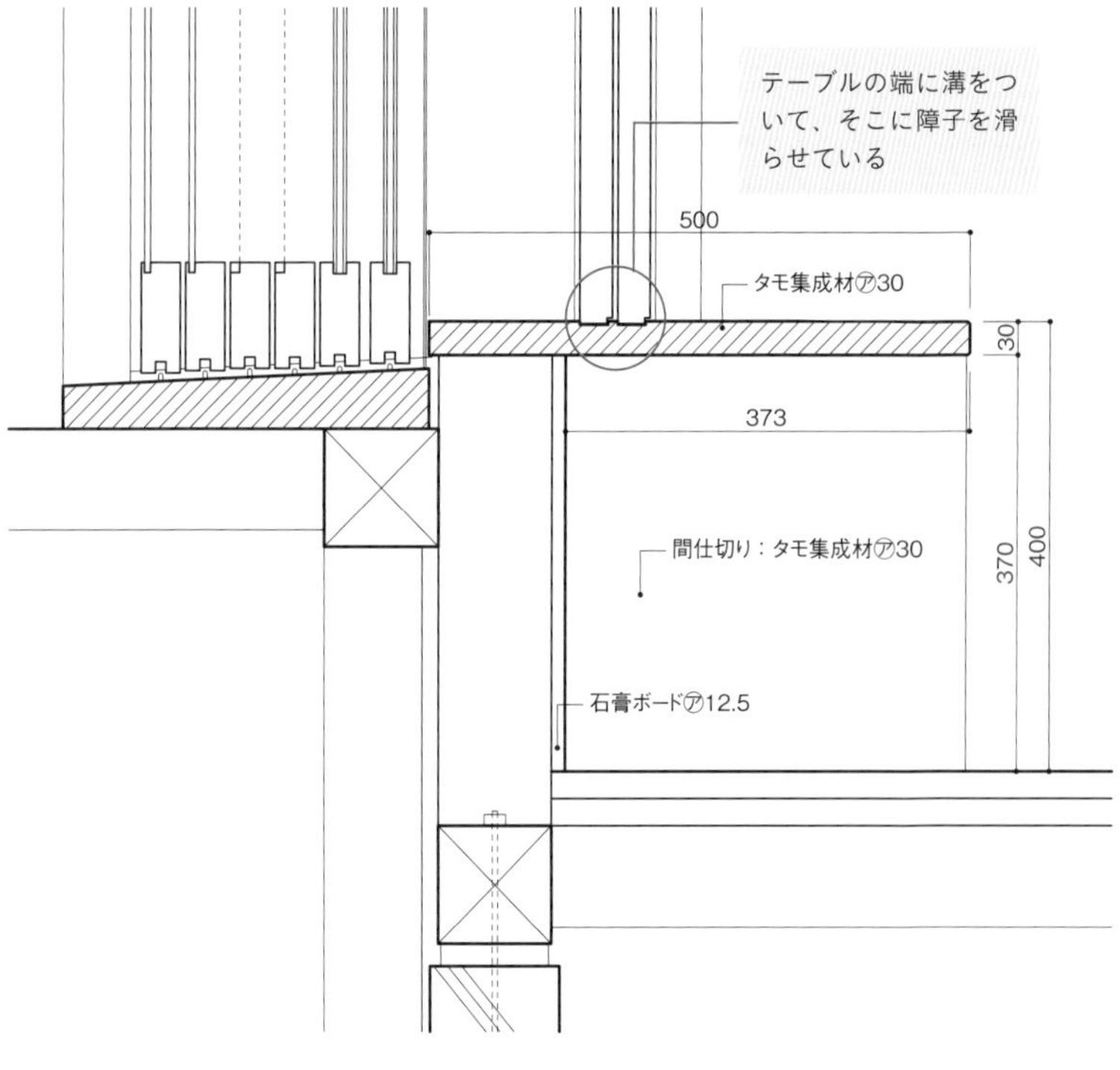
テーブルの端に溝をついて、そこに障子を滑らせている
500
タモ集成材㋐30
30
373
間仕切り：タモ集成材㋐30
370
400
石膏ボード㋐12.5

キッチンの床仕上げはコルクタイル

### 床の高さを変えたキッチン

リビング横のキッチンはリビング床レベルから400㎜下げている。そのため、床に座っている人と目線の高さが揃う

設計・施工：住空間設計LIVES／COMODO建築工房

## アイデア 11 造作家具で居場所をつくったリビング

踊り場を利用したスタディーコーナー。スギの床材で製作
造り付けのベンチは収納も兼ねる
丸い形状のダイニングテーブル。スギの床材で製作
床はスギ板張り

階段舞台の家のリビング。大工造作で机やテーブル、ベンチなどさまざまな居場所が設けられている

### 木製の造付けのベンチ

大工造作でつくられた造付けのベンチ。カウンターはスギの床材、箱はシナランバー

スガツネ・ソフトダウンステー

ベンチ下（上写真）の中は収納、背もたれ（下写真）の中は本棚になる

### 階段舞台の家ベンチ（S＝1：30）

平面

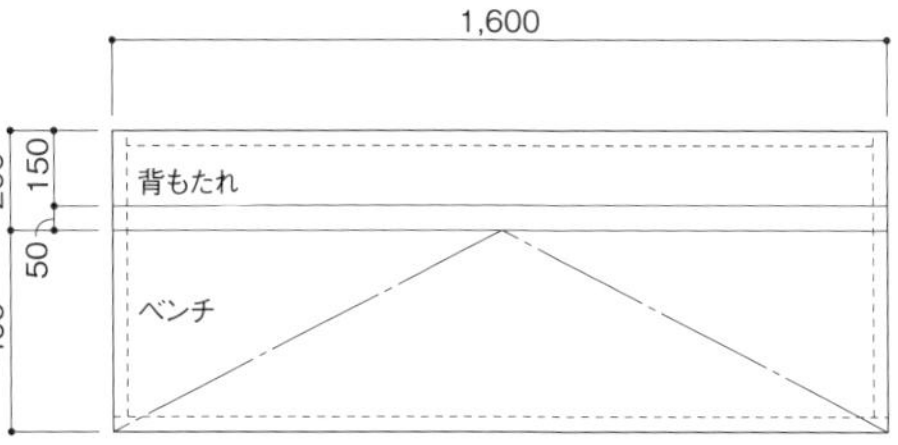
1,600
200
150
50
400
背もたれ
ベンチ

立面

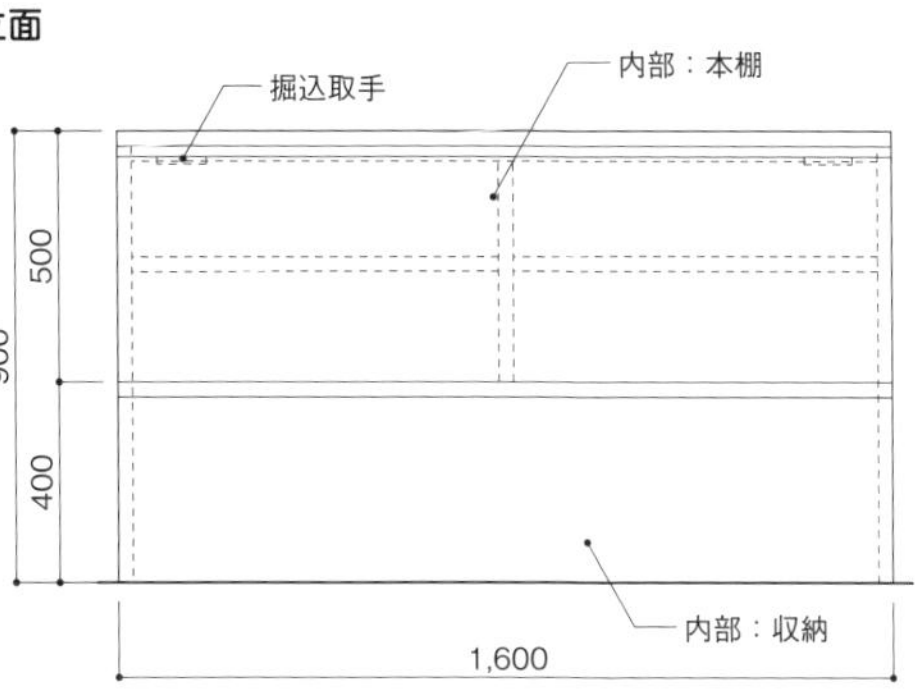
掘込取手
内部：本棚
900
500
400
内部：収納
1,600

断面

座り心地から背もたれを傾けている

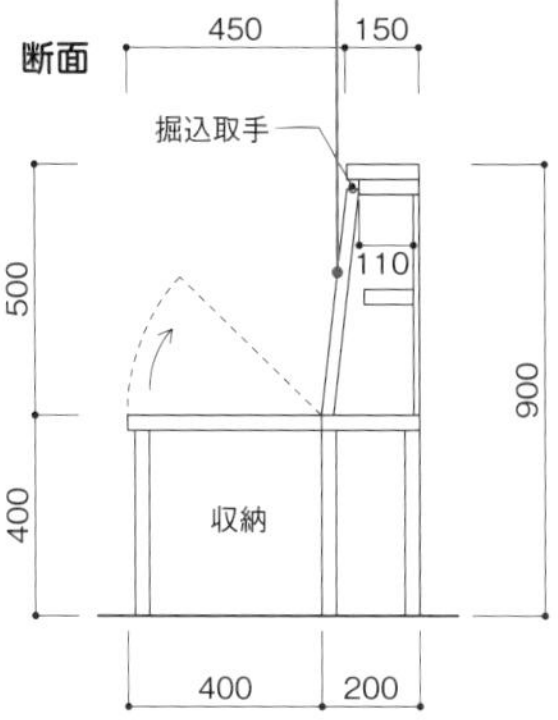
450
150
掘込取手
110
500
400
900
収納
400
200

設計：高橋一総・代田倫子、監督：岩本竜一、大工：原拓(加賀妻工務店)

# アイデア 12 リビングのデスクコーナーはインテリアと調和させる

リビングに多目的のデスクコーナーを設置する例は多い。
その際はできる限り周囲のインテリアに調和させるのが重要だ。

## 造付けのデスクコーナー

平面（S＝1：30）

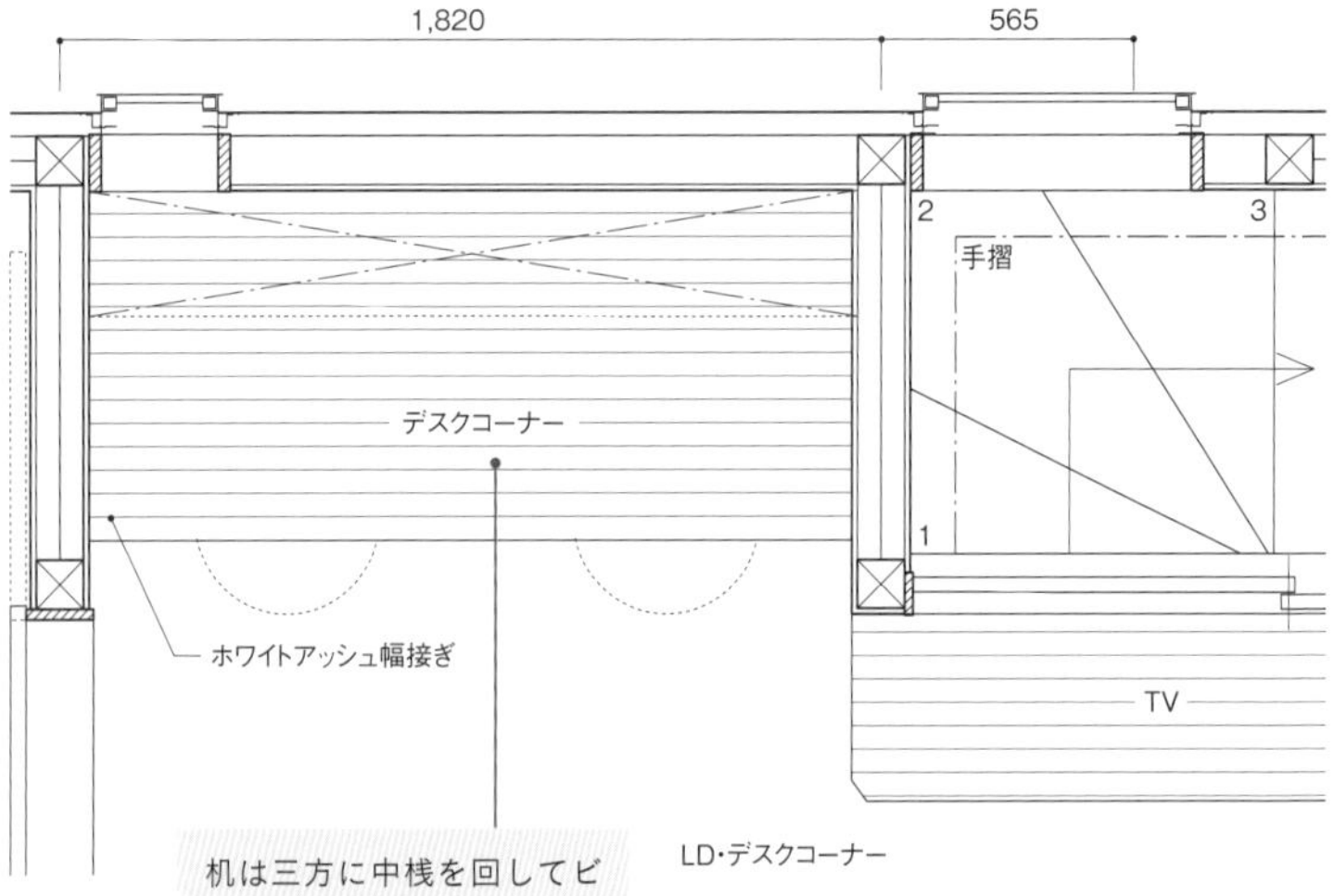
1,820
565
2
3
手摺
デスクコーナー
1
ホワイトアッシュ幅接ぎ
TV
LD・デスクコーナー

机は三方に中桟を回してビスで留め付けている。机の仕上げはウレタンクリアの3分艶

立面（S＝1：50）

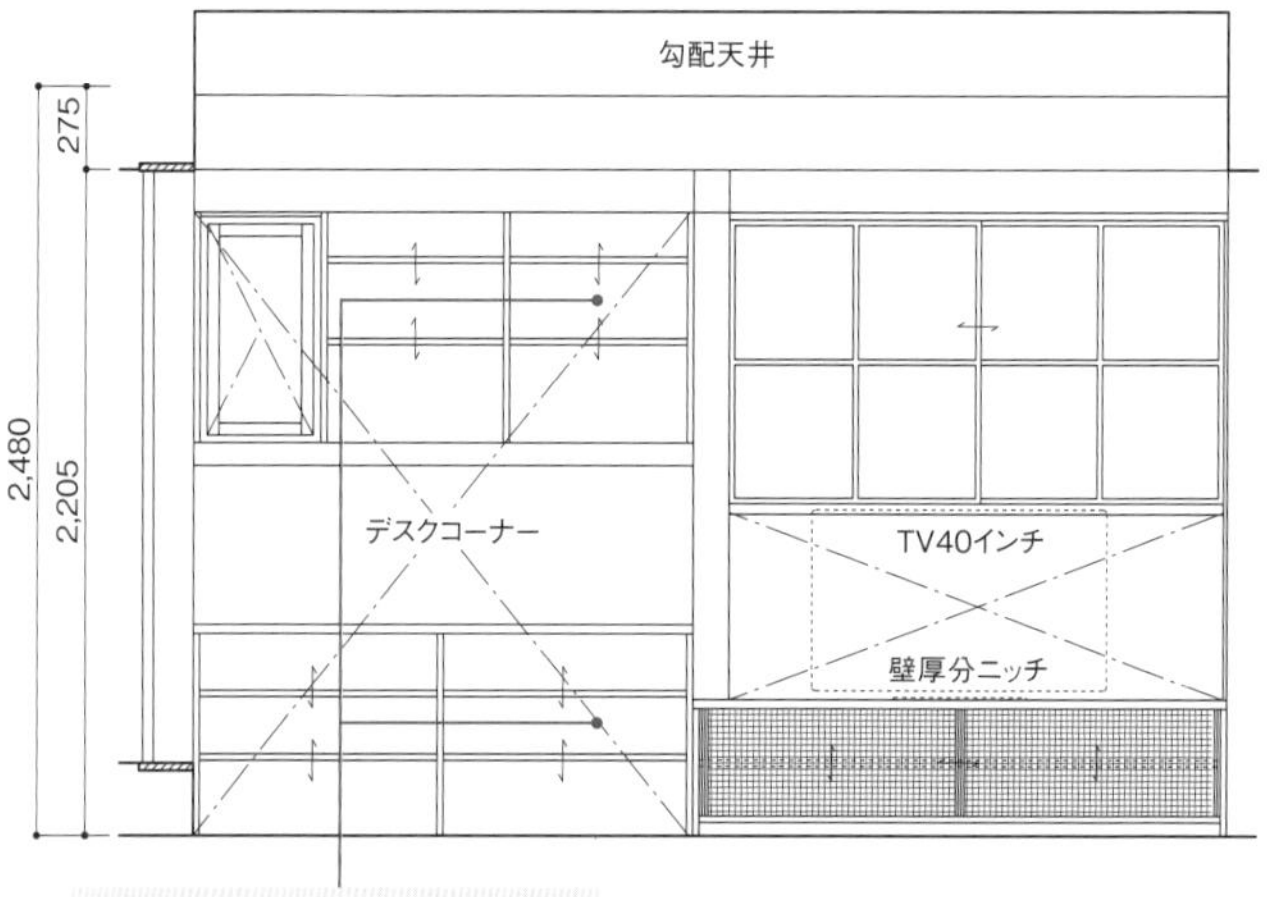
勾配天井
275
2,480
2,205
デスクコーナー
TV40インチ
壁厚分ニッチ

収納物が多いため、上下に棚を設置。吊戸は奥行300㎜、下の棚は椅子が入るため奥行400㎜とした

リビングの隅に設けられたでデスクコーナー。奥まった場所に設置されているため、リビング・デスクコーナー双方に影響が少ない（田中工務店）

# アイデア 13 2部屋をまたいだ造付けのベッド

## 造付けのベッド

平面（S＝1：40）

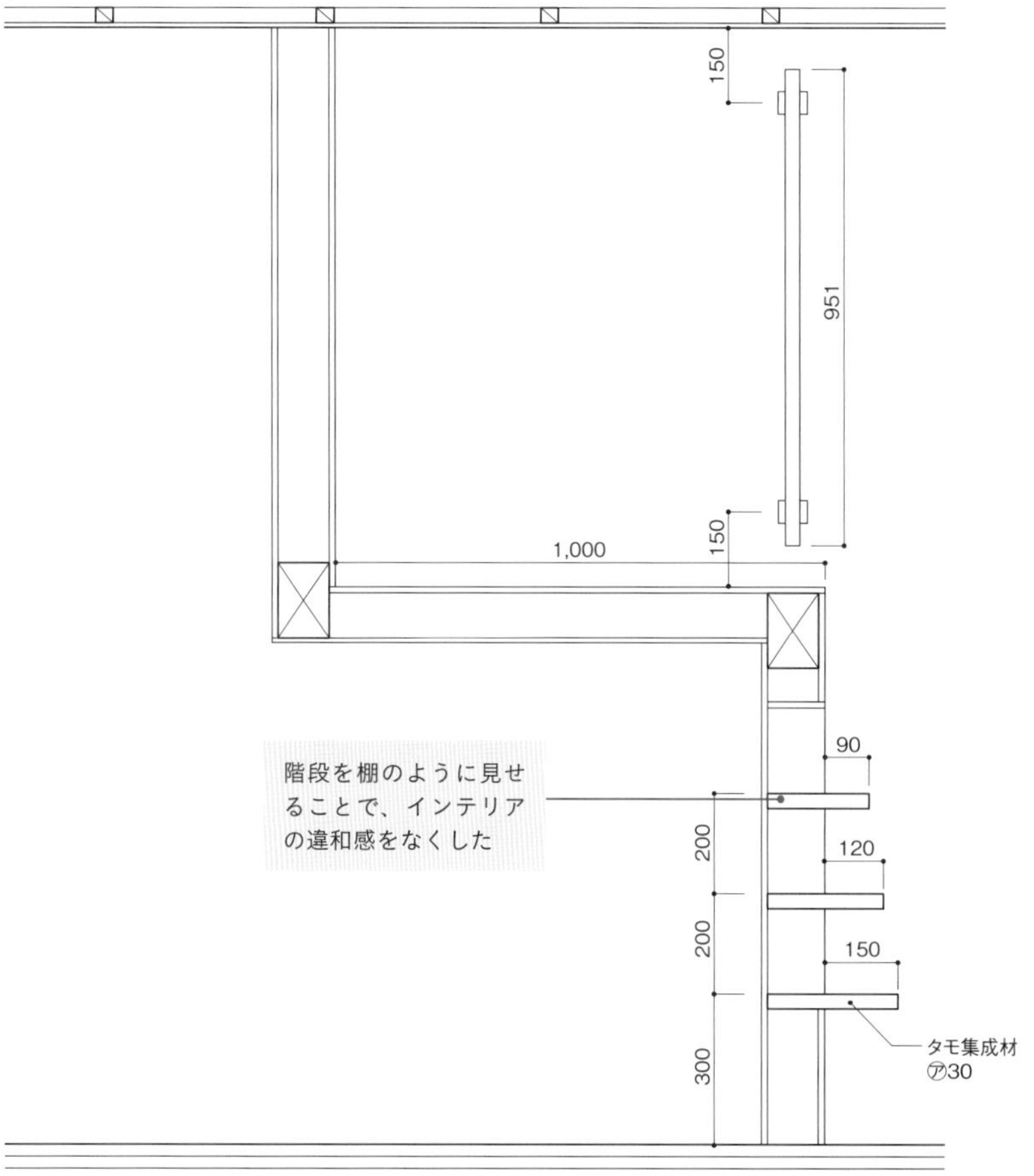
150
951
150
1,000
90
120
150
200
200
300
階段を棚のように見せることで、インテリアの違和感をなくした
タモ集成材
㋐30

断面（S＝1：20）

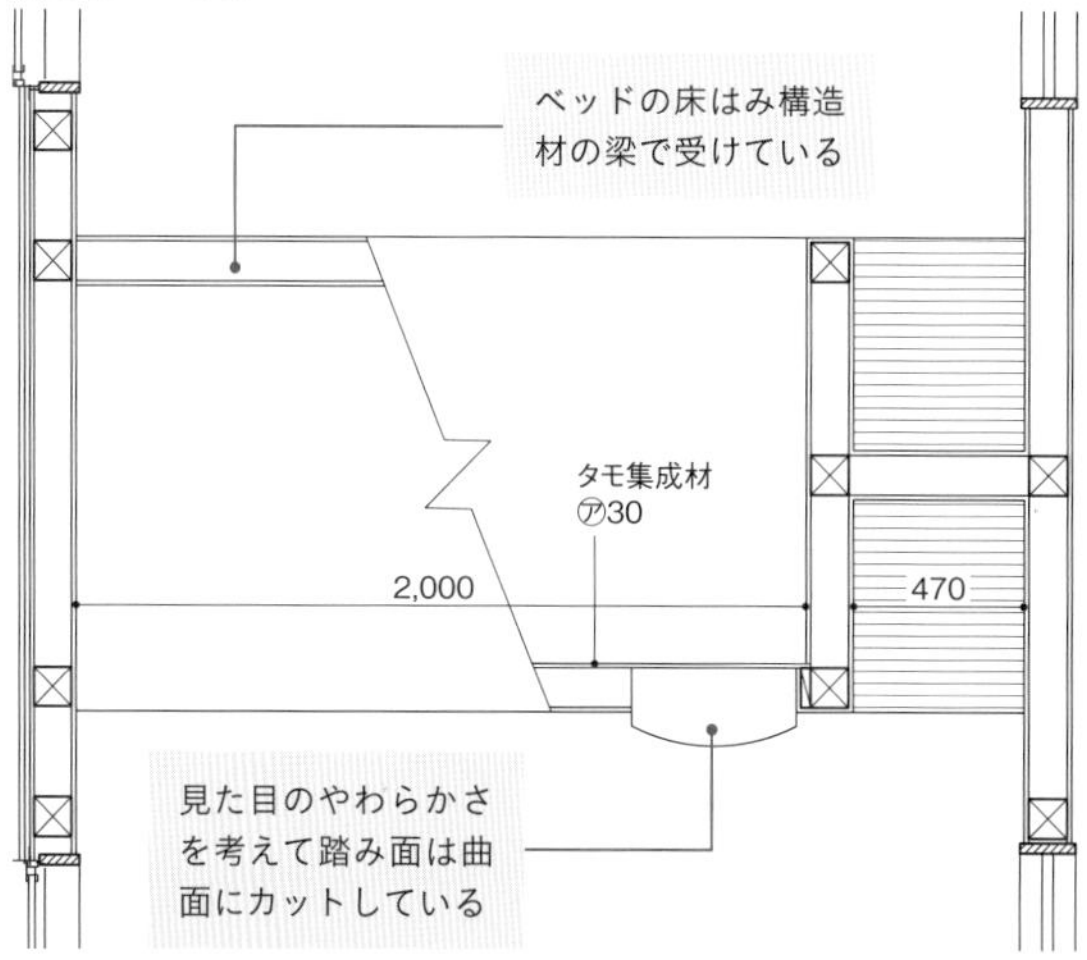
ベッドの床はみ構造材の梁で受けている
タモ集成材
㋐30
2,000
470
見た目のやわらかさを考えて踏み面は曲面にカットしている

反対側から見た場合、床面がベッドスペースになる

造付けのベッドコーナー。双方の子ども部屋の中間に設けられており、部屋をまたいだ2段ベッドようなかたちになる。
棚のように見えるのは、ベッドに上がる階段



設計・施工：住空間設計LIVES／COMODO建築工房

# キッチンと水廻りの家具と収納のアイデア

天井もリアルパネル。基材を不燃材にもできる

フローリングと共材を張ったリアルパネルで制作

側面もフローリングと共材のリアルパネルで製作

フローリングメーカー製のリアルパネルを用いたキッチン。リアルパネルはフローリングと共材を張れるので空間に統一感が出る

## アイデア 14 フローリングと共材で仕上げたキッチン

**上面図（S＝1：40）**

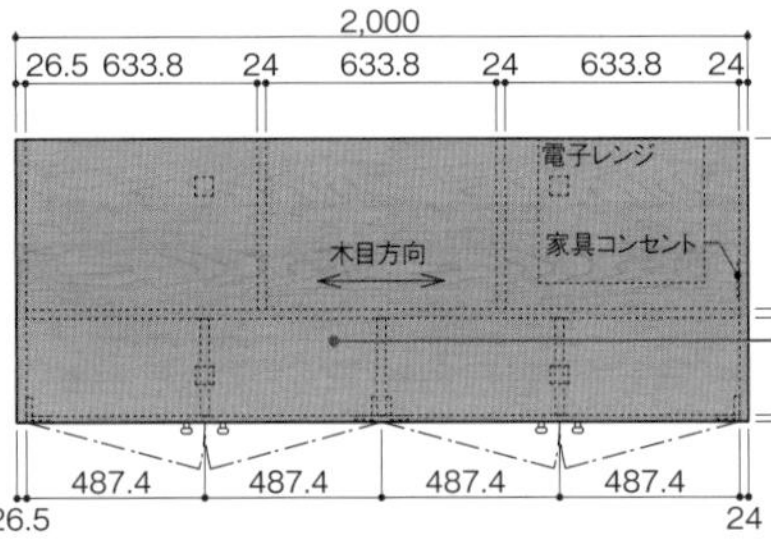

2,000
26.5 633.8 24 633.8 24 633.8 24
電子レンジ
木目方向
家具コンセント
450
750
24
258.5
17.5
487.4 487.4 487.4 487.4
26.5
24


木目方向はパネル発注時に決定しておく

リアルパネル突板は2.5㎜と厚付き

**正面図（リビング側）（S＝1：40）**

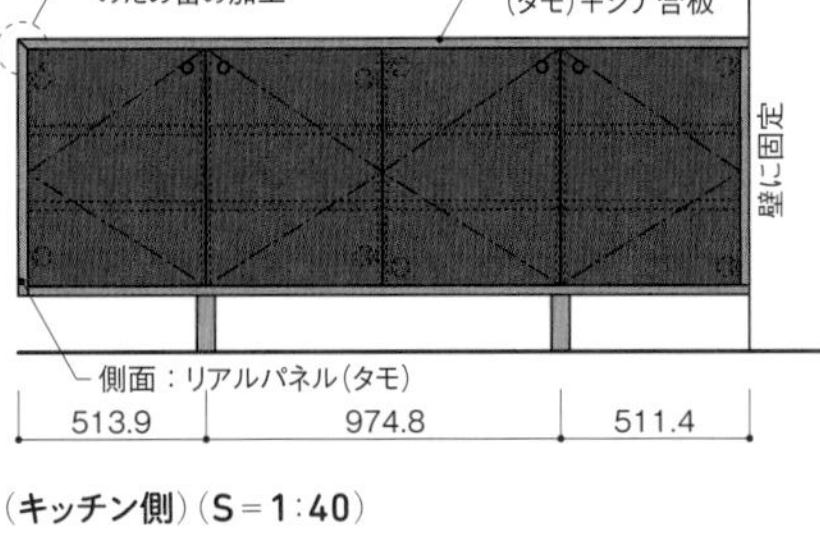

リアルパネルの取合いのため留め加工
天板：リアルパネル（タモ）＋シナ合板
壁に固定
側面：リアルパネル（タモ）
513.9
974.8
511.4


**側面図（S＝1：40）**

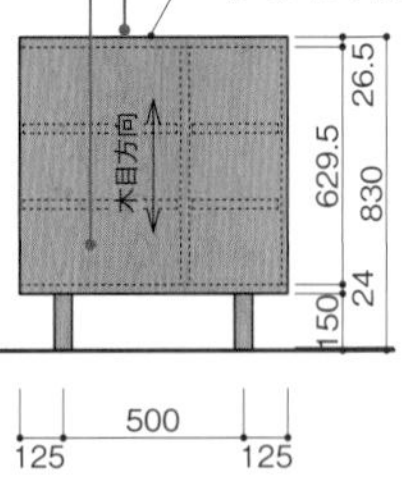

天板：リアルパネル（タモ）＋シナ合板
木目方向
26.5
629.5
830
24
150
500
125
125


**背面図（キッチン側）（S＝1：40）**

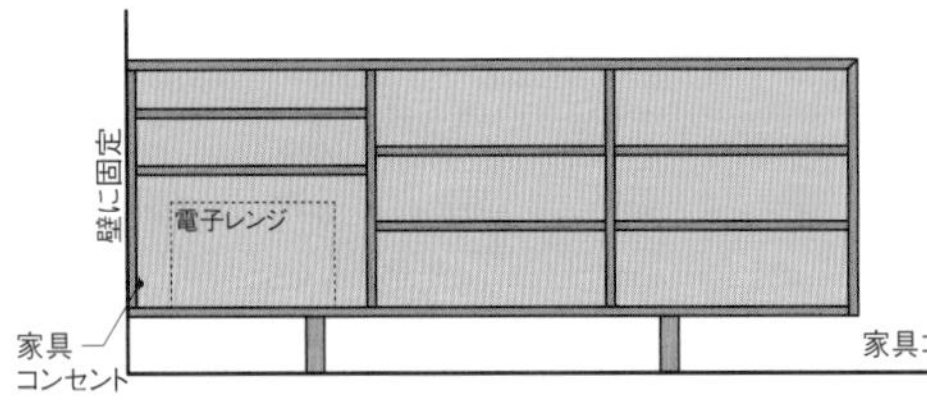

壁に固定
電子レンジ
家具コンセント


**断面図（S＝1：40）**

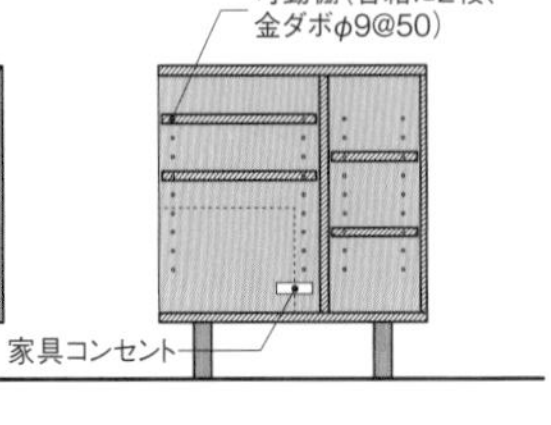

可動棚（各箱に2枚、金ダボφ9@50）
家具コンセント


**側面図（S＝1：40）**

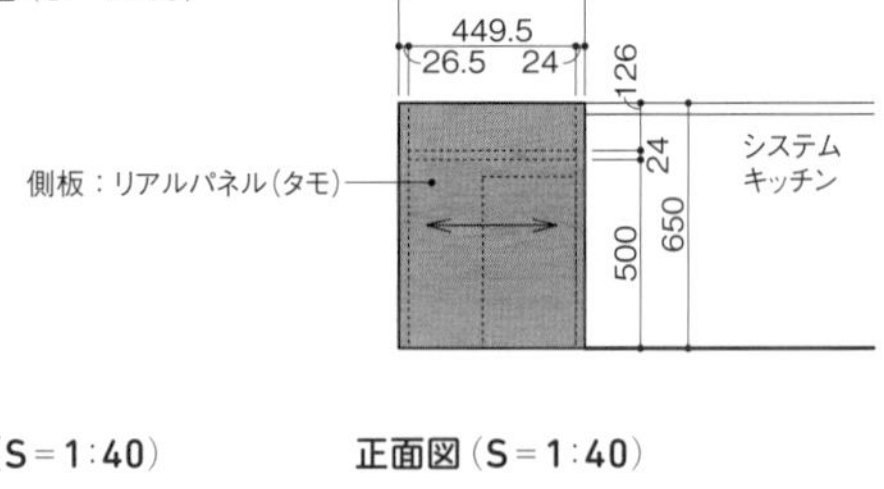

500
449.5
26.5 24
126
側板：リアルパネル（タモ）
24
500
650
システムキッチン


**側面図（S＝1：40）**

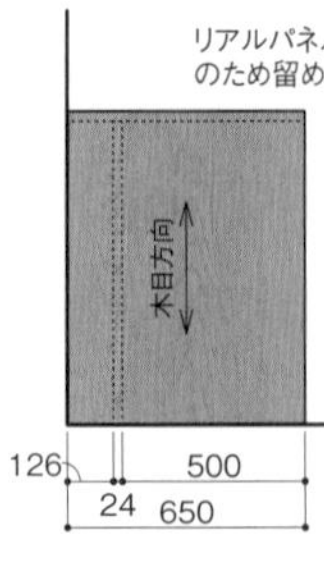

木目方向
126
500
24 650


**正面図（S＝1：40）**

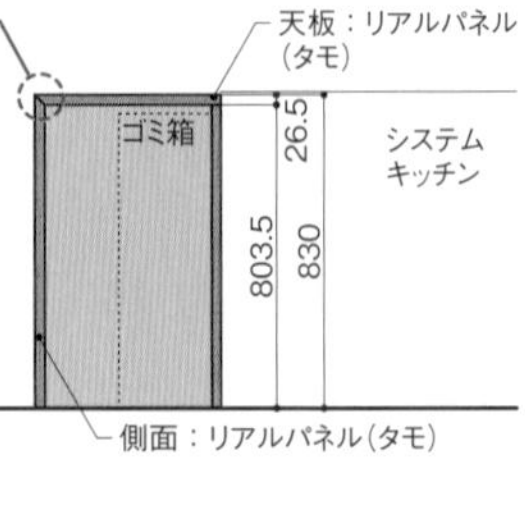

リアルパネルの取合いのため留め加工
天板：リアルパネル（タモ）
ゴミ箱
26.5
803.5
830
システムキッチン
側面：リアルパネル（タモ）


**扉と背板にリアルパネルを用いたキッチン**

設計：ファロ・デザイン

## 天板と側板に リアルパネルを用いたキッチン

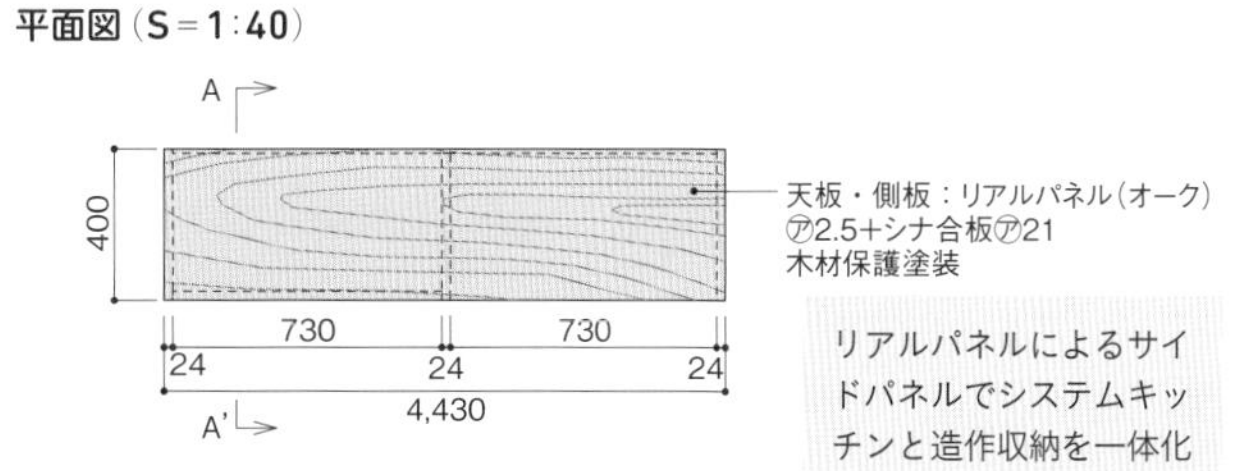
平面図（S＝1：40）
天板・側板：リアルパネル（オーク）
㋐2.5+シナ合板㋐21
木材保護塗装
730
730
24
24
24
4,430
400
リアルパネルによるサイドパネルでシステムキッチンと造作収納を一体化

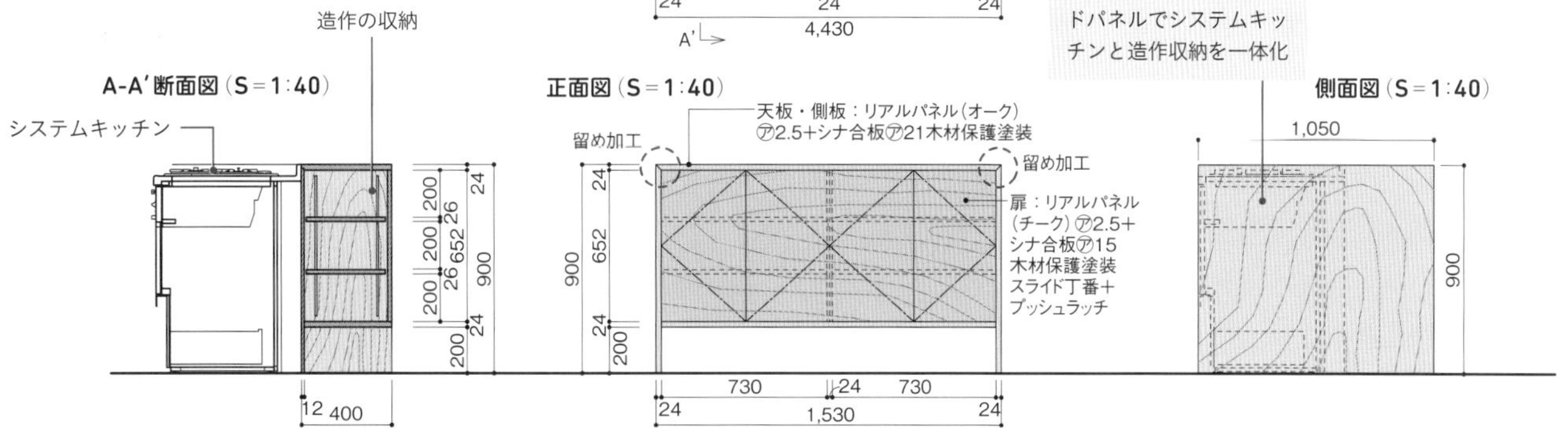
造作の収納
A-A' 断面図（S＝1：40）
システムキッチン
正面図（S＝1：40）
天板・側板：リアルパネル（オーク）
㋐2.5+シナ合板㋐21木材保護塗装
留め加工
留め加工
扉：リアルパネル
（チーク）㋐2.5+
シナ合板㋐15
木材保護塗装
スライド丁番＋
プッシュラッチ
側面図（S＝1：40）
1,050
900
730
24
730
24
1,530
24
12 400

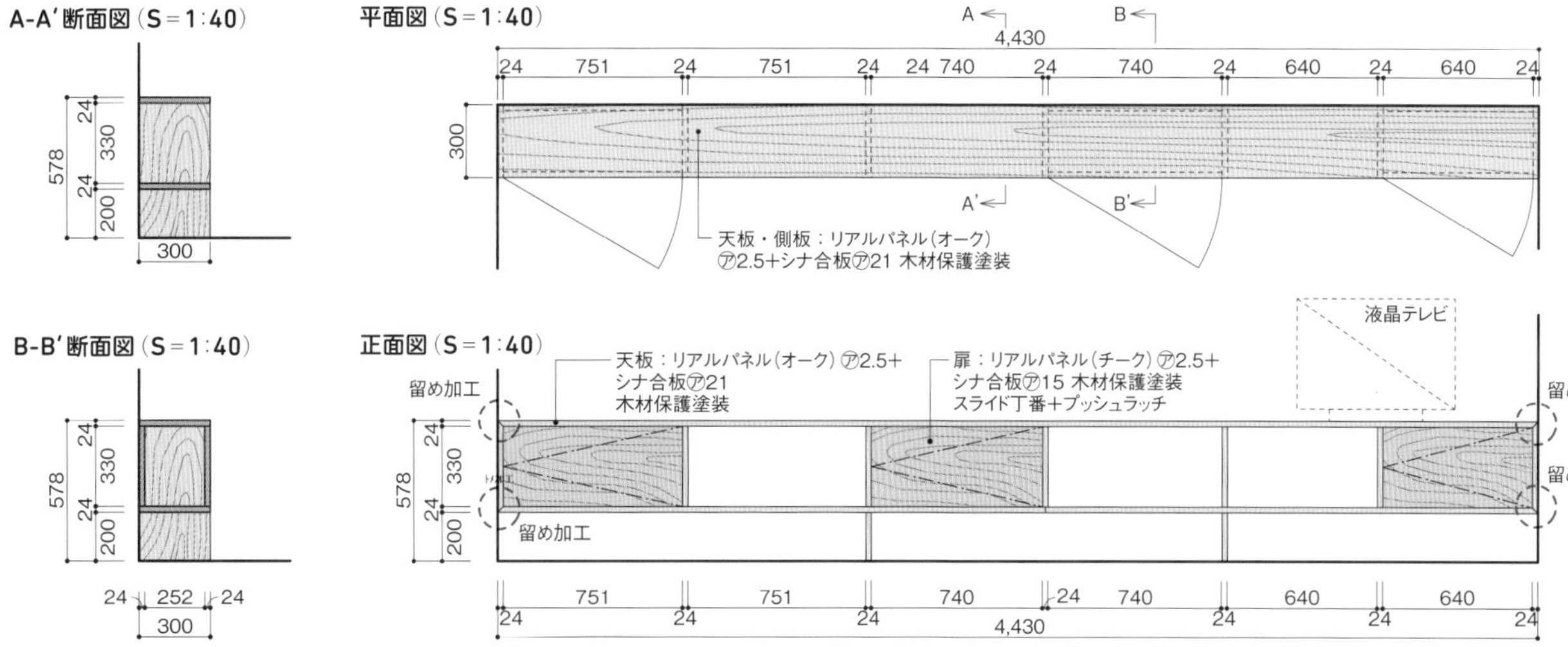
A-A' 断面図（S＝1：40）
平面図（S＝1：40）
4,430
24 751 24 751 24 24 740 24 740 24 640 24 640 24
天板・側板：リアルパネル（オーク）
㋐2.5+シナ合板㋐21 木材保護塗装
B-B' 断面図（S＝1：40）
正面図（S＝1：40）
液晶テレビ
天板：リアルパネル（オーク）㋐2.5+
シナ合板㋐21
木材保護塗装
扉：リアルパネル（チーク）㋐2.5+
シナ合板㋐15 木材保護塗装
スライド丁番＋プッシュラッチ
留め加工
留め加工
留め加工
留め加工
578
330
200
300
24 252 24
4,430

フローリングと共材を張ったリアルパネルで制作

リアルパネルで扉を制作して付け替えた

アイデア 15

# 扉を変えるだけで雰囲気は激変

既製品のキッチンの天板と扉を入れ替えて、造作キッチンの雰囲気に。

予算が不足する場合など、既存のキッチンの扉だけを交換するだけでも雰囲気はぐっとよくなる。そうした場合にフローリングと樹種を揃えられるリアルパネルは非常に有効



設計：ファロ・デザイン

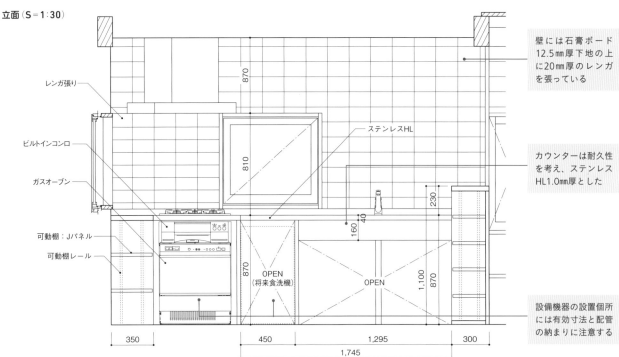

大工造作で作成したキッチン。引き出しなどを設けず、棚とシンクで構成している（加賀妻工務店）

平面（S＝1：50）

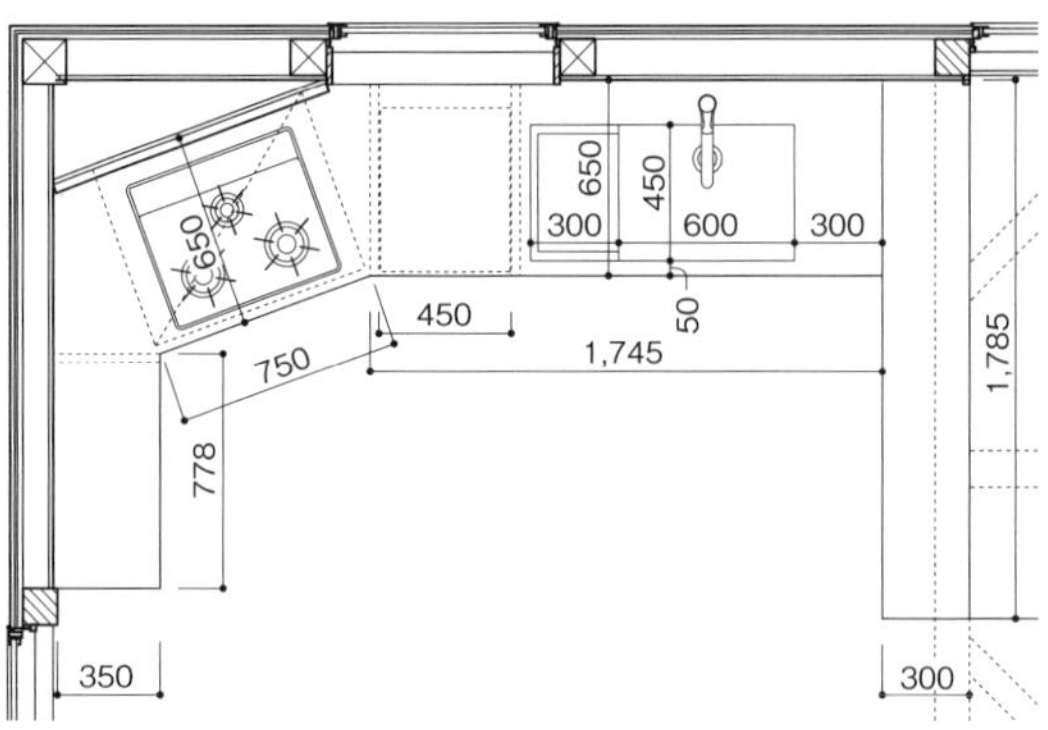

650
450
300
600
300
650
50
450
750
1,745
1,785
778
350
300


シンク断面（S＝1：10）

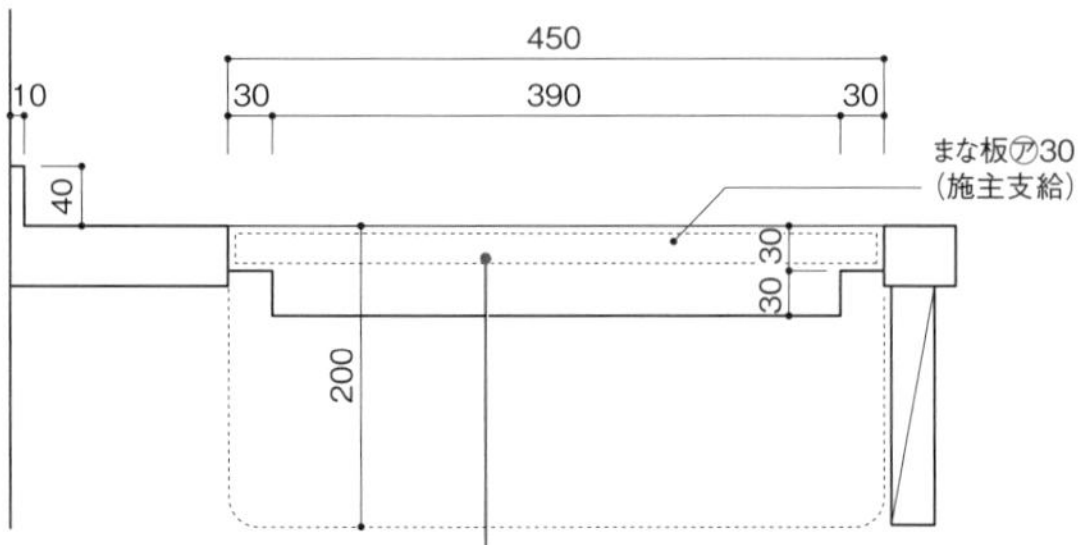

450
10
30
390
30
40
まな板㋐30
（施主支給）
30
30
200


シンクの脇に連続してカウンターと高さが合うようなまな板スペースを設置

# アイデア 16 造作家具の延長でつくった 簡易なキッチン

造作キッチンというと高価なものになりがちだ。
ここでは、ローコストで製作した造作キッチンを紹介する。

## 造作キッチンの詳細

左側可動棚断面（S＝1：30）

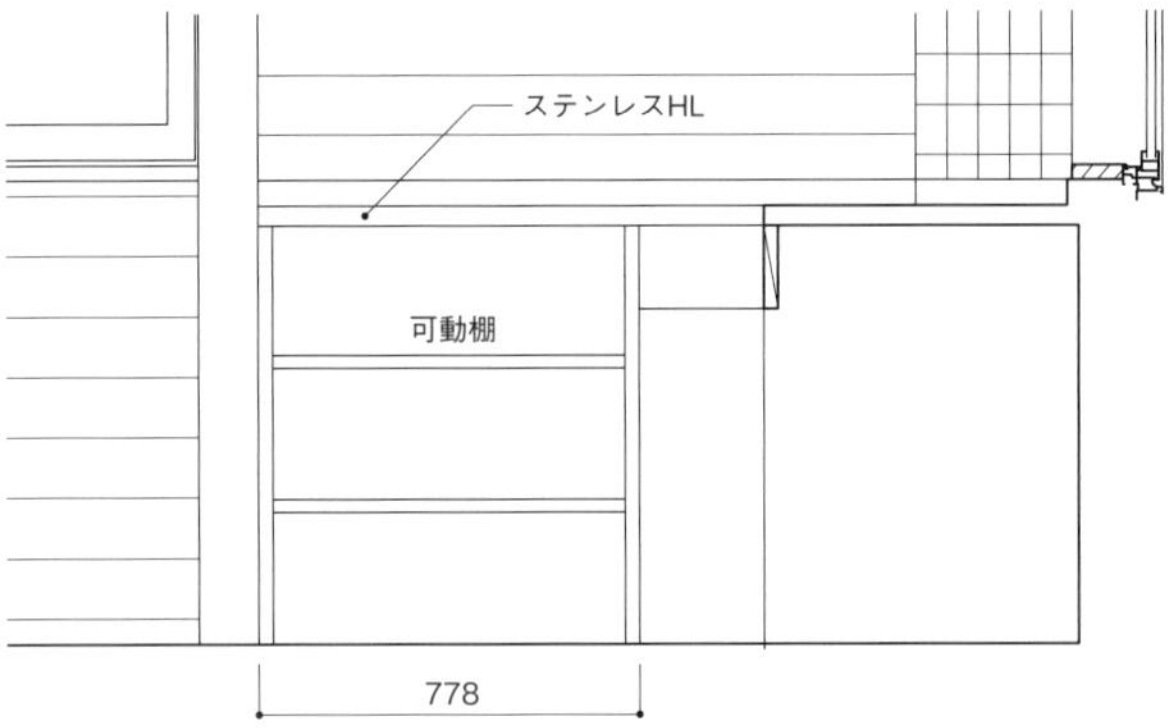

ステンレスHL
可動棚
778


右側可動棚断面（S＝1：30）

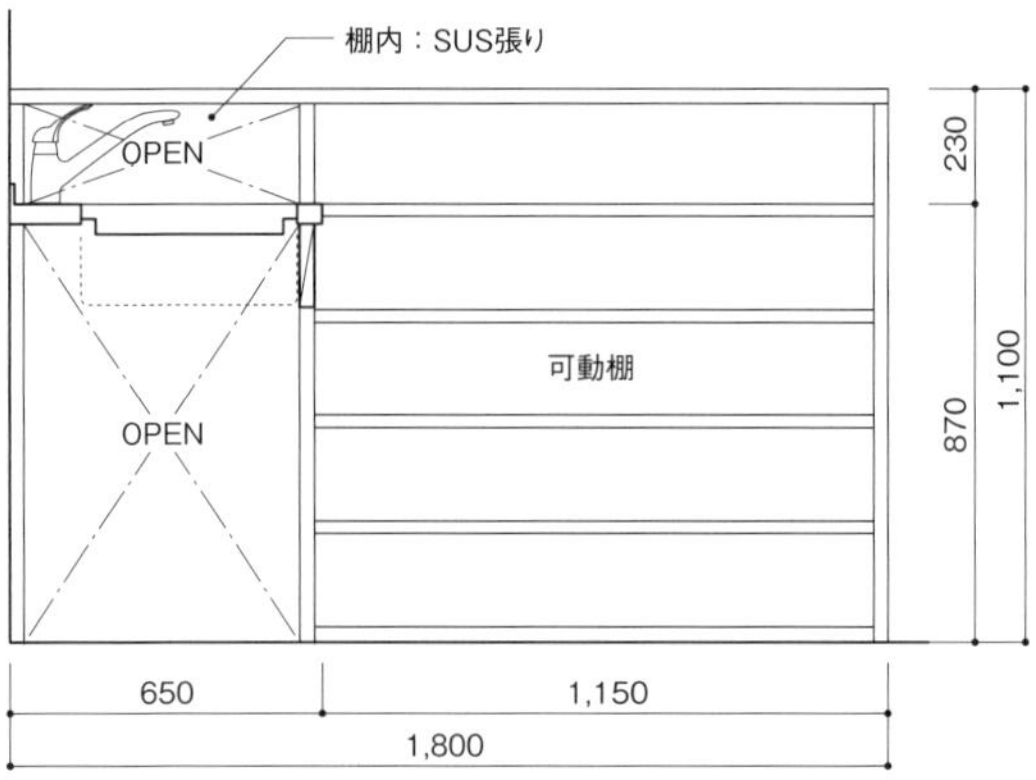

棚内：SUS張り
OPEN
OPEN
可動棚
230
870
1,100
650
1,150
1,800


立面（S＝1：30）

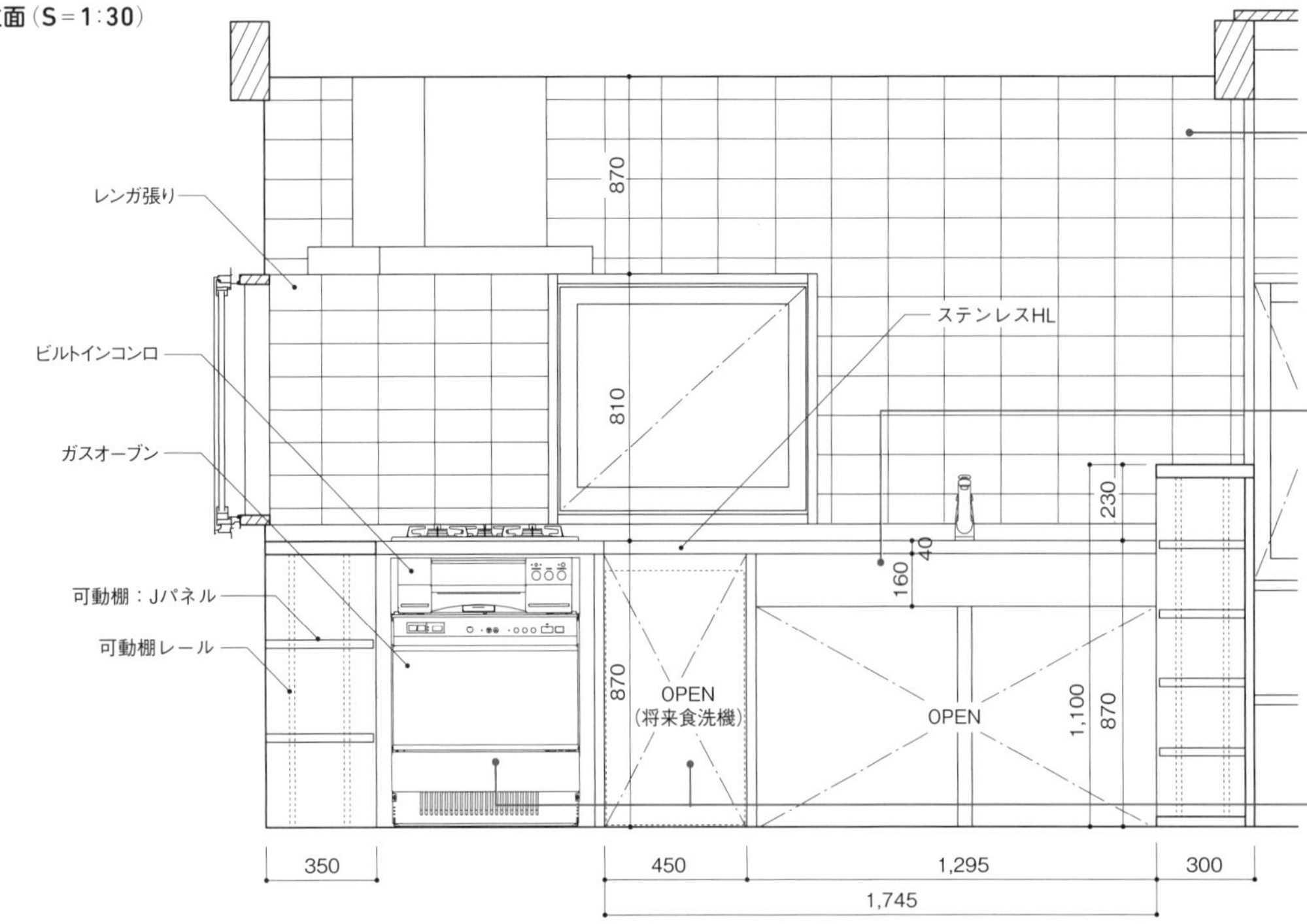

870
レンガ張り
ビルトインコンロ
ガスオーブン
810
ステンレスHL
230
40
160
可動棚：Jパネル
可動棚レール
870
OPEN
（将来食洗機）
OPEN
1,100
870
350
450
1,295
300
1,745


壁には石膏ボード12.5㎜厚下地の上に20㎜厚のレンガを張っている

カウンターは耐久性を考え、ステンレスHL1.0㎜厚とした

設備機器の設置個所には有効寸法と配管の納まりに注意する

設計：高橋一総・高宮秀和、監督：吉村政弘、大工：大友天（加賀妻工務店）

棚はラワン材を壁内の
胴縁で持ち出している
廻り縁はすっきりと魅
せるためレスとし、幅
木はラワン材で落ちつ
いた雰囲気に
ガラスの引戸に
は、サンコバンの
型板ガラスを使用
引き出しなどの面材はラ
ワンランバーを白く塗装
し、取手はラワンとして
いる
カウンターはラワン
集成材の植物オイル
仕上げとしている

E家の住処のキッチン。大工工事と建具工事で製作している。収納の一部にガラス戸をはめ込むなどリビングの家具のような設計となっている

## アイデア 17 食器棚のようなキッチン

### キッチン作業台（S＝1：30）

展開図

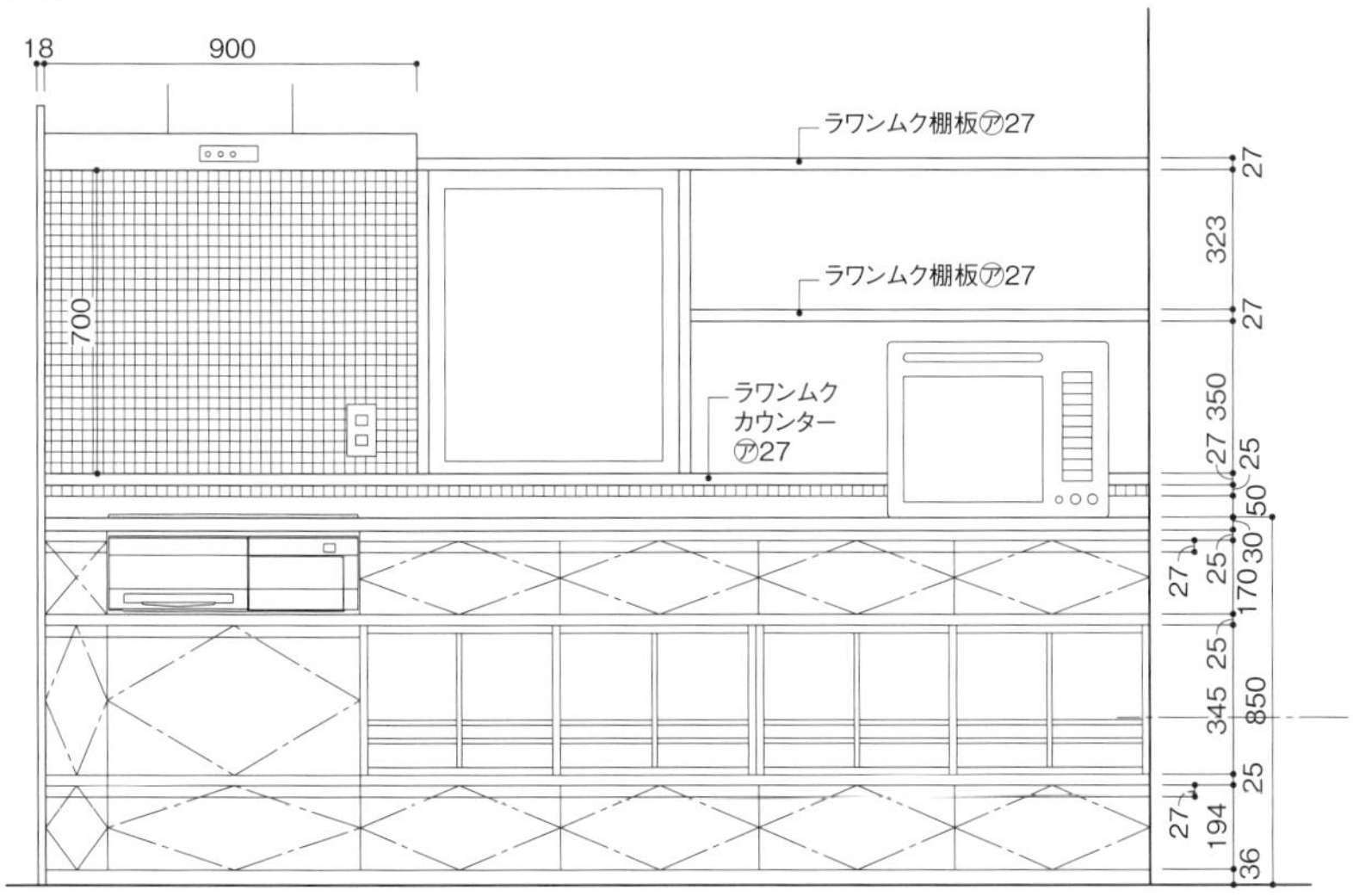

18
900
700
ラワンムク棚板㋐27
ラワンムク棚板㋐27
ラワンムク
カウンター
㋐27
27
323
27
350
27
25
50
30
27
25
170
25
345
850
25
27
194
36


断面図

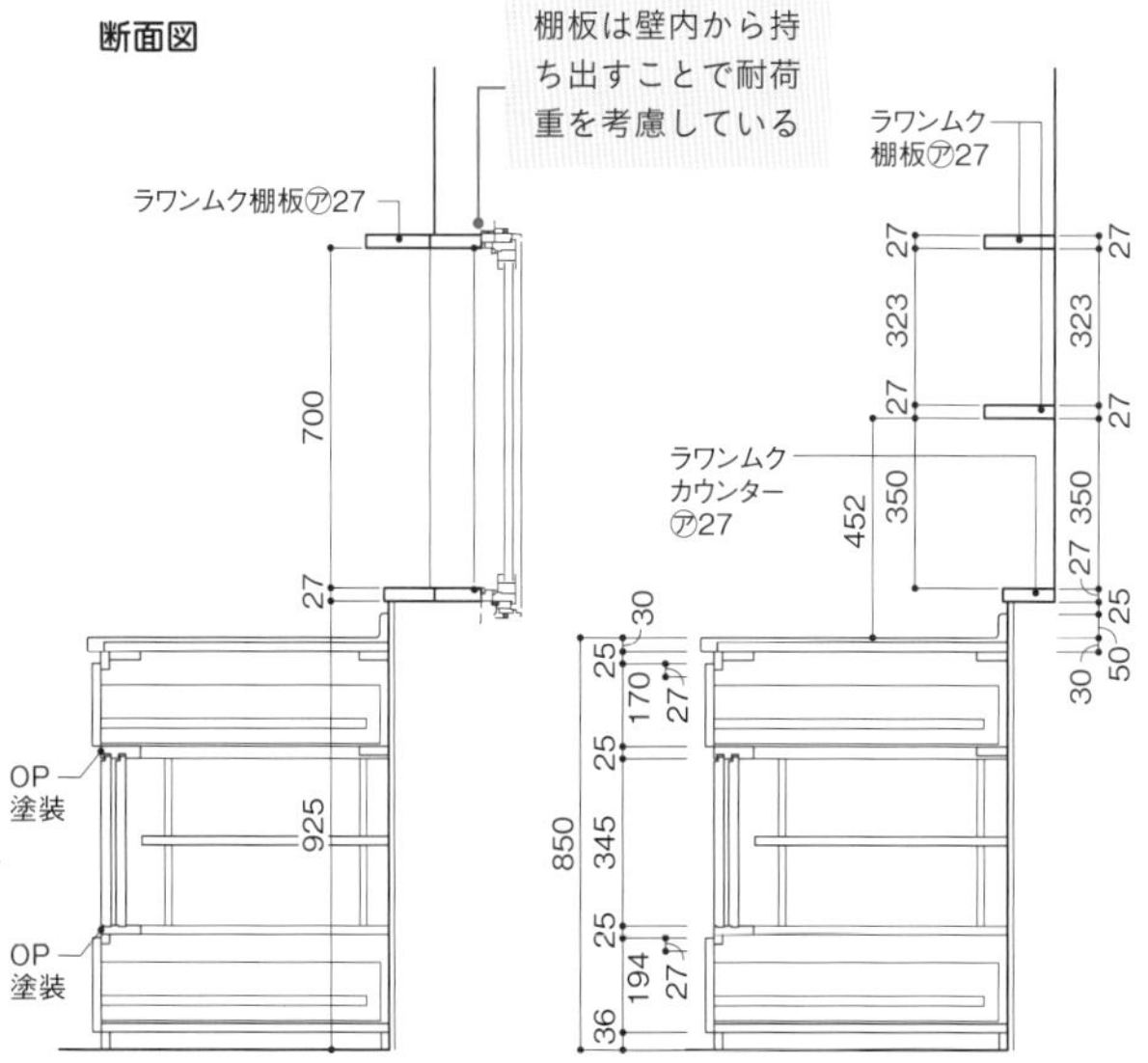

棚板は壁内から持
ち出すことで耐荷
重を考慮している
ラワンムク棚板㋐27
ラワンムク
棚板㋐27
ラワンムク
カウンター
㋐27
700
27
925
OP
塗装
OP
塗装
452
850


### 引出しの取手はラワン材

取っ手には堅木のラワンを使用。落ちついた発色で、独特のレトロな雰囲気になる

### 引戸のガラスには、型板ガラスを使用

型板ガラスはサンコバン製のものを使用。作家さんの食器がガラス越しにぼんやりと映る

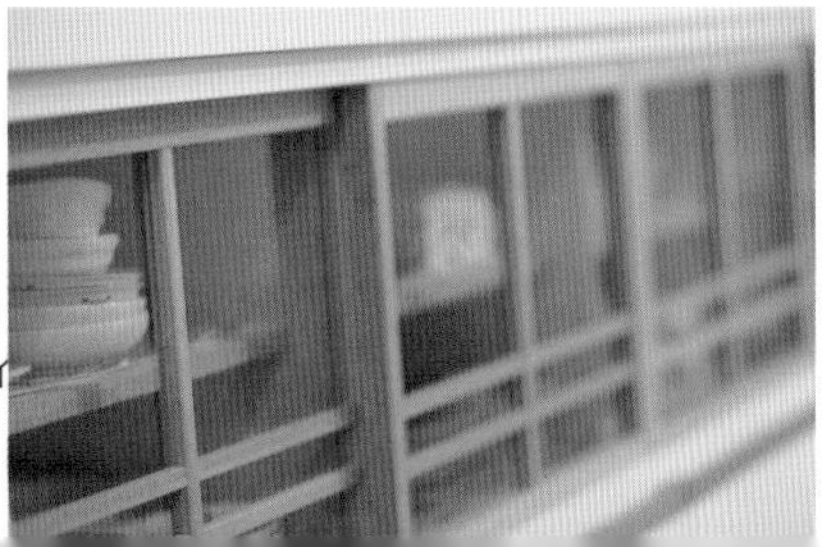

### 手掛け詳細図（S＝1：4）

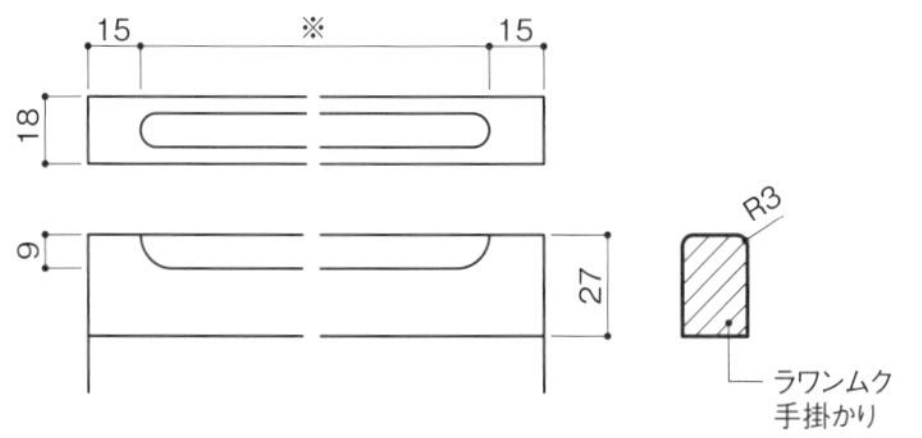

15
※
15
18
9
27
R3
ラワンムク
手掛かり


設計・施工：住空間設計LIVES／COMODO建築工房

## アイデア 18 LDKでは キッチンを隠す

LDKはリビングを前提にデザインする。
となると、見た目より機能性が重視されるキッチンのつくり方がポイントになる。
基本的には、水廻りの什器や設備をできるだけ隠すことがセオリー。
うまく収納化することで快適なLDKになる。

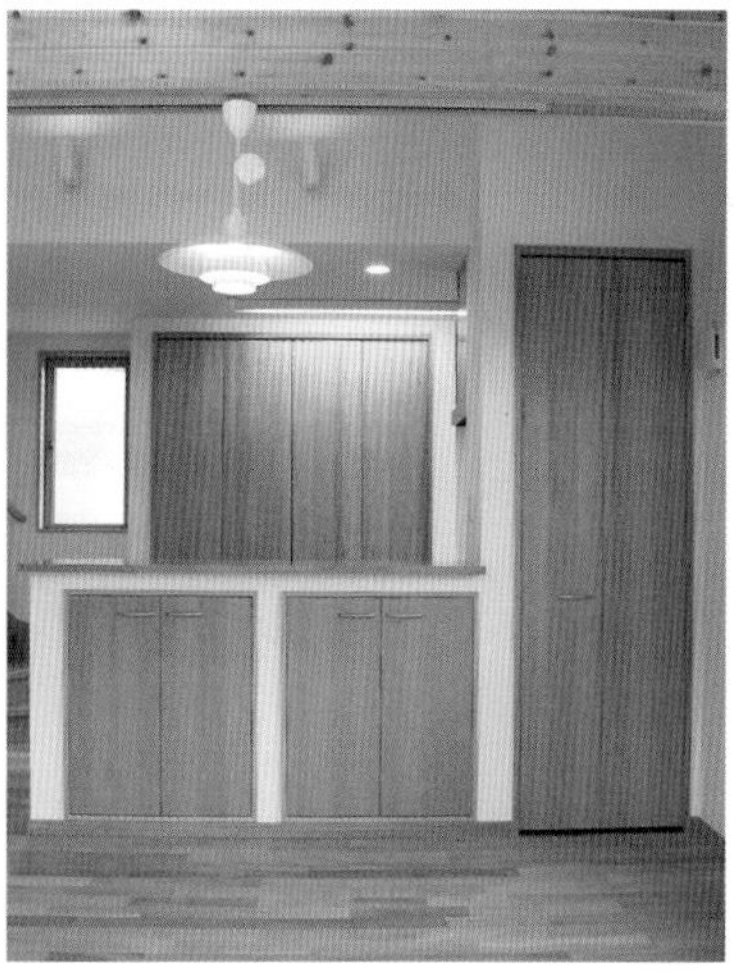

**収納スペースに見えるキッチン**

リビングから見たキッチン。一見すると収納のようだが、中には設備や什器が隠されている（アセットフォー）

**大きな引戸棚のキッチン収納**

キッチンの裏側の大きな引戸のなかには、大量のキッチン用品や設備を収めることができる（アセットフォー）

## アイデア 19 キッチン収納にマガジンラックをつくる

雑誌の多くは大判で本棚に納まらないため、
マガジンラックの要望はかなり多い。
特にリビング・キッチンなどでは
雑誌を読む頻度が高く、マガジンラックは
これらの場所でかなり重宝される。
ここでは、キッチン収納の例を紹介する。

**大工造作のマガジンラック**

ムク板とランバーコアを用い、大工造作で製作したキッチン収納のマガジンラック。主婦向けの大型本が入る大きさにするのが重要（田中工務店）

手前に見えるのがマガジンラック兼用の作業台である。デザイン性も考慮すると作業台側面の配置が望ましい

**キッチン収納の詳細**

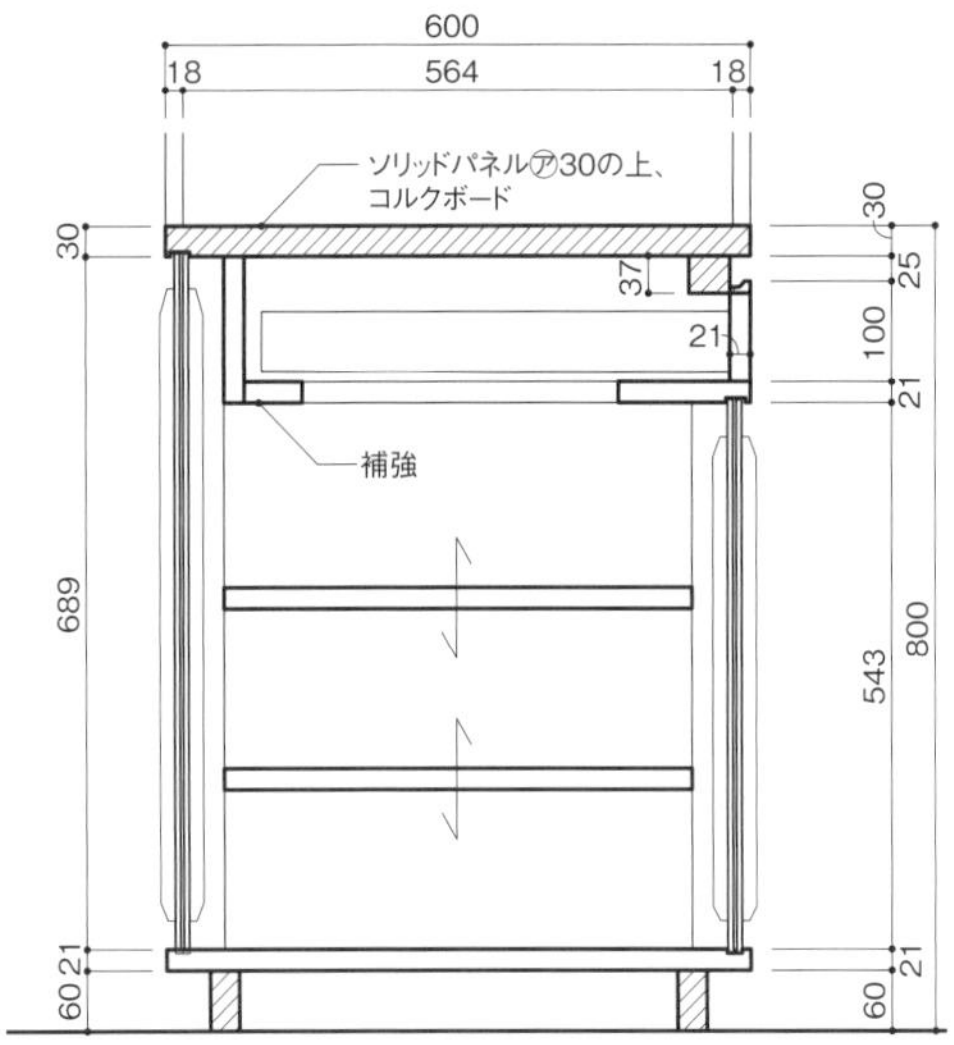


キッチン収納断面図（S＝1：15）

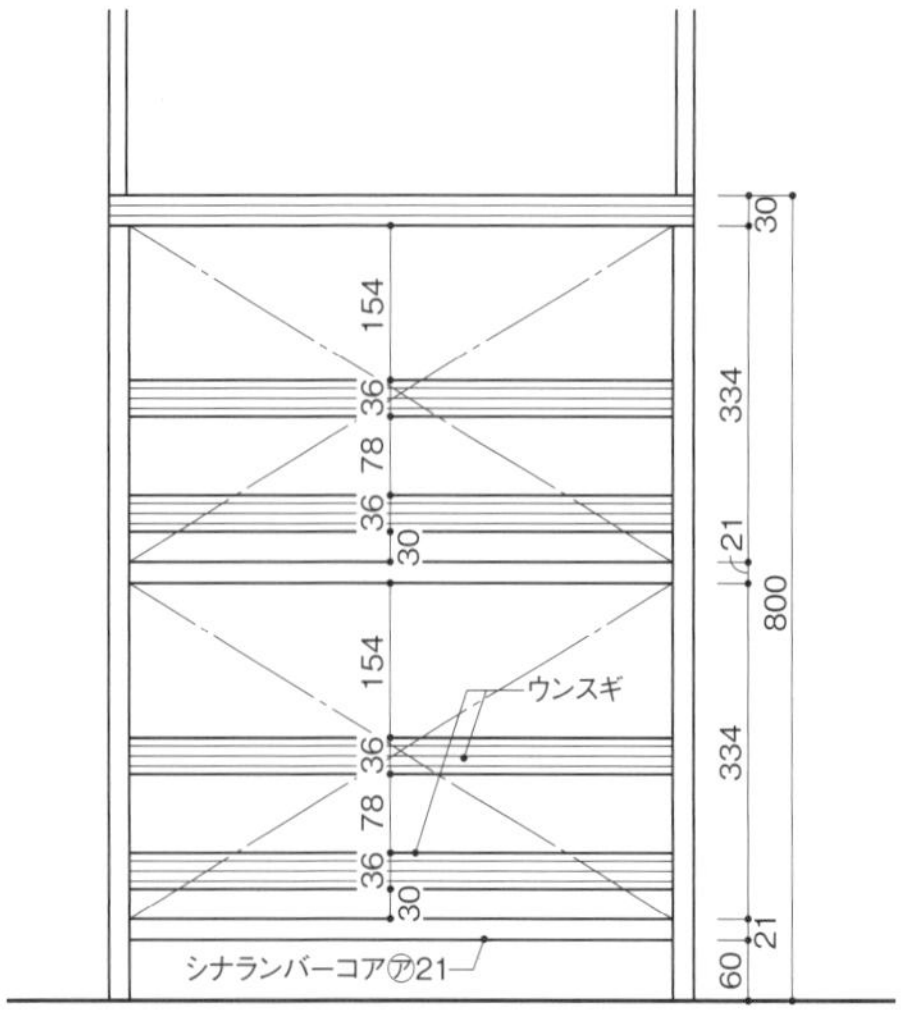


キッチン収納立面図（S＝1：15）

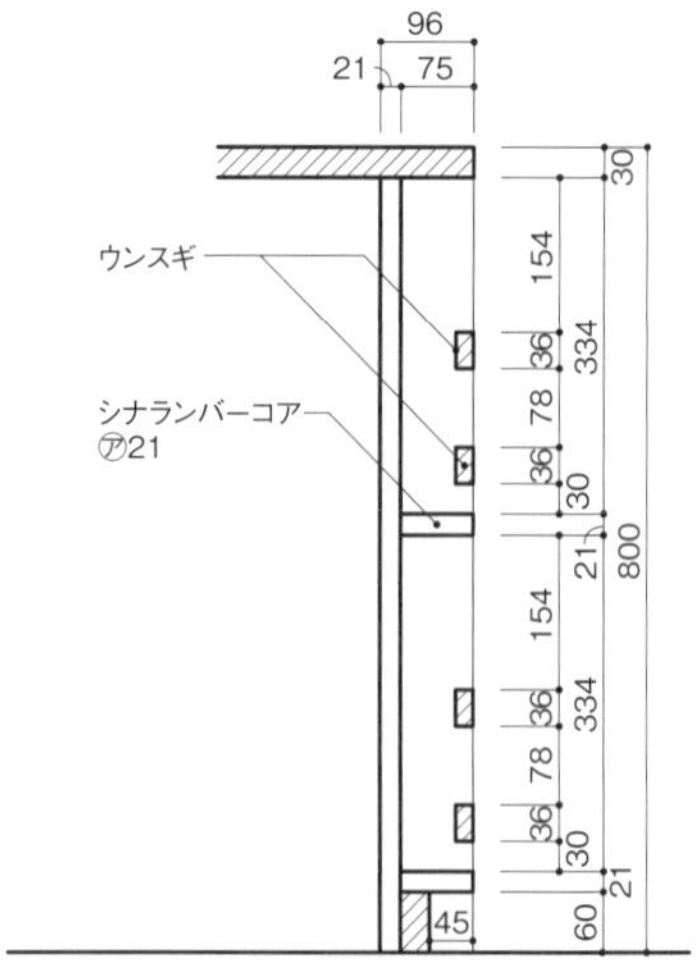


マガジンラック断面図（S＝1：15）

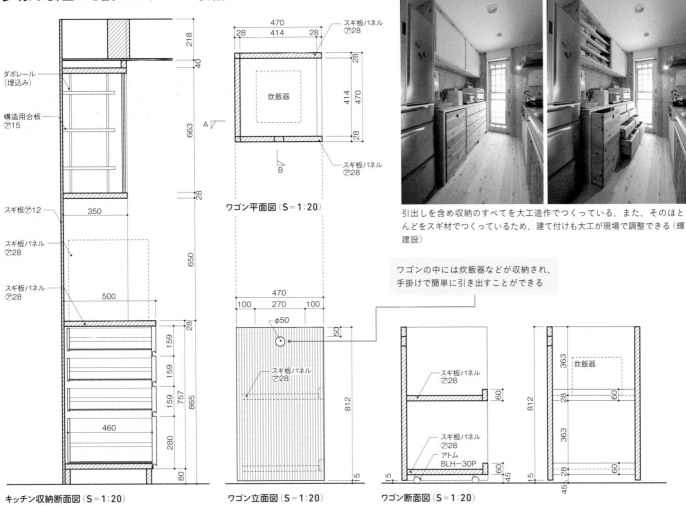

## 多様な引出しを設けたキッチン収納

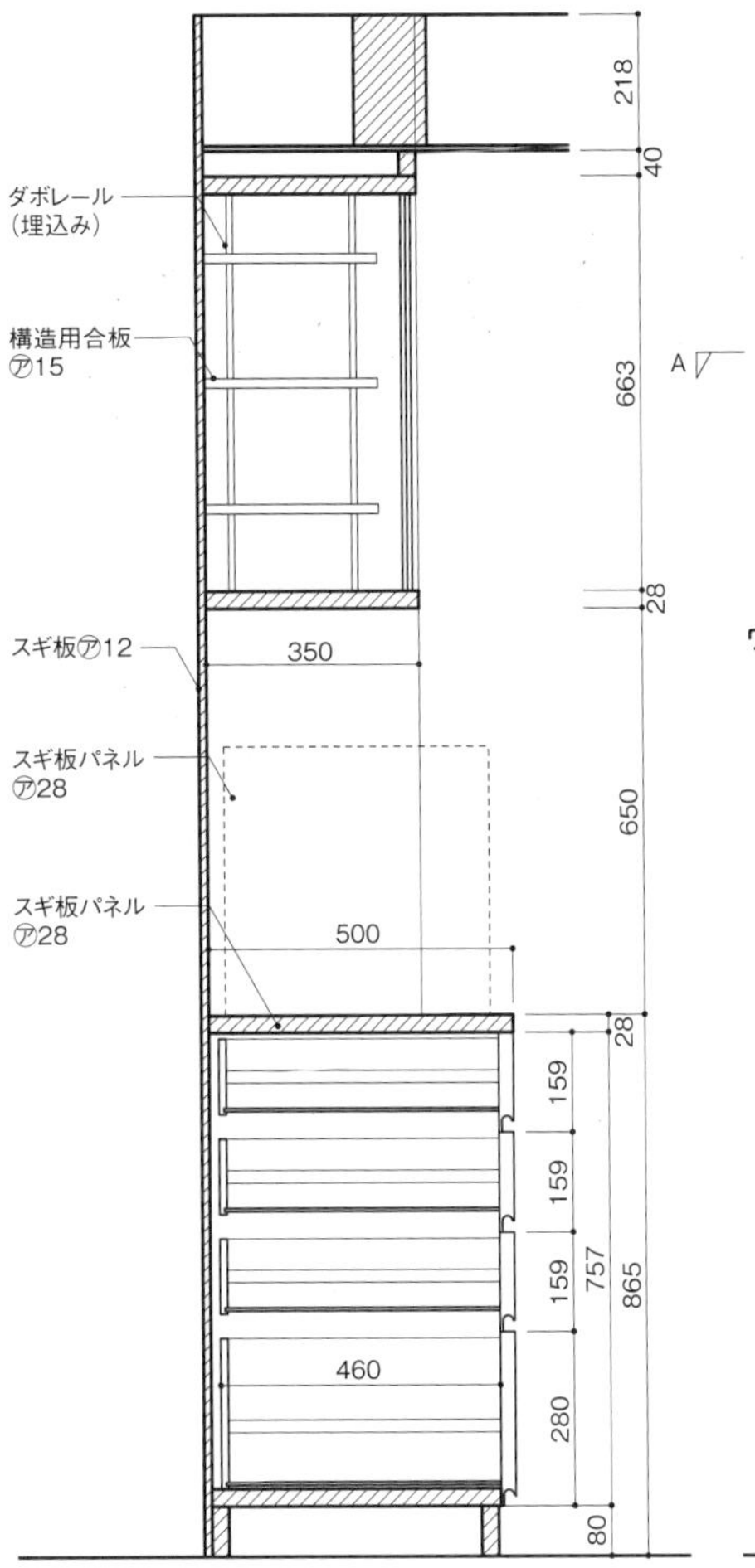

ダボレール（埋込み）
構造用合板㋐15
スギ板㋐12
スギ板パネル㋐28
スギ板パネル㋐28
350
500
460
218
40
663
28
650
28
159
159
159
280
757
865
80


キッチン収納断面図（S＝1：20）

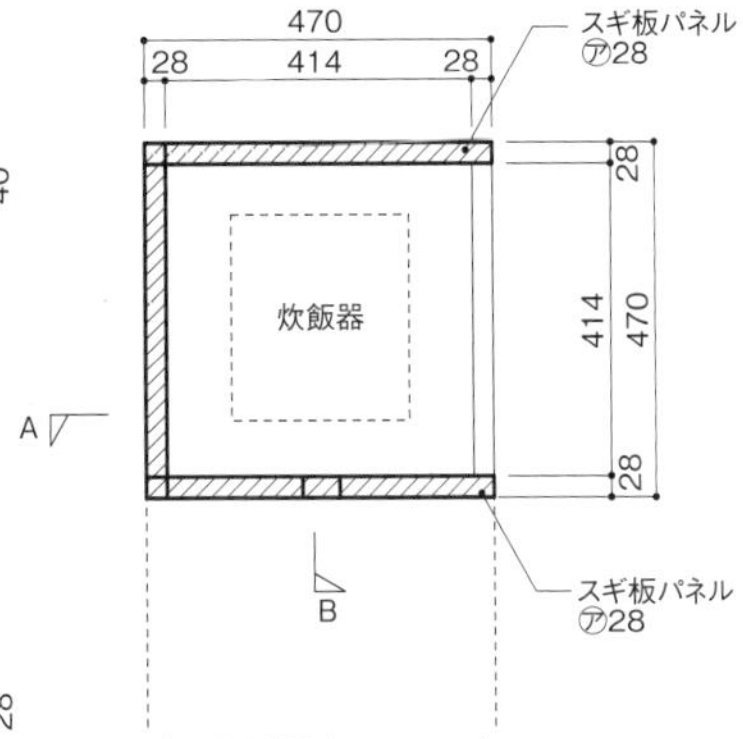

470
28
414
28
スギ板パネル㋐28
炊飯器
28
414
470
28
スギ板パネル㋐28
A
B


ワゴン平面図（S＝1：20）

引出しを含め収納のすべてを大工造作でつくっている。また、そのほとんどをスギ材でつくっているため、建て付けも大工が現場で調整できる（輝建設）

ワゴンの中には炊飯器などが収納され、手掛けで簡単に引き出すことができる

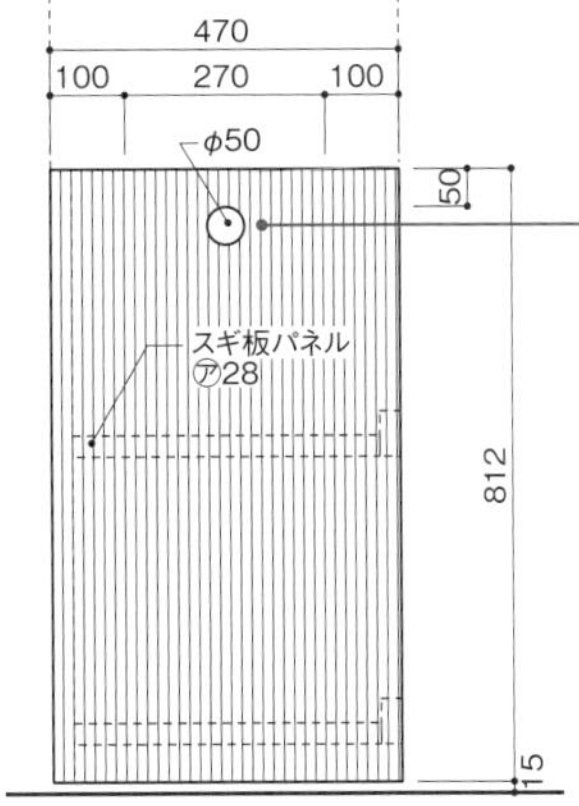

470
100
270
100
φ50
50
スギ板パネル㋐28
812
15


ワゴン立面図（S＝1：20）

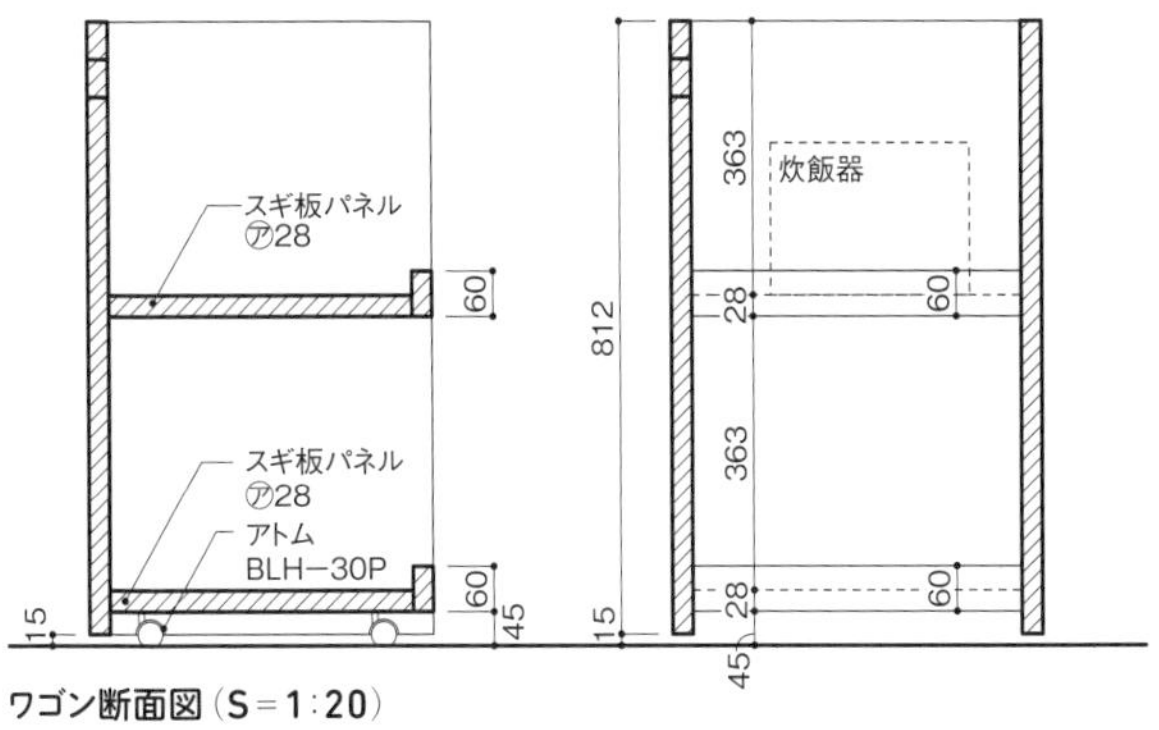

スギ板パネル㋐28
60
スギ板パネル㋐28
アトム BLH－30P
60
45
15
812
363
炊飯器
28
60
363
28
60
15
45


ワゴン断面図（S＝1：20）

アイデア **20**

# 異なる寸法の物が入るキッチン収納

キッチンにはさまざまなものが収納される。
それらが重なり合わず
使い勝手よく収納されるには、
収納物の高さに合わせた
収納スペースづくりが重要になる。
ここでは、その好例を紹介する。

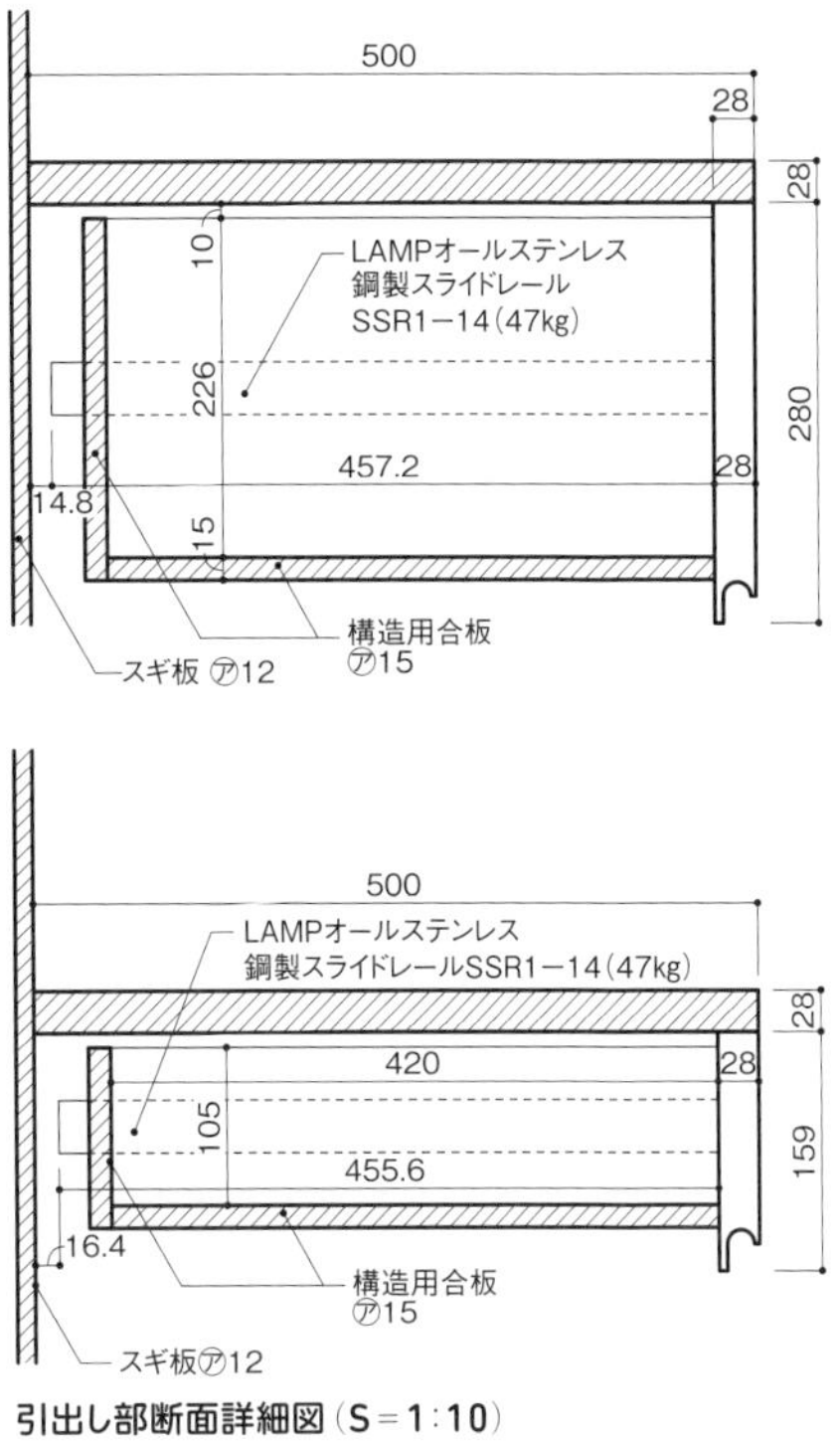

500
28
28
LAMPオールステンレス鋼製スライドレール SSR1－14（47kg）
10
226
280
457.2
28
14.8
15
構造用合板㋐15
スギ板 ㋐12
500
LAMPオールステンレス鋼製スライドレールSSR1－14（47kg）
28
420
28
105
159
455.6
16.4
構造用合板㋐15
スギ板㋐12


引出し部断面詳細図（S＝1：10）

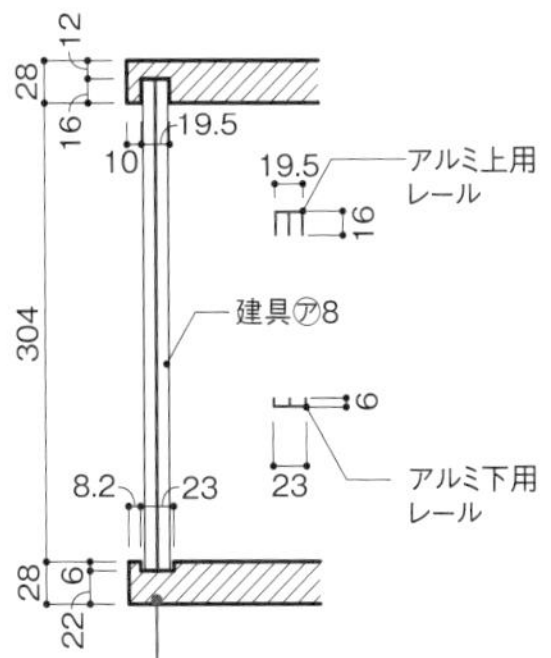

12
28
16
19.5
10
19.5
アルミ上用レール
16
304
建具㋐8
6
8.2
23
23
アルミ下用レール
28
6
22


深さ6㎜の溝をついて、その上にアルミ製のレールをはめ込んで引戸としている

吊戸棚引戸（S＝1：10）



設計・施工：輝建設

## アイデア 21 キッチンカウンター前面のディスプレイ収納

金町の家のダイニングキッチン。収納が細かく設けられているため、小さいながらも置き家具を必要としない

ディスプレイ収納の詳細。アクリル板の扉もマグネットラッチで開閉するシンプルなもの

### ディスプレイ収納の詳細

断面図（S=1:20）

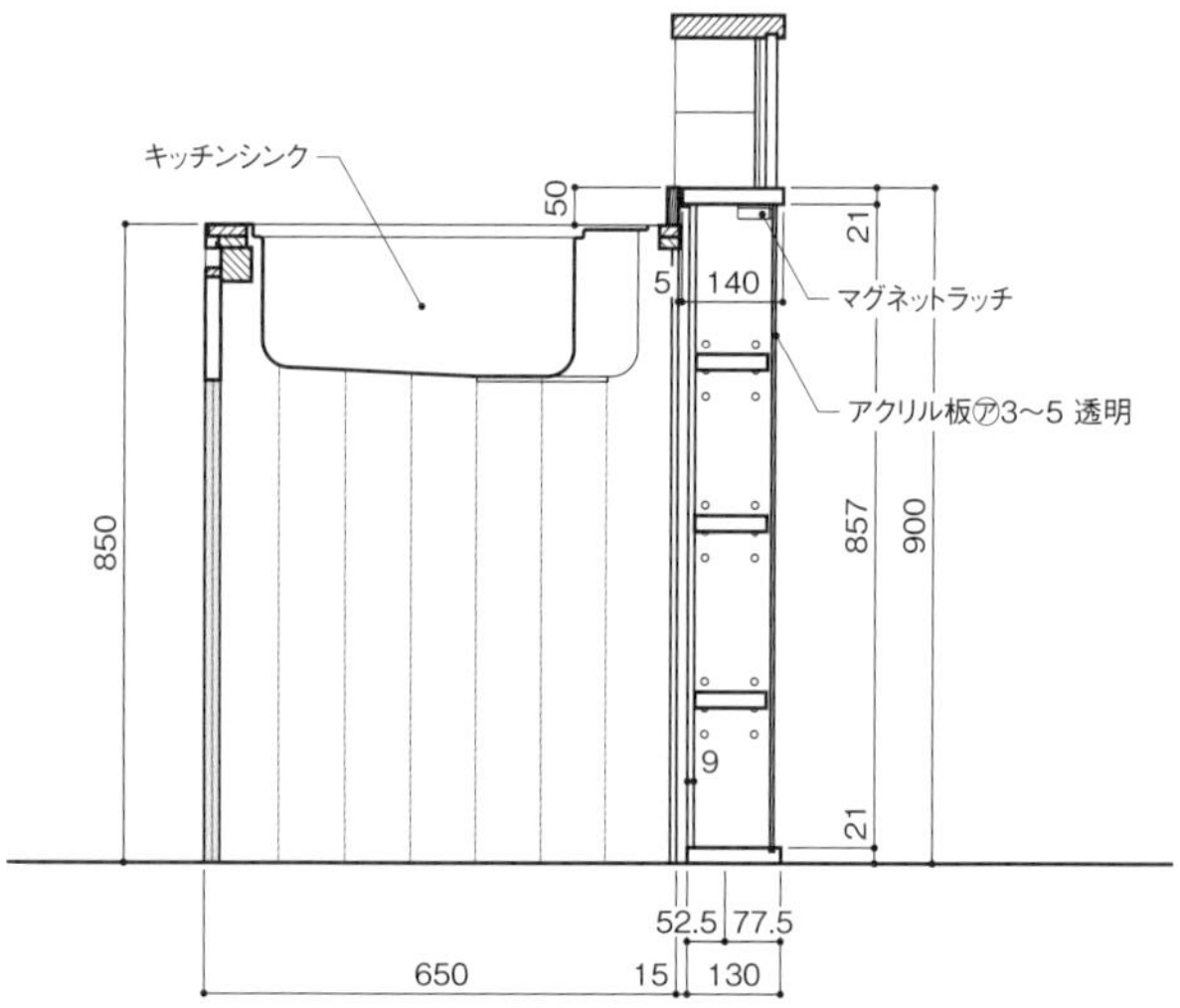
キッチンシンク
50
21
5
140
マグネットラッチ
アクリル板㋐3〜5 透明
850
857
900
9
21
52.5
77.5
650
15
130

立面図（S=1:20）

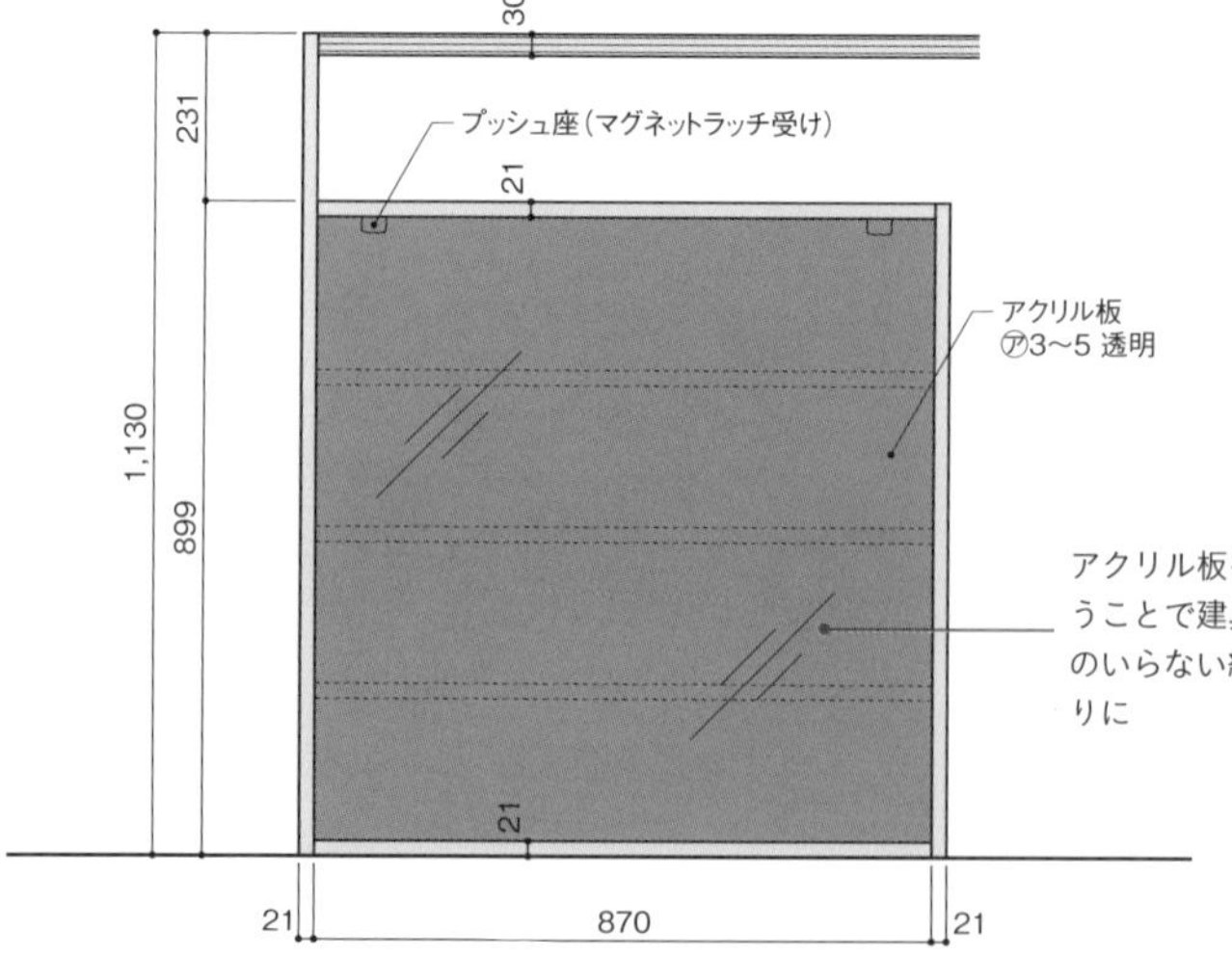
30
231
プッシュ座（マグネットラッチ受け）
21
アクリル板
㋐3〜5 透明
1,130
899
アクリル板を使うことで建具屋のいらない納まりに
21
21
870
21

設計・施工：田中工務店

# アイデア 22 テレビ台とキッチンを兼ねる家具ユニット

天井は既存板張りをそのまま生かす
扉の面材はラワン合板を白でOP塗装したもの
裏側にはキッチンの作業台、その奥にはキッチン・収納棚が設置されている
薪ストーブの背面は薄くスライスした大谷石を張り付け
テレビ台のカウンターはタモ集成材
下部の扉の面材は蚊帳の生地と、ラワン合板を白でOP塗装
床は節ありのスギムクフローリング


N家の住処のリビング。古民家の改修で、大空間を生かすべく大きな広間（リビング）にキッチンなどの家具ユニットを設計した

## 家具ユニット断面図（S＝1：25）

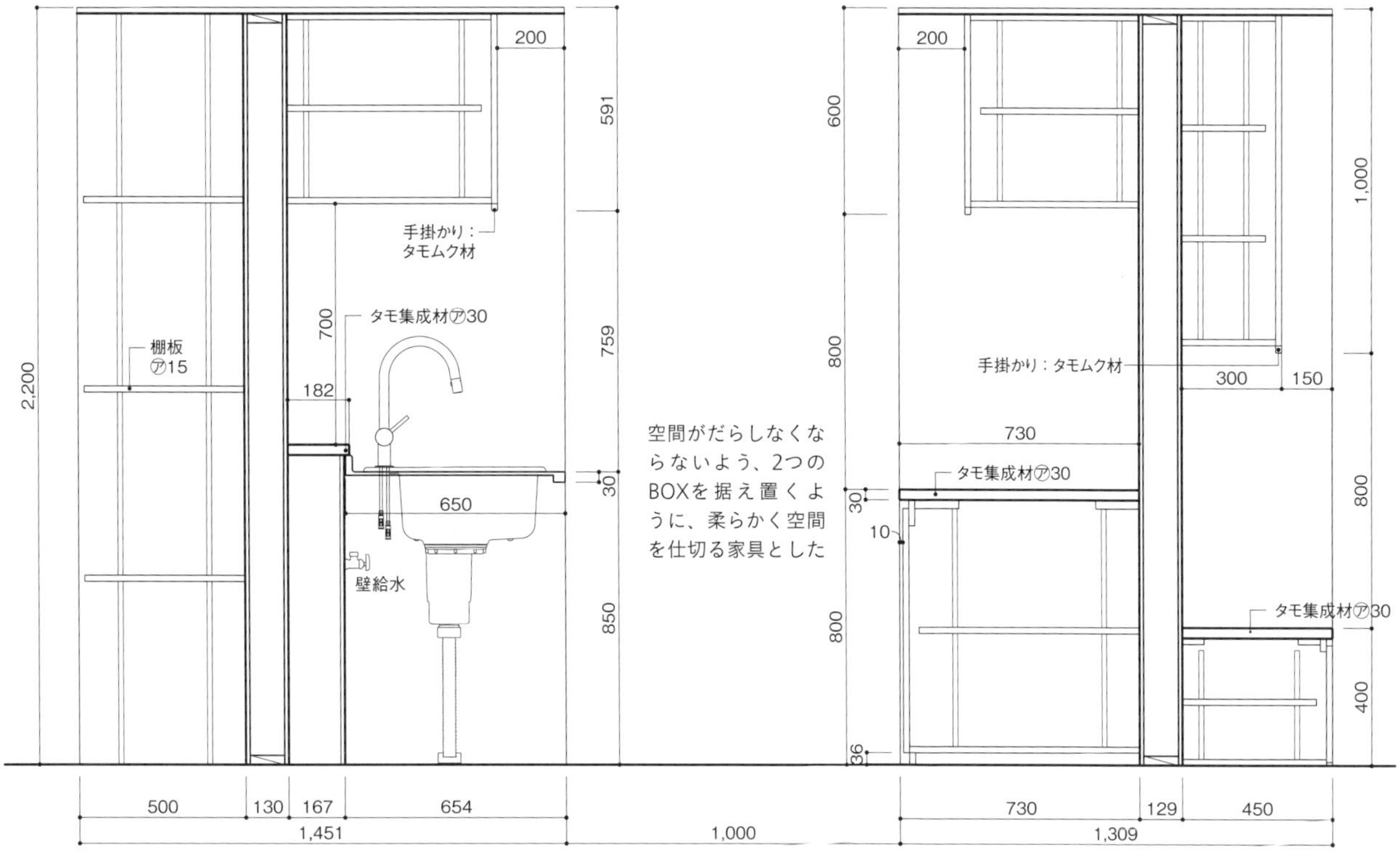

200
591
759
850
2,200
手掛かり：タモムク材
タモ集成材㋐30
700
182
棚板㋐15
650
30
壁給水
500
130
167
654
1,451
1,000
600
800
800
36
200
1,000
手掛かり：タモムク材
300
150
730
タモ集成材㋐30
30
10
800
タモ集成材㋐30
400
730
129
450
1,309


空間がだらしなくならないよう、2つのBOXを据え置くように、柔らかく空間を仕切る家具とした



設計・施工：住空間設計LIVES／COMODO建築工房

## アイデア 23 ナチュラルな洗面台をデザインする

モザイクタイルはニューコスマティーRA0501（アドヴァン）

洗面台の面材は古材をオイル仕上げしたもの

### 古材で落ちついた雰囲気をもつ洗面台

面材に古材を使うことで、カフェのような落ちついた雰囲気となったO邸の洗面台

### ムク材とモザイクタイルの洗面台

タモの集成材とモザイクタイルの明るく柔らかな印象のL邸の洗面スペース

洗面台カウンターはタモをウレタン塗装している

## アイデア 24 タイルで玄関をデザインする

### 明るいタイルを使った玄関

O邸の玄関。明るい色のタイルを使うことで玄関の暗い印象を解消している

### さまざまなタイルで玄関をつくる

土間、玄関床、廊下と2段階の床レベルを設けたM邸の玄関。タイルの寸法を変えることで玄関を高級に見せている

壁はEM珪藻土（白菊）

上がり框のモザイクタイルはニューコスマティーRA0509（アドヴァン）

土間のタイルはアッシジ150角平（名古屋モザイク）

床はエンボス処理されたパインのシートフローリング

# アイデア 25 モザイクタイルの可愛らしい水廻り

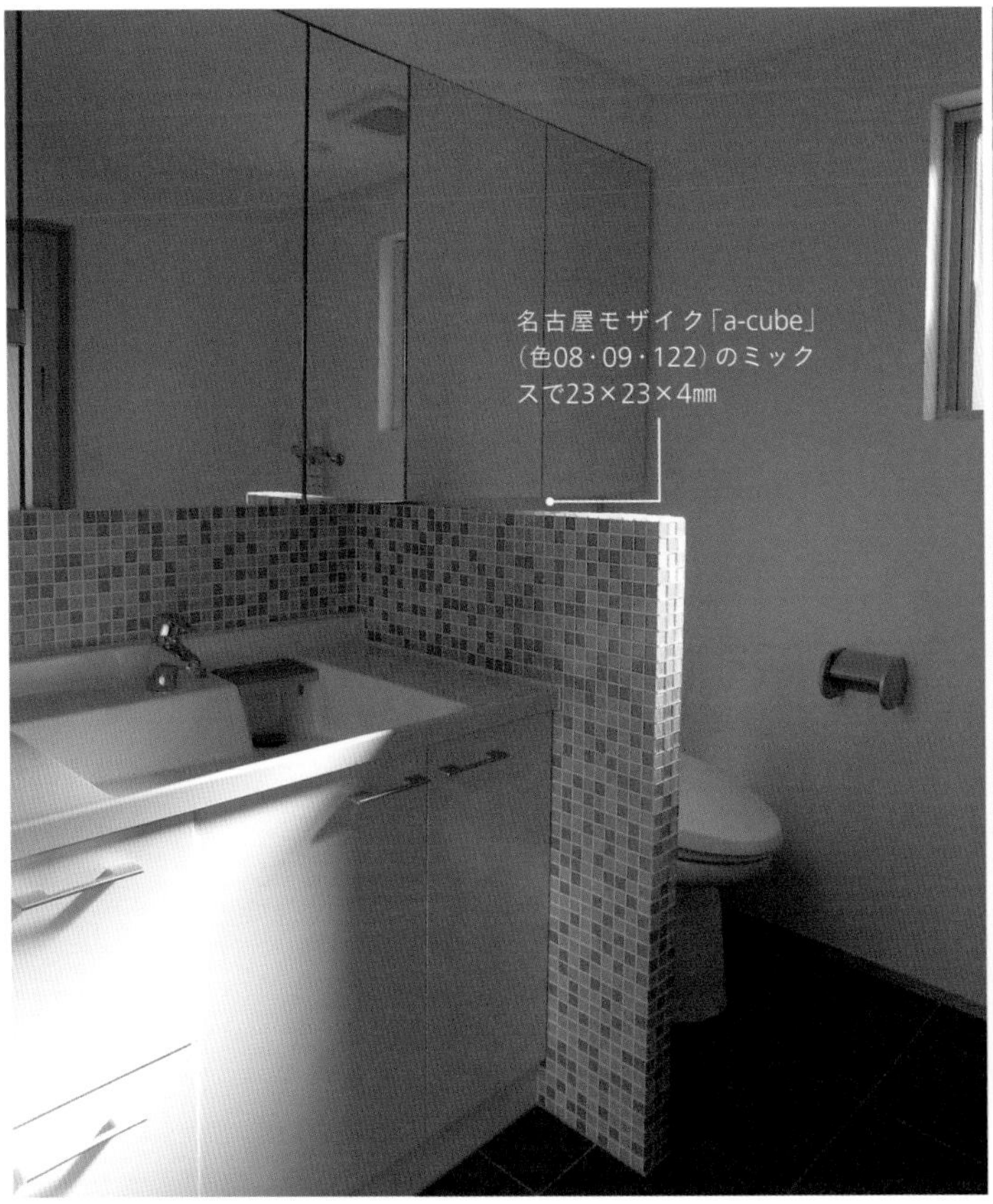
名古屋モザイク「a-cube」（色08・09・122）のミックスで23×23×4㎜

## モザイクタイルの間仕切でトイレを仕切る

トイレと洗面台を仕切る間仕切をモザイクタイルで仕上げた。モザイクタイルで柔らかな雰囲気を出しつつ、線を極力少なくシンプルに設計

名古屋モザイク「a-cube」（色100）で23×23×4㎜
名古屋モザイク「a-cube」（色31）で23×23×4㎜
床はスギ板張り

## モザイクタイルを多用した造作の洗面台

カウンタートップと壁面にモザイクタイルをつかった洗面台。シナランバーを持ち出して、洗面ボウルを設置したシンプルな構

### 水廻り詳細図（S＝1：40）

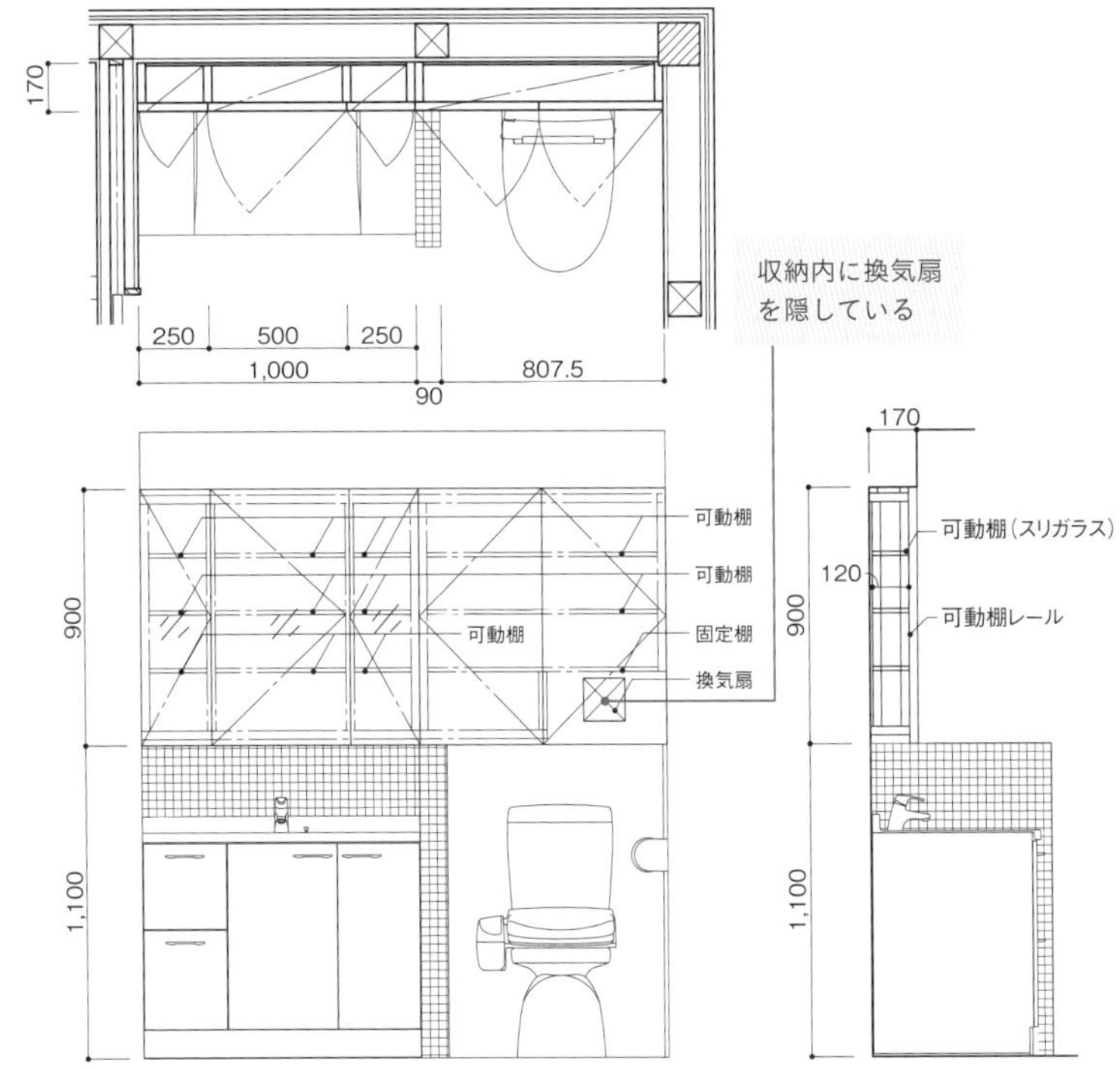
170
収納内に換気扇を隠している
250
500
250
1,000
90
807.5
900
1,100
可動棚
可動棚
可動棚
固定棚
換気扇
170
120
可動棚（スリガラス）
可動棚レール
900
1,100

### 洗面台詳細図（S＝1：40）

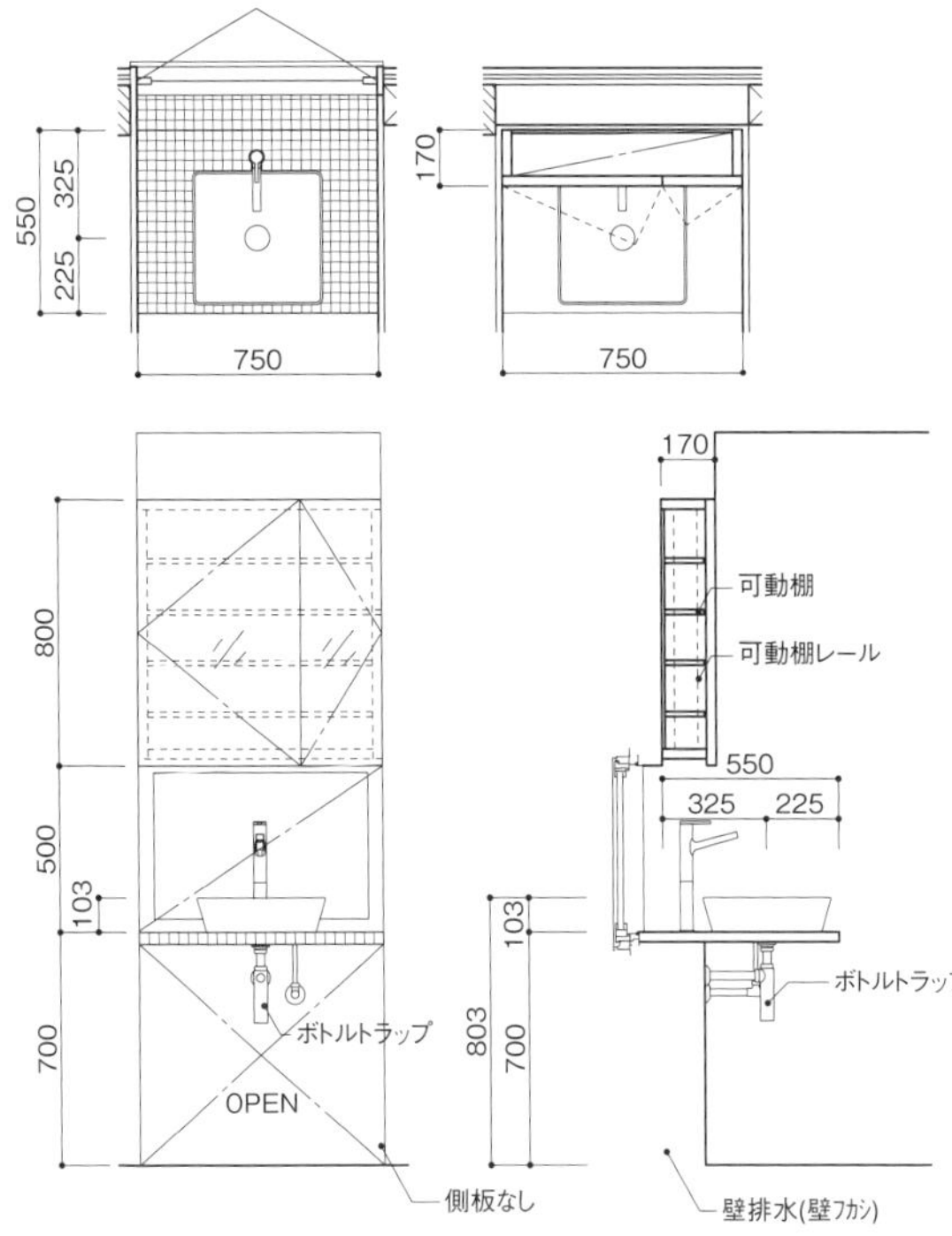
550
325
225
750
170
750
800
500
103
700
OPEN
ボトルトラップ
側板なし
170
可動棚
可動棚レール
550
325
225
103
803
700
ボトルトラップ
壁排水(壁フカシ)

アイデア23・24（設計・施工：OKUTA）
アイデア25（設計：高橋一総・代田倫子、監督：岩本竜一、大工：岡野雅春／加賀妻工務店）

## 木の天板を使った洗面台

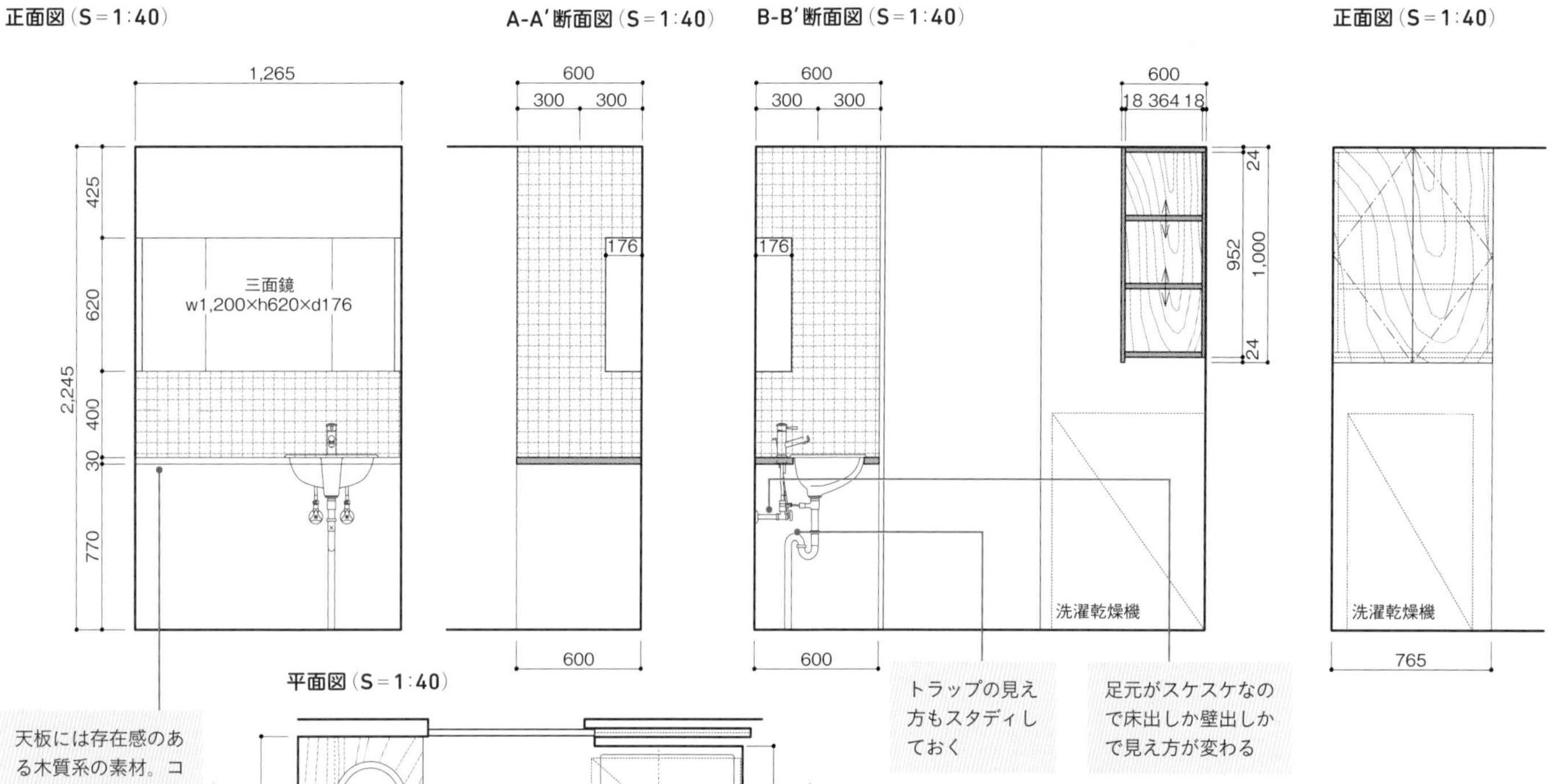
天板には存在感のある木質系の素材。コストを考えるとリアルパネルなどになる


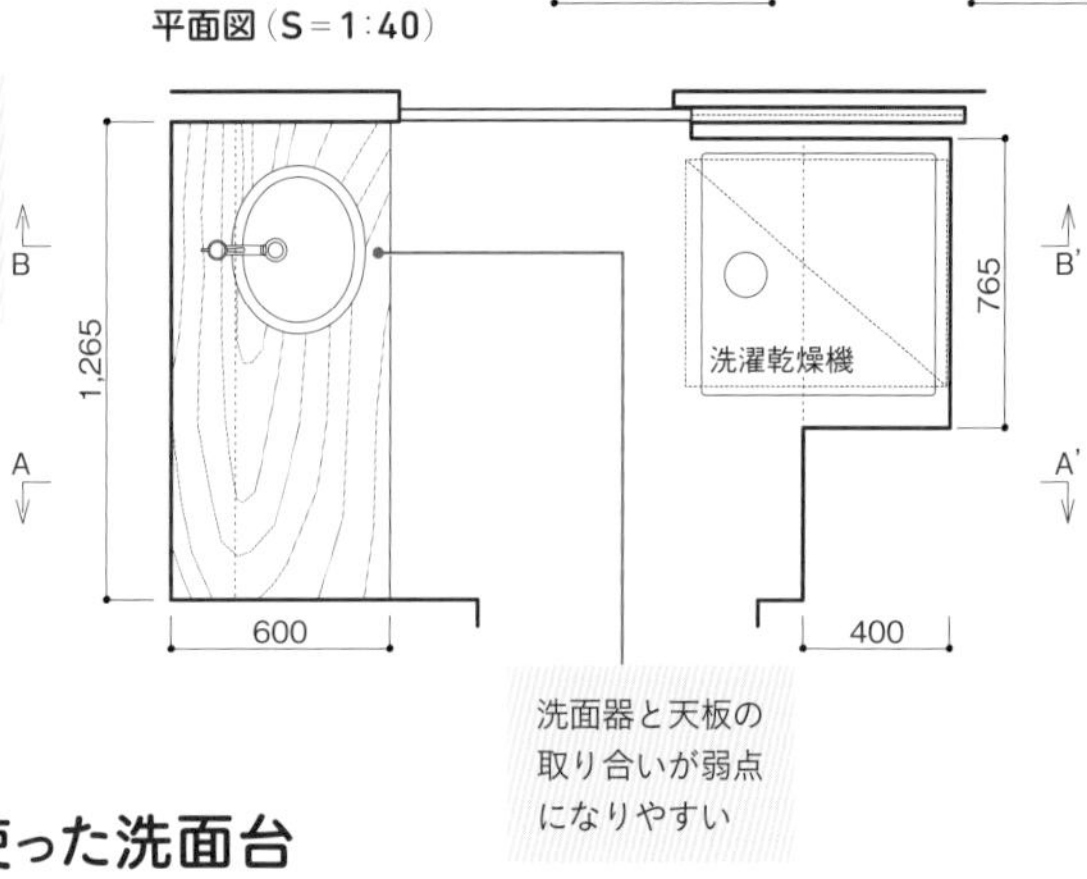


アイデア 26

# 廉価なナチュラルテイストの洗面台

既製品を組み合わせて廉価につくるオリジナル造作洗面台。

## 木の天板を使った洗面台

リアルパネルによる天板と既成品の三面鏡を組み合わせた洗面台。足元が丸見えなので配管の処理にも気を使う

設計:ファロ・デザイン

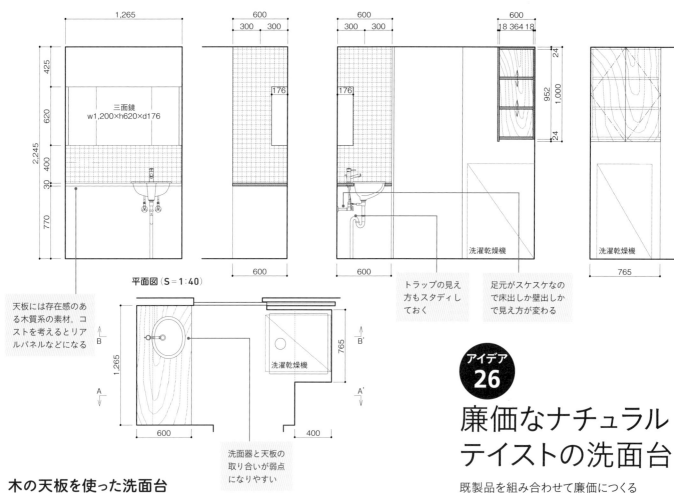

白色とラワンベニアに塗装したこげ茶色を対比させた小さな洗面

造作収納と材質を合せることで存在感を増す

## ナチュラルなミニ洗面台

洗面台を全体をこげ茶色に塗装したラワンベニアで覆うことで、小さいながらも存在感のある洗面台としている

## 実験用洗面を用いた洗面台

アトリエ事務所定番の実験用洗面器

平面図（S＝1：40）

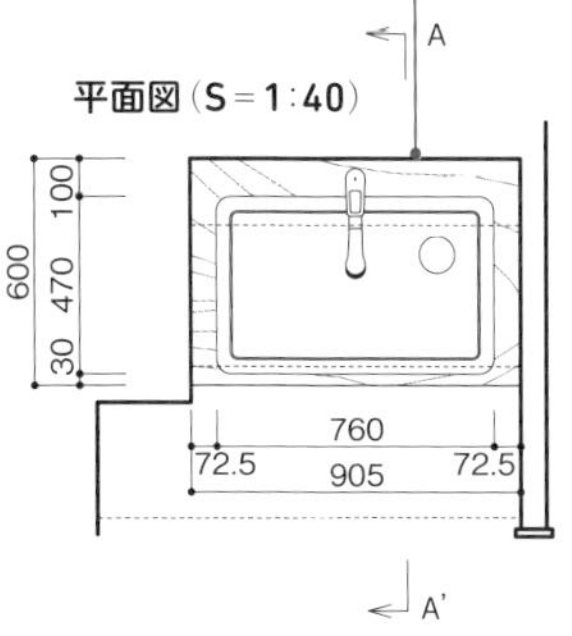
A
100
470
30
600
760
72.5
905
72.5
A'

給水が壁出しなので足元が少しすっきりする

正面図（S＝1：40）

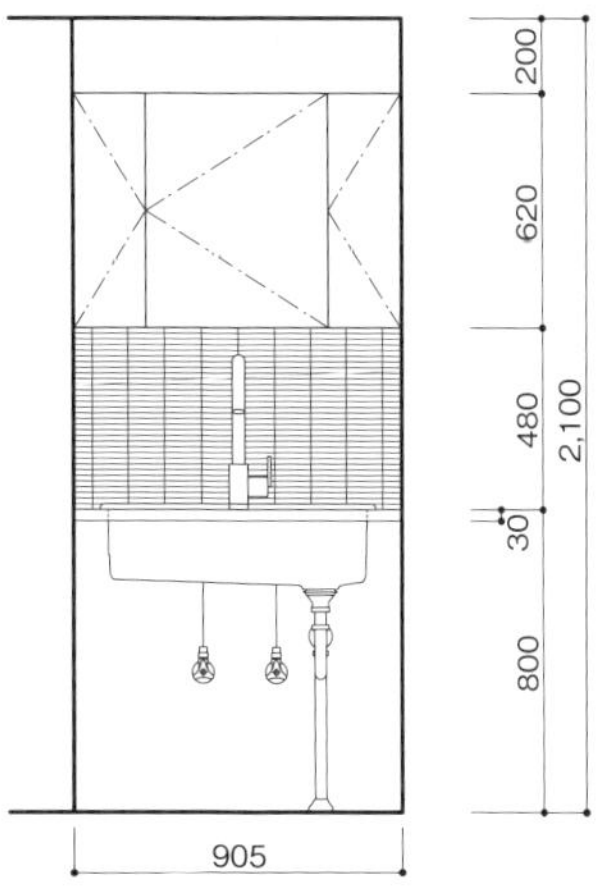
200
620
480
30
800
2,100
905

A-A'断面図（S＝1：40）

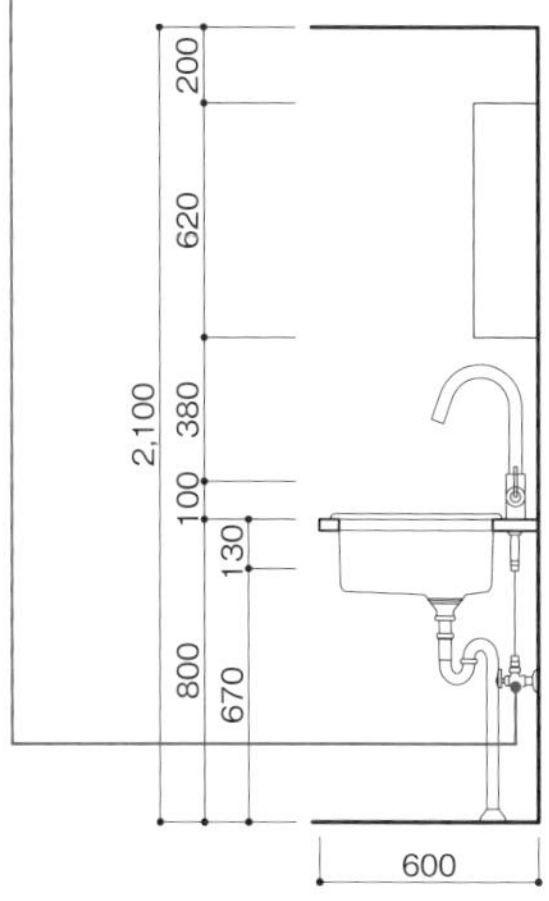
200
620
380
100
130
800
670
2,100
600

大きい割に廉価な実験用の洗面器

## 実験用の洗面器もなじむ洗面台

実験用洗面器と木製天板の組み合わせも相性がよい

収納はサンワカンパニーの既製品

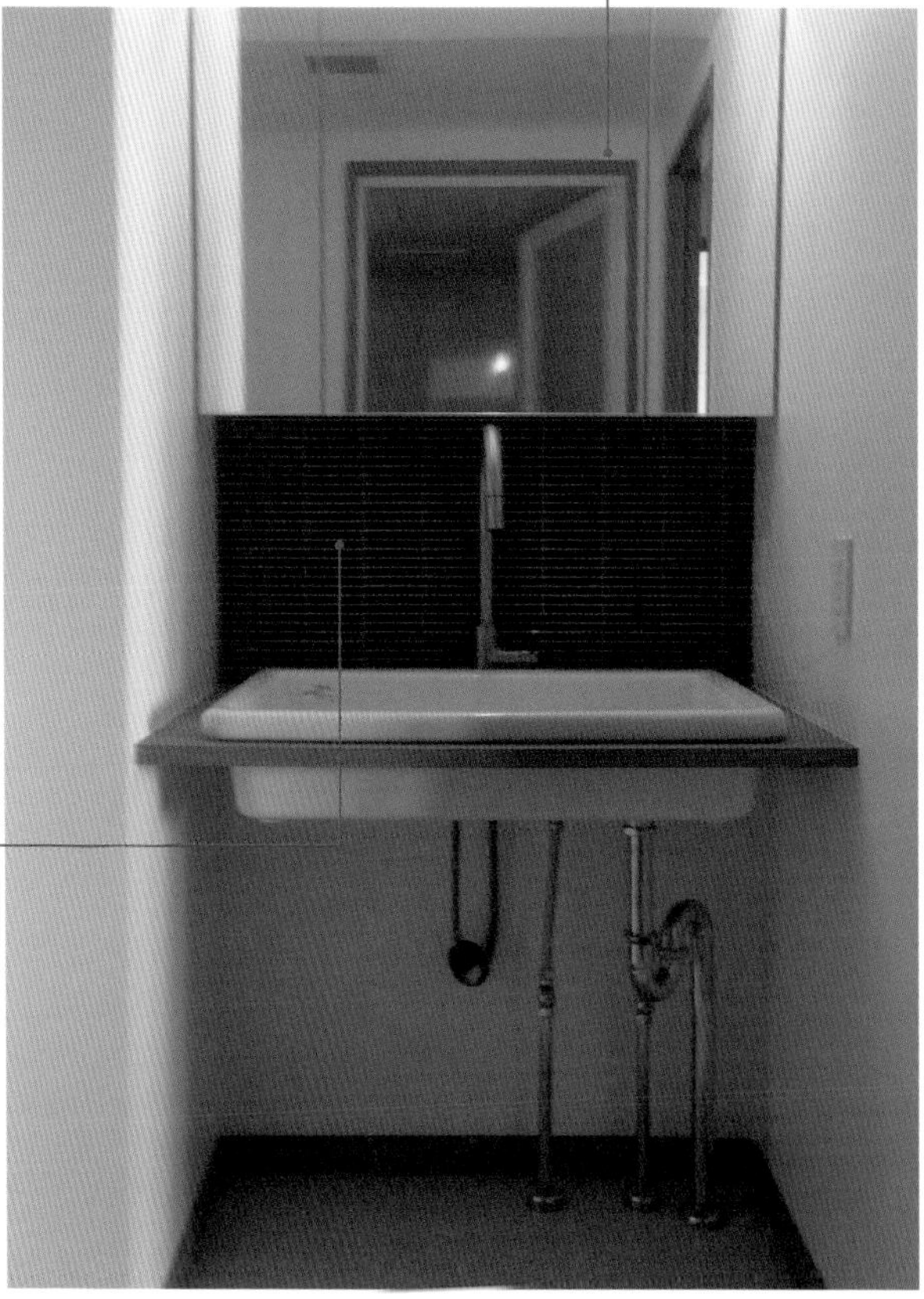

手前の壁にはタイルを貼り、存在感を増す

多用途に使える大きな洗面器を用いる場合は実験用洗面器が廉価かつ機能的でよい。使い方によるが、床出しでも洗面器との間に距離を保てるグースネックとの相性がよい

## 造作洗面化粧台と吊戸棚

シンク部断面（S＝1：30）

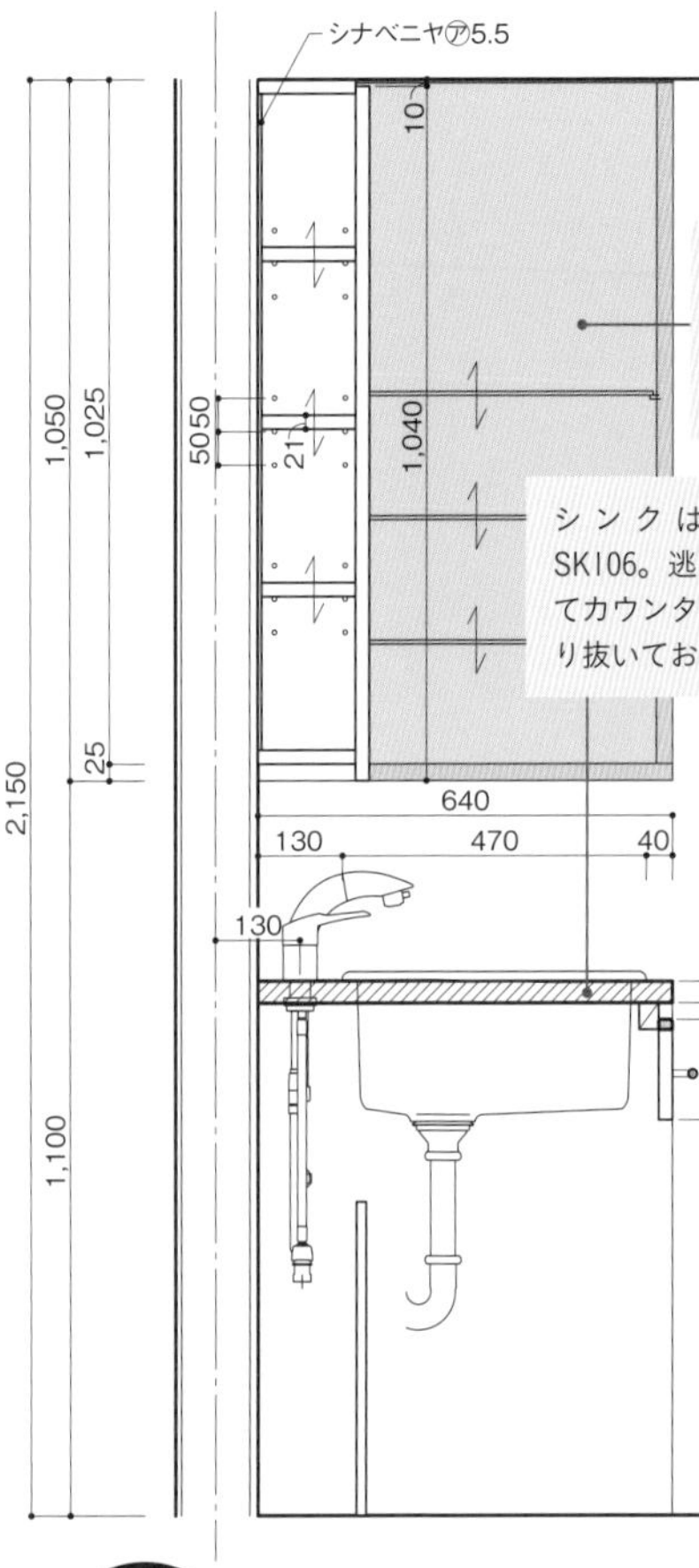


引出し部断面（S＝1：30）

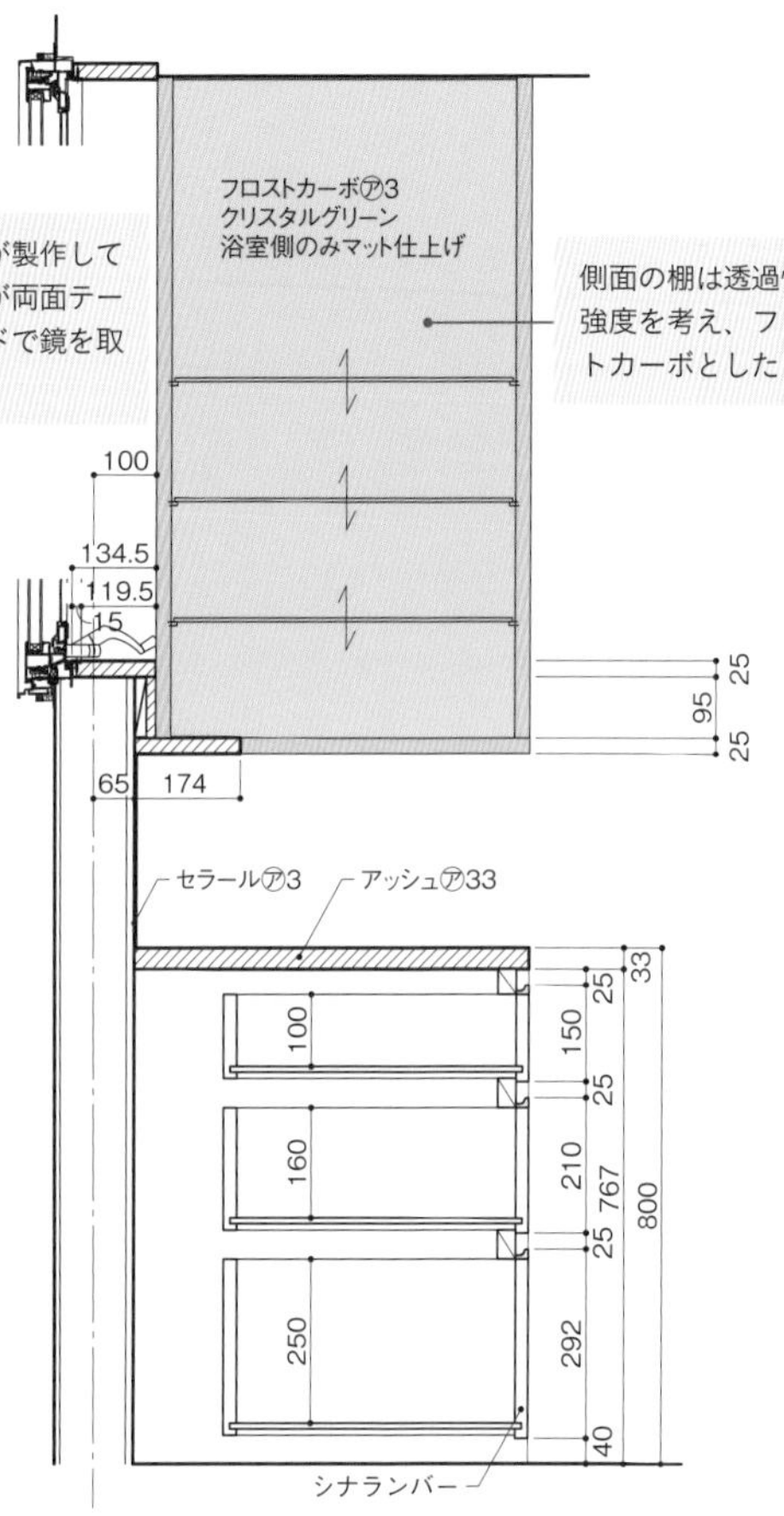

上／大工造作の洗面化粧台。ムク材とランバー材で組み立てられたもので、引き出し部分も大工が製作。引き出しの手掛けはピーラ（ベイマツ）材を使用
下／洗面化粧台の側面、浴室との壁の間にポリカーボネート材でつくられた棚を設置

# アイデア 27 造付け洗面台は、大工造作でつくる

大工造作中心に、木材や合板材と最低限の素材でシンプルに作成した洗面台の例を紹介する。

変形の平面の隅に設置された洗面化粧台とベンチ。
ベンチは内部は収納スペースになっている

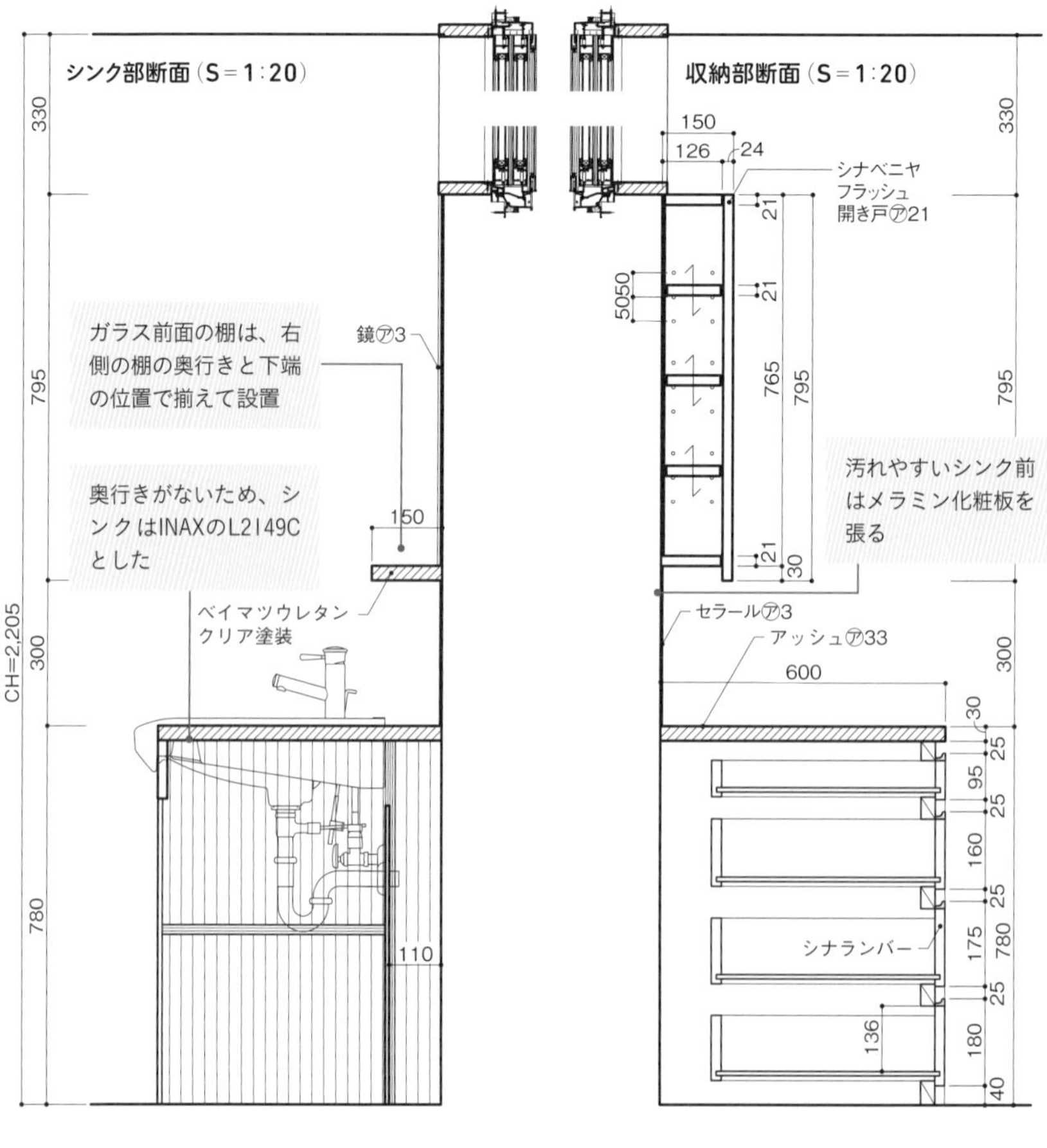


ベンチ下は上から物をしまえる単純な物入れなので車輪をつけた

## 変形平面の洗面化粧台とベンチ

ベンチ部断面（S＝1：20）

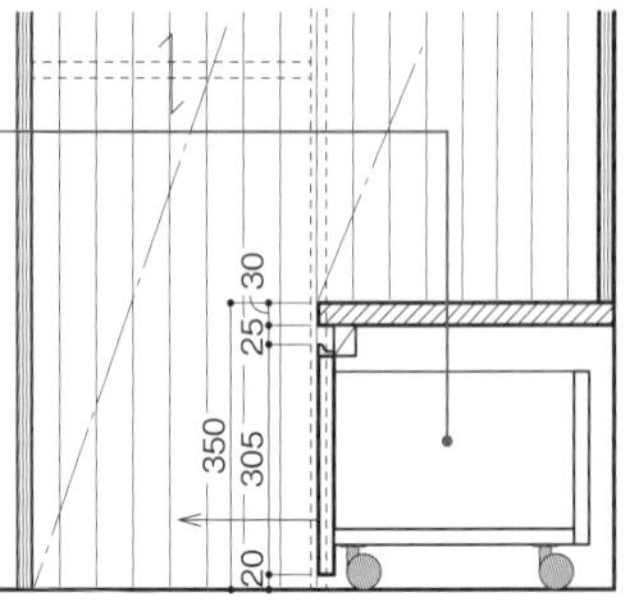

設計・施工：田中工務店

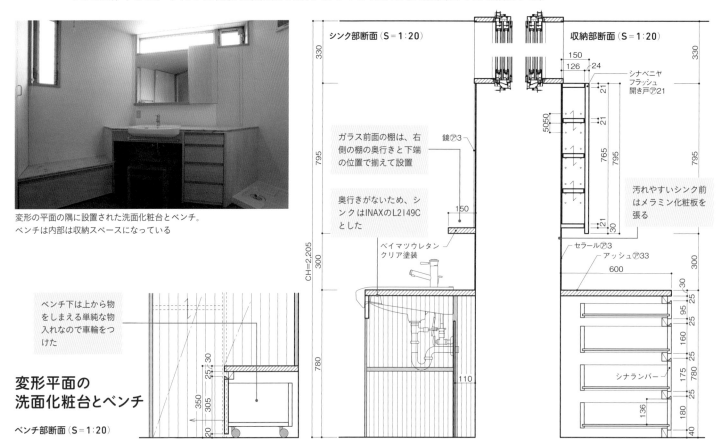

# アイデア 28 水廻りの収納はデッドスペースを生かす

水廻りには、たっぷりスペースをとれない場合が多い。一方で収納すべき物の点数は多いので、収納の取り方に頭を悩ませる場所だ。ここでの基本的なポイントはデッドスペース。洗面の脇や壁のなか、ちょっとした空間を利用して、棚をつくるとよい。

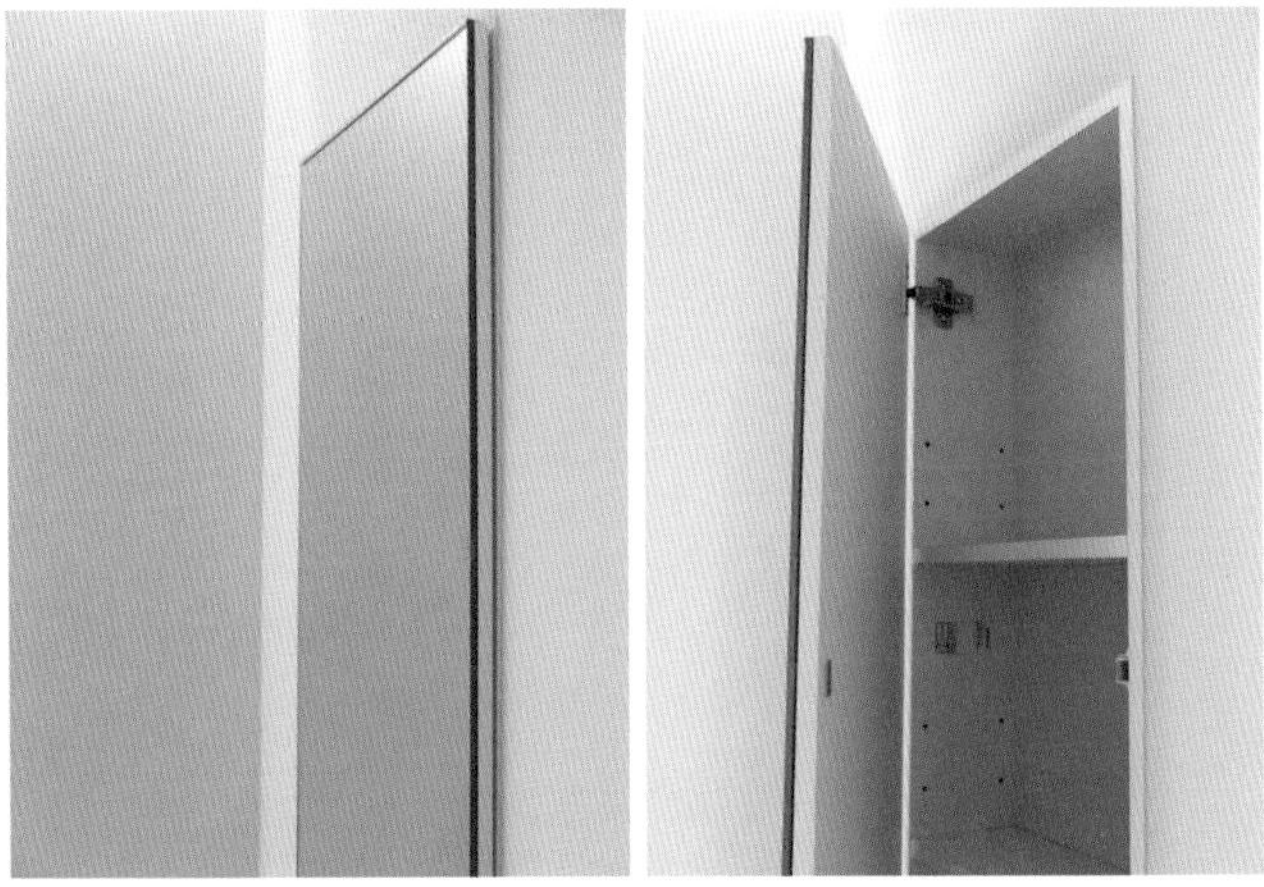

## 水廻り壁内収納をキレイにみせる

壁の中に仕込んだ鏡裏側の収納。棚の小口をうまく処理することですっきりと見せることに成功している（フォーセンス）

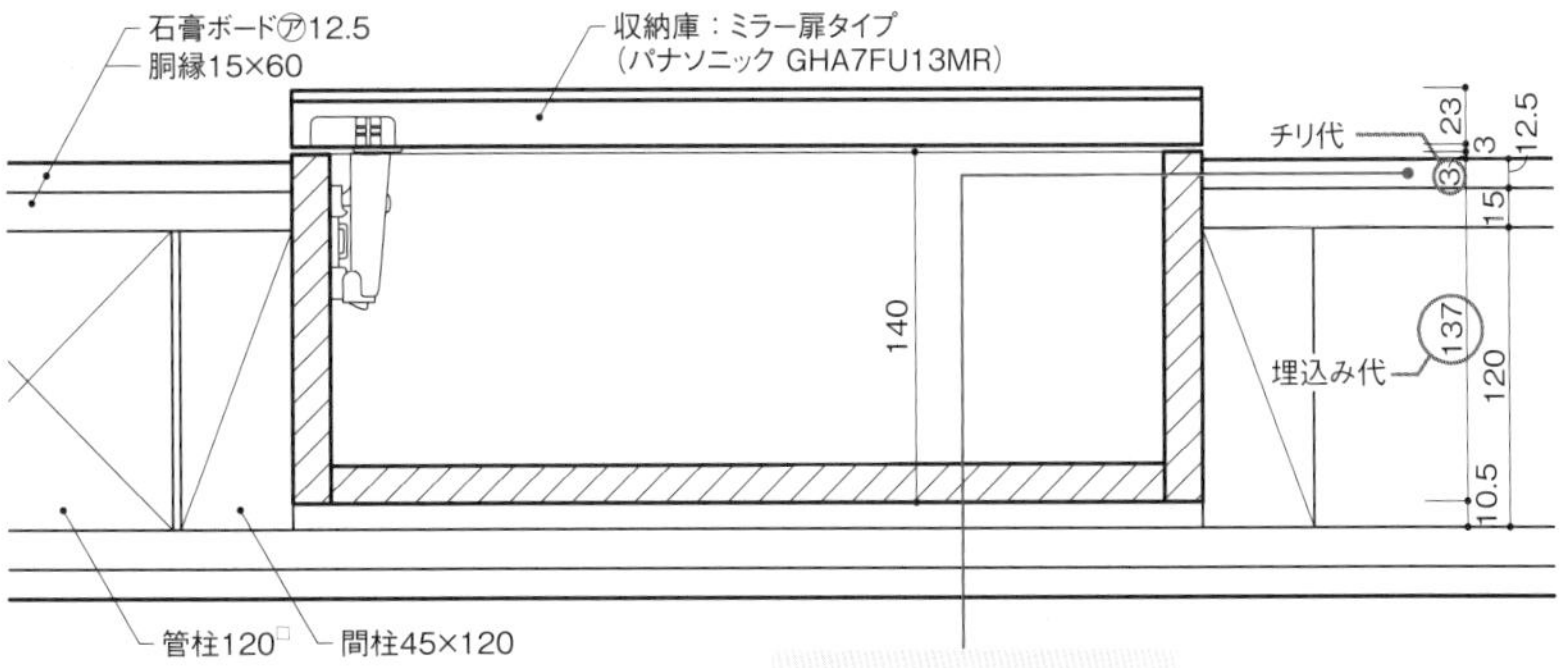

石膏ボード㋐12.5
胴縁15×60
収納庫：ミラー扉タイプ
（パナソニック GHA7FU13MR）
チリ代
23
3
12.5
③
15
140
埋込み代
137
120
10.5
管柱120□
間柱45×120


## 水廻り壁内収納断面図
（S＝1：6）

通常は枠のチリをもっと出すところだが、ここではチリを3㎜とすることですっきりとした印象にした

## 簡易な可動棚をつくる

壁側面に簡単な収納棚を設けた例（写真右側）。白く塗装をすることで、内装にうまく馴染んでいる（キリガヤ）

## 洗面脇に簡易な棚をつくる

パイン材の板を組み合わせてつくった棚。奥行きは290㎜で棚は上下に移動できる（アセットフォー）

## 洗面脇上部に可動棚を設ける

可動棚とすることで、さまざまな大きさのものを収納できる。大工工事で造作している（岡庭建設）

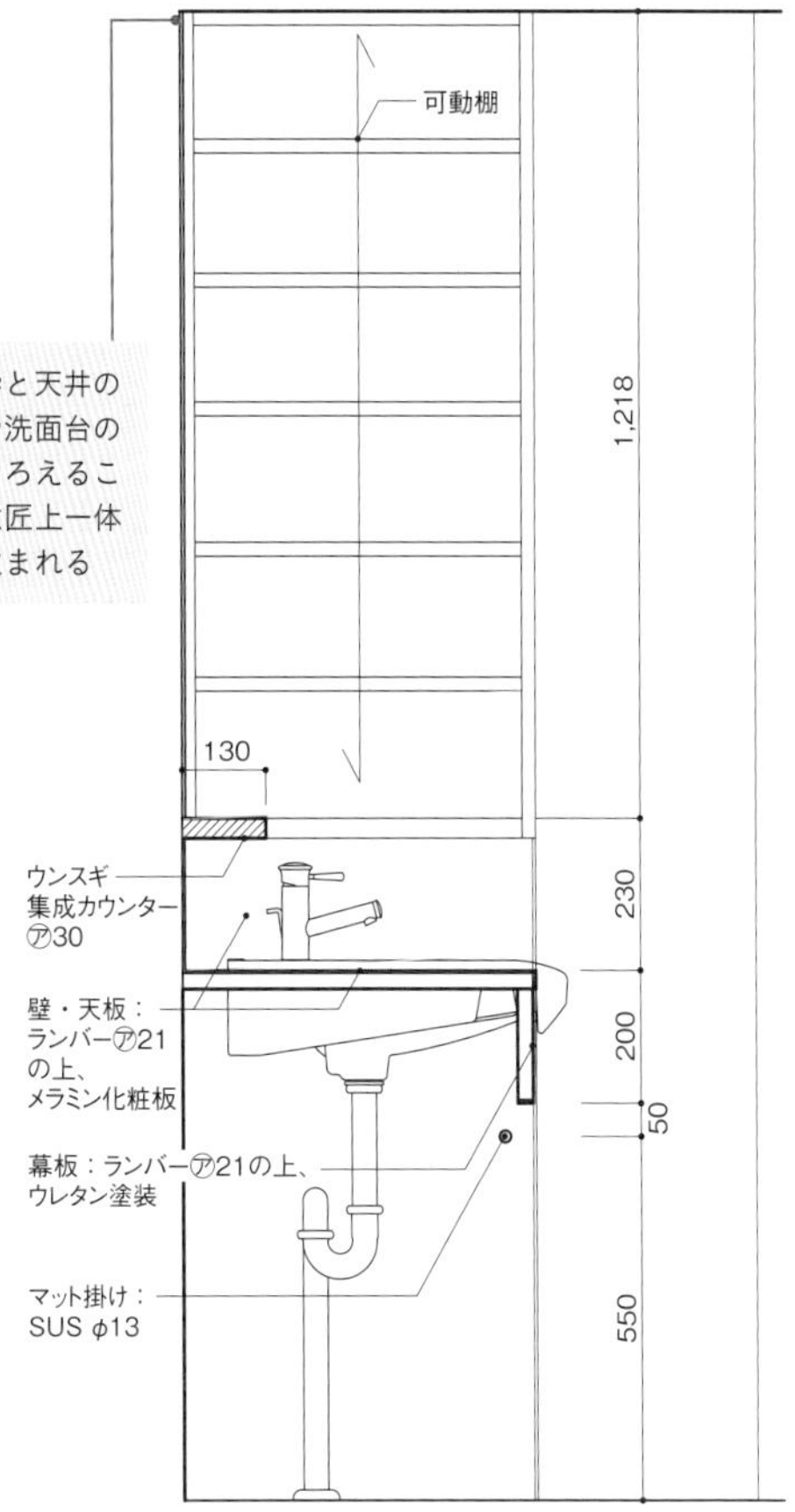

可動棚
1,218
130
ウンスギ
集成カウンター
㋐30
壁・天板：
ランバー㋐21
の上、
メラミン化粧板
幕板：ランバー㋐21の上、
ウレタン塗装
マット掛け：
SUS φ13
230
200
50
550


棚の枠と天井の見切や洗面台の材をそろえることで意匠上一体化が生まれる

## 洗面脇簡易棚展開図（S＝1：20）

## トイレ脇の収納と手洗い

断面（S＝1：20）

立面（S＝1：20）

ホワイトアッシュ⑦30

シナランバー⑦21

30
217
215.3
217
215.3
217
215.3
217
40
800

扉はスペースがないため引戸とし、シナベニヤ5.5mmで仕上げた

平面（S＝1：20）

250
860
150
1,715
55
55
20
220
50
400
352.5
352.5
705

フジデザイン
WDZOC

トイレの脇に設置された収納と手洗い。トイレの側面は奥行きを抑えているが、それでも奥行き250mmあり、十分な収納量である

## トイレ後方の収納

平面（S＝1：20）

50
50
507.5
240
370
910

立面（S＝1：20）

797.5
50
507.5
240
30
30
740

側面にはトイレブラシなどを入れるための開き戸を設置

断面（S＝1：20）

収納前面にスペースがないため、上部から収納物を取りだせるようにしている。深さがあると不便なので下部を殺している

370
30
30
300
73
有効333.5
21
1,100
800
470
シナベニヤ⑦5.5
30
740
67.5
360

左／トイレスペースがせまく、吊り戸棚も設置しにくかったため、トイレの面に収納スペースが設けられた
右／トイレがあるため、天板と脇の部分をあけてトイレの備品などを収納する

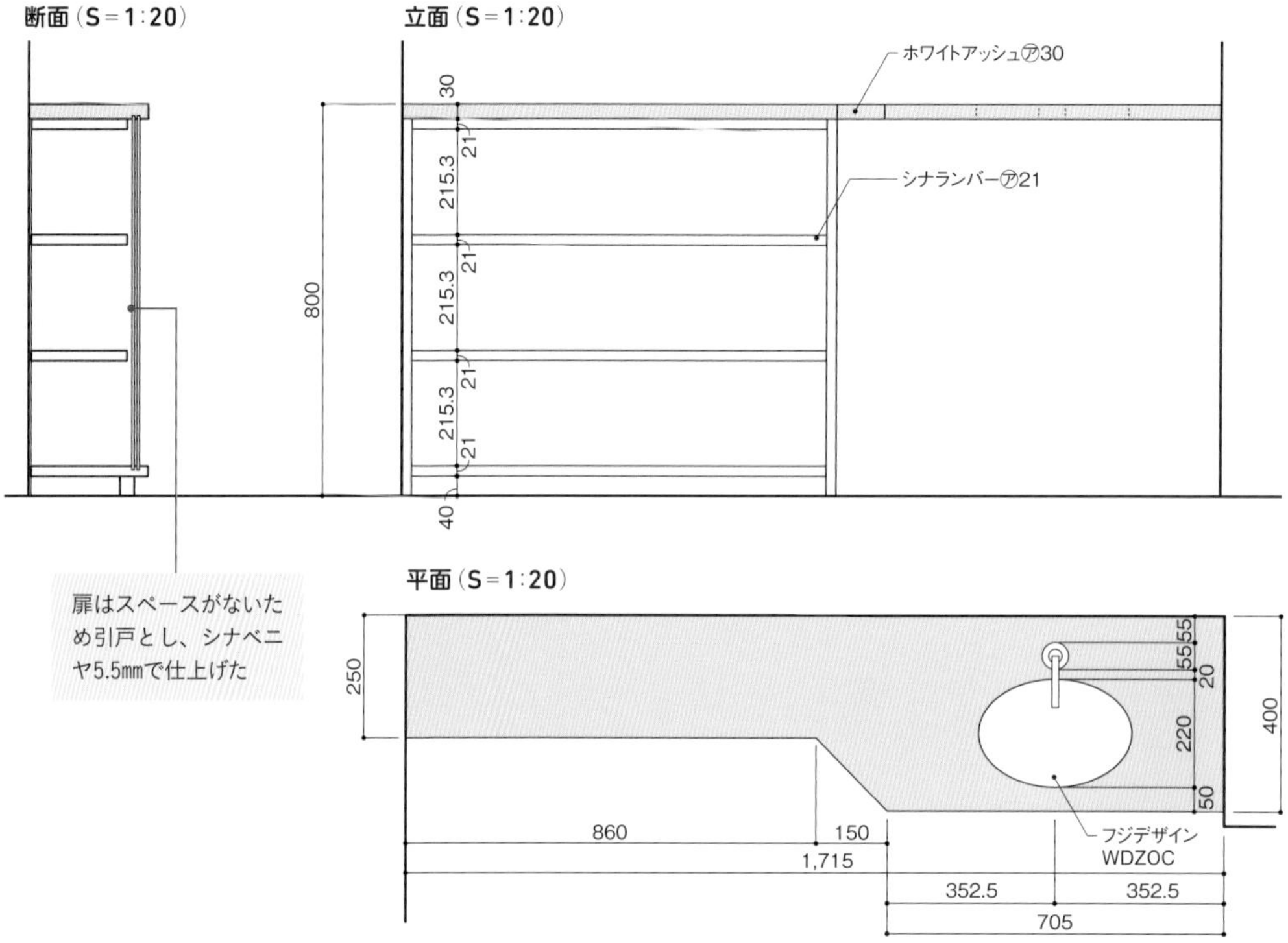

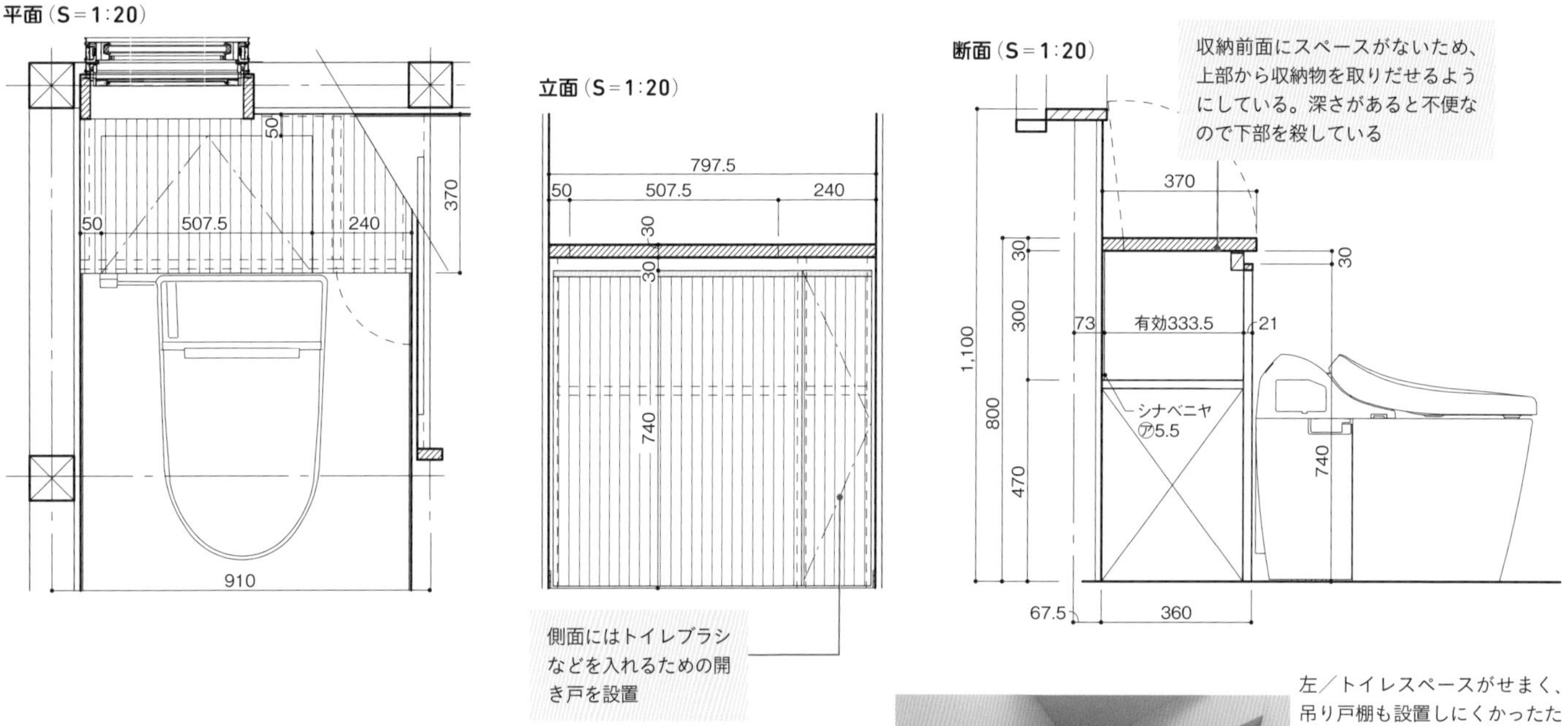

# アイデア 29 トイレの収納は省スペースと使い勝手が大事

子ども部屋が並んだときにその隙間にベッドを設置することで、空間を無駄なく活用できる。

アイデア29（設計・施工：田中工務店）、アイデア30（設計：高橋一総・代田倫子、監督：吉村政弘、大工：鈴木明宏／加賀妻工務店）

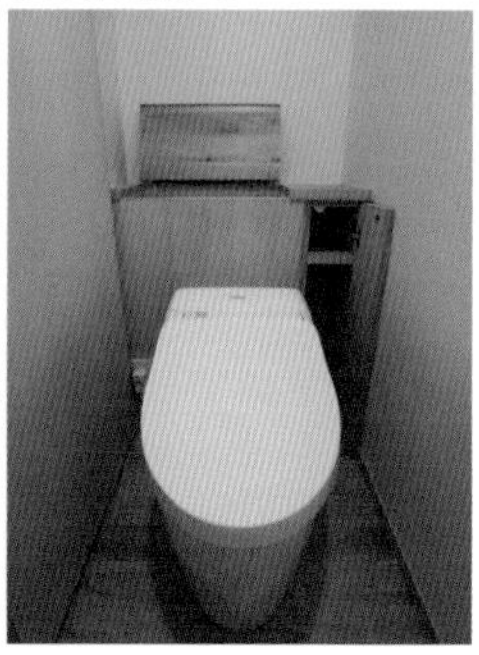

# リビングと玄関の収納のアイデア

### 家具ユニット詳細図（S＝1：40）

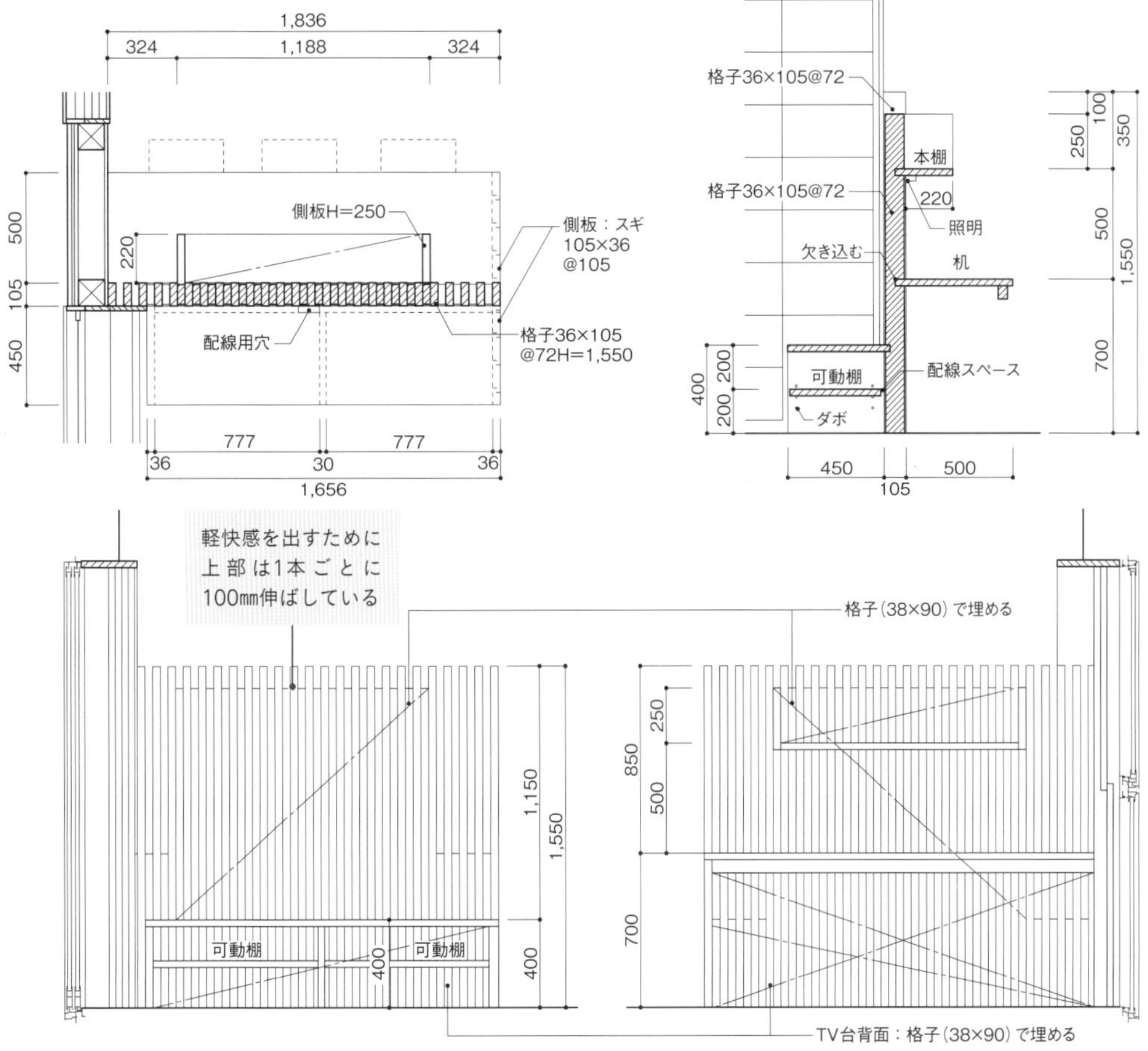
1,836
324
1,188
324
側板H=250
側板：スギ 105×36 @105
配線用穴
格子36×105 @72H=1,550
500
105
450
220
777
30
777
36
36
1,656
格子36×105@72
格子36×105@72
本棚
220
照明
欠き込む
机
可動棚
配線スペース
ダボ
100
350
250
500
1,550
700
400
200
200
450
500
105
軽快感を出すために
上部は1本ごとに
100mm伸ばしている
格子（38×90）で埋める
1,150
1,550
850
250
500
700
400
400
可動棚
可動棚
TV台背面：格子（38×90）で埋める

**部屋を仕切る縦格子の家具ユニット**

テレビ台とその裏側の机が一体になった家具ユニット。格子はスタディーコーナーの目隠しの役割をもつ

OMソーラーと木組の空間のリビング。面積そのものが大きくないが、吹き抜けとデッキテラスによって狭さを感じないようになっている

## アイデア 30 縦格子の家具ユニットのあるリビング

格子はスギ38×90㎜を組み合わせたもので、格子一本一本ずつ固定しながらつくっている
ガラス框戸はピーラー（ベイマツ）で框を構成
テレビ台は大工造作で樹種はピーラー（ベイマツ）
床は無節のスギのムクフローリング

アイデア
31

# 柱から持ち出すテレビボード

## 施工性と納まりのよさを両立

柱から仕切り板を兼ねる方立を持ち出すことで簡潔な構成で「浮いた箱」を成立させている

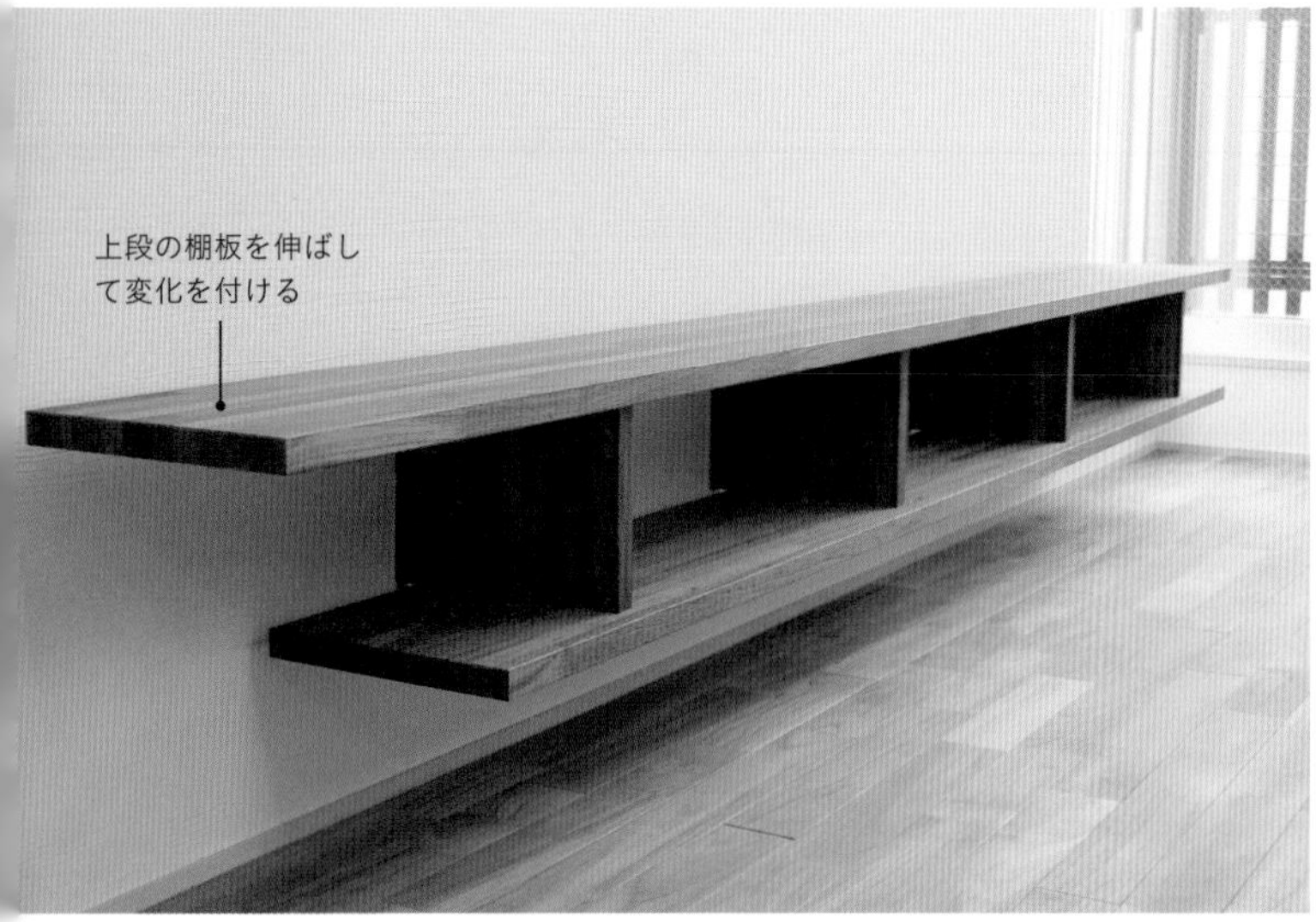
上段の棚板を伸ばして変化を付ける

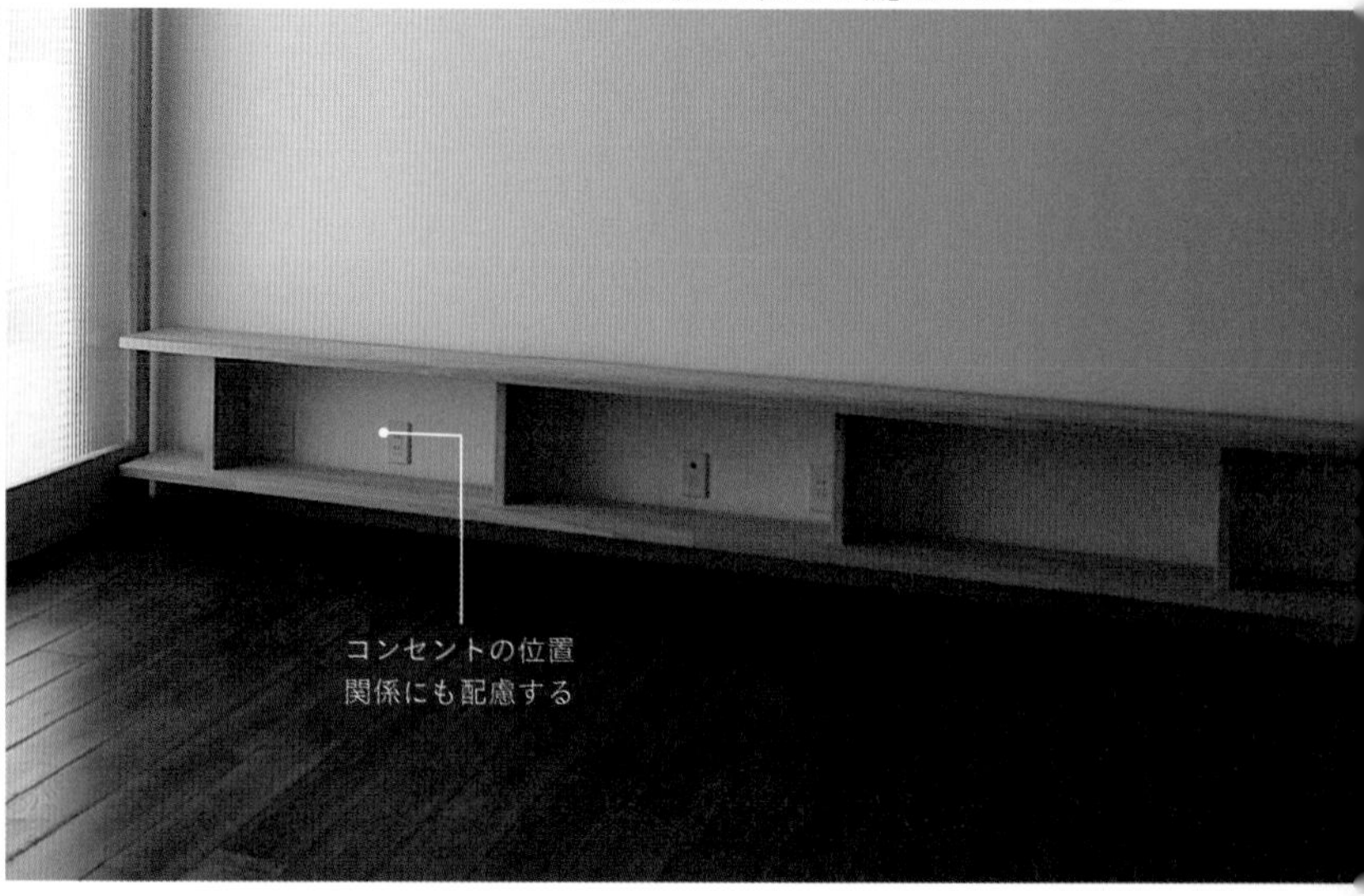
コンセントの位置関係にも配慮する

### テレビボード姿図

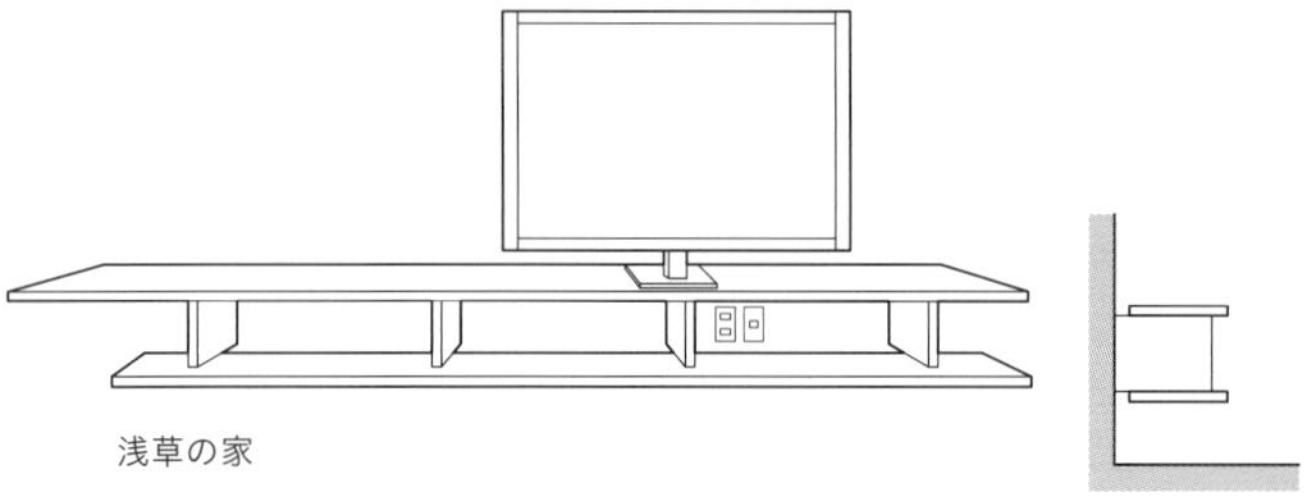

浅草の家

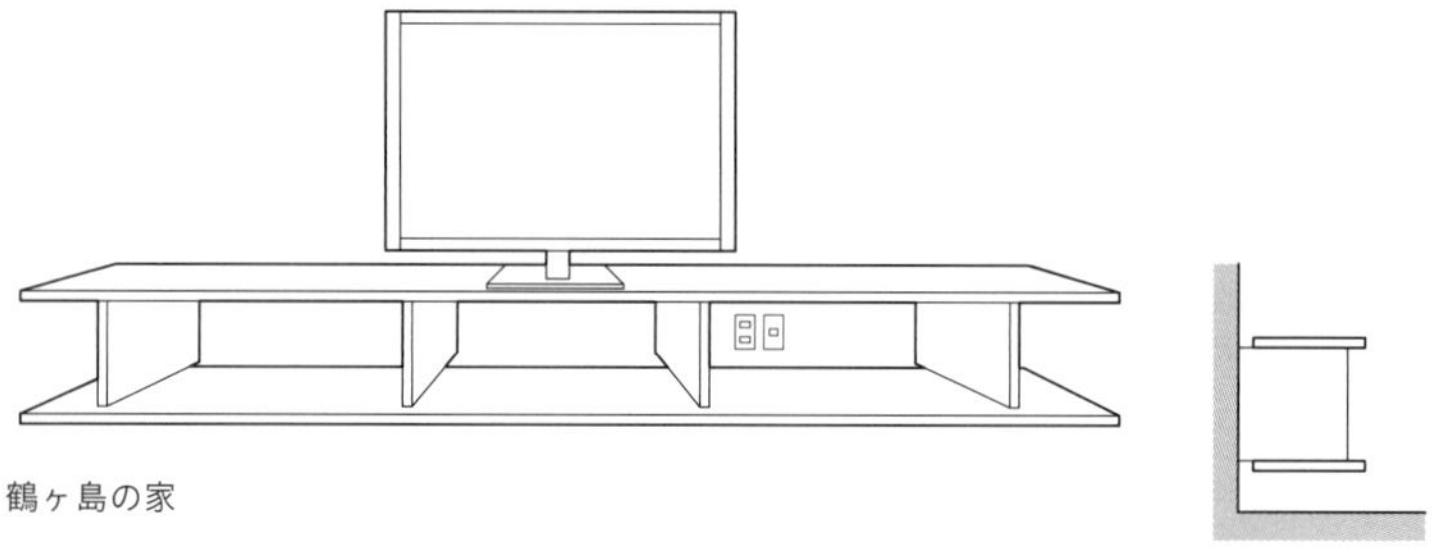

鶴ヶ島の家

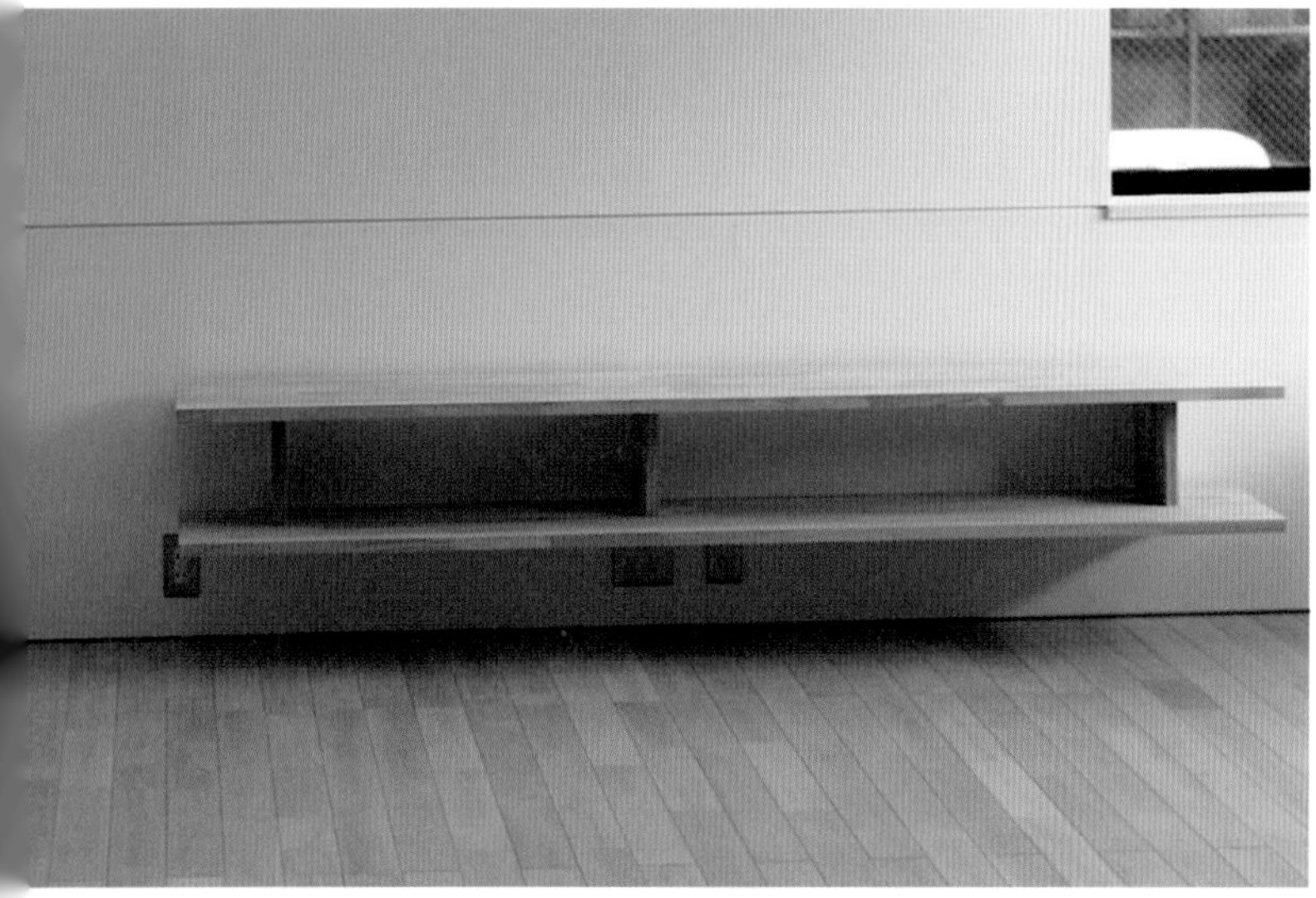

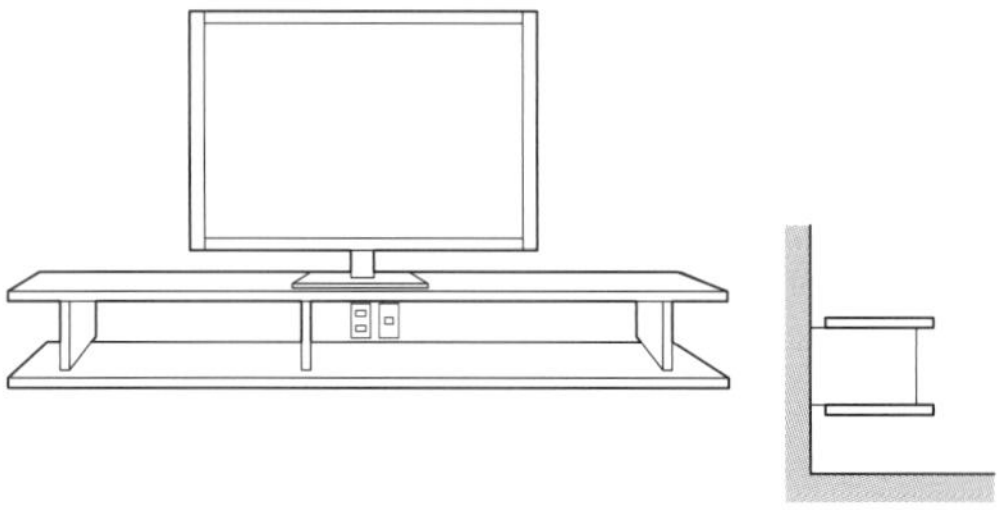

### テレビボード制作のポイント

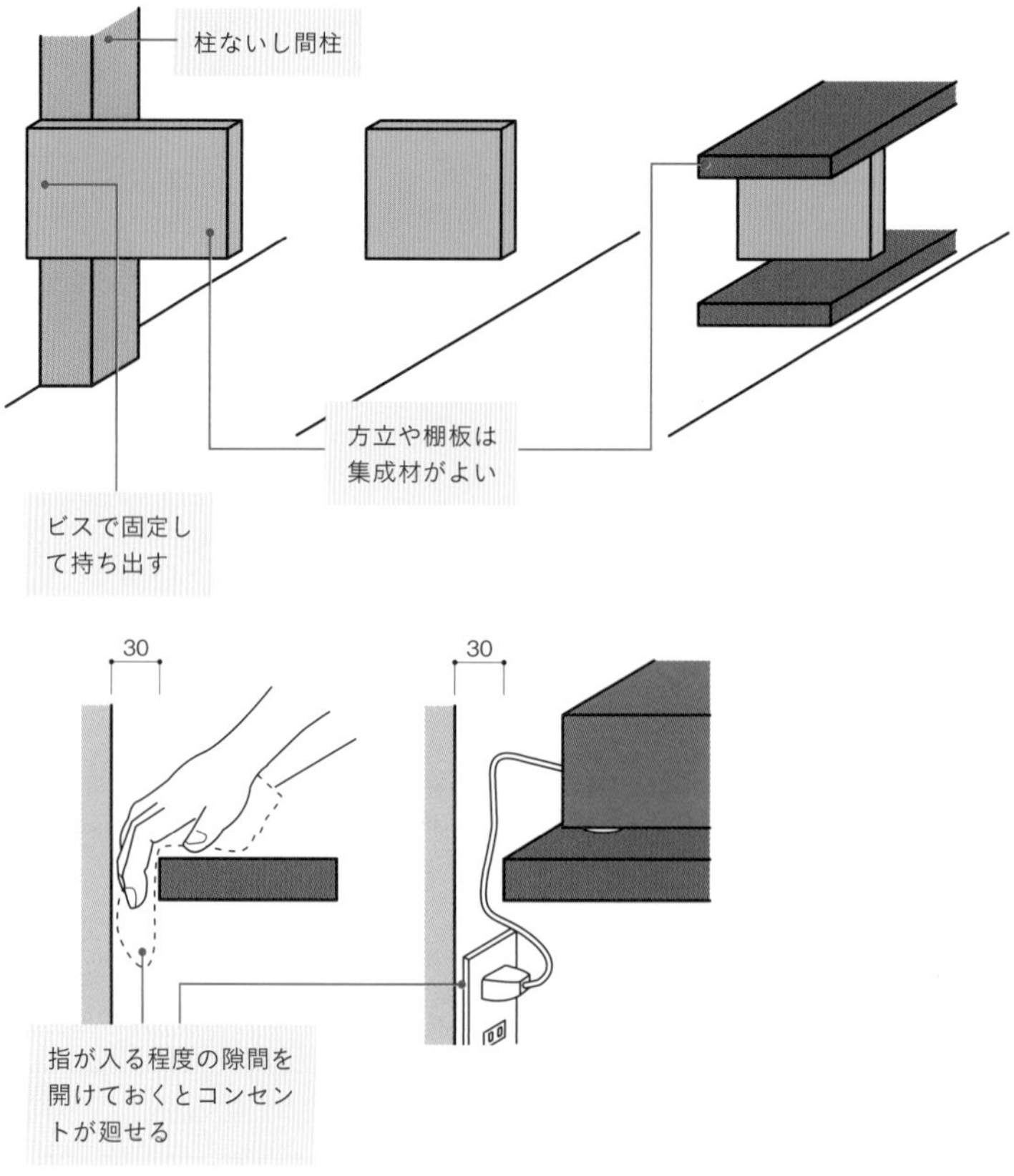
柱ないし間柱
方立や棚板は集成材がよい
ビスで固定して持ち出す
30
30
指が入る程度の隙間を開けておくとコンセントが廻せる

設計：OCM一級建築士事務所

壁面収納は木口をエイジングすることで、アンティーク家具のような落ち着いた雰囲気を醸し出す
取り出せるように三分割している
収納の木口にエイジング
スチールの室内建具
あえて簡素な丁番の納まりにしてざっくり感を演出
モルタルによるムラを付けた仕上げ


アイデア 32

# エイジングを生かした壁面収納

## 木口の表情を整える

木口にもエイジングを行うことで落ち着いた雰囲気になってくる。塩水で木を変色させたうえで塗装し、傷を付ける

手がよく触れる部分を中心にエイジングを施す


右／木口の詳細。小面積だがエイジングの効果は大きい
左／収納扉はシンプルな丁番で留め、そのまま見せている

## 壁面収納の概要

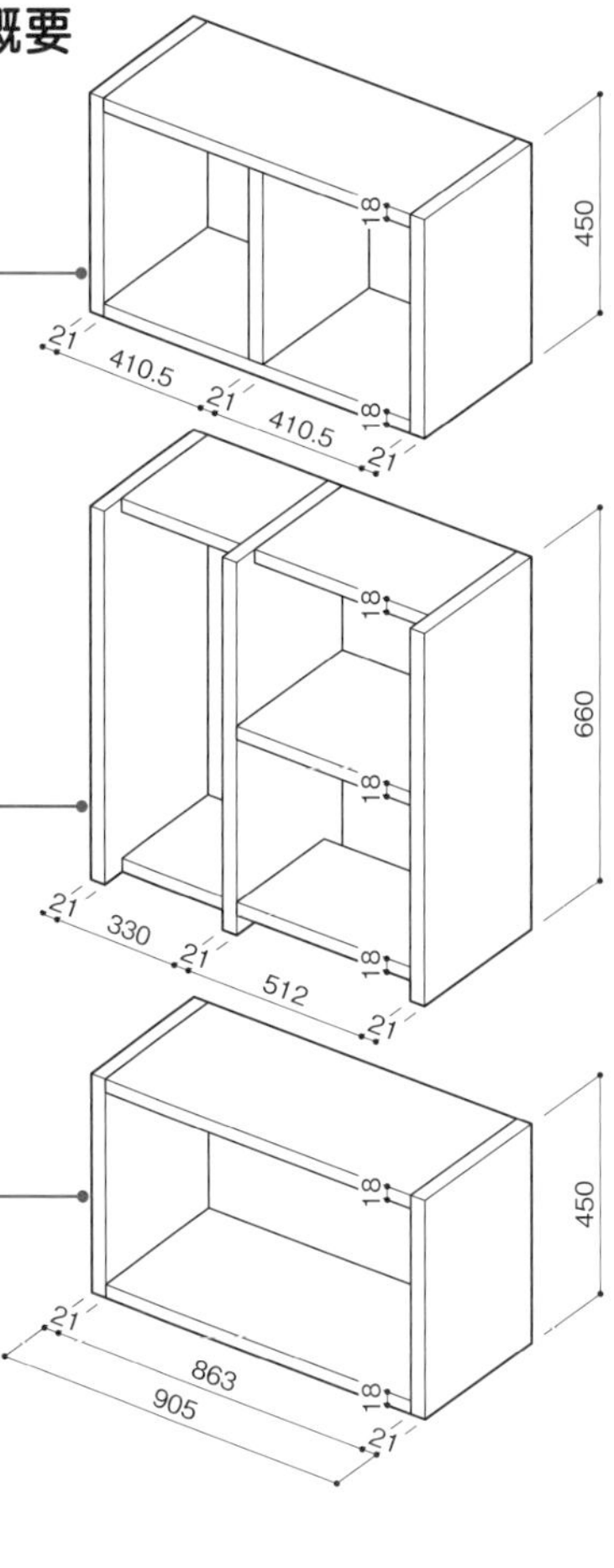

3つに分割できる
450
18
21
410.5
21
410.5
18
21
660
18
18
21
330
21
512
18
21
450
18
21
863
905
18
21




設計・施工：special source

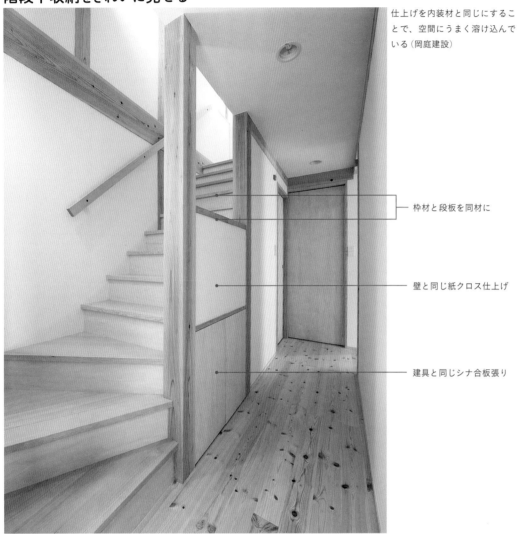

# アイデア 33 家中の隙間を有効利用する

収納で一番喜ばれるのは、小さな隙間をムダにせず、収納スペースとして活用することである。一見何の役に立つのか分からないスペースでも、この種の収納は建て主に感動を与える。特に階段下は思いのほか広い空間をとれるので、小さな家ではことのほか喜ばれる。

## 階段下収納をきれいに見せる

枠材と段板を同材に
壁と同じ紙クロス仕上げ
建具と同じシナ合板張り

仕上げを内装材と同じにすることで、空間にうまく溶け込んでいる（岡庭建設）

## 小上がりに大きな引出しをつくる

畳をかえすのではなく引出しとすることで畳下の収納スペースは格段に使いやすくなる（岡庭建設）

## ガレージの天井裏に設けた収納スペース

ガレージの天井裏にこのような収納スペースを設けることで、車で持ち運ぶような荷物や車用品などを収納できる（アセットフォー）

## 階段下のシューズ収納

階段の位置によっては玄関脇に階段下のスペースを生かしたシューズクロゼットを設けられる（アセットフォー）

## 階段脇の小さな収納

上下階の中間に位置する階段の収納は動線上使い勝手がよい（アセットフォー）

# アイデア 34 柱間を有効利用したマガジンラック

白河の家のダイニングキッチン。階段スペースの脇の腰壁部分にマガジンラックが設置されている

断面図（S=1：20）

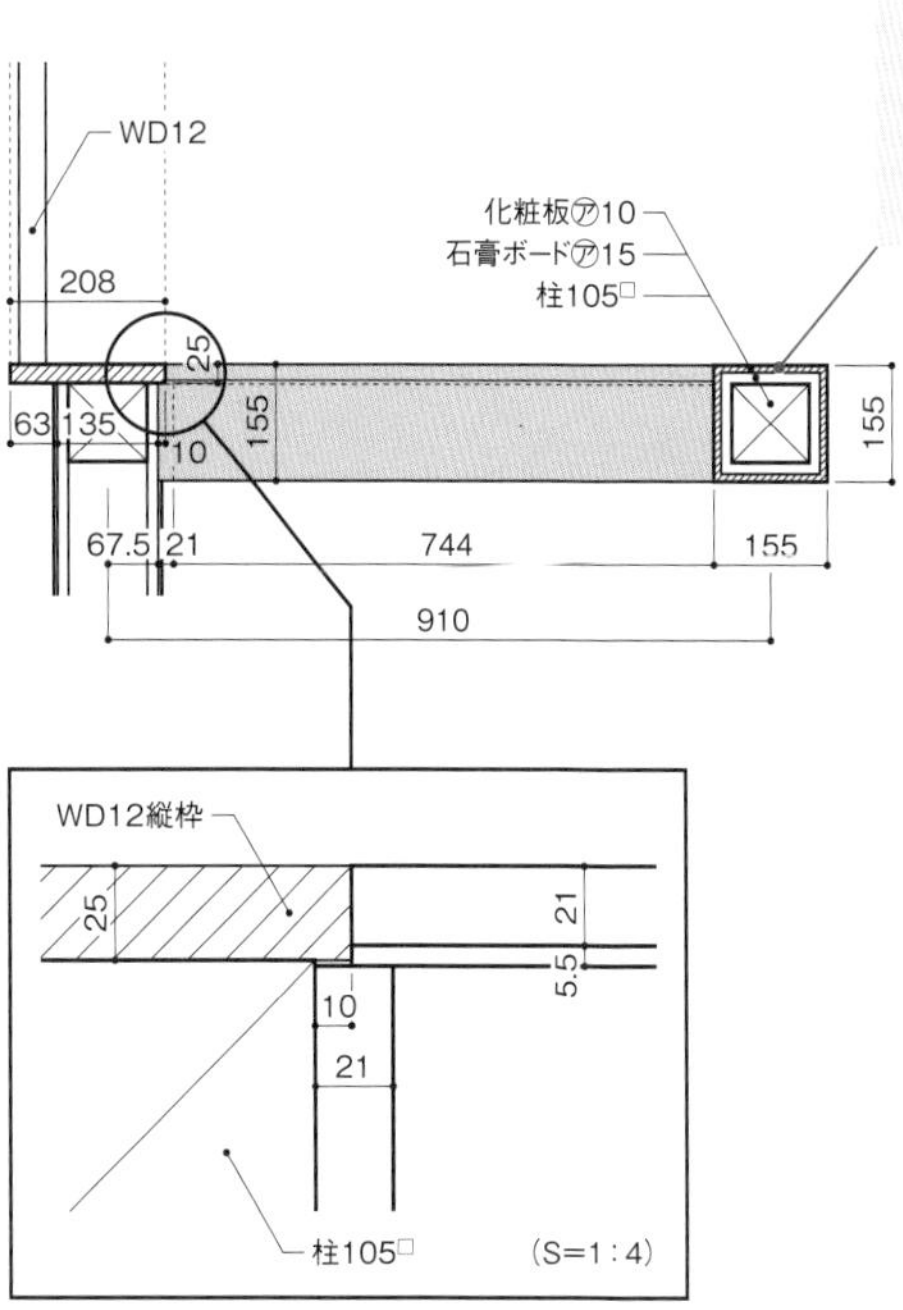

WD12
208
化粧板㋐10
石膏ボード㋐15
柱105□
構造的に抜けないうえに耐火被覆した柱。表面には挽板を張って木らしく見せる
25
155
63
135
10
155
67.5
21
744
155
910
WD12縦枠
25
21
5.5
10
21
柱105□
(S=1：4)


平面図（S=1：20）

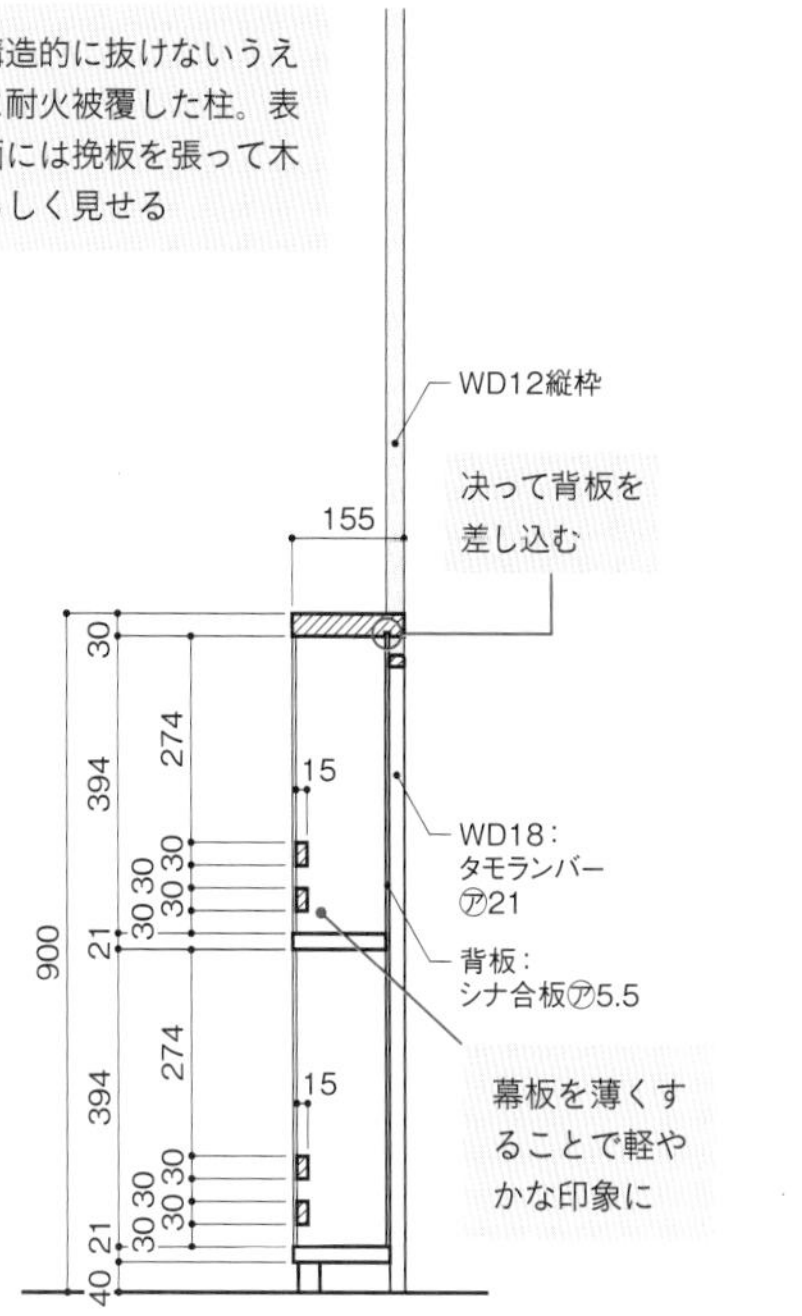

WD12縦枠
155
決って背板を差し込む
30
394
274
15
30 30 30
WD18：タモランバー㋐21
背板：シナ合板㋐5.5
900
21
幕板を薄くすることで軽やかな印象に
40


設計・施工：田中工務店

### 壁の中をディスプレイスペースに

奥行きのなさを生かすには、ディスプレイが最適。フレームレスに見えるアクリルの開き戸は、下部は溝に差し、上部がガラス用のマグネットラッチで固定している（田中工務店）

アイデア
35

# 壁の中を ちょっとした 棚スペースに

壁の中はそのままではただの何もない空間だ。
そこを上手に生かして棚にすれば、
収納スペースを容易につくりだすことができる。
ただし、奥行きがなく収納物が限られるので、
むやみにつくらず、数を絞って製作したい。
内装に違和感が出ないよう、仕上げにも気を配る。

### 壁仕上げと同材でそろえた棚

カウンターの壁面に設けた棚。壁と同じ仕上げとすることで、棚の印象を薄めている（アセットフォー）

### 照明で、ディスプレイを際立たせる

玄関に奥行きを出すために、玄関正面の壁に設けた棚。上部にダウンライトを仕込んでいる（キリガヤ）

### 壁の入隅の収納スペース

部屋の隅の収納には、このように扉を設けるとよい。扉がないと物が無造作に置かれ、雑然としたスペースになってしまう（アセットフォー）

アイデア
36

# 部屋の隅に 収納スペースをつくる

部屋の隅は、なかなか使いにくいデッドスペースだ。
特に窓や扉が近くにある部屋の隅は、
大きな収納もおけず、ただの壁になってしまう。
そこで、この部分を収納に活用することを提案したい。
入隅部分を簡単に囲むことで、容易に収納がつくれる。
特に予算の少ないリフォームでは有効なテクニックになる。

# アイデア 37 収納力とデザイン性を両立させる壁一杯の棚

本などの収納スペースとして、大きな棚が必要になることがある。1間程度の本棚を細々とつくってもよいが、壁一面を本棚にしてしまうのもよい。収納力が大幅に得られるのはもちろん、壁一面の棚はデザイン的にも納まりがよい。

## 簡易な可動棚をつくる

支柱となる板材を設置し、そこにステンレス製の棚柱・棚受を付けて、厚さ25㎜のパイン材の板を取り付けている（アセットフォー）

## 大工造作による大型の本棚

上／無塗装のパイン材の板を組み合わせてつくった本棚。文庫本などが収納できる（アセットフォー）
下／同じくパイン材の棚。小ロットの棚をつくり、現場でジョイントしてつくり上げた。棚は隣の部屋の防音壁も兼ねる（アセットフォー）

# アイデア 38 小さな床下収納で、足りない収納場所を確保

収納類が表に出てくるのは、見た目の点では決していいことではない。足りない収納を床下に確保した例を紹介。

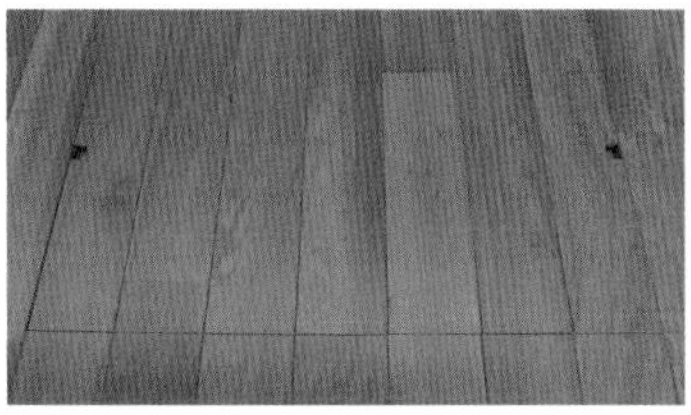

右／床の一部をくり抜いて床下収納とした例。大きな収納スペースをとるのではなく、小さな収納スペースを複数設けることで必要なものを気軽に収納できるようにした（フリーダムアーキテクツデザイン）
左／実際の床材をそのまま蓋に活用しているので、蓋を閉じると一見しただけでは収納スペースがわからない

## 床下収納

断面（S＝1:50）

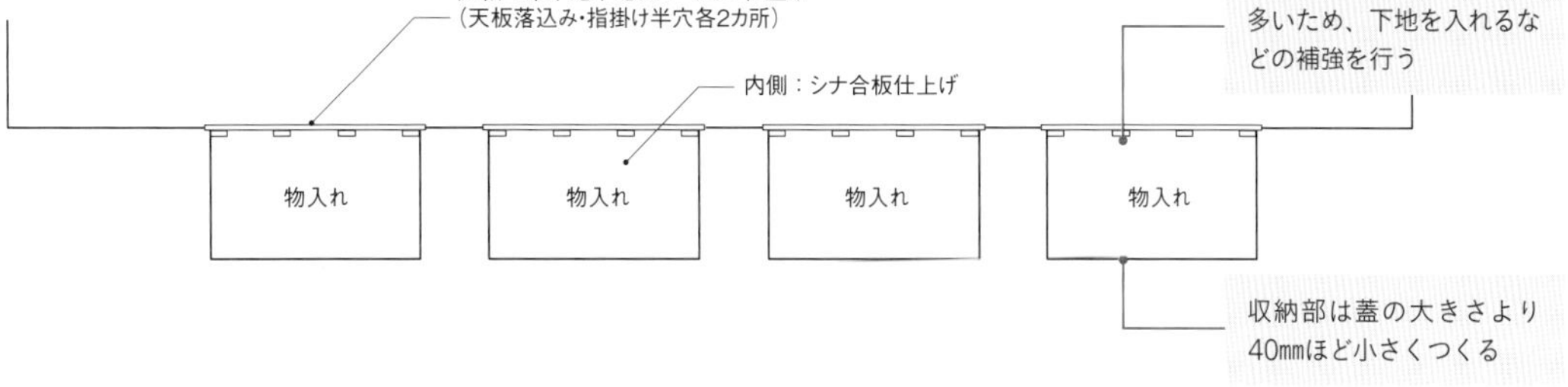
天板：木下地下地フローリング仕上げ
収納の蓋は踏まれることが多いため、下地を入れるなどの補強を行う


断面（S＝1:30）

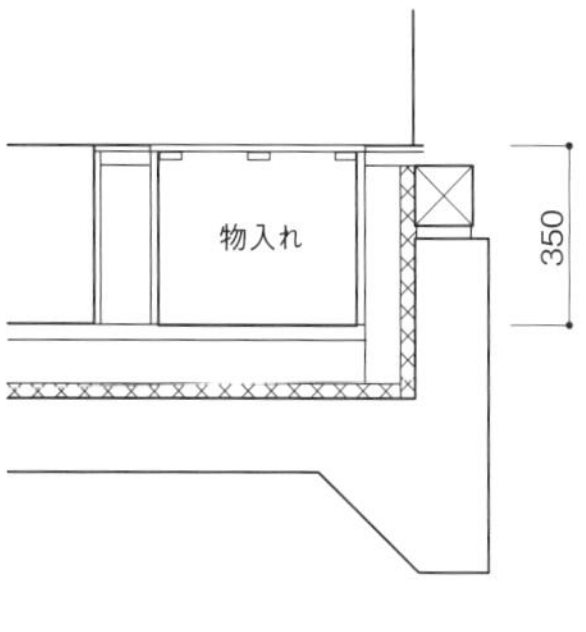

LDKの奥まった場所に設けられたダイニング。片側をベンチとすることで大人数の食事にも対応できる。テーブルはJパネルで作成したもの（田中工務店）

ベンチは収納スペースとなっており、座面を上げて物を出し入れすることが可能

## アイデア 39 リビングは低くして圧迫感を避ける

リビングはくつろぎの空間なので
高さを押さえた収納で圧迫感を避けるようにしたい。
収納力が減った分は横の長さで収納量を確保する。

### ベンチ収納

平面（S＝1：30）

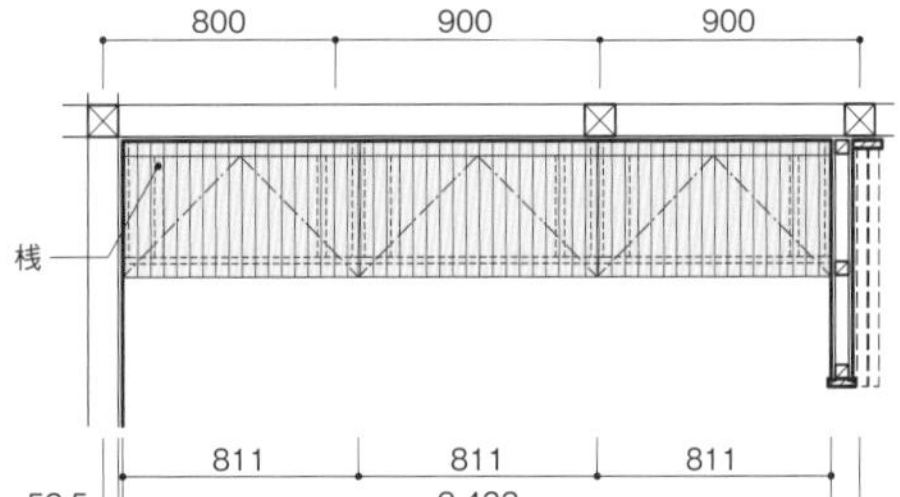
800
900
900
桟
811
811
811
52.5
2,433
15
2,600
99.5

立面（S＝1：30）

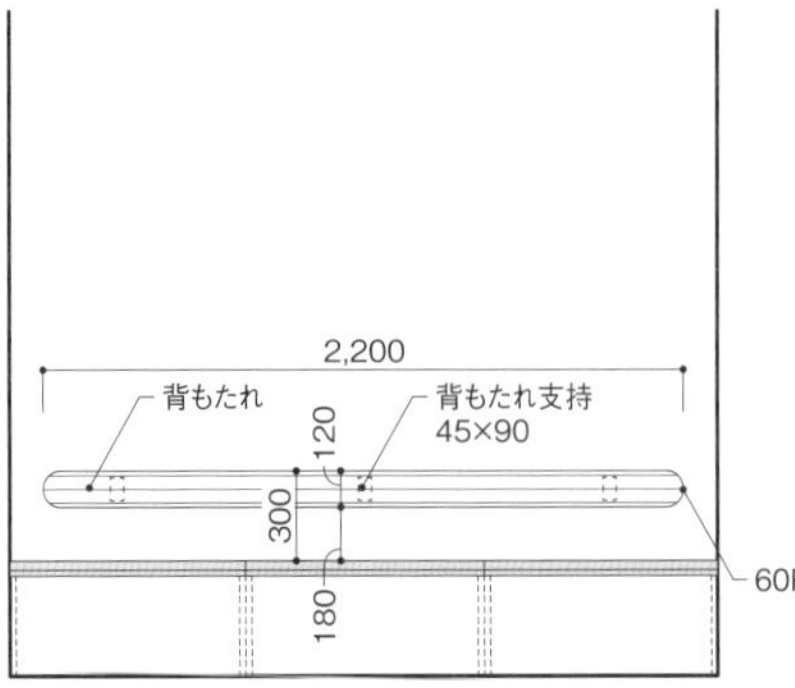
2,200
背もたれ
背もたれ支持
45×90
120
300
180
60R

断面（S＝1：30）

壁の汚れ防止と背もたれとしてタモ無垢材を取り付けている

箱を3分割にし、座面も3分割にして、蓋でもある座面を下ろすときは両脇の中桟で受けるという単純なつくり。蝶番やダウンステーなどは使っていない

座面にはタモ無垢材を使用。先端部分は座り心地を考え、テーパーをつけている。裏側には手掛けの溝を設置

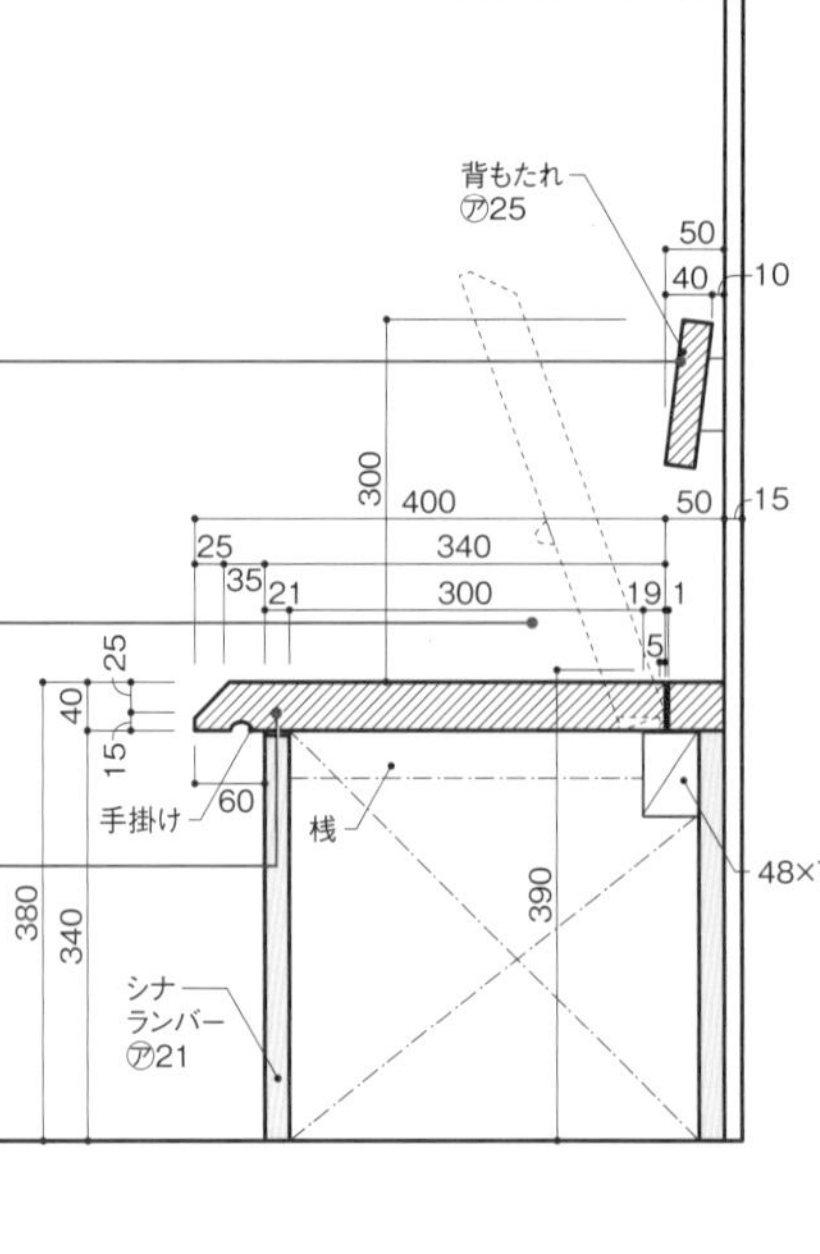
背もたれ
㋐25
50
40
10
300
400
50
15
25
340
35
21
300
19
1
5
25
40
15
手掛け
60
桟
48×70
380
340
390
シナ
ランバー
㋐21

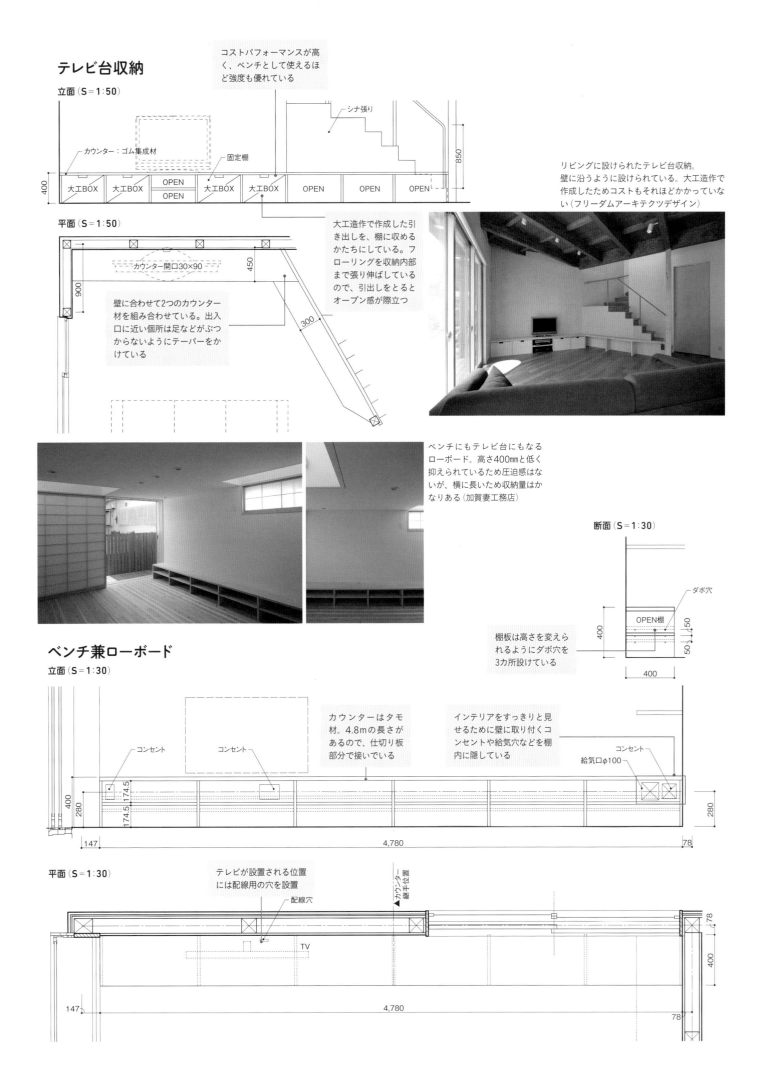

## テレビ台収納

立面（S＝1：50）

コストパフォーマンスが高く、ベンチとして使えるほど強度も優れている

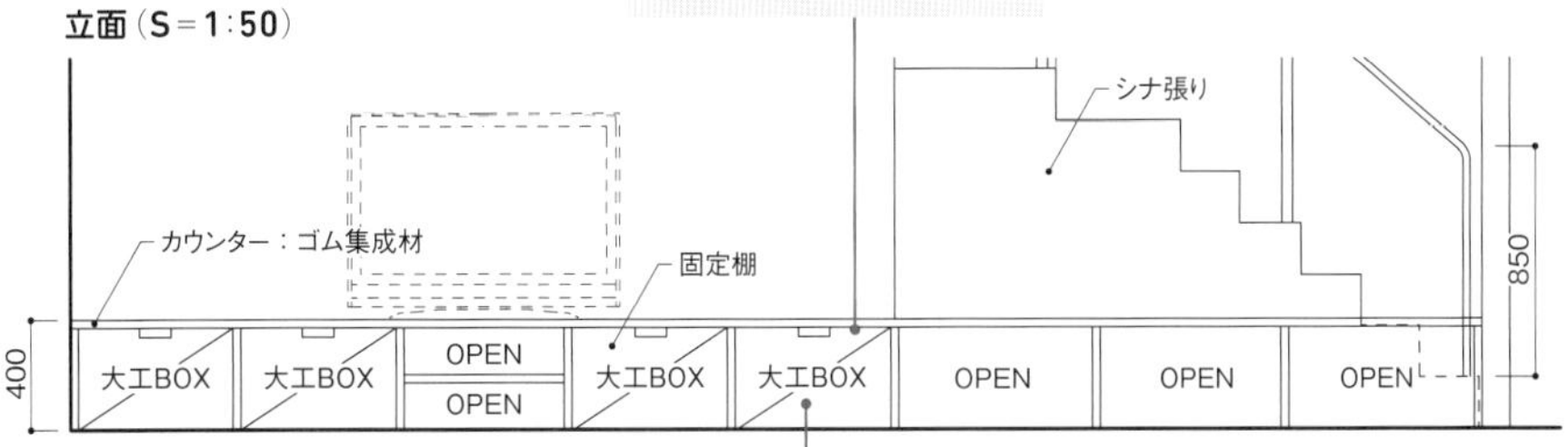
シナ張り
850
カウンター：ゴム集成材
固定棚
400
大工BOX
大工BOX
OPEN
OPEN
大工BOX
大工BOX
OPEN
OPEN
OPEN

平面（S＝1：50）

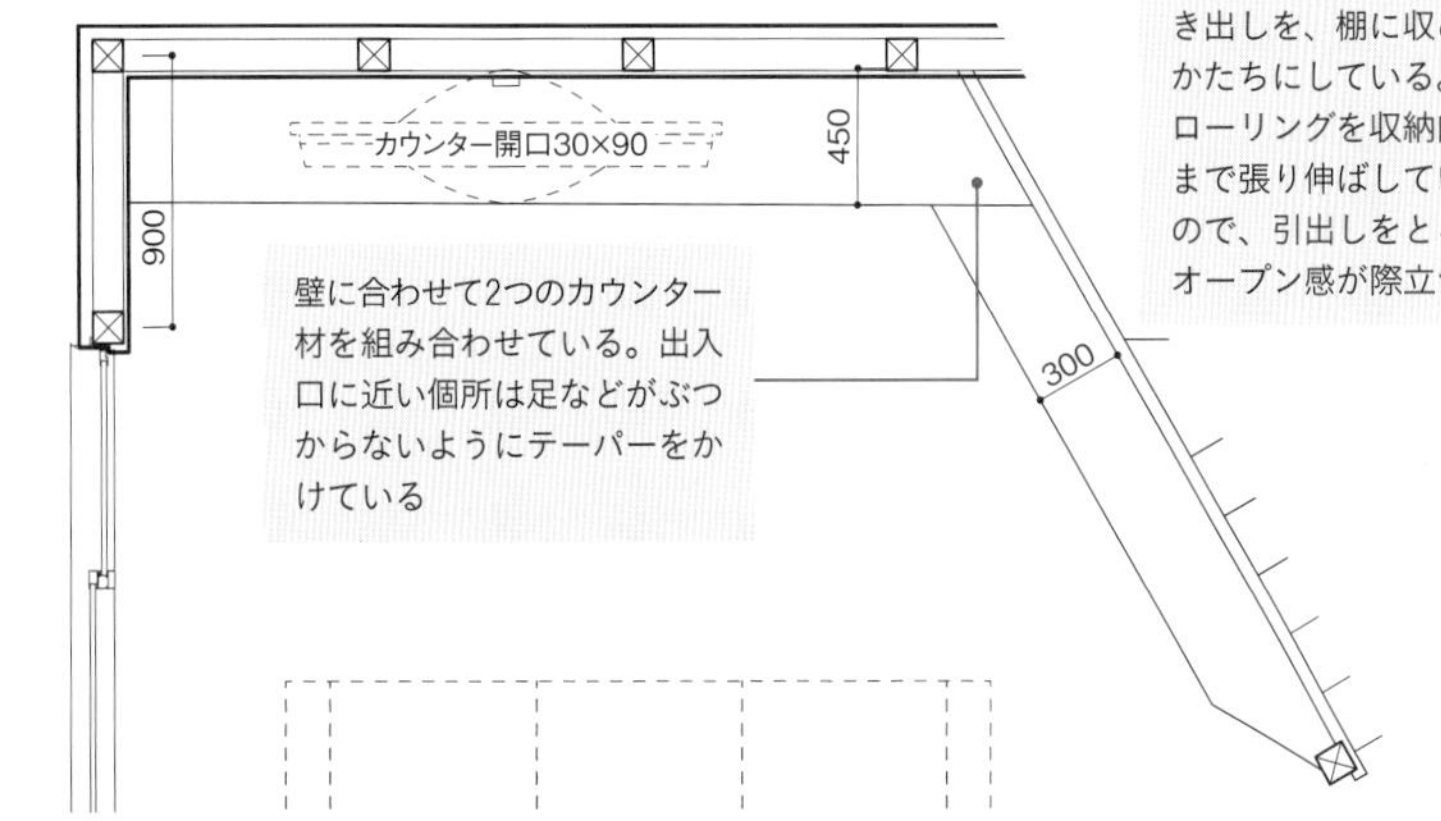
カウンター開口30×90
450
900
300

大工造作で作成した引き出しを、棚に収めるかたちにしている。フローリングを収納内部まで張り伸ばしているので、引出しをとるとオープン感が際立つ

壁に合わせて2つのカウンター材を組み合わせている。出入口に近い個所は足などがぶつからないようにテーパーをかけている

リビングに設けられたテレビ台収納。壁に沿うように設けられている。大工造作で作成したためコストもそれほどかかっていない（フリーダムアーキテクツデザイン）

ベンチにもテレビ台にもなるローボード。高さ400㎜と低く抑えられているため圧迫感はないが、横に長いため収納量はかなりある（加賀妻工務店）

断面（S＝1：30）

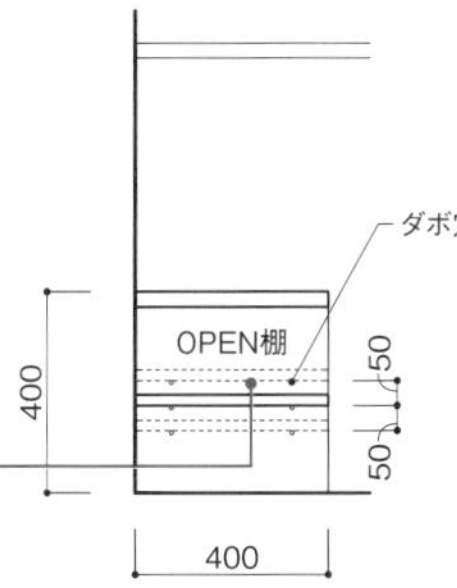
ダボ穴
OPEN棚
400
50
50
400

棚板は高さを変えられるようにダボ穴を3カ所設けている

## ベンチ兼ローボード

立面（S＝1：30）

カウンターはタモ材。4.8mの長さがあるので、仕切り板部分で接いでいる

インテリアをすっきりと見せるために壁に取り付くコンセントや給気穴などを棚内に隠している

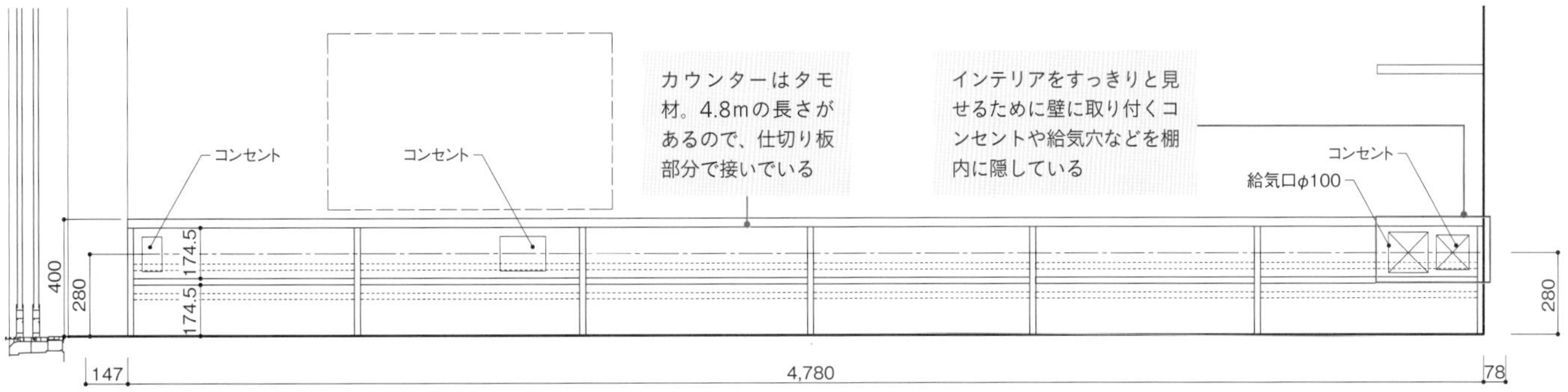
コンセント
コンセント
コンセント
給気口φ100
400
280
174.5
174.5
280
147
4,780
78

平面（S＝1：30）

テレビが設置される位置には配線用の穴を設置

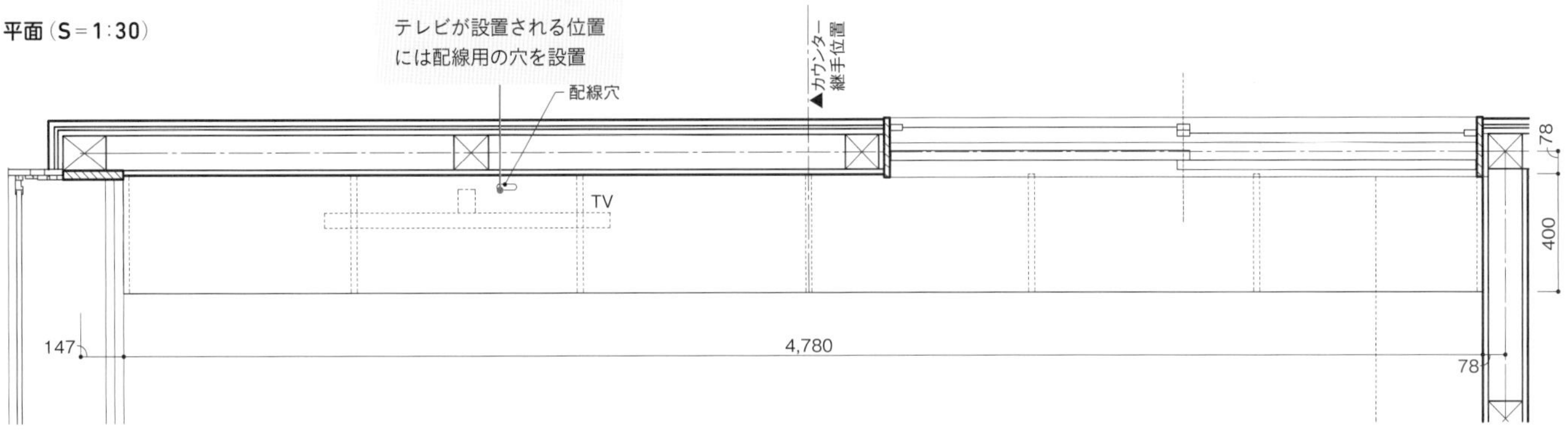
▲カウンター継手位置
配線穴
TV
78
400
147
4,780
78

アイデア
40

# 玄関収納は圧迫感を抑えて、壁と一体的に見せる

玄関はスペースが小さくなりがちな一方、
収納すべきものが多く、相応の収納個所が必要になる。
したがって、圧迫感を押さえたかたちで
できる限り収納スペースをとる方法を紹介する。

玄関に設置された飾り棚だが、棚に背板がなく抜けているため、圧迫感がない。この裏側には土間収納のスペースが設けられており、それと玄関を緩やかに仕切っている（加賀妻工務店）

既製の収納を壁内にはめ込んだ例。寸法などはこの既製品を入れることを前提に決められた（フリーダムアーキテクツデザイン）

リビングとつながる玄関の収納。背の高い収納だが、表面を白く塗装されているため圧迫感がなく、生成りを貴重とした壁の中でアクセントになっている。下部をあけているのも軽快さに貢献している（住空間工房LIVES／COMODO建築工房）

玄関収納とベンチ。収納は下部にあきをとり、さらに扉を明るいシナベニア仕上げとすることで圧迫感を大幅に抑えている（住空間設計LIVES／COMODO建築工房）

## 玄関収納とベンチ

**収納部展開**（S＝1：50）

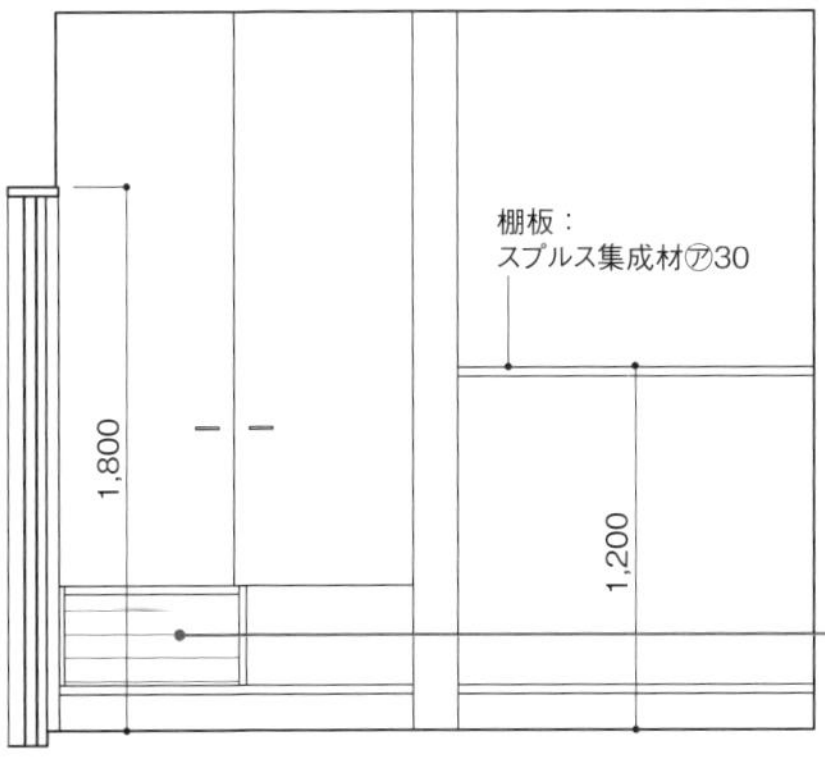
収納は下部をあけて、さらに窓を設けることで、圧迫感を解消している


**ベンチ部展開**（S＝1：50）

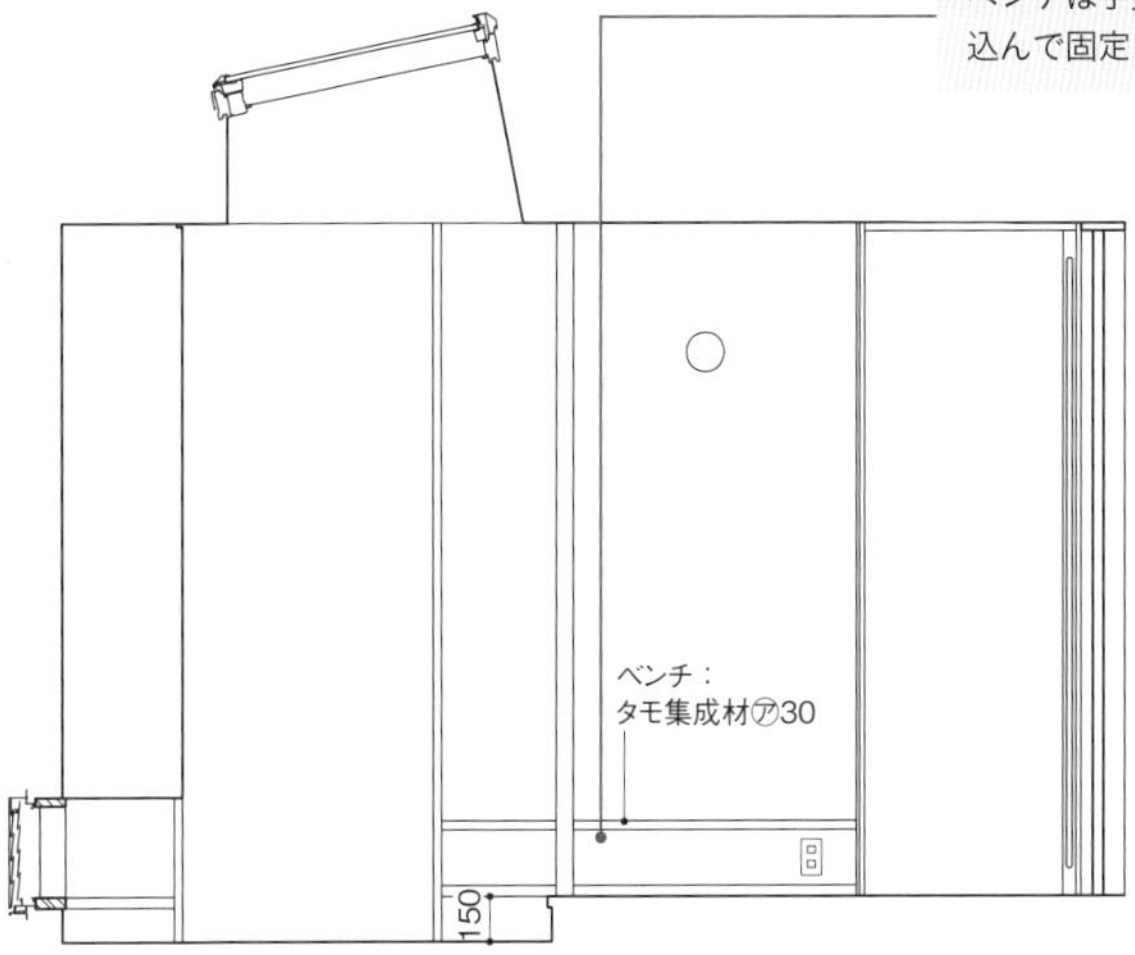
ベンチは手摺と壁に差し込んで固定されている


## 玄関収納

**展開**（S＝1：50）

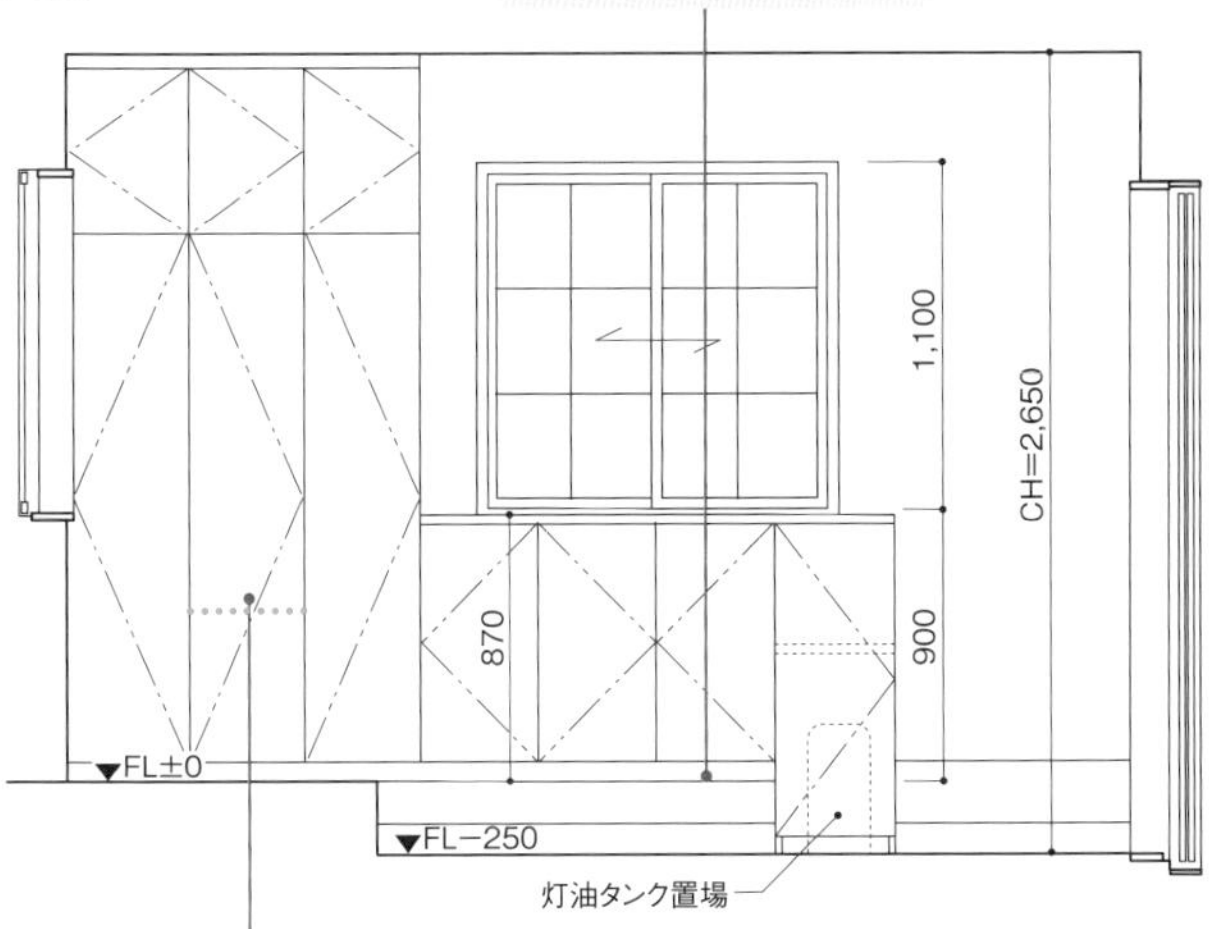
家具・建具・建材の質感を統一し、玄関空間を気品のあるものに仕上げた
扉の幅は300㎜で揃えている

玄関脇の収納スペース。床上の背の高い収納と素材や割付けのピッチなどをそろえることで壁のような一体感がある。玄関側の収納は下端をあけることで軽快に見える（近藤建設工業）

間仕切壁を兼ねる本棚をリビングから見る。背板が設けられていないため、
本棚の向かいの部屋に光が漏れている。大工造作でつくられた

アイデア
41

# リビングに露出する本棚は上下左右一杯に設ける

読書が趣味の場合はリビングに
本棚を設けることが多い。
上下左右一杯に設けて壁との一体感を出し、
枠や棚板の見付けを抑えるのがポイントだ。

## 間仕切を兼ねる吹抜けの本棚

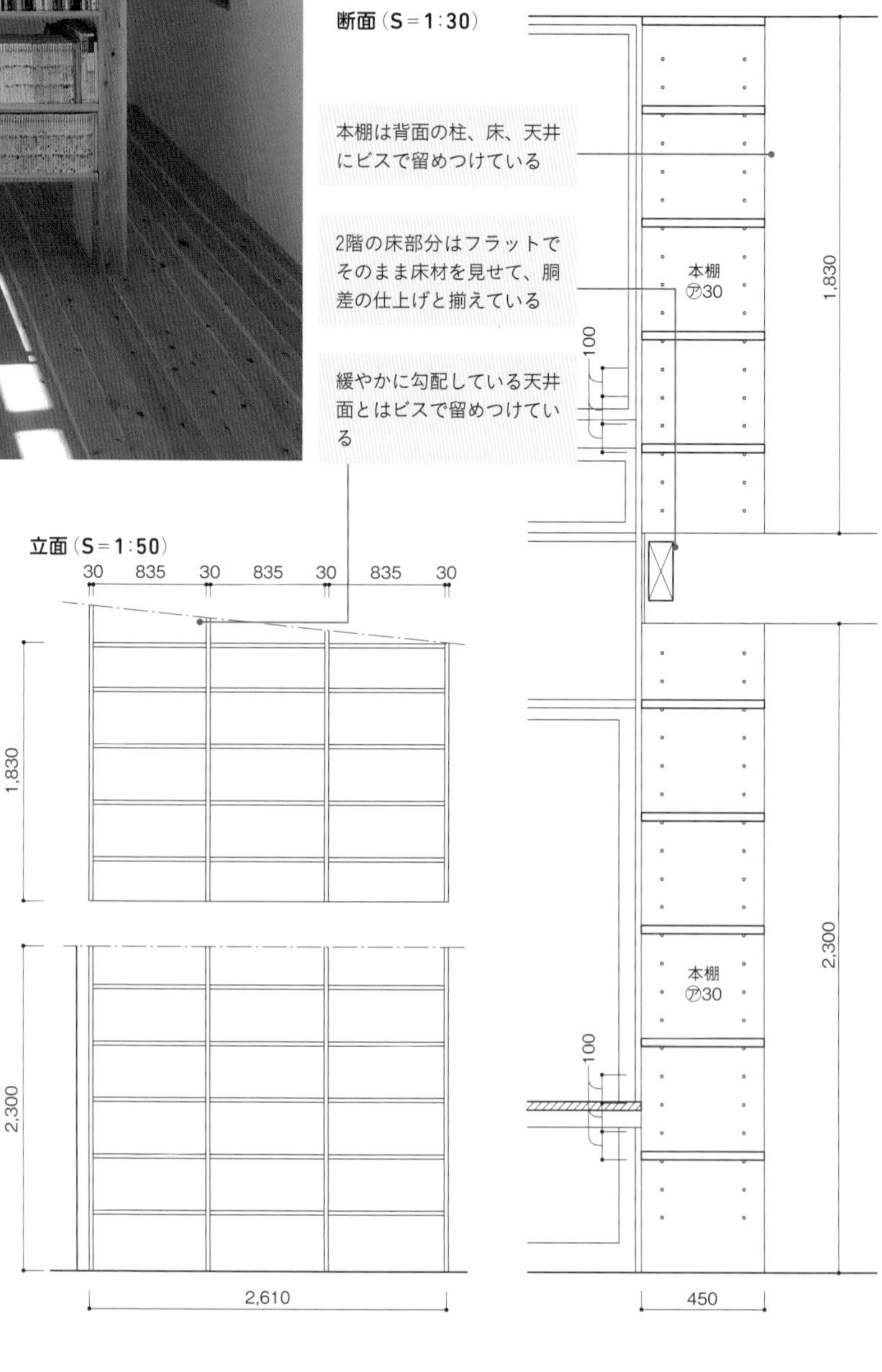

断面（S＝1:30）
本棚は背面の柱、床、天井にビスで留めつけている
2階の床部分はフラットでそのまま床材を見せて、胴差の仕上げと揃えている
緩やかに勾配している天井面とはビスで留めつけている
本棚
㋐30
1,830
100
本棚
㋐30
2,300
100
450
立面（S＝1:50）
30
835
30
835
30
835
30
1,830
2,300
2,610

2階の個室側から見た本棚。
リビングからの光が本棚の隙間からこぼれる

設計：高橋一総・高宮秀和、監督：岩本竜一、大工：近藤勝則・吉岡徳広（加賀妻工務店）

SLEEP

リビングに設置された本棚とキャビネット。2つとも後ろの壁から持ち出している。
上下に壁が見えるため、見た目に圧迫感はない

## 吊り本棚

平面（S＝1:40）

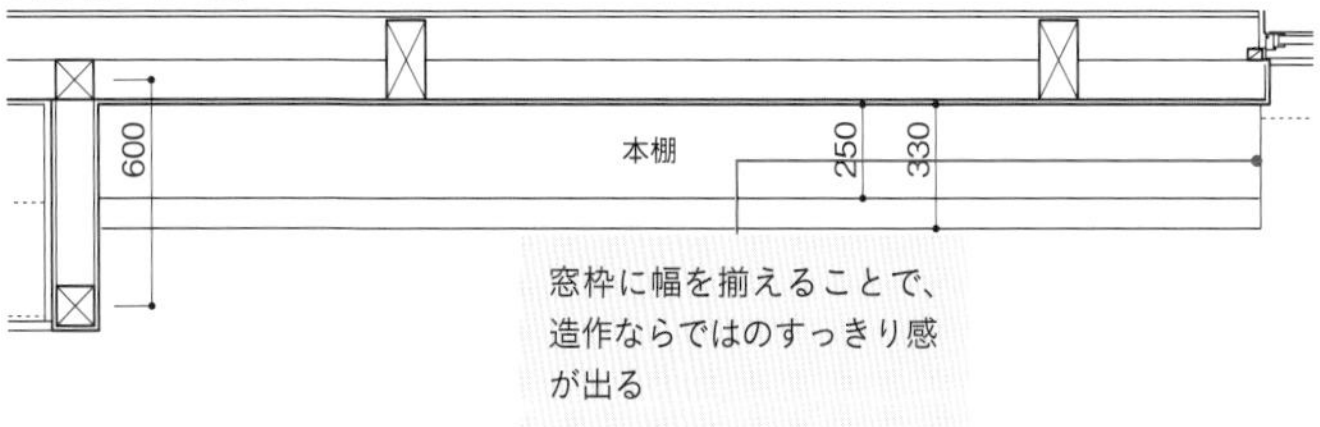
600
本棚
250
330
窓枠に幅を揃えることで、
造作ならではのすっきり感
が出る

立面（S＝1:40）　　断面（S＝1:40）

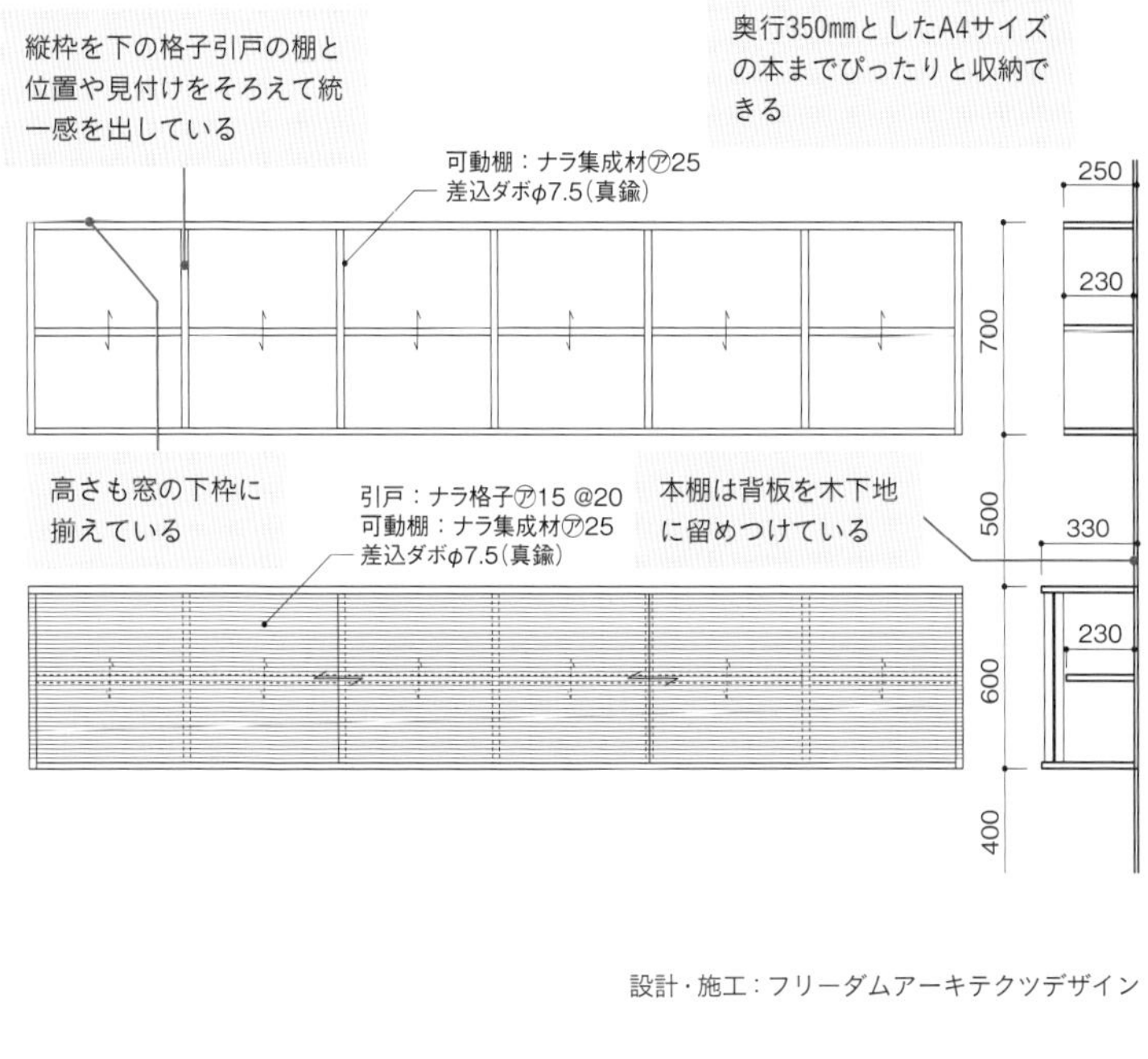
縦枠を下の格子引戸の棚と
位置や見付けをそろえて統
一感を出している
奥行350㎜としたA4サイズ
の本までぴったりと収納で
きる
可動棚：ナラ集成材㋐25
差込ダボφ7.5（真鍮）
250
230
700
高さも窓の下枠に
揃えている
引戸：ナラ格子㋐15 @20
可動棚：ナラ集成材㋐25
差込ダボφ7.5（真鍮）
本棚は背板を木下地
に留めつけている
500
330
230
600
400

書斎スペースに設けられた本棚。本棚はポリ合板ででつくられたもの

設計・施工：フリーダムアーキテクツデザイン

リビングから見た本棚。框戸の奥が玄関であるため、本棚にはインターホンなども内蔵されている。本棚の天板は階段の踊り場にもなっている

# アイデア 42 階段下を生かした本棚

階段下のスペースの徹底的に活用し、本棚を設けた例を紹介する。

本棚平面（S＝1：30）

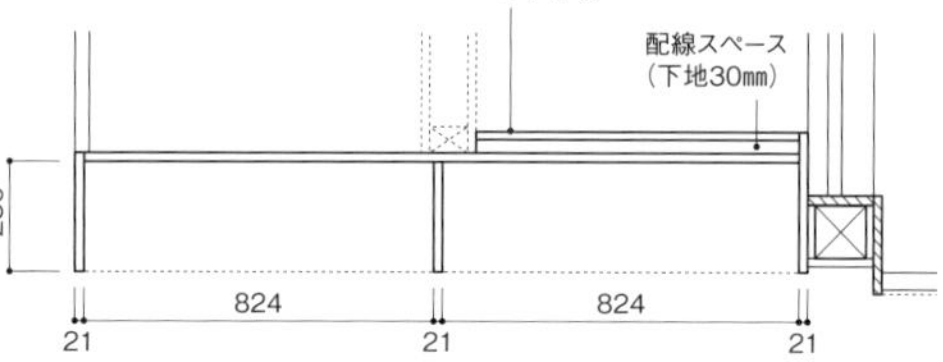
シナ合板
配線スペース
（下地30㎜）
250
824
824
21
21
21

## 階段下の本棚

本棚断面（S＝1：30）

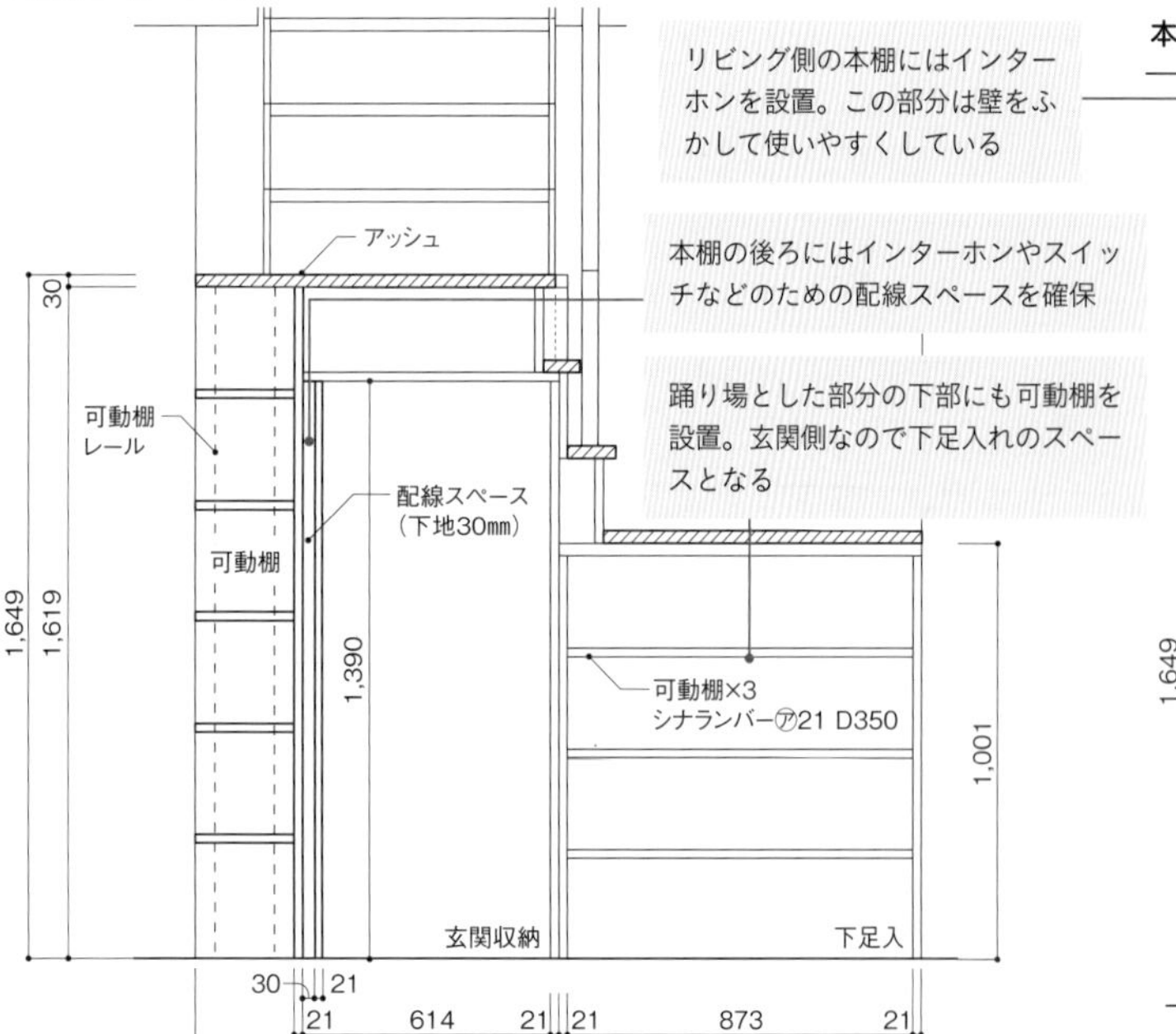
リビング側の本棚にはインターホンを設置。この部分は壁をふかして使いやすくしている
アッシュ
本棚の後ろにはインターホンやスイッチなどのための配線スペースを確保
踊り場とした部分の下部にも可動棚を設置。玄関側なので下足入れのスペースとなる
可動棚
レール
配線スペース
（下地30㎜）
可動棚
可動棚×3
シナランバー㋐21 D350
玄関収納
下足入
30
1,649
1,619
1,390
1,001
30
21
21
614
21
21
873
21
250
655
915

本棚立面（S＝1：30）

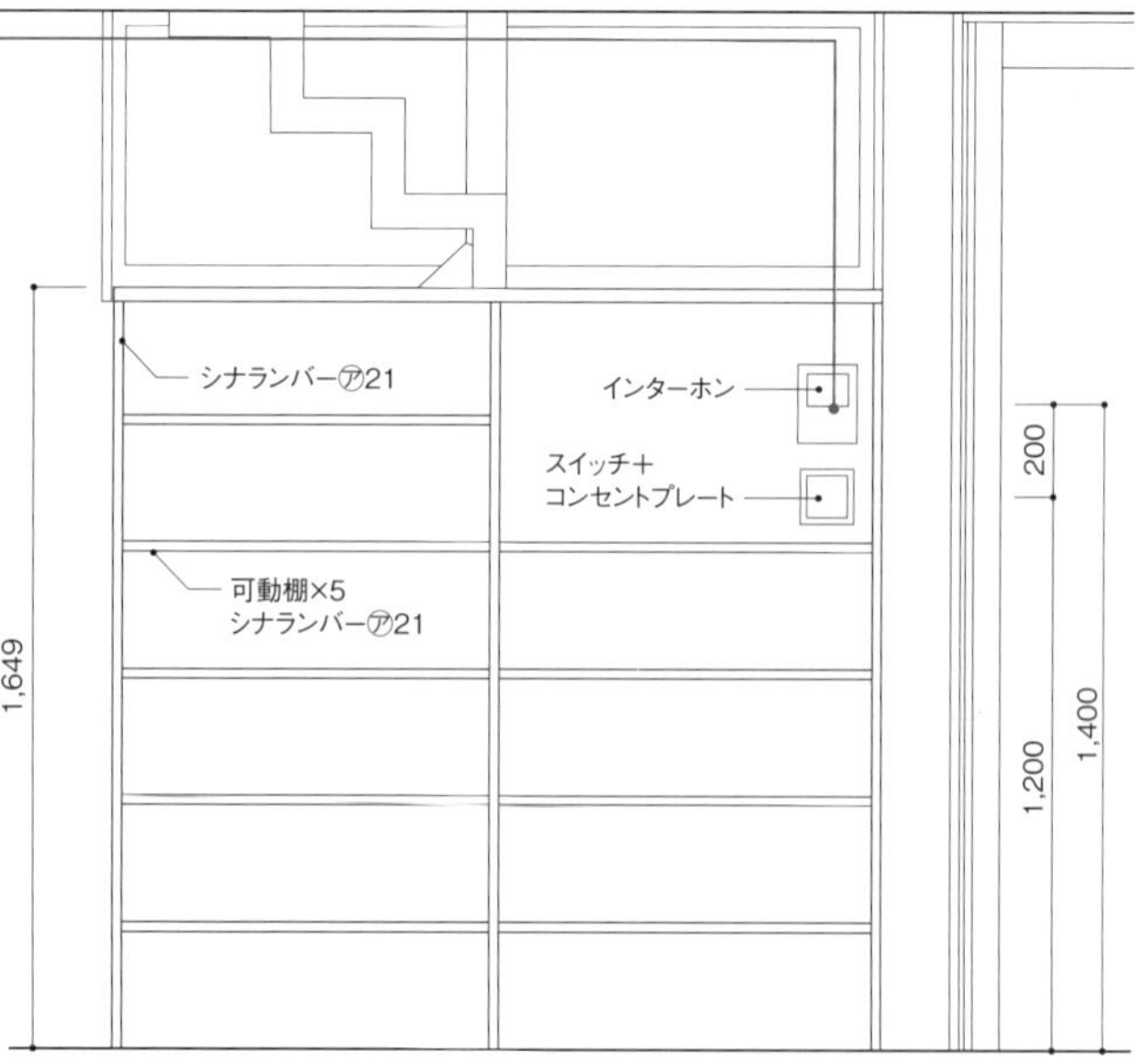
シナランバー㋐21
インターホン
スイッチ＋
コンセントプレート
可動棚×5
シナランバー㋐21
200
1,649
1,200
1,400
1,712

設計：高橋一総・高宮秀和、監督：吉村政弘、大工：高橋一成（加賀妻工務店）

## 掲載工務店・設計事務所一覧

**相羽建設**
東京都東村山市本町2-22-11
TEL：042-395-4181
FAX：042-393-9838
https://aibaeco.co.jp/

**アセットフォー**
東京都練馬区北町2丁目13-11
TEL：03-3550-1311
FAX：03-3550-4987
https://www.assetfor.co.jp/

**アトリエ・ヌック建築事務所**
埼玉県戸田市喜沢南1-3-19-308
TEL：048-432-8651
FAX：048-432-8651
https://atelier-nook.com/

**OKUTA**
埼玉県さいたま市大宮区宮町3-25OKUTA Familyビル
TEL：048-631-1111
FAX：048-657-6000
https://www.okuta.com/

**OCM一級建築士事務所**
東京都台東区浅草橋5-19-7
TEL：03-3864-1580
https://ocm2000.exblog.jp/

**岡庭建設**
東京都西東京市富士町1-13-11
TEL：042-468-1166
FAX：042-468-0066
https://www.okaniwa.jp/

**加賀妻工務店**
茅ヶ崎市矢畑1395
TEL：0467-87-1711
FAX：0467-87-1713
https://www.kagatuma.co.jp/

**キリガヤ**
神奈川県逗子市山の根1-2-35
TEL：046-873-0066
FAX：046-873-2988
https://kirigaya.jp/

**CRAFT**（クラフト）
東京都目黒区自由が丘2-16-27 2F
TEL：03-5731-3590
https://www.craftdesign.co.jp/

**COMODO建築工房／住空間設計LIVES**
栃木県宇都宮市上桑島町1465-41
TEL：028-689-9560
FAX：028-689-9561
http://www.comodo-arc.jp/

**コイズミスタジオ**
東京都国立市富士見台2-2-5-104
TEL：042-574-1458
FAX：042-574-1469
http://www.koizumi-studio.jp/?studio

**近藤建設工業**
静岡県焼津市西小川2-1-21
TEL：054-621-3000
FAX：054-621-3001
https://www.kondo-k.net/

**g_FACTORY建築設計事務所**
東京都中央区日本橋本町 3-2-12日本橋小楼402
TEL：03-3527-9476
http://gfactory-arch.com/

**菅沼建築設計**
千葉県長生郡長生村宮成3400-12
TEL：0475-32-4636
https://www.sunoie.com/

**STUDIO KAZ**（ステュディオ・カズ）
東京都江東区大島7-42-12-M2F
TEL：03-3684-0669
https://www.studiokaz.com/

**special source**
神奈川県川崎市高津区久地4-11-46
TEL：044-813-0783
https://specialsource.jp/

**田中工務店**
東京都江戸川区西小岩3-15-1
TEL：03-3657-3176
FAX：03-3657-3110
https://www.tanaka-kinoie.co.jp/

**TIMBER YARD**（コージーライフ）
千葉県千葉市美浜区新港117
TEL：043-248-7411
FAX：043-248-7416
https://timberyard.net/

**輝建設**
大阪府東大阪市東石切町5-4-54
TEL：072-987-2200
FAX：072-987-2230
https://www.terukensetsu.jp/

**ファロ・デザイン**
東京都文京区本郷2-39-7エチソウビル201
info@faro-design.co.jp

**フォーセンス**
東京都千代田区麹町3-5-2
ビュレックス麹町601
TEL：03-6272-4230
FAX：03-6272-4231
https://www.4sense.co.jp/

**フリーダムアーキテクツデザイン**
東京都中央区日本橋久松町10-6
FT日本橋久松町ビル5F
TEL：03-6661-7802（日本橋スタジオ）
https://www.freedom.co.jp/

**マスタープラン一級建築士事務所**
兵庫県西宮市上田西町3-43
TEL：0798-78-3033
FAX：0798-78-3034
https://reno.mpl.co.jp/

**村上建築設計室**
東京都港区北青山1-4-1-411
TEL：03-6319-9251
http://mu-ar.com/

**モクチン企画**
東京都大田区蒲田1-2-16
https://www.mokuchin.jp/

**優建築工房**
神奈川県厚木市妻田西1-20-8
TEL：046-294-4500
https://yukobo.jp/

**リビルディングセンタージャパン**
長野県諏訪市小和田3-8
TEL：0266-78-8967
http://rebuildingcenter.jp/

**一級建築士事務所ワカ設計室**
東京都町田市能ヶ谷6-4-9
TEL：042-736-3669
http://wrap.muse.bindsite.jp/

# センスを磨く!
# 住宅デザインの新ルール

**リフォーム・家具編**

2021年9月21日　初版第一刷発行

発行者　澤井聖一
発行所　株式会社エクスナレッジ
〒106-0032東京都港区六本木7-2-26
https://www.xknowledge.co.jp/

編集　TEL:03-3403-1381／FAX:03-3403-1345
info@xknowledge.co.jp
販売　TEL:03-3403-1321／FAX:03-3403-1829

無断転載の禁止
本書掲載記事（本文、図表、イラスト等）を当社および著作権者の承諾なしに無断で転載（翻訳、複写、データベースへの入力、インターネットでの掲載等）することを禁じます。